教育心理学

（第二版）

主　编　许丽媛　张国礼　褚跃德
副主编　王涵一

北京体育大学出版社

策划编辑：钱春华
责任编辑：钱春华
责任校对：赵红霞
版式设计：李　鹤

图书在版编目（CIP）数据

教育心理学 / 许丽媛，张国礼，褚跃德主编 ；王涵一副主编. -- 2版. -- 北京 ：北京体育大学出版社，2024.1
ISBN 978-7-5644-3965-1

Ⅰ. ①教… Ⅱ. ①许… ②张… ③褚… ④王… Ⅲ. ①教育心理学 Ⅳ. ①G44

中国国家版本馆CIP数据核字(2023)第247818号

教育心理学（第二版）
JIAOYU XINLI XUE (DI-ER BAN)　　许丽媛　张国礼　褚跃德　主编

出版发行：北京体育大学出版社
地　　址：北京市海淀区农大南路1号院2号楼2层办公B-212
邮　　编：100084
网　　址：http：//cbs.bsu.edu.cn
发 行 部：010-62989320
邮 购 部：北京体育大学出版社读者服务部 010-62989432
印　　刷：三河市龙大印装有限公司
开　　本：787mm × 1092mm　1/16
成品尺寸：260mm × 185mm
印　　张：17.75
字　　数：436千字
版　　次：2012年2月第1版　2024年1月第2版
印　　次：2024年1月第1次印刷
定　　价：60.00元

前　言

当孔子提出“不愤不启，不悱不发”的思想时，一种启发式的教学方法已在远古的战国悄悄孕育；当苏格拉底说出“我不是给人知识，而是使知识自己产生的产婆”的话语时，教育心理学的思想已开始在遥远的欧洲大地上滋生发展；而当“现代教育学之父”赫尔巴特将教育学和心理学首次结合之后，教育心理学的蔓延就变得一发不可收拾。在经历了各家争鸣及各种思潮的涌动和冲击之后，终于在1903年美国的桑代克在《教育心理学》一书中创立了教育心理学的完整体系，促成了教育心理学作为了一门独立科学的诞生。

艰苦的钻研必然成就烂漫的火焰，如今的教育心理学已经渗透到各个国家的各个角落。在教育过程中研究心理，在心理学中研究教育，在两者的交融和互动中去找寻教育和学习的规律与技巧，在鲜活的实践中去感受每一次的心理活动和变化，这就是教育心理学的魅力。教育心理学处于教育和心理的中间地带，它在夹缝里探求学校情境中的学与教，启发学生和教师在教育的长河中打破陈规，探索技巧，赢得效率，创新的思维和方法也在每一堂课，每一次交流和每一次心跳的瞬间不断涌现。

党的二十大报告指出“办好人民满意的教育”“教育是国之大计、党之大计”“坚持教育优先发展”。这体现了新时代的教育目标和教育在国家发展中的重要战略地位，把握好教育的根本问题，落实立德树人的根本任务，总体实现教育现代化，成为学习大国、教育强国，离不开教育心理学的支撑作用。二十大报告也指出，要“着力造就拔尖创新人才”。创新的根基在人才，人才的培养靠教育。学生阶段是创新素养培养、创新人才成长的关键时期。把脉学生心理发展规律，培养学生创新思维，同样离不开教育心理学的实力担当。教育心理学的知识体系既直接浸润德智体美劳全面发展的社会主义建设者和接班人，又充盈高素质的师资队伍，进而高质量地为党育人，为国育才。

枯燥的文字和坚硬的理论常会泯灭教育心理学初学者的热情与乐趣，考虑到体育院校学生的个性特点，本书在侧重阐述原理的同时，注意激发学生的学习和研究兴趣，帮助其寻找教育心理学真谛。书中的每一章均以原创的案例和典型的事件开篇，继而过渡到正文，这样既便于学生接受，也增强了理论与实际的结合。此外，本书还尝试借助知识窗和温馨小贴士的方式，促进学生思考，帮助其提炼重点，同时拥有一份轻松愉悦的阅读心境。

本书由许丽媛、张国礼、褚跃德担任主编，各章主要执笔人如下：第一章绪论，由褚跃德、许丽媛执笔；第二章中小学生的心理发展与教育，由王英春、段晓英执笔；第三章学习的基本理论，由褚跃德、钟俊执笔；第四章学习动机，由迟立忠、叶浣钰执笔；第五章学习的迁移，由迟立忠、孙晓迪执笔；第六章知识的学习，由张禹、王珈旭执笔；第七章技能的学习，由张禹、朱伊舫执笔；第八章学习策略，由王英春、王涵一执笔；第九章问题解决与创造性，由张国礼、段晓英执笔；第十章品德的发展，由郭璐、张禹执笔；第十一章学校群体心理，由许丽媛、褚跃德执笔；第十二章学生与教师的心理健康，由郭璐、段晓英执笔；第十三章教学目标与评价，由郭璐执笔。全书由许丽媛、张国礼、褚跃德负责修改与定稿；刘瑾瑜、王春田、李肖同学负责教材中部分案例的收集与修改；王珈旭同学为全书编写风格及格式的统一付出了辛勤的劳动。

北京体育大学教务处的章朝晖先生，北京体育大学出版社的钱春华女士对本书的出版给予了极大的支持与帮助，在此表示深深的谢意。

由于时间仓促和编者水平所限，书中难免有疏漏与不妥，恳请广大读者和专家批评指正。

编者

2023年12月15日

目录

第一章　教育心理学概述

"振兴中华，乃我辈之责"

我们要以黄大年同志为榜样，学习他心有大我、至诚报国的爱国情怀，学习他教书育人、敢为人先的敬业精神，学习他淡泊名利、甘于奉献的高尚情操，把爱国之情、报国之志融入祖国改革发展的伟大事业之中、融入人民创造历史的伟大奋斗之中，从自己做起，从本职岗位做起，为实现"两个一百年"奋斗目标、实现中华民族伟大复兴的中国梦贡献智慧和力量。

——中共中央总书记、国家主席、中央军委主席习近平

黄大年，1958年出生在广西南宁，1977年参加高考，就读于长春地质学院应用地球物理系，本科毕业后留校任教。1992年，黄大年赴英国利兹大学地球科学系攻读博士。他在英国获得博士学位后，通过艰苦卓绝的努力，他成为了世界航空地球物理研究领域的引领者。但他却放弃在英国的天价年薪和优越的生活条件，毅然回到祖国，将这些世界领先的技术带回祖国。当时有媒体称，他的回国，"让美国的航母舰队后退100海里"。回国后，黄大年带领团队创造了多项"中国第一"，为中国"巡天探地潜海"领域填补了多项技术空白，为深地资源探测和国防安全建设作出了突出贡献。

1982年，黄大年于长春地质学院毕业时曾留言："振兴中华，乃我辈之责。"身为一名教师，我们要学习黄大年的爱国情怀、敬业精神和高尚情操，更好地应用心理学的理论，设计精良的课程，应用科学的教学方法，引导学生克服困难、更有兴趣地进行学习，促进学生的全面发展。这，也是我辈之责。

学习目标

通过本章的学习，你将能够：

1. 了解教育心理学的研究对象与发展历程。
2. 了解教育心理学的研究原则与方法。
3. 理解教育心理学的研究内容与意义。

基础概念

教育心理学（educational psychology）：是研究学校教育情境中，学与教及其互动过程中产生的心理现象及其心理规律的科学。

实验法（experimental method）：是按照研究目的，有计划地严格控制或创设条件以主动引起或改变被试的心理活动，从而进行分析研究的方法。

关键名词

研究内容，研究原则，研究方法

第一节　教育心理学的研究对象与内容

教育心理学是介于教育科学和心理科学之间的一门边缘科学，是心理学与教育学相结合的产物。教育心理学是教师教育的必修课程，它对提高教育者的专业素质、完善知识结构具有非常重要的作用。学好教育心理学，在教学过程中运用教育心理学的研究成果，逐步从一个新手成长为一名专业教师，将是每位教师一生的必修课。

一、教育心理学的研究对象

什么是教育心理学？教育心理学研究的对象是什么？这是许多初学者非常关心的问题，有些研究者认为教育心理学仅仅是把心理学中获得的知识简单地运用到教学活动中；有些研究者则认为教育心理学是用心理学研究的方法来研究教育活动。对此，国内外流行的各种教育心理学教材中所持的观点是不同的。

我国1980年出版的潘菽主编的《教育心理学》中提到："教育心理学的对象就是教育过程中的种种心理现象。"1999年出版的普及本《中国大百科全书·心理学》认为："教育心理学研究教育和教学过程中的种种心理现象及其变化，揭示在教育、教学影响下，受教育者学习和掌握知识、技能、发展智力和个性的心理规律；研究形成道德品质的心理特点，以及教育和心理发展的相互关系等。"

国外教科书是这样界定教育心理学的研究对象的，美国1971年出版的《教育百科全书》提到："教育心理学是对教育过程中的行为的科学研究，实际上教育心理学通常被定义为主要涉及学校情境的学生的学与教的科学。"苏联的彼得罗夫斯基在1972年主编的《年龄与教育心理学》认为："教育心理学的对象是研究教学和教育的心理学规律。"

我们认为，教育心理学（educational psychology）是研究学校教育情境中，学与教及其互动过程中产生的心理现象及其心理规律的科学。简言之，就是研究学生如何学习，教师如何帮助学生学习的科学。

知识窗1－1 神奇的罗森塔尔现象

美国心理学家罗森塔尔（Robert Rosental）曾做过一个著名的实验：他告诉做实验的学生：A组与B组小白鼠的智商存在差别。其中，A组的老鼠非常聪明，而B组的小白鼠则智力一般。随后让学生对这些老鼠进行迷津实验，结果发现A组老鼠成绩明显好于B组老鼠，它们能够先走完迷宫并且找到食物。但实际上，A组与B组老鼠是罗森塔尔从同一群老鼠中随机选择的，并没有所谓的聪明老鼠与一般老鼠之分。

到底是什么影响了老鼠的成绩？罗森塔尔认为可能与做实验的学生的态度有关，被分到聪明鼠组的学生可能会更加鼓励老鼠去通过迷津。于是罗森塔尔想在人的身上验证这种效应。他来到了一所中学，在班里随便转了一圈，然后在名单上随便圈了几个名字，告诉老师说，这几个学生的智商很高，将来一定会有大作为。过了一段时间，他再次来到这所学校，奇迹又发生了，那几个被他选中的学生真的成了班上的佼佼者，他们聪明伶俐，性格开朗，求知欲望强。

当然，聪明的你已经明白，他指出的那几个名字依然是随机的。这个“权威性的谎言”使教师对这几个学生充满信心，虽然教师始终把这些名字藏在内心深处，但掩饰不住的热情仍然通过眼神、笑貌、音调鼓励着这些学生。学生潜移默化地受到影响，因此变得更加自信，于是他们在行动上就不知不觉地更加努力学习，结果就有了飞速的进步。这个令人赞叹不已的实验，后来被誉为“罗森塔尔效应”或“皮格马利翁效应”或“期待效应”，这也是教育心理学中一个经典的实验。

二、教育心理学的研究内容

教育心理学研究的内容很丰富，任何一个可以影响教与学过程的因素都可以成为教育心理学的研究内容，比如，学生有哪些性格特征，这些特征会对教学过程产生哪些影响；教师怎样帮助学生进行有效的学习；等等。教育心理学所有的研究内容均是围绕教与学及其相互作用过程而展开的。综合而言，我们可将教育心理学的研究内容概括为两部分，即学与教的要素和学与教的过程。

（一）学与教的要素

1. 学　生

学生是学习的主体因素，不论是教学方法、教学媒体还是教学环境，如果脱离学生这个主体因素，就无法对其他因素进行有意义的研究。每个学生都是一个独特的个体，有不同的特征，学生群体也存在差异性。因此，学生这一因素主要从两个方面来影响学与教的过程。一是群体差异，包括年龄、性别和社会文化差异等。二是个体差异，包括个体知识基础、学习方式、智力水平、兴趣和需要等差异。学生的群体差异和个体差异都是教育心理学研究的内容。

2. 教　师

学生是学习活动的主体，而教师是教学活动的主导。在教学过程中，教师起着主导作用，如何把知识传递给学生，让学生主动而不是被动学习，如何在课堂上吸引学生的注意力等等，这些问题都需要教师去面对并解决，才能保证学校教育能按照特定的教学目标来最有效地组织教学。因此，研究教师的心理特征、专业知识、专业技能以及教学风格等，是教育心理学的重要内容，也是一项艰巨任务。

3.教学内容

教学内容是学与教的过程中有意传递的主要信息部分，一般表现为教学大纲、教材和课程。教学大纲、教材和课程的设置是依据社会发展的要求而定的，教学内容既要符合学生现有发展水平，又要能促进学生学习能力的更高发展。

4.教学媒体

教学媒体是师生之间传递信息的工具，是教学内容的载体，是教学内容的表现形式。教学器材、多媒体设备、网络、口头语言、书本、声像等都属于教学媒体范畴。教学媒体日益成为教学过程中受重视的要素，教学媒体的恰当应用使教学内容的呈现更为丰富，可提高学生积极性。

5.教学环境

教学环境包括物理环境和社会环境两个方面，其中物理环境是指课堂的自然条件，比如课堂的桌椅、教学设备是否符合学生要求；教室的温度、照明等条件是否能为学生提供舒适感；空间位置和设计是否符合人类工效学要求等。社会环境主要指课堂纪律、课堂气氛、师生关系、同学关系、校风以及社会文化背景等。在教育心理学看来，教学环境不仅是课堂管理研究的主要范畴，也是学习过程研究和教学设计研究所不能忽视的重要内容。

（二）学与教的过程

1.学习过程

学习过程指学生在教学情境中通过与教师、同学、教学媒体等信息的相互作用获得知识、技能和态度的过程，它是教育心理学研究的核心内容。

在教育心理学界，通常会把加涅提出的八阶段学习过程的结构模式看作是范例，认为其揭示了人类学习的全过程。

（1）动机阶段：学生的动机是学习开始的必要条件。动机借助于学生内部产生的心理预期而建立起来，表现为学生为达到某种学习目标而进行不懈的努力。

（2）选择阶段：在选择阶段，学生会依据他的动机和预期对信息进行选择，把注意力放在和自己学习目标相关的刺激上，对感觉登记信息进行选择，送入短时记忆。

（3）获得阶段：开始对信息进行编码和储存。有研究表明，经过编码的信息通常会与最初的信息有所不同，经过编码，有时会对信息加以修饰、规则化甚至是歪曲。教师应及时帮助学生采取较好的编码策略，以利于信息的获得。

（4）保持阶段：是指经过获得阶段编码的信息进入长时记忆进行储存的过程。

（5）回忆阶段：也就是信息检索的阶段，线索很重要，提供线索会帮助人想起那些难以回忆的信息。

（6）概括阶段：即实现学习的概括化过程。学生把获得的知识迁移到新的情境，在变化的场景或现实生活中利用所学到的东西。

（7）作业阶段：学生的反应活动。用习得的知识去完成各种形式的作业，是学习状况和获得解决问题能力的初步表现。

（8）反馈阶段：通过作业，学生认识到自己的学习是否达到了预定的目标。学生看到自己的学习结果，从而在内心得到了强化。

研究教学过程对实际教学很有启示。首先，能否吸引学生的学习兴趣对学习效果有很大的影响，这需要教师在实际教学工作中不断摸索有效方法，吸引学生的注意力，让学生带着问题去学习。其次，在学习的重点部分，教师应联系实际，进行详细讲解，引导学生对学习内容进行精细化加工，可以增加学生对于知识的记忆效果。最后，教师还应该重视学生的作业并给予及时的反馈信息，强化学生的学习过程。

2.教学过程

在教学过程中，教师通过设计各类教学情境，激发学生学习动机，组织教学活动，并与学生进行信息交流，从而引导学生的理解、思考、探索和发现过程，使其获得知识、技能和态度。此外，教师还要进行教学管理，维持教学秩序，依据教学内容的难易程度调节教学的进程，以确保教学的有效性。

3.评价和反思过程

评价和反思过程贯穿于整个教学过程之中。在教学过程结束后，教师会对整个教学过程进行评价，比如对教学之前的教学设计和教学效果、教学过程中的监视等进行评价，并与预期的教学目标进行比较。如果与预期效果差别特别大，教师就需要对自己的整个教学过程进行反思，并寻找解决的方案，提高教学效果。评价和反思过程随教学过程的进行而有不同侧重，评价与反思反过来又促进学习和教学过程。

知识窗1－2　给新教师的建议——如何进行有效教学

建议一：精心组织授课内容

向学生说明教学目标；

一开始上课就在黑板上写下教学内容的大纲；

尽量以明确的步骤或阶段呈现教学内容；

不断复习，促进知识巩固。

建议二：明确解释

使用学生熟悉的例子或类比，举多个例子说明一个知识点；

提供不同水平的解释，保证好生和差生都能理解学习内容；

一次讲解一个主题。

建议三：用你的热情感染学生

向学生说明课程的重要性，强调学习本身的价值，而不要使用“考试会考到的”或“这是你明年必须学习的内容”等为理由；

与学生保持眼神交流；

调整自己的语速和音量。

摘自：吴庆麟主编《教育心理学》

第二节　教育心理学的发展历史

教育心理学从最初依附于普通心理学到成长为一门独立的学科，它的发展经历了一个曲折的过程。众所周知，心理学是一门“古老而年轻的”科学，而教育心理学作为一门独立的心理学分支学科，诞生于19世纪末20世纪初，它成长为一门学科的时间虽然很短，但教育心理学的思想，早已孕育于历经千年的教育哲学思想之中。

一、教育心理学在西方的发展概况

（一）初创时期（20世纪20年代以前）

美国心理学家桑代克（E. L. Thorndike）继承了许多教育家和思想家对教育与心理相互关系研究的成果，在自己对动物进行实验的基础上，于1903年出版了《教育心理学》一书，标志着教育心理学成为一门独立的学科。此后，又发展成三卷本的《教育心理学大纲》，于1913 ~ 1914年出版。桑代克从“人是一个生物的存在”这个角度建立自己的教育心理学体系，这一著作奠定了教育心理学发展的基础，西方教育心理学的名称和体系由此确立。在他看来，人类的本性是先天形成的情境与反应之间的联结，而这些先天的联结就是一切教育和人类其他控制作用的起点。

桑代克根据自己对学习的实验研究，提出了尝试错误的学习理论和学习的三个定律，包括准备律、练习律和效果律，桑代克认为动物学习实验所提示的简单规律，可推论及人类，用来指导和改进教学。桑代克在测量的标准化和制定常模等方面做过大量工作，并借助测量工具，对包括双生子、同胞子女及无血缘关系的个体间开展比较研究，促进了对个别差异的研究。另外，他主张学校工作应尊重儿童，教师要了解个别差异，并针对个别差异做出有效指导，反对自然主义教育，反对机械的形式化训练。桑代克的这些观点支配西方教育心理学理论和实验研究长达50年之久，他被认为是教育心理学的开山鼻祖，因此有“教育心理学之父”之称。

（二）发展时期（20世纪20年代至50年代末）

20世纪20年代以后，西方教育心理学吸取了心理测验及儿童心理学的成果，大大丰富了自己的内容。30年代以后，学科心理学的快速发展，成了教育心理学的组成部分。到40年代，弗洛伊德（Sigmund Freud）的精神分析学派理论的提出，促使教育心理学开始重视情感在教育和教学过程中的作用，有关儿童的个性与社会适应，以及心理卫生问题进入了教育心理学领域。50年代，程序教学和教学机器的兴起以及信息论思想的传播，也影响和改变了教育心理学的内容。在理论上，此时教育心理学主要受行为主义心理学的统治，以动物为对象开展了学习的研究。在实践上，教育心理学家试图将对动物心理研究的成果推广到人类的学习中，但在课堂中的教学指导作用不大。

与此同时，杜威（John Dewey）则以实用主义为基础的“从做中学”为信条，进行改革教学的实践活动，对教育产生了相当深远的影响，成为近代教育的领路人。这一时期美国出版的教育心理学教科书多达上百种，但是内容涉及范围太广，且由于没有统一理论指导，教材中内容的相关性非常低。此时的教育心理学还未成为一门具有独立理论体系的学科。

（三）成熟时期（20世纪60年代初至70年代末）

20世纪60年代开始，西方教育心理学的内容和体系出现了某些变化，教育心理学的内容日趋集中，尽管对如何教或如何学的问题仍有争议，但有几个方面的研究已为大多数研究者所公认。由于人本主义心理学和认知心理学逐步兴起，西方教育心理学重新开始重视人性，比较注重结合教育实际，关注人类课堂学习的研究，注重为学校教育服务。

这一时期，布鲁纳（J. S. Bruner）发起的课程改革运动将面向教育实际的研究推向高潮，尽管由于教材难度大，教师适应与训练不易及社会性支持不够等原因未获得预期效果，但这个运动仍有一定的启发性。60年代初至70年代末，奥苏贝尔（D. P. Ausubel）以认知心理学的观点系统阐述了有意义学习的条件、意义的获得与保持的进程。与此同时，加涅系统总结了已有的学习研究成果，对人类的学习进行系统分类，并阐明了不同类型学习的内部与外部条件，这两个系统的学习理论的诞生标志着教育心理学进入了初步建立系统理论期。

（四）完善时期（20世纪80年代以后）

20世纪80年代以后，教育心理学家们越来越重视理论与实践的结合，理论派别间的分歧也越来越小，教育心理学的体系日益完善，内容越来越丰富。主要表现在：一方面东西方教育心理学相互取长补短，在西方教育心理学书中注意反映东方教育心理学的理论，例如，维果斯基的观点大量出现在西方的教育心理学教材中；另一方面行为主义的学习理论与认知学派的学习理论都在相互吸收各自合理的内容，并希望消除理论与实践上存在的鸿沟。

布鲁纳在1994年精辟地总结了教育心理学十几年来的成果，主要表现在四个方面：主动性研究、反思性研究、合作性研究、社会文化研究。此外，20世纪80年代后期，信息技术的迅猛发展，使信息技术教育应用的研究达到了一个新的水平。

二、教育心理学在中国的发展概况

我国出现的第一本有关教育心理学的著作是1908年由房东岳翻译、日本小原又一著的《教育实用心理学》。这时期我国研究者进行的工作主要是根据马列主义原理对旧教育心理学进行改造，同时结合教育改革，做一些相关的研究工作。这些工作也为我国建国后的教育心理学发展起到了一定作用。我国第一本自编的教育心理学教科书是廖世承1924年出版的《教育心理学》。以后肖孝嵘（1930年）、潘菽（1935年）、陈选善（1938年）等人还陆续编写过一些教科书，与此同时，在学科心理、教育与心理测量等方面也取得了一定的成绩。

解放以后一部分心理学工作者与教育工作者协作，进行了一些实验研究，但当时研究问题的方法与观点主要是模仿西方，很少创建，研究基础比较薄弱。1958年在部分高等师范院校出现了“心理学批判”运动，过分强调了人类心理活动的阶级性，抹杀了共同性，曾给心理学界造成了思想混乱，阻碍了教育心理学的正常发展。

我国于1962年成立了中国心理学会教育心理学专业委员会，专业委员会由我国著名心理学家潘菽等26人组成，具体领导教育心理学的研究工作，我国的教育心理学重新得到了发展。这一时期全国各师范院校陆续开设了《教育心理学》课程，并在全国范围内对语文、数学学科的教学进行了实验研究。不幸的是，从20世纪60年代后期至70年代中期，文革的出现使我国的心理学研究工作几乎完全停滞，直到1976年粉碎“四人帮”后才得以恢复和发展。

知识窗1－3 中国古代的教育心理学思想

早在二千多年前，我国教育家和思想家，如孔子、孟子、荀子等，他们在论述教育问题时，就提出了很多关于学习的思想及教学原理，萌发了教育心理学的思想。

集儒家思想之大成的《学记》是世界上最早的教育专著，成书大约在公元前403年～公元前211年。该书提出的许多教学原理，都闪耀着光辉的教育心理学思想。如“道而弗牵，强而弗抑，开而弗达”就强调启发式教学的作用，认为高明教师的教学，在于善于引导：要引导学生，但决不牵着学生的鼻子；要严格要求学生，但决不使学生感到压抑；要在问题开头启发学生思考，决不把最终结果端给学生。《学记》还指出了教育者的责任，即“长善救失”。所谓“长善”就是要善于发现被教育者的优点和长处，并精心加以培养与呵护，使其不断发扬光大；所谓“救失”，就是正确认识与把握被教育者的缺点与不足，并通过耐心地教育，帮助他们克服和改正。《学记》写道：“知其心，然后能救其失也”，具体体现在教学目标的完成中，教师要了解学生的知识水平、学习能力、兴趣、爱好和特长，了解他们的思想方法和学习方法，采取措施帮助他们顺利地实现目标。

孔子是我国古代一位伟大的教育家，他在教育实践中注意运用哲学思想并且不断总结。他提出了很多有关教育心理学的思想，例如他认为环境和教育对儿童心理成长有重要的作用。孔子说：“性相近也，习相远也。”性，指的是人的天赋资质，天性，是人的共同本性。相近，指既不是完全相同，又不完全相异。习，指的是习俗，也就是人性的社会化方面。孔子认为，人的本性是相近的、差不多的，但由于环境不同，使人与人之间的习性发生了重大差异。孔子还提倡“志于学”，要求学生激发学习动机，下决心去探求学问。“学而不思则罔，思而不学则殆”，可以看作是孔子所提倡的学习方法。他认为一味的读书，而不思考，只能被书本牵着鼻子走，就会被书本所累，从而受到书本表象的迷惑而不得其解。所谓“尽信书则不如无书”。《论语·述而》中说：“不愤不启，不悱不发，举一隅，不以三隅反，则不复也。”这是孔子论述启发式教学的重要名言，对后世影响非常深远。大意为：不到他努力想弄明白却弄不明白的程度不要开导他，不到他心里明白却说不出来的程度不要启发他。如果他不能举一反三，就不要再反复给他讲例子了。这些思想在今天仍然具有较大的启发意义。

1978年改革开放之后，中国的教育心理学迎来了发展的新阶段。教育心理学工作者迅速地进行了资料搜集和整理工作，在师范院校中恢复了教育心理学课程。自1980年潘菽主编的《教育心理学》修订出版以后，教育心理学研究者们相继出版了多本教材，推动了我国教育心理学的发展。此时的教育心理学研究，注意把国际心理学研究的最新成果吸收到教育心理学体系中来，并且在借鉴国外研究成果的基础上，开始提出了自己的理论设想，对教育心理学的很多新课题如学习策略、自控能力、民族心理等进行研究，大大丰富了我国教育心理学的宝库。

三、教育心理学的发展趋势

教育心理学经过一百多年的发展，不仅研究内容日趋全面，而且在研究方法上也更加严谨与科学。近年来，教育心理学有了新的发展趋势，综合体现在以下几个方面。

（一）转变教学观念，关注教与学两方面的心理问题

随着教育心理学研究的日渐深入，特别是建构主义学习理论兴起后，教学观念也随之转变。建构主义强调学习的主动性、社会性和情境性，重视学生原有知识经验，把学习看作是学生对知识的一种主动建构过程。因此教学重点不再是简单的知识呈现，而是把学生看作是学习的主体，重视学生自己的理解，教师发挥引导的重要作用，帮助学生主动构建知识。

教育心理学家布鲁纳掀起的教育与课程改革，是教育心理学由理论研究走向实际教学问题研究的重要举措，改变了当时人们对教育心理学的看法，给教育心理学注入了新鲜的血液，摆脱了20世纪50年代中期的没落局面，使得教育心理学的研究领域也开始转向对教学问题的关注。

从此关于学习实质的理论问题的争执不再那么受人关注，教育心理学转变到关注学生如何学，教师如何教的教学实际问题，关注学生的认知过程，教师在促进学生认知过程中的作用。对教学问题的关注，直接促进了教学心理学的发展。从1969年加涅（Robert M. Gagne）等人提出教学心理学的概念以来，教学心理学发展至今已成为教育心理学的一个重要分支和最具活力的研究领域。

（二）关注影响教育的社会心理因素

教学观念的转变，研究领域的变化，使得教育心理学研究者认识到，影响学生学习的因素有很多，学生的学习并不是一个单纯的认知过程，即使是在相同的教学环境下，学生所能达到的学习成就也各不相同，这就促使教育心理学工作者去探求影响认知过程的各因素及其相互关系。探究影响教育的社会心理学因素，已经成为教育心理学现阶段研究的热点。比如，班杜拉（A. Bandura）的社会学习理论就指出了社会变量对人类行为的制约作用，认为个人的认知、行为与环境因素三者及其交互作用会对人类行为产生影响。

（三）注重实际教学中各种策略和元认知的研究

随着各国学者的交流日益加深，对教学实效性的重视程度也在提升。教育心理学研究

从实验室转向教学实际，使得对学生学习中的各种策略与元认知问题成了教育心理学研究的另一个热点与方向。当前的教育心理学研究更是密切结合学习策略、教学策略、问题解决策略以及元认知理论，以期解决相关学科的教学有效性问题。目前我国教育心理学工作者一方面与国际接轨，吸收新的研究成果；另一方面又强调研究的本土化，注意从实际教学出发确定研究选题，开展相关研究。

第三节　教育心理学的学科性质与意义

一、教育心理学的学科性质

从教育心理学创建开始，它的学科性质就存在争议。争议集中在教育心理学的研究是基础研究还是应用研究，事实上，现在已经很难确切区分。例如，教育心理学领域中关于学生知识学习和迁移的研究，既可以丰富和完善已有的理论体系，同时又可以应用在课堂教学，解决实际问题。可见，在教育心理学中，基础研究与应用研究是密不可分的，二者并不排斥。

对于教育心理学的学科特点，可以从不同的侧面加以剖析。从学科发展来看，教育心理学是一门自然科学与人文社会科学的交叉学科，兼具二者的某些特征；从学科范围来看，它不仅是心理学的一个分支学科，也是教育学与心理学结合而产生的交叉学科；从学科作用来看，它既是一门具有基础性的理论性学科，同时又是一门应用性较强的学科，具有实践指导性（张大均，2004）。

随着教育心理学的发展，研究者们对教育心理学的学科性质逐渐达成了共识：即教育心理学是心理学的一个分支，属于应用心理学的范围，它有自己的研究对象、理论体系、研究方法和研究范式，是一门基础研究与应用研究并重的独立学科。

二、教育心理学与邻近学科的关系

与教育心理学关系密切而又有许多交叉重叠的邻近心理学分支学科有教育学、普通心理学、儿童心理学和社会心理学等。通过讨论它们与教育心理学的联系与区别，可以进一步加深我们对教育心理学研究对象与研究任务的认识。

（一）教育心理学与教育学的关系

教育学以学生心理活动规律为依据，研究教育的基本理论，制定教育原则、确定教育内容和方法。教育学以教育心理学研究所提供的心理学规律为依据，制定教育目标、教育原则，选择教育方法、组织教学等；教育心理学是教育学的基础学科之一，教育学也涉及教育过程中学生的心理活动。进行教育心理学研究，必须具备教育学的知识。因此，教育心理学与教育学都服务于教育实践，二者相辅相成。

（二）教育心理学与普通心理学的关系

普通心理学研究一般的心理活动规律，它涉及到社会实践的各个领域，是各门心理学分支学科的基础。教育心理学也以普通心理学的研究成果为基础，研究教育过程中的心理现象，但教育心理学并不是简单地将普通心理学与教育实例相加，它有自己独特的研究课题，对教学工作更具针对性，与教育实践的联系更为密切，它研究的是学生的心理现象在教育过程中的表现和发展规律，并用以指导教育和教学，从而提高教学工作的效率。例如，普通心理学研究动机，主要是研究动机的一般特征、结构及其在日常生活中的表现等方面的问题，而教育心理学则主要研究学生在学习过程中不同动机对学习效果的影响，并阐述如何培养和激发学习动机。因此，那种认为教育心理学仅仅是普通心理学原理在教育领域的应用，是一门缺乏特殊性与独立性的学科的观点是不恰当的。

（三）教育心理学与儿童心理学的关系

儿童心理学揭示的是儿童心理发展过程的特征与动态，它不仅研究儿童各年龄阶段的发展特征，也研究心理发展的动力以及遗传、环境等因素对心理发展的影响，从儿童生活的各个方面去概括儿童的心理发展。同样，教育心理学的研究也要考虑特定年龄阶段学生的心理发展水平。由于儿童心理学研究的重点是通过对教育的研究探讨儿童心理现象的发展变化规律，它强调的不仅是儿童在学校生活范围内的特点，也包括其在社会实践及其他领域内活动的特点。教育心理学的研究一方面需要参照儿童的发展规律，另一方面也应着重研究学生在已有心理发展水平的基础上所进行的各种学习活动的具体心理规律，所以这两门学科的关系是相互交叉与相互依赖的。儿童心理学为教育心理学提供了重要基础，而教育心理学的研究也有助于进一步揭示儿童各年龄阶段的发展机制。

（四）教育心理学与社会心理学的关系

社会心理学包含个体社会心理和群体社会心理两大部分。个体社会心理是指个体在社会生活中受他人影响的思想、情感和行为，如社会促进效应、从众效应、人际吸引等；群体社会心理是指群体本身具有的心理特征，如群体凝聚力、群体决策等。教育心理学与社会心理学有着不同的研究对象，但在某些问题上也存在交叉。比如教育心理学的研究中也会包括人际吸引、群体凝聚力等内容。此外，许多社会现象的形成也与学校教育有密不可分的关系，比如青少年犯罪等不良行为。从这个角度来看，教育心理学与社会心理学之间的关系也是相互交叉的。

三、学习教育心理学的意义

（一）增加对学校教育过程和学习过程的理解

在现实教育中，有许多错误的、片面的看法在误导教师的教学行为。比如，多数教师认为对待学生的不良行为，应当给予严厉的训斥。而事实上，训斥确实能减少一部分学生的不良行为，但对另外一些学生而言，反而会增加不良行为的发生。所以教育心理学研究的这些“众所周知”的问题是非常有价值的，它能够弥补人们对学校教育过程理解的不足并且修正人们的误解。研究教学过程中的常见现象，正是教育心理学的重要使命，教育心理学需要圆满完成这一使命，使得教师用发展性的眼光去看待学校教育及其过程，令教师看到以前从未看到的可能性、关系和问题，获得新的领悟。这样，他们就更易于成为一位有成效的教师。

（二）教育心理学知识是所有教师的专业基础

现代社会和教育的进步日益证明，教师不仅要懂得教材本身，还要懂得教学本身。教师的作用不仅仅在于简单的传授知识，在新的时代下，学生有着更为复杂的心理过程，教师要更多地应用教学规律，知晓学生的心理特点，引导学生思考，促进他们身心健康成长，即教师不仅要知道如何去“教”，也要懂得如何引导学生去“学”。教师只有掌握了“教”与“学”的心理学规律，才能更好地发挥教师的作用，而教育心理学则为教师提供了可供参考的心理学规律，比如怎样激发学生的学习动机，如何赞许学生的优异表现，以及何时赞许等。因此，教师只有具备了教育心理学的专业知识，才能在教师岗位上充分发挥教书育人的作用。

（三）有助于科学地总结教育教学经验

学习教育心理学，不仅可以使教师掌握教育心理学的各种规律，还可以帮助教师用心理学的观点来分析与总结自己的教学经验，使之上升到理论高度。一个优秀的、受人欢迎的教师必然善于总结教育教学经验。总结教育教学经验，可以为教师创造个性化地管理、教育学生的方式，使教育过程少走弯路。在日常教学中科学总结教学经验，不但要注意总结教学资料，还要注意教学方法的总结。例如，一位老教师进行了这样的授课经验总结：开头要激发兴趣，结束要让人回味；开头结束都力求短小精悍，切忌拖泥带水。这位老师精辟的总结，便有利于提高他的教学水平。

（四）提供了学校教育、教学改革和研究的理论和方法基础

教育心理学扎根于教学实践，又可服务与指导教学实践，因此其理论和方法可为学校教育、教学改革和研究等提供坚实的基础，而且经验也一再证明了教育心理学理论与方法的重要性。当然，教育心理学的发展离不开教师，因为教师既是实践家，又是理论家，理论只有被一线教师掌握才能发挥最大功效，也才能被验证和进一步发展。

第四节　教育心理学研究的基本原则与方法

一、教育心理学的研究原则

（一）客观性原则

客观性原则，指教育心理学研究要贯彻实事求是的精神，具体指在研究过程中，研究

人员应根据教育心理现象的本来面貌来研究其本质、规律与机制，采取实事求是的态度。遵循客观性原则是进行科学研究的重要前提条件。

在实际的教育心理学的研究中，每个人对相同的心理现象都有自己的体验，而研究者自己的喜好可能会影响到对客观事实的系统观察和数据的准确收集，完全的客观是不存在的。那么，如何很好地遵循客观性原则呢？具体研究中，可以注意以下几点。

第一，在整个研究过程中都做到实事求是。从研究设计、研究对象的选择、研究材料的选取、实验仪器的使用、结果的记录、数据的统计分析到结论的得出，都要实事求是。其中任何一个环节出错，都不符合客观性原则。

第二，在研究过程中要确定客观的指标。

1. 所研究的心理或行为应是可以观察的，即所研究的心理或行为应该是在客观条件下大家都能看到的，并且其他人在相同的条件下也可以得到相同的结论，所研究的心理或行为是可以得到重复验证的。

2. 所研究的心理或行为是可以测量的，即可以用外显的方式对所测量的心理和行为进行科学的观察和记录。

（二）发展性原则

世界上万物都处在运动和发展变化之中，心理现象也不例外。个体心理一直都处在发展变化之中，在原有心理水准的基础上，不断形成新的心理品质；而群体心理也会随时代的变迁发生变化，有时这种变化是相当迅速的。教育心理学研究遵循发展性原则，一方面要求研究者针对不同时代、不同阶段学生的心理特点（尤其是学习心理特点）进行动态的探讨；另一方面要求我们所做的一切研究应以促进学生发展为终极目标。要将心理发展的阶段性与连续性结合起来，既要考虑学生已有的基础和水平，也要预测学生心理发展的方向和前景。教学是促进儿童、青少年发展的基本条件之一。因此，作为研究教学情境中主体心理现象和规律的教育心理学更应坚持发展性原则。

（三）理论联系实际原则

理论联系实际的原则，即教育心理学研究的问题来源于教育实践，研究成果也将服务于教育实践，能够解决教学中的实际问题。实践是理论的源泉，也是检验理论正确与否的唯一标准，而理论指导实践，服务于实践，并在实践中不断发展。教育心理学的任务是揭示儿童和青少年形成心理特性和道德品质，掌握知识和技能，以及发展智力和体力的心理活动规律，为提高教育教学质量提供心理学依据。如果一种教育心理学的理论不能应用于教育实践，这种理论就没有生命力。具体地说，坚持理论联系实际的原则，需要做到如下两点。

1. 研究的课题应是我国当前基础教育中学生的学、教师的教以及教、学互动等领域中所提出的问题。

2. 在研究设计和进行过程中，既要紧密联系当前学生的实际，又要有理论指导。

（四）教育性原则

教育性原则，是指教育心理学要符合教育的要求，要有利于学生身心的正常发展，在研究中要想方设法控制一些意外事件对学生心理的不良影响。一切不利于学生身心健康的研究都是不允许的，这是进行教育心理学研究不容违背的原则。因此，在开展教育心理学的研究时，一定要牢记：学生是人，他们和物体不同。因此，在选择方法和安排程序时，不能只考虑到对所需要研究的问题是否有利，还要考虑所用的方法对学生的身心发展是否会产生不良影响，是否侵犯了学生个人权利或人格。在研究中要想方设法控制一些意外事件对学生心理的不良影响，一旦出现，必须消除它。

二、教育心理学的研究方法

（一）观察法

观察法是有目的、有计划地观察被试在一定条件下的表情、动作、言语、行为的变化，并按时间顺序做出详尽的记录，然后进行分析处理，从而了解、判断其心理活动的一种方法。在学生的日常活动中，通过观察可以随时了解学生的表现，如学生在不同情境下的同伴关系，学生与不同风格教师的关系问题等。

为了取得良好的系统观察效果，在观察中应注意如下几点。

1. 在观察前进行详细、周密的观察设计。观察设计包括如下几点：第一，选择特定的观察内容，观察面不宜太广，最好只观察少数或一种行为；第二，根据观察的目的和条件，选择适宜的观察方法进行观察；第三，制作观察记录表，随时记录，有条件时可以利用一定的录音、录像器材。

2. 观察时间不宜过长，对同一类行为可采用重复观察的方法。

3. 观察后及时对观察情况进行总结，得出清晰的结论。避免因时间关系而遗忘某些细节。

观察法的优点是比较方便易行，适用于较大的研究范围，对教学过程不会产生干扰，所得结果比较符合实际。不足之处在于只能观察学生心理活动的某些自然的外部表现，而不能对具体的心理活动施加影响以更深入地了解它的过程。同时，观察受到时间和空间约束，观察的样本数小，观察比较被动。

（二）实验法

实验法是按照研究目的，有计划地严格控制或创设条件以主动引起或改变被试的心理活动，从而进行分析研究的方法。实验法分实验室实验法和自然实验法。

实验室实验法，通常是在实验室内进行，一般多利用现代科技手段。借助实验室实验可以研究感知、注意、记忆、思维等心理活动，还可以在实验室里模拟某种自然环境或教学环境来研究某些心理现象。实验室实验法多用于对一些简单的心理现象的研究，对于研究人的个性方面的复杂现象，则有较大的局限性。

自然实验法是在实际的教育、教学情境下，根据研究目的，控制或创设某种条件，以观察被试者的心理活动的一种方法。这种方法由于是在实际的教育情境下进行的，因而所得结果比较接近实际，能较真实地反映教育过程中的心理现象，研究结果的主动性和准确性较高。使用自然实验法要有明确的研究课题，对实验过程要有完整的设想，如控制或改变条件的内容、方法及预期出现的结果。在实验中或结束后要进行详细的记录，并进行认真的分析，验证预先的设想。

实验法通常具有的优点是可以通过对研究变量的控制，发现自然状态下观察不到的“新”现象，揭示事物之间的因果关系。但是，实验法由于实验室条件与真实生活条件的差异，其研究结果在推广时会受到一定的限制。另外，有时研究者很难对无关变量进行有效的控制。

（三）调查法

调查法是通过搜集有关资料，进行数据统计分析，间接地了解和研究人的心理活动规律。对于教育心理学研究，调查法是常用的方法，通过它收集到的数据既有一般的事实资料，又有所需的心理资料。常用的调查法包括问卷法、访谈法、个案法等几种。

问卷法是指通过由一系列问题构成的调查表收集资料以测量人的行为和态度的心理学研究方法，是常用的调查法。访谈法是指研究人员通过与被调查者直接交谈，来探索被调查者的心理状态的研究方法，形式有个别访谈、集体访谈、非正式和正式访谈等。个案法是对某一个体或群体组织在较长时间内连续进行调查、了解、收集全面的资料，从而研究其心理发展变化的全过程的方法。

（四）行动研究法

行动研究法是旨在创造性地运用理论解决实际问题，以解决实际问题为目的的研究方法。行动研究的过程是螺旋式上升的发展过程，包括计划、行动、观察和反思四个环节。这四个环节不断循环，并且每次循环都会有所提高。

行动研究法依托于自身的教育教学实践，将纯粹的教育科研实验与准教育科研实验结合起来，将教育科研的人文学科的特点与自然科学实验的特点结合起来，用教育科学的理论、方法、技术去审视、指导教育教学实践，将教育教学经验上升到理论的高度。行动研究法适宜在小范围内进行教育改革的探索性研究，其目的是针对教育活动和教育实践中的问题，在行动研究中不断地探索、改进和解决教育实际问题，与教育实践的具体改革行动紧密相连，而不在于归纳规律、建立理论。

由于教育心理学的研究对象的复杂性，决定了在研究中常常不是采用单一的研究方法，而是几种研究方法配合使用。进行科学研究，掌握科学的方法固然重要，但科学的态度更为重要，目前我们应综合应用多种研究方法，引进现代化科学技术手段，扩展科学研究的领域，进一步提高教育心理学研究成果的应用性和普及性。

本章要点

1. 教育心理学是研究学校教育情境中，学与教及其互动过程中产生的心理现象及其心理规律的科学。

2. 教育心理学的研究内容包括两大方面。其一是学与教的要素，包括学生、教师、教学媒体、教学环境；其二是学与教的过程，包括学习过程、教学过程、评价和反思过程。

3. 教育心理学的发展概况分为四个阶段。第一阶段为初创时期（20世纪20年代以前）；第二阶段为发展时期（20世纪20年代～50年代末）；第三阶段为成熟时期（20世纪60年代～70年代末）；第四阶段为完善时期（20世纪80年代以后）。

4. 教育心理学的发展趋势为：转变教学观念，关注教与学两方面的心理问题；关注影响教育的社会心理因素；注重实际教学中各种策略和元认知的研究。

5. 教育心理学的邻近学科有教育学、普通心理学、儿童心理学、社会心理学等。

6. 学习教育心理学的意义：增加对学校教育过程和学习过程的理解；教育心理学知识是所有教师的专业基础；有助于科学地总结教育教学经验；提供了学校教育、教学改革和研究的理论和方法基础。

7. 教育心理学的研究原则有：客观性原则、发展性原则、理论联系实际原则、教育性原则。

8. 观察法是有目的、有计划地观察被试在一定条件下的表情、动作、言语、行为的变化，并按时间顺序作出详尽的记录，然后进行分析处理，从而了解、判断其心理活动的一种方法。

9. 实验法是按照研究目的，有计划地严格控制或创设条件以主动引起或改变被试的心理活动，从而进行分析研究的方法。

10. 调查法是通过搜集有关资料，进行数据统计分析，间接地了解和研究人的心理活动规律。

11. 行动研究法是以解决实际问题为目的的研究，旨在创造性地运用理论解决实际问题。

思考题

1. 简述教育心理学的主要研究内容。

2. 运用教育心理学的研究原则与方法，联系实际教育过程中可能出现的问题，设计一个研究课题。

3. 举例说明教师学习教育心理学的意义。

参考文献

彭聃龄.普通心理学［M］.北京：北京师范大学出版社，2001.

卢强，高明书.教育心理学［M］.北京：北京出版集团北京出版社，2010.

包燕.教育心理学［M］.北京：中国科学技术出版社，1996.

陈琦，刘儒德.当代教育心理学［M］.北京：北京师范大学出版社，2009.

张承芬.教育心理学［M］.济南：山东教育出版社，1999.

第二章　中小学生心理发展与教育

透过儿童的眼睛看世界

发展心理学家皮亚杰（Jean Piaget）做过如下实验：把景观不同的三座山摆放在桌子中央，桌子的四周各放一张椅子。带着儿童围绕桌子散步，使儿童可以从不同角度观察这三座山的模型形状。之后，让儿童坐在其中的一张椅子上，洋娃娃依次放在桌边其他椅子上。问儿童："洋娃娃看到了什么？"儿童很难回答。接下来给儿童从不同的角度拍摄的"三座山"的照片，让儿童挑出洋娃娃看到的照片。接着再给儿童三张硬纸板，要儿童按娃娃所见把三座山排好。结果，大多数6岁以下儿童选择的照片或搭建的模型，是从他们自己的观察角度出发，而不是洋娃娃看到的。由此，皮亚杰指出，幼儿在进行思维时是以自我为中心的。

图2－1 皮亚杰的三山实验

同样的事物在不同年龄阶段的孩子眼中是不同的。作为教育工作者，我们应该了解学生在不同时期的心理特点，从而采用相应的教学方法。本章的目的，就是帮助大家了解这一方面的知识。

学习目标

通过本章的学习，你将能够：

1. 了解心理发展、自我同一性、学习准备和关键期等基本概念；了解学生智力的差异、学习风格的类型；了解埃里克森的人格发展阶段理论以及弗洛伊德的精神分析理论。

2. 理解皮亚杰的认知发展阶段理论；自我意识及其发展历程；多元智能理论；认知方式的差异及其教育含义。

3. 掌握认知发展与教学的辩证关系。

基础概念

心理发展（psychological development）：指个体从出生、成熟、衰老直至死亡的整个生命进程所发生的一切心理变化。

学习准备（readiness）：指学生原有的知识水平或心理发展水平对新的学习的适应性，即学生在学习新知识时，那些促进或妨碍学习的个人生理、心理发展的水平和特点。

人格（personality）：又称个性，是指决定个体的外显行为和内隐行为并使其与他人的行为有稳定区别的综合心理特征。

自我意识（self-awareness）：个体对自己以及自己与周围事物的关系的意识，包括自我认识、自我体验和自我监控三种成分。

基础概念

心理发展，认知发展，图式，同化，顺应，学习准备，关键期，人格，自我意识

第一节　心理发展概述

一、心理发展的含义

心理发展指个体从出生、成熟、衰老直至死亡的整个生命进程所发生的一切有规律的心理变化。包括与认识活动相关的认知发展，与情感、个性、人际关系相关的社会性发展以及道德发展等。但是，并不是个体生命中的所有变化都可以叫作心理发展，比如因为生病而引起心理上的偶然的变化不能称之为心理发展。心理发展既包括前进上升的变化，也包括衰退下降的变化。一般来说，在个体生命的早期，前进上升的变化占优势，而到了生命的后期，衰退下降的变化则更占优势。一般来说，心理发展遵循着从低级到高级、从简

单到复杂、从量变到质变的过程。

心理发展的问题历来受到教育者的关注。心理发展与教育之间存在着复杂的关系。一方面，心理发展的水平与特点是教育的前提和依据。在对中小学生进行教育时，应该充分考虑中小学生已经达到的心理发展水平和所表现出来的发展特点；另一方面，中小学生心理的发展依赖于所接受的教育，心理发展是教育的产物，适宜的教育可以促进个体的心理发展。教育对于个体的心理发展起着主导作用，制约着心理发展的过程和方向。当然，需要指出，心理发展会受到多种因素的影响，如家庭环境、先天素质等都会影响中小学生的心理发展，教育仅仅是影响心理发展的主要因素。

二、心理发展的基本特征

（一）连续性与阶段性

连续性指个体的心理发展是一个开放的系统。在个体的生命过程中，心理发展既没有一个绝对的起点，也没有一个绝对的终点。每一个心理过程的进步，总是在先前的基础上发展起来的，是量的积累过程。连续性体现着个体心理发展的总趋势。如儿童的心理发展是一个由低级到高级、由简单到复杂、由不分化到逐渐分化的过程。儿童的认知发展遵循由浅入深、由绝对到相对、由自我中心到非自我中心的过程。个体的个性社会性发展遵循埃里克森的八个阶段顺序；阶段性是指心理发展是由一个个具体的发展阶段组成的。每一个阶段都是从前一阶段中孕育和产生出来的，同时，又将加入到后一个阶段中去。阶段性既表现为不同年龄阶段个体的心理发展表现出显著差异，同时在各个阶段的主导活动和心理活动的动力上也有显著不同。从发展的总趋势上来看，心理发展的阶段是有次序的，是不可逾越或倒退的。心理学家把个体心理发展各年龄阶段所表现出来的一般的、典型的、本质的特征称为年龄特征。目前，依据个体在一定时期内所表现出来的共同心理特征和主导活动，可以将人的心理发展划分为8个阶段：胎儿期（受精至出生）、婴幼儿期（出生至3岁）、儿童早期（3 ~ 6岁）、儿童后期（6 ~ 12岁）、青少年期（12 ~ 20岁）、成年期（20 ~ 40岁）、中年期（40 ~ 65岁）和老年期（65岁以上）。

个体的心理发展是连续性与阶段性的统一。一般来说，发展是一个有阶段的连续过程，前一个阶段是后一个阶段的基础和前提，后一个阶段则是前一个阶段的完善和提高。个体的心理发展就是一个由低级到高级逐步发展的过程，又是一个逐渐地由量变转变到质变的过程。比如，在1 ~ 1.5岁时，儿童的语言以单词句为主，主要反映了生活中的需要。1.5岁以后，在很短的时间就出现了大量的双词句，所涉及的内容非常广泛，言语交际的能力和积极性大大提高，这种突发的改变也是在前一阶段的基础上，经过长期的积累才能发生的。

知识窗2－1 发展的阶段性

目前见到的划分人生阶段依据的典型资料，可以归为如下几类：(1) 以生理发展作为划分标准，如柏曼以内分泌腺作为分期标准；(2) 以智力发展作为划分标准，如皮亚杰以思维发展作为分期标准；(3) 以个性发展特征为划分标准，如埃里克森对人格发展的划分；(4) 以活动特点为划分标准，如艾利康宁和达维多夫对心理发展的划分；(5) 以生活事件为划分标准，例如将成年期（18岁以后）以生活事件分为成年早期（18 ~ 35岁）、成年中期（35 ~ 55或60岁）、成年晚期（55或60岁以后）。此外，还有桑代克以教育为划分阶段的着眼点，皮尔逊以人寿保险为划分阶段的指标，库尔德以医疗门诊为划分阶段的依据等等。

引自林崇德《发展心理学》

（二）定向性与顺序性

在正常条件下，心理的发展总是具有一定的方向性和先后顺序。尽管因为外在环境的差异等原因会加快或延缓个体的心理发展，从而导致发展的速度表现出个体差异，但发展是不可逆的，也是不可逾越的，且在不同的文化背景下和不同的个体身上表现出比较高的一致性。这种方向性和不可逆性在某种程度上体现出基因型在环境影响下不断把遗传程序编制显现出来的过程。如身体的发展遵循由头部到躯干和四肢，由中心向全身边缘的首尾法则和近远法则，个体的思维发展遵循由动作思维到形象思维再到抽象思维的过程，情绪和情感的发展也是由最基本的情感体验到道德感、理智感和美感等高级的情感过程。

（三）不平衡性

不平衡性主要是指人一生全程的心理发展并不是以相同的速率前进的，而是按不平衡的速率向前推进的，主要体现在以下两个方面：一是，同一种心理特征在不同年龄阶段发展不均衡。比如，就身高和体重的发展来看，个体发展具有两个高峰期，分别是儿童出生后第一年和青春期。而身体外形的发展对个体的心理发展产生重要的影响。二是，不同心理组成成分的发展速度是不一样的，达到成熟水平的时期也不相同。比如，1 ~ 3岁是儿童口头言语发展的关键期，5岁左右是儿童形成数概念的关键期，小学中年级是具体思维向抽象逻辑思维转变的关键期。总体来看，一般认为从出生到幼儿期属于第一个加速发展期，童年期为平稳发展期，青春发育期是第二个发展加速期，成人期处于缓慢发展变化节点，老年期的心理发展呈下降趋势。

（四）差异性

差异性指每一个儿童的心理都有自己的速率、特色、风格等特殊性和复杂性，这就构成个体间心理发展的差异性。比如，个体各种心理机能所能达到的最佳水平、形成速度以及达到成熟水平的时期就是因人而异的。差异性是遗传因素、环境因素和个体自身心理因素综合作用的结果。一般来说，我们所指的差异性主要关注个体差异和文化差异。

知识窗2－2 儿童心理发展的性别差异

心理发展过程中，男性和女性会表现出一定的差异。智力发展上，一般认为男性在智力发展的两个极端即智商非常高和非常低都比女性多，而女性的智力发展则相对来说比较均匀。言语发展上，一般认为女性语言发展要早于男性，且其在流畅性上高于男性，但是在言语的推理能力方面则不一定比男性强。思维方面，男性好动，喜欢操作实物，喜欢拆装玩具，逻辑思维能力强。女性好静，喜欢进行人际的沟通与交流，倾向于形象思维。社会交往和社会活动方面，男性之间更多以活动为中心，而女性则更注重情感的沟通与交流。

三、心理发展的教育含义

（一）学习准备

学习准备（readiness）又称“准备状态”或“准备性”，是指学生原有的知识水平或心理发展水平对新的学习的适应性，即学生在学习知识时，那些促进或妨碍学生学习的生理、心理发展的水平和特点。学习准备是一个动态的发展过程，包括纵向和横向两个维度。纵向维度指从出生到成熟的各个年龄阶段的学习准备，横向的学习准备指每个年龄阶段出现的各种内部因素相互影响、相互作用而形成的一个动力结构。例如许多国家都把儿童入学年龄规定为六周岁至七周岁，从心理发展的角度来看，就是因为大多数国家的教育决策者都认为，儿童要在六至七岁才能够达到接受正式教育的准备状态。

学习准备是学生学习的内部条件，也是教育过程中进行教学的起点，教学是促进学生学习的外部条件。教学前，教师必须了解学生的学习准备状态，并根据学生的准备状态进行新的教学。学习准备不仅会影响学习的成功，而且影响到学习的效率。

学习的准备状态由多种因素构成，主要有以下三个维度：一是生理方面的发展状态，特别是神经系统的发育与成熟程度，这是构成学习准备的物质基础。只有生理发育到一定程度，儿童才能够顺利地学会某些动作和行为，掌握知识和技能。相反，在个体的神经系统没有发育到一定的水平而进行超过阶段的学习时，往往不能产生好的效果。二是智力和技能方面的发展状态，这是个体能够进入学校接受学校教育的重要条件。智力的发展和技能的掌握需要个体的生理发育到一定的程度，同时还需要其他一些心理因素的发展。三是非智力因素的准备，比如个体的学习兴趣、成就动机、个性特征和人际交往等。非智力因素的准备不仅会影响学生的学习成绩，同时还关系到学生的学习热情和学习效率等。由此可见，要想让学生顺利地接受学校教育，取得良好的学习效果并且获得良好的个性发展，三个方面的准备都是必须的。

（二）关键期

对于人类心理发展关键期的研究是从奥地利习性学家劳伦兹（K. Z. Lorenz）对动物行为发展规律的研究开始的。劳伦兹长期观察研究动物的行为。他发现小鸡、小鸭会将出生后不久所遇到的某一种刺激或对象印入到它的感觉之中，使它对这种最先印入的刺激产生偏好和追随反应。但若错过了这个阶段，便很难再出现上述的偏好或追随行为。劳伦兹将这种无需强化、在一定时期容易形成的反应称为印刻，印刻发生的时期就是关键期。劳伦兹的研究引起心理学界对关键期的注意，并进行了大量研究。

发展心理学家将关键期的概念引入到儿童行为学习的研究领域，认为在儿童的发展过程中也存在关键期。儿童心理发展的关键期是指某些行为或心理机能在发展的某一特定时期，在适当的条件下才会出现，如果错过了这个时期或是缺乏必要的恰当条件，这种行为或机能就难以产生甚至永远不能产生，并将对以后的发展产生难以挽回的影响。在关键期内，机体对于环境影响极为敏感，对微细刺激能够作出反应，因此，也有研究者将其改称为敏感期。在关键期内，如果给予适应的环境刺激，则个体特别容易习得某些行为。但若缺乏适应的环境，则可能会阻碍日后的正常发展。

关键期概念的提出在教育实践领域中具有非常重要的影响。首先，关键期的提出增强了人们对于个体早期教育的重视。人们逐渐认识到个体生命早期阶段的重要，早期所进行的教育会影响其一生的发展；其次，关键期概念的提出促使父母或教育工作者寻找各种能力发展的关键期。如口语发展的关键期、思维发展的关键期、道德发展的关键期等，并在关键期进行适当的教育，从而促使儿童更好地掌握知识技能，养成良好的性格特点。

第二节　认知发展与教育

一、认知发展的阶段理论

皮亚杰（J. Piaget，1896 ~ 1980），瑞士著名心理学家，因其认知发展理论而闻名。该理论的核心是“发生认识论”，主要是研究人类的认识（认知、智力、思维、心理的发生和结构）。研究过程中，将生物学的原则和方法引入人类发展的研究中，形成了儿童认知发展理论。该理论自从诞生至今，已有半个多世纪的时间，其间受到一些批评，皮亚杰本人也对其进行了一些修改，但迄今为止仍极具影响，是发展心理学和教育学中最重要的理论之一。

（一）认知发展的机制

在皮亚杰的认知发展理论中，认知、智慧、思维等几个概念常交替使用，它们都用来表示个体整体的认知活动。智慧的本质问题既是儿童发展心理学主要探讨的问题，又是发生认识论首要解决的问题。皮亚杰用图式、同化和顺应、平衡来描述认知发展的机制。

图式：图式（schemes）是皮亚杰用来描述智慧（认知）结构的一个非常重要的概念。图式就是动作的结构和组织，这些动作在相同或类似环境中由于不断重复而得到迁移或概括。图式是个体在遗传的基础上习得的各种经验的整合，所建构的一个与外在现实世界相对应的抽象的认知结构，储存在记忆之中。当遇到外界刺激时，个体就会用此结构去核对、了解和认识情境。图式最初来自于先天遗传，以后在适应环境的过程中不断得到改变，不断丰富。皮亚杰提出了三种智力结构：动作图式、符号图式和运算图式。动作图式是最早出现的智力结构，在生命的头两年出现，如刚出生的婴儿具有吸吮、哭叫及抓握行为等图式，这些图式是与生俱来的，是婴儿能够生存的基本条件。之后，随着年龄的增长，儿童能够在没有直接操作的条件下，去解决问题并对事物和事件进行思考。也就是说，他们能够在头脑中表征经验，并使用这些心理符号或符号图式实现自己的目的。7岁以后，儿童思维的特征表现为运用运算图式。也就是说，低级的动作图式经过同化、顺应、平衡而逐渐形成新的图式。

同化和顺应：适应（adaptation）是个体的认知结构因环境变化而主动改变的心理历程。在这一过程中，个体会因环境的需要而产生两种彼此互补的心理历程：同化和顺应，以对环境做出反应。同化（assimilation）就是根据已有图式来理解新事物或事件的过程。如，学会抓握动作的婴儿会反复抓握自己的玩具，当有一些新的玩具出现时，婴儿首先也很有可能会抓握，这一过程就是同化。也就是说，婴儿会用自己以前的经验来对待新的情境，即利用已有的图式或认知结构将刺激整合到已有的认知结构中。有时候，当婴儿所拥有的图式在探究世界的过程中不能奏效时，此时同化过程不起作用，儿童就必须发展出新的图式来适应新的和独特的体验，这个过程是顺应。顺应（accommodation）就是个体改变已有的动作图式以适应新的环境变化。也就是说，主体会改变认知结构以处理新的信息。如儿童习惯了用单手抓取物体，而当遇到较重的物体而无法由单手抓取时，儿童就会改变动作模式，而改用双手进行抓握。由单手抓取改为双手抓握，就是儿童为达到目的而主动做出的改变。顺应过程一旦完成，不仅会增强了个体的同化能力，同时也使个体的认知达到新的水平。同化和顺应作为两个密不可分的过程，共同影响儿童认知结构的发展。根据皮亚杰的观点，同化只是数量上的变化，不能引起图式的改变或创新，而顺应则是质量上的变化，会创造出新的图式或调整原有的图式。一般来说，在认识较为熟悉的事物时，同化过程占优势，而在认识新异的事物时，顺应过程占优势，但同化和顺应过程之间总是保持着相对的平衡，这是儿童与生俱来的平衡过程作用的结果。

平衡：由同化和顺应过程均衡所导致的主体结构同客体结构之间的某种相对稳定的适应状态。当已有的图式不能解决面临的问题情境时，就会造成不平衡状态，即已有的经验和遇到的问题之间产生了不平衡。此时，人们会通过某些方式来减少这种不平衡，如建立新的图式或调整旧的图式等，直到达到一种新的平衡。按照皮亚杰的观点，学习依赖于这个平衡的过程。只有出现不平衡时，儿童才有机会成长和发展。每经过一次不平衡而达到新的平衡的经验，个体的认知结构就会发生改变。新的暂时的平衡绝不是静止或终结，而是某一个水平的平衡成为另一个较高水平的平衡运动的开始。个体也就是在平衡与不平衡的交替中不断建构和完善其认知结构，实现其发展的。

（二）认知发展的阶段

皮亚杰认为，儿童的认知发展是一个量变和质变相结合的过程。由于平衡过程的作用，儿童认知发展表现出连续性，而由于生物成熟因素的影响，儿童的认知发展又呈现阶段性特征。经过长期的实验研究，皮亚杰将发展阶段理论概括为以下四点：1.儿童的心理发展可分为几个具有质的差异的连续阶段；2.前一个阶段的结构是形成后一个阶段结构的基础；3.发展的阶段具有一定程度的交叉重叠；4.每个阶段和特定的年龄有关，但不是由年龄决定。皮亚杰认为，儿童的认知发展经过四个不同质的阶段，分别为：感知运动阶段、前运算阶段、具体运算阶段和形式运算阶段。

感知运动阶段（sensorimotor stage，2岁以前）

皮亚杰把认知发展的最初阶段命名为感知运动阶段，描述了个体适应和组织经验的两种模式：感知和运动。在这一阶段，婴儿或年幼的儿童主要是通过感觉和动作技能探索周围世界，并形成一些低级的行为图式，以适应外界环境并对外界环境进行进一步的探索。在这一过程中，婴儿最初只具有很简单的反射，随着不断的发展，他们开始尝试解决简单的问题。

"客体永久性"（object permanence）是婴儿在感知运动阶段获得的最显著的成就之一。客体永久性指当物体不在眼前或通过其他感官不能察觉时，仍然知道物体是存在的。比如把玩具放在纸盒后面或者藏在毛巾下面，仍然知道玩具是存在的。客体永久性表明婴儿开始在头脑中用符号来表征事物，进而思考这些事物，这是更高级认识活动的基础。当玩具被藏起来之后，5个月的婴儿还不会去寻找，7个月的婴儿会寻找片刻，10 ~ 12个月的婴儿会熟练地寻找被藏起来的玩具。在感知运动阶段的末期，客体永久性已经趋于稳定。最近，有研究者提出，皮亚杰低估了客体永久性出现的时间，他们指出4个月的婴儿可能就出现了客体永久性。

前运算阶段（preoperational stage，2 ~ 7岁）

运算是皮亚杰发展阶段论中的一个核心概念，指的是内部化的智力或操作。与感知运动阶段不同，本阶段儿童的思维不是通过动作发生，而是通过表征和概念框架而产生。在这一阶段中，儿童的言语与概念以惊人的速度发展。此时，他们开始使用大量的心理符号（词汇和表象）来表征他所遇到的事物或事件。随着表象的日益丰富，儿童的认知活动已经不再局限于当前直接感知的环境，而开始能够运用语言或较为抽象的符号来描述所经历过的事物或事件。日常活动中，儿童可以进行延迟模仿、绘画和象征性游戏。如在过家家游戏中，4岁的儿童能够假扮角色，能够把毛巾或杯子想象成相类似的东西。

之所以称为"前运算"，是因为皮亚杰认为这一阶段的儿童还没有完全掌握从心理上操作符号的能力，他们的思维还存在一些局限或不足之处。按照皮亚杰的观点，前运算阶段儿童的最大特点是自我中心（egocentric），即儿童只能从自己的角度看问题，而不能把自己放在他人的立场或从他人的角度思考问题，认为别人眼中的世界和他所看到的是一样的。如一个4岁的儿童可以说出他自己的左手和右手，但不能说出他的好朋友的左手和右手。5岁的儿童会给小动物选择他最喜欢吃的食物。皮亚杰指出，自我中心反映了前运算阶段儿童思维的局限性，而与自私无关。随着年龄的增长，这种自我中心会逐渐消失。儿童的自我中心性在语言上表现为"集体的独白"（collective monologue），也就是说，尽管很多儿童在一起活动，每个人都在进行言语表达，但实际上彼此之间却没有真正的相互作用。

前运算阶段儿童的思维还表现出片面性。儿童对事物和事件的理解仍以最显著的知觉特征为基础，而不是经过逻辑或推理的思维过程，因此，他们还不能获得物体守恒（conservation）的概念。守恒是指儿童认识到一个事物的知觉特征无论如何变化，它的量始终保持不变。如把水从一个又高又窄的容器中倒入一个又浅又宽的容器时，能够认识到水的量没有发生变化；两支相同长度的铅笔无论如何放置，它们的长度始终是相等的。这一阶段的儿童受直觉思维活动的影响，只能从一个方面考虑问题，如水的高度或杯子的宽度，而不能同时运用两个维度进行思考。因此，他们还没能形成守恒的概念。

具体运算阶段（concrete operational stage，7 ~ 11岁）

这一阶段儿童的思维表现出多维思维、可逆性、去自我中心和具体逻辑推理的特点，其认知结构已经发生了重组和改善。在本阶段，儿童的“逻辑”由认知活动所主导，而不像前运算阶段的儿童一样被直接经验所主导。他们已经迅速获得了认知操作能力，并能运用这些重要的新技能思考事物。相比前运算阶段，具体运算阶段的儿童在思维上表现出以下几点进步：自我中心主义进一步削弱，即表现出去中心化的特点；思维具有了可逆性。这一阶段的儿童能理解2个苹果加上3个苹果是5个苹果，那5个苹果减去2个苹果还有3个苹果；随着去中心化和可逆性的发展，儿童逐渐获得了守恒概念，他们已经获得了长度、体积、重量和面积等的守恒。如一个7岁的儿童在面对液体守恒的问题时，可以同时考虑两个容器的高度和宽度；在面对数量守恒时，能够认识到散开和挨紧的两排珠子的数量是相等的。皮亚杰将质量守恒概念达到时作为儿童具体运算阶段的开始，而将体积守恒达到时作为具体运算阶段的终结或下一个运算阶段（形式运算阶段）的开始。守恒概念获得的顺序也已经在许多国家的反复实验中得以验证。另外，具体运算阶段的儿童能够很好地理解数量关系和逻辑关系推理。此时，他们要学习的一项重要任务是序列化（seriation），即按照一定的逻辑顺序排列事物。如给儿童一组木棍，让儿童按照从大到小的顺序排列木棍。这一任务对于具体运算阶段的儿童并不难，他们会用系统的方法，先挑出其中最长的，然后依次挑出剩余木棍中最长的，逐步将木棍按正确的顺序排列。因为这一阶段的儿童已经具备了心理序列能力，即能够按照高度或重量这些数量维度排列项目的能力。

与前运算阶段的儿童相比，尽管具体运算阶段儿童的思维有了非常明显的提升，但仍有其局限性：一是，思维运算时仍脱离不了具体事物或形象的支持，要以具体表象为支柱；二是，具体运算还是零散的、孤立的，不能组成一个完整的整体结构。

形式运算阶段（formal operational stage，11 ~ 成人）

大约在青春期左右，儿童的思维开始发展到形式运算阶段。这一阶段儿童的思维已超越了对具体可感知事物的依赖，使形式从内容中解脱出来。此时，他们有能力解决抽象问题，可以利用语言文字在头脑中进行想象和思维，重建事物或过程来解决问题。这种摆脱了具体事物束缚、利用语言文字在头脑中重建事物和过程来解决问题的运算就叫形式运算。除此之外，这一时期的青少年在思维上还表现出如下特点：一是假设演绎推理。此种推理思维的特点是，先对所面临的问题情境提出一系列的假设，然后从假设推演出某些逻辑结论，最后考察事物是否按照预期所为。二是命题推理。在推理思维时，青少年能够在摆脱实际内容的情况下，对一系列推理的正确性进行评价，在不受命题性质束缚的情况下建立前提与结论间的逻辑联系。三是组合推理。皮亚杰认为，当儿童思维可以脱离具体事物而进行时，由于形式和内容的分离，只要把任何因素单个、两个或三个等结合在一起，就有可能建立所需要的任何关系和分离。总之，形式运算思维是理性、系统且抽象的。形式运算者已经能够有计划地思维，能对想法和概念进行运算。

皮亚杰认为，形式运算思维是儿童智力发展的最高阶段，大多数人在15 ~ 18岁表现出最高智力水平的迹象，这种能力一直持续到成年，以后的发展只是从生活经验中增长知识，而不会再提升思维方式。形式运算思维可以帮助儿童解决前所未见的问题或假设性问题，是儿童适应复杂环境的最有力的思维工具。

二、认知发展与教学的辩证关系

（一）认知发展制约着教学的内容和方法

根据皮亚杰的理论，在对儿童进行教育时，不能按照成人的经验选择和组织教学，不能按照成人的思维方式去教给儿童。要想教会儿童一定的知识或技能，首先应该认识到儿童所处的发展水平，然后从儿童现有的能力出发，按照儿童的水平确定教学的内容。如从皮亚杰的认知发展理论来看，给小学儿童传授立体几何的知识有些困难。同时，应该根据儿童的认知发展的水平采用适当的教学方法。如，小学儿童形象思维占优势，倾向于直觉地理解抽象关系，因此在教学时，教师应该注意同时提供具体的提示和视觉辅助手段；到了青少年时期，个体的认知功能过渡到抽象水平占优势，尽管青少年可以运用逻辑思维解决具体问题，但在给予抽象的概念之前，教师应该提供大量具体的例子。

（二）教学促进学生的认知发展

教学不仅要适应学生的认知发展，而且应该也能够促进学生的认知发展。大量的研究也表明，通过适当的教育训练，可以加快各个认知发展阶段转化的速度。只要教学内容和方法得当，系统的学校教育是可以加快个体的认知发展的。

（三）最近发展区

最近发展区是前苏联教育家维果茨基（Vygotsky）提出的。维果茨基认为儿童有两种发展水平：一是儿童现有的发展水平，即由一定的、已经完成的发展系统所形成的儿童心理机能的发展水平；二是儿童可能达到的发展水平，即儿童还不能独立完成，但在成人的帮助下能够完成的任务。这两种水平之间的差距就是最近发展区。即，最近发展区是指个体在有指导的情况下，借助成人的帮助所能达到的解决问题的水平与独自解决问题所达到的水平之间的差异。

传统的教育中，一般只强调从学生的实际出发，看学生现有水平如何，看他们能学什么，然后才教给学生相应的知识。根据维果茨基的理论，教育对儿童的发展起到主导和促进作用。因此，在教学时，我们不仅要关注学生已经达到的水平，同时还要考虑他们经过努力之后可以达到的水平。在给学生提供新知识时，应该考虑学生的现有水平，但同时也要关注经过他人的帮助可以达到的水平。这样的话，可以充分发挥学生的潜能，帮助学生的能力获得更大的提高。简言之，教学不应当以儿童发展的昨天而是应当以儿童发展的明天为方向，只有当教学走在发展的前面，才是最好的教学。教学过程中，教师应该在教学内容的选择、课程的设置等方面给予更多的考虑。

第三节　人格发展

一、人格的发展

（一）人格的含义

人格又称个性，是指决定个体的外显行为和内隐行为并使其与他人的行为有稳定区别的综合心理特征。人格一词来自古希腊语persona（面具）。从词的来源可以看出，人格既有表现于外的直观印象，即人格所具有的“外壳”；也有某些外部未必显露的东西，即面具后的真实自我，这就是人格内在特征。心理学中，还经常用“个性”一词来表达人格的概念。人格是一个有丰富内涵的概念，主要有独特性、稳定性、统合性和功能性四个特点。研究者从不同的角度对人格进行了探讨，在此介绍一下弗洛伊德的精神分析理论和埃里克森的人格发展阶段理论，以及两个理论对于教育的启示。

（二）人格发展的阶段理论

1.弗洛伊德的人格发展阶段理论

弗洛伊德是精神分析学派的创始人，以无意识为基础的人格理论是弗洛伊德精神分析理论的核心。弗洛伊德人格理论包括人格结构、人格发展动力和人格发展阶段。

弗洛伊德认为人格由本我、自我和超我三部分构成。本我（id）又称伊底，是人格中最原始的、最与生俱来的、潜意识的结构。本我由先天的本能、欲望构成。本我遵循快乐原则，即追求快乐，逃避痛苦。它不理会社会道德、外在的行为规范，只要受到外界刺激，导致兴奋增加，就立即要求释放本能能量和解除紧张，而不考虑外界现实状况。弗洛伊德将本我形容为就像是深渊和一大锅沸腾汹涌的兴奋。他认为，本我是人格的深层基础，它的本能冲动是整个人格系统的能量来源。

自我（ego），是本我在与现实的接触中分化出来的那部分人格结构。自我遵循着现实原则，即它是理性的，其机能主要在监督、批判及管束自己的行为。自我能够审时度势，会选择适当的对象和途径来满足本我的本能冲动。自我的能量来源于本我，且是为本我服务的，帮助本我最终合理获得快乐的满足。自我的心理能量大部分消耗在对本我的控制和压制上。

超我（superego），是从自我中分化出来的监督的自我。超我代表良心、社会准则和自我理想，是人格的高层领导。超我遵循着至善原则，即它要求自我按照社会可以接受的方式去满足本我，使人的行为符合社会的道德规范。超我来源于儿童早期经验，由奖赏和惩罚模式的内化确立，其中包含着父母、社会及文化环境的价值观念，以类似道德的规范，监督、批评及管束自己的行为。超我的主要功能是控制行为，使其符合社会规范的要求。

弗洛伊德把性本能冲动看作是本我的主要内容，他认为人格的发展是建立在性生理和性心理发展的基础上的，在人格发展的每个阶段，都会有一个特殊的区域成为兴奋和满足的中心。据此，弗洛伊德将人格发展划分为五个阶段，个体会遵循五个阶段顺序发展。

口唇期（0 ~ 1岁）这一阶段口唇区域为快感的中心。此时婴儿的活动大多以口唇为主，他们会以吸吮、撕咬、紧闭、吞咽等口腔活动来满足快感。如果在这个年龄阶段婴儿的口唇活动得到适当的满足，他们成年后就会倾向于形成乐观、慷慨、开放和活跃等积极的人格特征；若口唇期得不到满足，成年后就会倾向于形成依赖、悲观、被动、猜疑和退缩等消极的人格特征。

肛门期（1 ~ 3岁）这一阶段肛门区域成为快感区。此时儿童会接受排便训练。大小便的训练可能会引起父母和儿童之间发生较大的冲突。如果父母对儿童的排便训练过于严格，儿童就可能会形成过度控制的行为习惯；如果排便训练过于随便，儿童在成年后容易形成肮脏、浪费等人格特征。

性器期（3 ~ 5岁）这一阶段生殖器成为快感的中心。此时，儿童以异性父母作为自己性欲的对象，男孩对母亲产生爱恋，仇恨父亲，称为恋母情结。女孩则会对父亲产生爱恋，仇恨母亲，称为恋父情结。这种冲突引发的焦虑，会导致儿童内化性别角色的特征以及与之竞争的同性父母的道德标准。如果这一阶段的儿童能够逐渐形成超我，就会形成正常的人格特征。

潜伏期（5 ~ 12岁）这一阶段儿童的力比多（libido，性力，泛指一切身体器官的快感，精神分析学认为力比多是一种本能，是一种力量，是人的心理活动发生的驱动力）受到压抑，性兴趣被其他兴趣，如学习文化知识、参加文体活动、探索自然环境、学习与人交往等所取代。这一阶段中，儿童已经进入到学校接受正规的教育，他们的兴趣逐渐从家庭成员转向同伴，特别是同性同伴，倾向于避开异性同伴。

生殖期（12 ~ 20岁）这一阶段生殖器成为主导的性敏感区，口唇和肛门等成为辅助的性敏感区。此时，儿童倾向于试图与父母分离，建立自己的生活。他们开始对异性感兴趣，喜欢参加由两性组成的集体活动。这一阶段的个体发展状况会受到以前各个阶段的影响，而且会受到父母的影响。

弗洛伊德的人格发展理论特别强调童年早期经历和冲突对人格发展的重要作用，重视父母对儿童的态度，这种观点具有很重要的应用价值。但他过于强调性本能和潜意识的作用，忽视了意识和社会文化环境的作用，这是他的人格理论的明显缺陷。

2. 埃里克森的人格发展阶段理论

埃里克森（E. H. Erikson，1902 ~ 1994），是弗洛伊德的弟子，现代著名的精神分析学家之一。埃里克森早年曾在维也纳接受精神分析学的训练，其人格发展理论在基本精神上是由精神分析演变而来的，但与弗洛伊德的观点也有以下不同：第一，埃里克森同意弗洛伊德对于人格结构本我、自我和超我三个结构的划分。但他认为自我在其中具有非常重要的作用。他指出，为了成功地适应和正常发展，人们必须应对社会现实。因此，自我不仅仅是本我和超我之间的仲裁者。第二，弗洛伊德的理论以性冲动作为人格发展动力，而埃里克森则更为强调社会文化背景的作用，认为人格发展受文化背景的影响和制约。第三，与弗洛伊德相同的是，埃里克森也认为个体的发展可以划分为不同的阶段，但同时他将人生全程视为连续不断的人格发展历程。埃里克森的理论中前五个阶段与弗洛伊德的心理性欲发展阶段假定发生的时间几乎完全相同，但对于这些阶段中要发生的事情，埃里克森与弗洛伊德有不同的观点，另外，后三个阶段是埃里克森自己提出的，这也是对心理学的重大贡献。

埃里克森认为，个体在与社会环境的互动中，由于自身成长的需求，希望从环境中获得满足，但又不得不受到社会的要求与约束，这就使得个体在社会适应上产生一种心理上的困难，埃里克森将其称之为心理危机（developmental crisis）。因为心理危机的存在，个体必须学会如何调适自我，符合社会对他的要求。调适自我化解危机之后，个体就获得进一步的成长。按照埃里克森的观点，人一生要面临八个主要的危机或冲突，每种危机在一个独特的时期产生，后一个阶段发展任务的完成依赖于早期冲突的解决状况，每种危机必须顺利解决才能成功地过渡到下一个危机。

信任对怀疑（0 ~ 18个月）：这一阶段中，婴儿的主要任务是建立起对世界的基本信任感。所谓基本信任感是“充分信任他人以及自己也值得信赖的一种基本感觉”。刚出生的婴儿基本上完全处于无助状态，其生活上的一切需求完全依赖于成人的照顾。在需求与满足的过程中，婴儿与成人之间开始了人际关系。此时，如果婴儿能够在饮食、安全、关爱等方面获得满足，他就会对成人感到信任。如果成人对婴儿没能进行较好地照顾，婴儿就会感到怀疑。本阶段中，母亲或以母亲身份出现的人对婴儿的发展具有重要作用。根据埃里克森的观点，尽管这一危机发生在婴儿时期，但是这种关系是将来与他人建立良好社会关系的人格基础。

自主对羞怯（18个月 ~ 3岁）：这一阶段中，儿童面临的危机是自主行动与羞怯。2岁左右，婴儿基本上都已经学会走路，并且能利用自己所掌握的语言与他人进行交流。此时，他们不仅对周围的事物好奇，而且不想再完全依靠他人，渴望并试图自己去做一些事情，对于自己喜欢的事情总喜欢自己动手去做。如果父母能够在保证安全的情况下，允许儿童进行自由的探索、独立做自己的事情，同时在儿童需要时给予适当的帮助，那儿童就会变得独立自主，遇事不依赖别人。但若父母过分限制孩子的活动，什么事情都不让孩子去做，不给他们独立自主做事情的机会，或者对儿童的管教太过严厉，当出现一点小的错误时，就给予非常严厉的惩罚，那都会让孩子变得羞怯，产生无力感，缺乏自信，对于自身的能力也会产生怀疑。

主动对内疚（3 ~ 6岁）：这一阶段的危机源于主动与愧疚之间的冲突。心理发展上，由于动作和言语技能的逐渐成熟，这一阶段的儿童更喜欢表现，喜欢在别人面前展示自己；生活环境上，儿童大部分已经进入幼儿园，他们的活动范围超出了家庭的圈子，他们更想探索周围的物理环境和社会环境。但是不可否认，由于儿童能力的局限，父母或其他成人常对儿童的行为进行限制。此时，如果父母或其他成人能够让儿童在其能力范围之内进行适当的活动，让儿童在游戏中增强感官体验，激发心理活动，培养社会能力，则可以保持他们对于活动的热情，增强其主动性。反之，如果对儿童的主动探索进行过多的干涉，则会导致儿童遇事退缩，产生内疚感。

勤奋对自卑（6 ~ 12岁）：这一阶段的危机源于勤奋与自卑间的冲突。这一时期正值正规学校教育的第一阶段。进入学校之后，儿童的生活环境得到进一步的拓展，但也受到更多团体规范的约束，如必须按时上下学、必须认真听课、必须认真完成作业、必须参加考试等等。此时，与教师和同伴的交往经验也会影响到儿童的自我体验。如果小学儿童能够承担学业带来的压力，能与他人友好相处，并能积极参与集体活动，都会给儿童带来勤奋的感觉，增强儿童的胜任感。这些成功的体验有助于儿童养成勤奋进取的性格，敢于面对生活的调整，在以后的工作中表现出乐于工作和较好的适应性。反之，如果儿童经历的失败多于成功，则难免会体验到消极的自我和无能感，往往是以后学业颓废的重要原因，且在以后的生活中也不敢面对遇到的困难。

角色同一性对角色混乱（12 ~ 18岁）：根据埃里克森的观点，此时期是人生全程八阶段中最重要的时期，也可以说是人格发展历程中多个关键中的关键。此时，青少年体验着角色同一与角色混乱的冲突。成长过程中，青少年会遇到诸多问题：生理的成熟及由此带来的身体变化，让青少年体验到性冲动带来的压力。但由于知识的缺乏以及社会的禁忌，他们不知如何解决；由于学校教育的要求，他们面临更大的学业压力；面临职业选择，他们找不到自己感兴趣的发展方向，对未来的职业感到茫然。由于以上的种种困扰，青少年对需要价值判断的问题感到困惑，他们也常常对有关自身的问题产生疑问：我是谁？我过去是如何走过来的？将来，我能做什么？在这种不断出现问题及其思考的过程中，青少年会形成角色同一性。角色同一性是有关自我形象的一种组织，包括有关自我的能力、信念、性格等的一贯经验和概念。埃里克森提出，角色同一性的形成不仅与当前所面临的任务有关，还与个体的过去经验相联系。前面几个阶段的良好发展都有助于青少年建立起角色同一性。

亲密对孤独（成年早期）：这一阶段的危机源于亲密与孤独之间的冲突。亲密感是人与人之间的亲密关系，包括友谊与爱情。亲密的社会意义是个体能与他人同甘共苦、相互关怀。此时的重要任务是在人际交往中建立正常的人与人之间的友好关系，如与他人形成亲密的友谊关系，或建立恋爱或伴侣关系。如果一个人不能与他人分享快乐与痛苦，不能与他人进行思想情感的交流，不相互关心与帮助，就会陷入孤独寂寞的苦恼之中。

繁衍对停滞（成年中期）：这一阶段的繁殖不仅包括人类繁衍后代，还包括生产能力和创造能力等基本能力或特征。此时，个体面临抚养下一代的任务，并把下一代看作自身能力的延伸。除了关心家庭成员之外，发展良好的个体还会扩展到关心社会上其他的人，关心下一代以至子孙万代的幸福。他们追求事业的成功，而不仅仅是满足个人需要。若不能获得较好的发展，则会表现出自我关注，不顾及他人的困难与痛苦，出现“停滞和人际匮乏”感，从而导致停滞或自我放纵。

完善感对悲观失望（成年晚期）：这是心理发展的最后一个阶段，危机来源于完善与悲观失望。由于衰老，老年人的体力和健康每况愈下。此时，当他们回顾自己的一生，能对自己的成就、失败等坦然接受，感觉这一辈子过得很有价值，生活得很有意义，就会产生完善感。否则，若消极成分多于积极成分，就会感到遗憾，感觉自己一生失去了很多机会，想要重新开始又为时已晚，于是会产生绝望，精神不济，并因而害怕死亡。此阶段的发展受前面几个阶段的影响比较大。

以往对于儿童发展与教育的关系，不外乎两种取向：一种是强调儿童中心主义，主张一切顺其自然；一种是社会文化中心主义，强调按照社会的需要而给予严格的训练。埃里克森的理论在这一问题上也给我们提供了一定的启示。根据埃里克森的观点，心理危机是由个体自身发展的需要与外在环境的共同作用所致。因此，在化解个体所遇到的危机时，也应该注意从外在环境入手。另外，前五个时期处于个体成长过程中接受家庭教育和学校教育的阶段，具有较大的教育学意义。教育过程中，教育工作者应该了解每个阶段的发展特点，针对学生在不同的发展阶段所面临的任务、矛盾和个别差异，提供一些成长必要的经验，以达到完善人格的目标。如针对幼儿园的儿童，教师可以给儿童提供大量的角色扮演的机会，满足儿童积极主动去解决问题的愿望；在小学阶段，为了能够发展儿童的勤奋感，教师应该确保给学生布置的学习任务既具有一定的挑战性，同时又是在学生的能力范围之内，从而不会让学生形成挫败感。同时，对于每位同学的成功给予及时的表扬与鼓励；而对于青少年时期的个体，则可以提供给他们更多的实践机会，让青少年在实践中了解自己的优缺点，同时可以邀请相关专家与同学们就职业生涯问题进行讨论，以帮助他们进一步明确自己的方向。

二、自我意识的发展

（一）自我意识的含义

自我意识（self-consciousness）是个体对自己以及自己与周围关系的一种意识。包括认识自己的生理状况（如身高、体重、形态等）、心理特征（如感知、思维、情感、能力、性格、气质等）以及自己与他人的关系（如自己与周围人相处的关系、自己在集体中的位置与作用等），简言之，就是自己对所有与自己身心状况相关的认识。自我意识是人的意识的最高形式，是人区别于动物的本质特征之一，是衡量个性成熟水平的标志，是整合、统一个性各个部分的核心力量，也是推动个性发展的内部动因。自我意识具有目的性、社会性、能动性等特点，对个体的个性形成、发展起着调节、监控、矫正的作用。

（二）自我意识的发展

自我意识是个体社会化的结果。儿童最初是没有自我意识的，他甚至不能将自己同外界事物分开。1岁左右的儿童开始把自己的动作同动作的对象区分开来，初步意识到自己是动作的主体，但还没有把自我作为一个整体与外界事物区分开来；1岁以后，儿童开始认识到自己的身体以及身体的各个部位，也意识到自己身体的感觉。他把自己作为客体来认识，从成年人那里学会使用自己的名字，像称呼其他事物一样用自己的名字称呼自己。大约2岁以后，儿童开始逐渐使用代词“我”。这标志着儿童自我意识的产生。学前期以后的儿童的自我意识进一步发展，主要表现为自我评价、自我体验、自我控制的形成和发展，而以自我评价为主要标志。

自我意识的发展表现在生理自我、社会自我和心理自我三个方面。自我意识最原始的形态是生理自我。生理自我是个体对自己的生理属性的认识，如身高、体重、长相等，包括占有感、支配感和爱护感。这种生理自我并非与生俱来，而是在婴儿出生后第8个月开始，到3岁左右基本成熟。社会自我是个体对自己社会属性的认识，如自己在各种社会关系中的角色、地位、权利等。包括个人对自己在社会关系、人际关系中的作用和地位的意识，对自己所承担的社会义务和权力的意识等。从3岁到青春期这段时期，是个体接受社会化影响最深的时期，也是学习角色的重要时期，因而每个人的社会自我是逐渐形成的。幼儿园的游戏对于个体实现社会自我起着非常重要的作用。心理自我指个体对自己心理属性的认识，如心理过程、能力、气质和性格等，主要体现在自我体验、成人感、性意识、自我反省和自我意识的矛盾性等方面。从青春发育期到青春后期大约10年时间，是心理自我的发展时期，自我观念趋于成熟。

第四节 个体差异与因材施教

一、学生的认知差异及其教育含义

（一）认知方式的差异

认知方式又称认知风格，是个体在知觉、思维、记忆和解决问题等认知活动中加工和组织信息时所显示出来的独特而稳定的风格。认知风格是个体逐渐形成的，一经形成很少会因为学习内容而发生变化。目前研究较多的认知方式有场独立型和场依存型，冲动型和沉思型，辐合型和发散型，立法型、执法型和司法型。

1.场独立型和场依存型

场独立型和场依存型是认知风格领域中研究较多、影响较大，且非常有代表意义的一类研究。研究者把受环境因素影响大的称为场依存型（field dependence），即个体依赖自己所处的周围环境的外在参照，从环境的刺激中去定义知识、信息。具有场依存的人，在对客观事物进行判断时，常以外在参照为标准，容易受到外在因素的影响和干扰。在认知方面也会倾向于受外在的影响。在社会性方面，场依存的人以社会定向，社会敏感性强，喜欢社交活动，对他人感兴趣，愿意参与与他人的交往。不受或很少受环境因素影响的为场独立性（field independence），即凭借自己所处生活空间的内在参照，从自己的感知觉出发去获得知识、信息。具有场独立性的人，在对客观事物进行判断时，常常利用自己内部的参照，不易受外来因素的影响和干扰。在认知方面独立于他们的周围背景，倾向于在更抽象的和分析的水平上加工，独立对事物作出判断。在社会交往方面，场独立的人是非社会定向的，他们社会敏感性差，不善于社交，自信、自尊心强，喜欢独处。

研究表明，场独立型和场依存型较多依赖于个体的遗传因素和生理基础，而且个体在场独立和场依存连续维度上的位置是相对稳定的。

知识窗2－3 场独立型和场依存型的研究起源

第二次世界大战期间，美国心理学家赫尔曼·威特金（Herman A. Witkin）进行了相关研究，目的是为了研究飞行员怎样利用来自身体内部的线索和视觉见到外部仪表的线索来调整身体的位置。研究中有可以摆动的座舱，舱内放置一把座椅。座椅倾斜时，被试可以调整座椅保持身体与水平垂直。结果发现，有些被试是根据来自仪表的线索进行判断，因此他们不能使自己的身体恢复平衡；也有一些人主要是依赖身体内部的线索。因此，尽管座舱倾斜，但是他们仍能使自己身体保持与水平的垂直。后来，威特金又相继设计了许多实验来验证这一发现，如棒框实验、镶嵌图形测验等。

教学过程中，教师应该认知并充分发挥学生认知风格的优势，并结合采用相应的教学策略和教学方法。如场依存的学生更喜欢在集体的环境中学习，且喜欢有明确的指导和讲授。而场独立的学生则更喜欢个人的独立钻研与思考，可以给予他们更多的独立探索的机会。另外，教师也要对自身的认知风格有所了解。有研究者指出，场独立性和场依存性的教师所采用的教学方法有所不同。只有教师认识到自身的场定向，才更有可能采用与学生的场定向相匹配的教学方式。需要指出的是，教师难以尝试不同风格的教学，但优秀的教师应该时刻根据不同学习者而调整教学方案，应有一个针对不同学习风格使用不同教学策略的备选系统。

2.冲动型和沉思型

冲动型（impulsive）和沉思型（reflective）最早由卡根（J. Kagan，1964）及其同事提出，反映了个体信息加工、形成假设和解决问题过程的速度和准确性，指在不确定条件下个体作出决定速度上的差异。这种认知风格类型可以通过匹配相似图形测试进行评定。测试时，先向被测者提供一幅有关物体的图画，要求他从大量其他图画中选出与某图完全相同的画。由此，卡根将个体划分为两种类型：一类是冲动型，即倾向于很快地检验假设，根据问题的部分信息或未对问题进行透彻地分析就仓促作出决定。他们反应速度快，但容易犯错误。另一类是沉思型，即碰到问题时，倾向于深思熟虑，用充足的时间考虑、审视问题，权衡各种问题解决的办法，然后从中选择一个最佳方案。他们作出的选择较为精确，但速度较慢。冲动和沉思的区别，表明了学生信息加工策略方面的重要差异。

3.辐合型和发散型

辐合型指个体在解决问题的过程中，常常会表现出辐合思维的特征。具体表现为首先会搜集或综合信息与知识，然后运用逻辑规律，逐渐缩小解答的范围，直至找到唯一正确的答案；发散型则是指个体在解决问题过程中，常常表现出发散思维的特征。在解决问题时，个体首先会沿着许多不同的方向进行思维，使观念发散到问题的各个有关方面，最终通过搜寻策略，产生多种可能的而不是唯一正确的答案。采用发散思维容易产生有创见的新颖的观点。

4.立法型、执法型和司法型

斯滕伯格（Robert J. Sternberg）在总结前人认知风格理论的基础上提出了心理自我管理理论，认为心理自我管理功能包括三种不同风格。立法型风格的学生喜欢创造和提出计划，喜欢按照自己的观点做事，而不执行他人已经计划好的任务；执法型风格的学生则喜欢遵守常规，按照既定的程度和规则行事，他们愿意听从他人的安排做事；司法型风格的学生则喜欢分析和判断已有的事物和方法，并对规则和程序进行评价。一般来说，三种功能中其中一种会占主导。

（二）学习风格的差异

学习风格是学习者持续一贯的带有个性特征的学习方式，是个体特有的认知、情感和生理行为，它是反映学习者如何感知信息、如何与学习环境相互作用并对之作出反应的相对稳定的学习方式。学习风格包含了生理、心理和社会要素，具有稳定性、独特性和发展性的特点。研究者对学习风格的类型进行了不同的划分。

1.瑞德的学习风格分类

20世纪80年代，瑞德（Joy Reid）对学习风格进行了深入细致的调查研究。她指出，在进行学习时，人们会利用不同的感官，也就是说人人都有自己所偏爱的学习感官和学习方式。根据这一观点，瑞德设计了一套感知学习风格偏爱调查表，并将学习风格划分为视觉型、听觉型、触觉型、小组型、个人型和动觉型几种类型。瑞德将每种风格的特点与优势作了较为细致的分析和解释。另外，瑞德还指出，在进行学习时，研究者应该充分发挥与感官偏爱有关的风格优势，多感官接受信息，这样才能够更有效地接受知识。

2.席尔瓦和汉森的学习风格分类

20世纪90年代末期，席尔瓦（Silver）和汉森（Hanson）在瑞士心理学家荣格（Carl Gustav Jung）对个性划分的理论基础上，通过对荣格的四种个性进行交叉，形成了四种类型的学习风格：掌握型、理解型、人际型和自我表达型。并对每种风格的学习偏好、最佳学习方式以及喜欢和不喜欢的事情进行了归纳。掌握型学习者也称感官－思考型。他们是现实的、实践的、注重实务的。学习时，他们喜欢以有组织的、有效率的方式完成任务，偏好动手操作的或技术性的学习。这些学习者热爱工作，喜欢忙碌，需要及时反馈。他们关注“什么”和“怎样”的问题，喜欢有明确对错而不喜欢开放性的作业，需要学以致用的机会。理解型学习者也称为直觉－思考型。他们喜欢接受智力挑战，独立思考问题，好奇，关注长期效应。学习过程中，他们倾向于采用有逻辑、有组织、系统的方式进行学习。学习之后不需要太多反馈，不喜欢有时间压力，对感兴趣的事情非常投入，喜欢推理，寻求逻辑关系，不断问“为什么”，喜欢通过抽象符号、公式、书面文字和技术性的图解来收集资料。人际型也被称为感官－感受型。他们喜欢社交、与人友善，以人际取向为主。学习过程中，他们倾向于自发性的，常依据冲动和感觉行事。他们喜欢帮助别人，并需要别人认可他们的付出，他们关注的问题是“这对我有何价值”。自我表达型也被称为直觉－感受型。他们好奇，敢于梦想，相信自己的价值。学习中他们喜欢探索观念，兴趣较易变化，喜欢开放性的问题，如“如果……会怎样”。他们喜欢跟着直觉走，外在的规律或安排会让他们感到受束缚。

（三）智力的差异

日常中可以发现，有些学生非常聪明，学习速度快，一教就会，也有学生不太聪明，虽然能够教会，但是需要较多的时间。聪明或不聪明就是我们常说的智力高低。什么是智力？心理学家对此进行了诸多界定，如认为智力是适应新情境的能力，是抽象思维的能力，是智力测验所能测量的东西等。在我国，普遍认为智力是以思维为核心的观察力、记忆力、思维力、想象力和注意力五个基本因素的有机结合。智力差异是心理差异的一个重要方面，也是差异心理学中研究最多、资料最丰富的一个领域。智力差异主要表现在智力的水平差异、智力的类型差异和智力的表现早晚差异、性别差异。

1.智力的水平差异

心理学研究表明，智力在全人口中呈常态分布：处于中间水平的人数较多，而处于两端的较少。也就是说，大多数人智力属于中等水平，智商较高和智商较低的人群占少数。一般来说，智力高度发展的称为智力超常，一般认为智商超过130分。这类儿童求知欲强，兴趣广泛；观察敏锐，比一般儿童更准确和敏锐，更能看出某一事物与其他事物的不同之处；注意力集中，记忆力强，积极思考；思维灵活，有创造性；有强烈的好胜心和顽强的意志。智商分数在70分以下的称为智力低下或智力落后。这类儿童知觉速度缓慢，范围狭窄；记忆能力较差；语言发展迟缓，词汇量少；认知活动中缺乏概括力。中间的则可划分为不同的层次。调查结果表明，智力超常儿童和智力低下儿童在全国儿童中所占的比例大约在千分之三。

2.智力的类型差异

智力有各种各样的成分，它们可以按不同的方式结合起来。由于不同结合，就构成了智力类型上的差异。比如，有的人擅长于进行社交，有的人擅长于言语，也有人擅长于运动。艺术型的个体在感知方面具有印象鲜明的特点，在记忆方面易于记忆图形、颜色等直观材料，思维上富于形象性，想象丰富；而思维型的个体则善于对事物进行分析概括，善于记忆语词、概念等抽象材料，善于进行抽象、分析、推理论证等。视觉型的个体通过视觉进行记忆效果最好，听觉型通过听觉记忆效果最佳，运动型则在有运动觉参加时记忆效果好，混合型的则是在运用多种感觉通道识记时效果最佳。

3.智力表现早晚的差异

智力发展与成熟早晚也存在年龄差异。有些人在儿童早期就会显露出卓越才能，这叫智力的早期表现或“人才早熟”。智力的早期表现在艺术领域、体育领域、文学领域等较为常见。人的智力除“早慧”外，还有“大器晚成”，即智力的充分发展在较晚的年龄才表现出来。这种情况在科学领域和政治领域屡见不鲜。人的智力虽有早晚的年龄差异，但对于大多数人来说，成才或出成果的最佳年龄是成年时期。

4.智力的性别差异

智力的性别差异是智力差异中较为敏感的一个问题，人们对这一问题的关注也是争论已久，但尚无确定的结论。对于这一问题的研究主要有以下结论。首先男女智力的总体水平大致相等，但在智力分布上有显著的差异。男性比女性的离散程度更大。学习成绩优异的和学习成绩较差的，男生都会多于女生，成绩中等的女生多于男生。另外，研究者指出，在智力的不同方面，男女生的智力表现有所不同。如在言语能力中，女性在词的流畅性上占优势，而言语推理能力则表现出男性优势。空间能力是一种涉及表征、转换、生成和提取符号、非言语信息的技能。以往研究表明，在空间知觉和心理旋转测验中，男性明显优于女性，但在空间想象力测验中，男女差异不显著。可以看出，智力的性别差异具有复杂性。

（四）多元智能理论

20世纪80年代，美国著名发展心理学家、哈佛大学教授霍华德·加德纳（Howard Gardner）提出了多元智能理论。他认为，人类的智力是多元而非单一的，由8种相互独立的智力成分构成，分别为：言语智能、逻辑－数学智能、空间智能、音乐智能、运动智能、人际智能、自我认知智能和自然认知智能。言语智能指个体使用口头语言或文字表达思想和理解他人的能力；逻辑－数学智能指能有效进行计算、推理和假设，并能进行复杂数学运算的能力；空间智能指准确感知视觉空间及周围一切事物，并能把所感觉到的形象以图画的形式表现出来的能力；音乐智能指敏锐地感知音调、旋律、节奏等，并用音乐思考的能力；运动智能指个体巧妙地运用身体来表达想法和感觉，灵活运用双手灵巧地制作或操作事物的能力；人际智能指能很好地理解别人和与人交往的能力，如察觉并区分他人的情绪、动机、意向及感觉，体会他人的感觉感受，辨别不同人际关系的暗示并对其作出反应的能力；自我认知智能指自我认识，并能据此做出适当行为的能力；自然认知智能指善于观察自然界中的各种事物，对物体进行辩论和分类的能力。

加德纳指出，每种智力都是一个单独的功能系统，代表着一种区别于其他智力的独特的思考模式，但这些功能系统相互作用，相互补充。大多数人能够通过丰富的环境恰当地发展每一种智力。多元智能理论的观点对于学校教育有重要的启示。从教育评价上，加德纳指出，学校常用的单纯的依靠纸笔考试难以区分儿童智力的高低，更不能预言他们未来的成就和贡献。因为学校常用的考试过分强调了儿童的言语智能和逻辑－数学智能，而对其他多种智力未能进行有效地测量。仅仅依靠标准化的纸笔测验来区分儿童的智力高低，

甚至预言他们将来的成就是片面的。在教育培养上，教师不应该仅仅关注在考试中得高分的学生，而是应该树立正确的学生观，针对每位学生智能发展的特长因材施教，真正地促使每一位同学在自己的独特方面获得最优发展。

（五）认知差异的教育含义

在各种心理差异中，认知差异无疑与实际教育的联系最为密切。教育工作者应该认识到认知方式没有优劣好坏之分，只是表现为学生对信息加工方式的某种偏爱，主要影响学生的学习方式。认知差异是影响学习的一个重要因素，主要影响学习的速度、数量、巩固程度和学习的迁移。因此，教学过程中，教育工作者要根据学生认知差异的特点和作用，不断进行教学改革，创设适应学生认知差异的教学组织形式；采用实用认知差异的教学方式，努力使教学方式个别化；选择与运用适应认知差异的教学手段，如计算机辅助教学已经被广泛应用于学校。

二、学生的性格差异及其教育含义

（一）性格差异

性格是个性心理特征的重要方面，是个体在生活过程中形成的对待现实的稳定的态度以及与之相适应的习惯化的行为方式。了解和研究学生的性格差异，针对学生的性格差异因材施教才能取得良好的教育效果。性格差异主要表现在性格特征的差异和性格类型的差异。

性格的特征包括性格的态度特征、性格的理智特征、性格的情绪特征和性格的意志特征。性格的态度特征指个体对待现实生活的倾向性特点，如对待集体、社会、他人，或者对待工作、学习等的态度；性格的理智特征指个体在认知活动中表现出来的心理特征，如在感知时是主动还是被动，在思维时是独立思考还是倾向于依赖他人；性格的情绪特征指个体在情绪方面的心理特征，如个体在情绪反应的强弱、快慢，情绪的起伏波动等方面的特征；性格的意志特征指个体在调节自己的心理活动时所表现出来的特征，如是否具有明

确的目标、是否能够果断作出决定、是否坚定、持久等，具体包括自觉性、坚定性、果断性和自制力几个方面的意志特征。

性格的类型差异指在一类人身上所共有的性格特征的独特组合。如可以按照个体心理活动的倾向划分为内向型和外向型，按照个体的独立性把性格分为独立型和顺从型。

（二）性格差异的教育含义

性格不会决定学习是否发生，但也可以在很多方面影响学生的学习。性格会影响学生的学习方式。如竞争型的学生会把课堂视为决定胜负的场所，希望在与其他同学的竞争中获胜；回避型的学生不愿意参与到课堂中的师生互动；参与型学生喜欢参与班级的教学活动和课外活动；协作型学生愿意同其他人交换意见，乐于帮助别人；依赖型学生愿意接受权威人士的教导；独立型学生则更喜欢独立完成学生任务。性格作为动力因素会影响学生学习的速度和质量。不同性格特征的学生会以自己特有的速度进行学习，且对于学习结果的要求也有所不同；性格会影响学生对学习内容的选择，以及学生的社会化和个性化过程。学校教育应该重视情感因素的作用，使教育内容的选择和组织更好地适应学生的性格差异。

知识窗2-4 “来自星星的孩子”

有一群“来自星星的孩子”，他们看起来和普通孩子无异，但是喜欢沉浸在自己的世界里，眼神躲避、不爱交流，他们并不是“异类”，而是被疾病所缚的孤独症患者。

儿童孤独症是一类以严重孤独、缺乏情感反应、语言发育障碍、刻板重复动作和对环境奇特的反应为特征的精神疾病。孤独症儿童专家表示，孤独症的发病机制非常复杂，到目前为止还不明确，且其发病无种族、社会、宗教之分，与家庭收入、生活方式、教育程度亦无关。比较公认的现有研究表明：孤独症是由遗传和环境因素共同交互导致发病的，其中先天遗传背景因素影响较大。

关于儿童孤独症的治疗，目前尚无特效药，但比较普遍的共识是：早发现，早干预，早治疗，有利于儿童孤独症患者的治疗和康复，而且争取让患儿父母参与治疗，会更有助于治疗提升。治疗方法包括行为训练法、结构化教学法疗法、感觉统合训练法及药物治疗法等。近年来，还有研究者尝试应用中医药对孤独症儿童进行干预和治疗。

2022年9月，国家卫健委印发了《0～6岁儿童孤独症筛查干预服务规范（试行）》，为规范儿童孤独症筛查、诊断和干预服务，为促进儿童健康提供了专业的指导。

三、特殊儿童的心理与教育

（一）特殊儿童的概念

特殊儿童指由于某些生理的、心理的或社会的障碍，使其无法从一般的教育环境获得良好适应与学习效果，而需要借助教育上的特殊扶助来充分发展其潜能的儿童。特殊儿童之所以特殊，是就其在学习需要的特殊性而言。如一个儿童智力低下，无法按照教师的教学进度完成学业，在学习上有特殊的需要。广义的特殊儿童指一切偏离常态的儿童，也就是说把正常儿童以外的各类儿童都算作特殊儿童，狭义的特殊儿童仅指身心有缺陷的残疾儿童。

（二）特殊儿童的类型

特殊儿童的类型包括智力超常和落后的儿童、学习困难学生、聋哑盲儿童等。

智力超常的儿童指智力水平远远超出其年龄阶段的儿童，一般认为智商超过130分；智力落后儿童是指一般智力能力处于较低的水平，一般认为智商低于70分。美国智力落后协会（AAMR）将智力落后定义为在智力当前的功能上有明显障碍。包括三个部分：一是显著低于平均智力水平；二是适应能力较差；三是这些困难发生在18岁以前。智力落后的原因还并不清楚，一般认为有家族性的或器质性的。

学习困难指智力基本正常的学龄儿童学业成绩明显落后的一类综合征。一般是指有适当学习机会的学龄儿童，由于环境、心理和素质等方面的问题，致使学习技能的获得或发展出现障碍。学习困难的原因尚不清楚，普遍认为是多种因素综合作用的结果，是内外因综合作用的结果。

（三）特殊儿童的教育

关于如何对特殊儿童进行教育的问题，以前人们普遍认为片面强调特殊儿童的特殊性，会导致他们的正常能力受到忽视。现在人们普遍认为应该努力去寻找他们的潜力。另外，只要有可能，就应该把他们保留在正常儿童所在的学校中进行教育。为了满足特殊儿童的特殊学习需要而进行的教育即为特殊教育。

由于各类特殊儿童在身体、智力等方面存在差异，他们又有不同的身心发展潜力，在对他们进行教育时，首先就应该要了解特殊儿童的身心特点。因此，特殊教育更加注重儿童个别间与个别内在差异的存在。在对特殊儿童进行教育时，可以考虑以下几种形式的安排：一是随班就读，也就是让特殊儿童进入普通学校的课堂，进行全日制或半日制的学习；二是普通班加巡回辅导，即将特殊儿童置于普通班中，但同时增加巡回辅导人员对他们进行定期或不定期的教育，或与老师共同商讨，以保证对特殊儿童进行更好的教育；三是普通班加资源教室，即专门为特殊儿童设计一个补救教学的场所，配有特殊的材料、设备和经过专门训练的教师；四是特殊班形式，即根据一定的标准，将教育需求相近的特殊儿童集中在一个班级接受教育；特殊学校被认为是最受限制的教育安置，因为它把特殊儿童与正常儿童隔离开来，但是这对于安置重度或多重残疾的儿童是适宜的。

本章要点

1. 心理发展指个体从出生、成熟、衰老直至死亡的整个生命进程所发生的一切心理变化。包括与个体认识活动相关的认知发展，与人的情感、个性、人际关系等相关的社会性发展以及道德发展等。

2. 心理发展的基本特征包括连续性与阶段性、定向性与顺序性、不平衡性和差异性。

3. 学习准备又称“准备状态”或“准备性”，是指学生原有的知识水平或心理发展水平对新的学习的适应性。

4. 儿童心理发展的关键期是指某些行为或心理机能在发展的某一特定时期，在适当的条件下才会出现，如果错过了这个时期或是缺乏必要的恰当条件，这种行为或机能就难以产生甚至永远不能产生，并将对以后的发展产生难以挽回的影响。

5. 皮亚杰的认知发展阶段理论将智力发展分为感知运动阶段、前运算阶段、具体运算阶段和形式运算阶段。

6. 人格又称个性，是指决定个体的外显行为和内隐行为并使其与他人的行为有稳定区别的综合心理特征。

7. 埃里克森的人格发展阶段理论将人的一生划分为八个阶段：信任对怀疑、自主对羞怯、主动对内疚、勤奋对自卑、角色同一性对角色混乱、亲密对孤独、繁衍对停滞和完善感对悲观失望。

8. 自我意识是个体对自己以及自己与周围关系的一种意识。包括认识自己的生理状况（如身高、体重、形态等）、心理特征（如感知、思维、情感、能力、性格、气质等）以及自己与他人的关系（如自己与周围人相处的关系、自己在集体中位置与作用等）。

9. 认知方式又称认知风格，是个体在知觉、思维、记忆和解决问题等认知活动中加工和组织信息时所显示出来的独特而稳定的风格。

10. 学习风格是学习者持续一贯的带有个性特征的学习方式，是个体特有的认知、情感和生理行为，它是反映学习者如何感知信息、如何与学习环境相互作用并对之作出反应的相对稳定的学习方式。学习风格包含了生理、心理和社会要素，具有稳定性、独特性和发展性的特点。

11. 智力差异是心理差异的一个重要方面，也是差异心理学中研究最多，资料最丰富的一个领域。智力差异主要表现在智力的水平差异、智力的类型差异和智力的表现早晚差异、性别差异。

12. 性格是个性心理特征的重要方面，是个体在生活过程中形成的对现实的稳定的态度以及与之相适应的习惯化的行为方式。了解和研究学生的性格差异，针对学生的性格差异因材施教才能取得良好的教育效果。性格差异主要表现在性格特征的差异和性格类型的差异。

13. 特殊儿童指由于某些生理的、心理的或社会的障碍，使其无法从一般的教育环境获得良好适应与学习效果，而需要借助教育上的特殊扶助来充分发展其潜能的儿童。

思考题

1. 结合实际谈谈对心理发展特征的理解。
2. 结合实际谈谈对皮亚杰认知发展阶段理论的认识。
3. 结合实际谈谈对特殊儿童的教育。

参考文献

陈萍，迟立忠.发展心理学［M］.吉林：吉林教育出版社，2001.

陈琦，刘儒德.当代教育心理学［M］.北京：北京师范大学出版社，1997.

陈琦，刘儒德.当代教育心理学（修订版）［M］.北京：北京师范大学出版社，2007.

陈允成等.教育心理学—实践者、研究者之路（亚洲版）［M］.何洁，徐琳，夏霖译.上海：上海人民出版社，2007.

冯忠良，伍新春，姚梅林.教育心理学［M］.北京：人民教育出版社，2000.

林崇德.发展心理学［M］.北京：人民教育出版社，1995.

罗伯特，斯莱文.教育心理学—理论与实践［M］.姚梅林等译.北京：人民邮电出版社，2004.

彭聃龄.普通心理学［M］.北京：北京师范大学出版社，2003.

吴庆麟.教育心理学—献给教师的书［M］.上海：华东师范大学出版社，2003.

张承芬.教育心理学［M］.济南：山东教育出版社，2006.

张文新.儿童社会性发展［M］.北京：北京师范大学出版社，1999.

David R. Shaffer.发展心理学—儿童与青少年（第六版）［M］.邹泓等译.北京：中国轻工业出版社，2005.

第三章　学习的基本理论

“白色”恐怖

行为主义奠基人华生曾经做过一个饱受争议的实验。实验对象是一婴儿—小阿尔伯特。小阿尔伯特11个月大的时候，华生将他放在实验桌上，在他身边放上一只小白鼠，并允许他和小老鼠玩耍。可是，每当小阿尔伯特伸手去触摸老鼠时，研究者就在他的脑后用重锤敲响一块悬挂起来的铁块，不出所料，巨大的响声把小阿尔伯特吓得哇哇大哭。重复数次之后，小阿尔伯特彻底把原本无害的小白鼠和可怕的巨响联系在一起，以至于只要一看到小白鼠，他就会又哭又闹，并试图远离老鼠。继而，这种恐惧反应泛化到其他东西身上，如白兔，带绒毛的玩具，男人的胡子等等。为什么小阿尔伯特对白色的东西感到恐惧呢？华生认为有机体的学习实质上就是通过建立条件作用，形成刺激与反应之间联结的过程。而小阿尔伯特在头脑中习得了白色和巨响的联结，因此会产生“白色”恐怖。

然而学习的实质真如华生提出的那样吗？

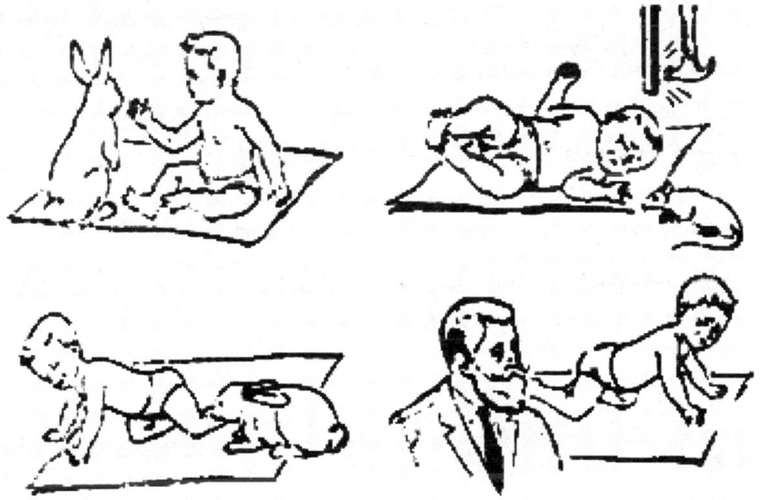

图3－1 小阿尔伯特实验

本章将从不同的学习理论出发，阐述学习的实质、学习的过程以及学习的规律和条件。

学习目标

通过本章的学习，你将能够：

1. 掌握学习的概念及实质。
2. 掌握人类学习与学生学习的特点。
3. 理解并掌握经典性条件反射的规律，尝试—错误说的基本规律，操作性条件反射的规律。
4. 区分强化与惩罚，并能掌握强化与惩罚在教育中的应用。
5. 了解苛勒的完形—顿悟说与托尔曼的符号学习理论。
6. 掌握布鲁纳的认知发现学习理论、奥苏贝尔有意义接受学习理论和建构主义学习理论，并能指导教学实践。

基础概念

学习（learning）：是指人和动物在生活过程中，凭借经验而产生的行为或行为潜能的相对持久的变化。

经典性条件反射（classical conditioning）：一个新刺激替代另一个刺激与一个自发的生理或情绪反应建立联系。

操作性条件反射（operant conditioning）：通过行为后果来改变行为的过程。

强化（reinforcement）：是操作性条件反射中一个最为重要的概念，是指能够增加操作行为再次出现的概率的效果。

顿悟学习（insight learning）：对问题情境的突然理解，它导致了迅速地学习，突然地理解了目的物和取得目的物的途径或诸条件的关系。

潜伏学习（latent learning）：如果没有受到强化，个体也能发生学习行为，只是学到的东西未必一定能表现出来，此时的学习为潜伏学习。

发现学习（discovery learning）：学生应用自己的能力，积极主动地去思考和探索自己尚未知晓的知识并最终获取这些知识的一种学习方法。

意义学习（meaningful learning）：就是将符号所代表的新知识与学习者认知结构中已有的适当观念建立非人为的和实质性的联系。

关键名词

学习，条件刺激泛化，条件刺激分化，经典性条件反射，操作性条件反射，强化，惩罚，顿悟，潜伏学习，认知地图，认知结构，发现学习，有意义学习，先行组织者，支架式教学，情境教学，探究学习，合作学习

第一节　学习与学习理论概述

一、学习的实质

学习是一种既古老而又永恒的现象。由于不同的历史条件，不同的研究角度，形成各种不同的学习观。在中国，学习这一词，是把“学”和“习”复合而组成的词。最先把这两个字联在一起讲的是孔子。孔子说：“学而时习之，不亦说乎？”意思是，学了之后及时、经常地进行温习，不是一件很愉快的事情吗？很明显，学习这一复合名词，就是出自孔子的这一名言。按照孔子和其他中国古代教育家的看法，“学”就是闻、见与模仿，是获得信息、技能，主要是指接受感官信息与书本知识，有时还包括思想的含义。“习”是巩固知识、技能的行为，一般有三种含义：温习、实习、练习。“学”偏重于思想意识的理论领域，“习”偏重于行动实习的实践方面。学习就是获得知识，形成技能，获得适应环境、改变环境的能力的过程，实质上就是学、思、习、行的总称。

（一）学习的概念

现代心理学认为学习（learning）是一个很广泛的概念，心理学家们从不同的角度给学习下定义。有的强调学习引起的行为变化，注重学习的外在结果。如霍华德（G. Howard，1995）认为学习是知识或技能的获得；有的则强调学习引起的内在变化及其结果。如加涅（R. M. Gagne，1965）认为学习是人的倾向或能力的变化，这种变化能够保持而不能单纯归因于生长过程；还有的强调学习的过程。如潘菽（1980）认为学习是人及动物在生活过程中获得个体的行为经验的过程。

目前，被广泛接受的定义是：学习是指人和动物在生活过程中，凭借经验而产生的行为或行为潜能的相对持久的变化。

（二）学习的实质

在理解这个概念的实质时，我们要从以下几个方面把握。

1.学习表现为行为或行为潜能的变化

学习必然发生的变化有时立即见于行动。例如，某同学刚学会打篮球三步上篮的动作，就会在下一次练习中表现出来。而有时变化未必立即见诸于行为，而是要很长时间才能反映于行为，此时的学习为行为潜能的变化。例如，儿童从电视中或成人身上观察、习得的某些行为通常并没有立刻表现出来，而是在日后的某些情境中展现出来。

2.学习引起的行为或行为潜能的变化是相对持久的

某些转瞬即逝的变化现象可以不经学习产生。药物、疲劳、疾病等因素也能引起行为或行为潜能的变化，但这些变化都是短暂的，不是由学习导致的。例如，疲劳可使足球运动员技术动作变形，但这种变化不是学习的结果。

3.学习是由练习或者反复经验引起的

学习是有机体后天习得经验的过程。这种经验过程不是有机体简单地接受外界的刺激或信息，而是有机体与其情境之间的交互作用的过程。而各种生理因素，如身体的发育、衰老等都可以引起主体较大的变化，但这些不是凭经验习得的，而是非习得的变化，不能称之为学习。

4.学习没有价值标准与对错之分

在学习理论中，行为的变化是没有价值标准与对错之分的。例如，某学生在外语课上学会了错误的发音或某人养成了酗酒的不良习惯，虽然从价值观上看，前者是错误的行为，后者属于不良的习惯，但用学习的概念来衡量，两者的行为改变过程都属于学习（卢强，2010）。

5.学习是指过程而非结果

学习是指有机体行为改变的过程，而不是指结果。例如，一学生的某次考试得了高分，这是学习的结果。学习理论往往不把学习的结果当作研究的内容，而是着重研究学生取得成绩之前的整个学习过程，如学生的学习动机、学习策略以及学习方法等等。

6.学习是人和动物共有的一种对环境的适应行为

有机体要生存，必须适应环境的变化。而无论人还是动物适应环境只有两种方式：一种是本能行为，这种行为是通过遗传而获得先天的种族经验；另一种就是学习行为，是有机体后天获得的个体经验。在有机体与环境的相互作用过程中，学习发生，并引起行为的变化，从而使有机体更好地适应环境。

（三）人类学习和学生学习

学习现象极为复杂，为了了解学习的一般规律及其在特殊情况下的特殊性，就必须对学习进行分类研究。从学习主体进行分类，可以把学习分为动物学习和人类学习。

1.动物学习

动物学习是一个消极被动、无目的、无计划的过程，消极地适应环境，以满足其生理需要；动物学习依赖直接经验，一切均需尝试，而不可能通过间接经验方式进行学习；动物学习仅是依靠第一信号系统进行。

2.人类学习

人类学习是在社会生活实践中，以语言为中介，自觉地、积极主动地掌握社会的和个体的经验的过程。人类学习与动物学习有着本质的区别，主要体现在三个方面。

（1）人类学习的社会性。人类除了通过直接经验的方式获得个体经验外，还在同其他人的交往过程中获得人类社会的历史经验。个体从出生以来，通过与成人的交往，通过在学校里与老师的交往，进行学习、掌握前人积累的经验；还通过与同代人的交往获得大量的社会经验。因此说人类学习具有社会性。

（2）人类学习以语言为中介。语言文字是各种事物及事物之间关系的抽象化和概括化的信号，也是记载人类累积知识经验的工具。因此，有了语言才扩大了个体掌握社会历史经验的可能。语言不仅可以使人掌握具体经验，还可以使人掌握概括和抽象的经验。

（3）积极主动性。与动物学习的消极被动相反，人类学习是一个自觉地积极主动过程。

人类学习不仅是为了满足生理需要，更重要的是满足社会需要，因此人类的学习有着极为丰富的学习动机，是一个有目的、有计划的过程。

3.学生学习

学生学习是人类学习的一种特殊形式。它是指在教师的指导下，有目的、有计划、有组织、有系统地进行的，是在较短时间内接受前人所积累的文化科学知识，并以此来充实自己的过程。学生学习的特点可以概括为以下三点。

(1) 间接学习为主，直接学习为辅。毛泽东说："一切真知都是从直接经验发源的。但人不能事事直接经验，事实上多数的知识都是间接经验的东西，这就是一切古代的和外域的知识。"学生在学校学习就是掌握人类已经累积形成的社会历史经验，即间接知识经验。这是人类在漫长的社会实践中认识和改造世界时创造的精神财富。这是学生必须学习的知识和内容。学生的主要目的就是要掌握这些知识经验，把它转化为自己的精神财富，形成必要的才能和品德。当然，也要求学生参加一些实践活动，通过直接经验去学习，掌握一些通过间接经验难以掌握的知识和技能，弥补课堂学习的不足。

(2) 组织计划性。学生学习不同于日常生活中或其他方式的学习，而是在老师的指导下，有目的、有计划、有组织地进行的。无论是学习的目的要求、科目内容、时间安排、组织形式等都有明确的目的性，是按照学生的年龄和心理特征、知识水平、认知能力等有计划进行的，而且所采取的组织形式是卓有成效的。这样才能要求学生快速、高效地去掌握人类社会数千年所积累的有用的社会知识经验，使学生的智力和能力得到相应的发展和提高，又使学生的个性和品德得到良好的形成和发展。

(3) 被动性。由于学生学习的根本任务是掌握前人的经验，这决定了学生学习的方式主要是一种接受学习的方式，即带有一定程度的被动性。学习时间短暂和大量学习内容之间巨大的反差，要求学生的学习应该快速高效，应在有限的时间内掌握前人大量的经验并尽快发展自己。学生在接受学习的过程中，意识不到当前的学习与将来生活实践的关系时，就不愿意付出努力。因此教师要运用各种方法来激发学生学习动机，提高他们的学习效率。

二、学习理论研究概述

现代心理学中的学习理论，旨在阐明学习是如何发生的，学习是怎样的一个过程，有哪些条件和规律，如何才能有效地学习，等等。学习理论指导人类的学习，特别是学生的学习和教师的教学。学习离不开学习理论的指导，学习创新更需要科学的学习理论的指导。

学习的心理学研究始于19世纪末，到现在已有100多年的历史。由于学习本身的复杂性，不同的心理学流派对它有不同的理解和阐述，从而形成了不同的学习理论。主要的理论派别有：联结主义学习理论、认知主义学习理论、人本主义学习理论和建构主义学习理论等。本章主要介绍联结主义学习理论、认知主义学习理论以及建构主义学习理论。

知识窗3－1 人本主义学习理论

人本主义心理学是20世纪50～60年代在美国兴起的一种心理学思潮，其主要代表人物是马斯洛（A. H. Maslow）和罗杰斯（C. R. Rogers）。

人本主义心理学一方面反对联结主义不重视人类本身特征，把人和动物混为一谈；另一方面也指出，认知心理学虽然重视人类认知结构，但也忽视了人类情感、价值、态度等方面对学习的影响。而人本主义的学习理论则从全人教育的视角阐释了学习者整个人的成长历程，以发展人性；注重启发学习者的经验和创造潜能，引导其结合认知和经验，肯定自我，进而自我实现。人本主义学习理论重点研究如何为学习者创造一个良好的环境，让其从自己的角度感知世界，发展出对世界的理解，达到自我实现的最高境界。

人本主义心理学家马斯洛的学习理论主要强调自我实现的人格观以及内在学习论。罗杰斯的学习理论提出了知情统一的教学目标观，有意义的自由学习观以及学生中心的教学观。

第二节　联结学习理论与应用

联结学习理论认为，一切学习是通过条件反射，在刺激和反应之间建立直接联结的过程；强化在刺激和反应联结的建立中起重要作用；在刺激反应联结之中，个体学到的是习惯，而习惯是反复练习和强化的结果；习惯形成后，只要原来的或类似的刺激情境出现，习得的习惯性反应就会自动出现。

联结理论的主要代表人物有巴甫洛夫（I. Pavlov）、华生（John Broadus Waston）、桑代克、斯金纳（B. F. Skinner）、班杜拉（A. Bandura）等，他们都根据自己的学习实验研究提出了有关学习的理论观点。本节主要介绍巴甫洛夫的经典性条件反射理论、桑代克的尝试错误说以及斯金纳的操作性条件反射理论。

一、巴甫洛夫的经典性条件反射理论

图3－2 巴甫洛夫（I.Pavlov，1849～1936）

知识窗3－2 巴甫洛夫简介

巴甫洛夫（I. Pavlov，1849 ~ 1936）是著名的俄国生理学家，是当时俄国生理学和与之相关的客观心理学的代表。在他显赫而多产的一生中，他主要从事有关心脏的神经机能、消化腺和大脑的高级神经中枢的研究。在研究消化腺的课题上，他获得了1904年的诺贝尔奖。在研究高级神经活动的课题上，他创造性地运用条件反射。有关条件反射的理论与实践是巴甫洛夫最伟大的科学成就。尽管巴甫洛夫本人拒绝把他的研究和心理学联系在一起，但是条件反射的观念和实验技术确实深深地影响了心理学的发展，尤其是对华生创立行为主义心理学产生了重大作用。

（资料来源：叶浩生，郭本禹等.西方心理学的历史与体系.北京：人民教育出版社，1998）

（一）巴甫洛夫的经典性条件反射理论的经典实验

巴甫洛夫在研究消化问题的实验中发现了经典条件反射。在他的实验中，研究人员将狗置于严格控制下的隔音实验室中，在狗的腮部穿过一个导管，使其与唾液腺相连，导管的另一端与收集、测量和记录唾液分泌量的装置相连。在实验开始时，研究人员给狗呈现食物，狗开始分泌唾液，利用装置对其进行测量。在实验过程中，研究人员先向狗呈现铃声刺激，响铃半分钟后再给予食物刺激，然后观察并记录狗的唾液分泌量。铃声与食物如此反复匹配多次后，一个意外的结果出现了：当研究人员仅给狗呈现铃声而不呈现食物时，发现狗的唾液分泌量也大量增加了，就像吃到了食物一样（见图3 － 3）。

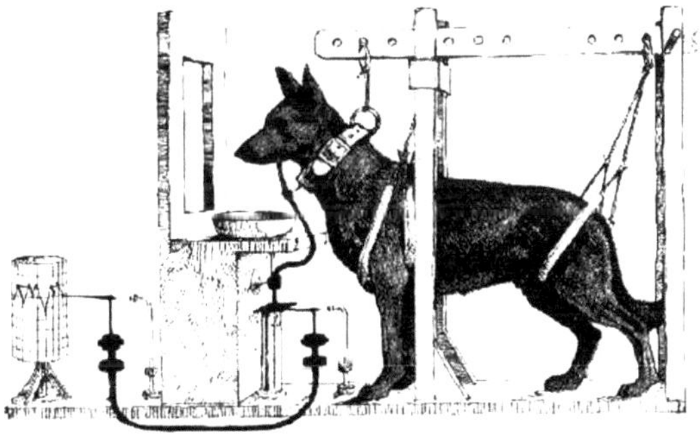

图3－3 巴甫洛夫的试验装置

（二）巴甫洛夫的经典性条件反射理论的基本观点

在这个实验中，食物可以自动诱发狗的唾液分泌，而且不需要其他条件，巴甫洛夫把像食物这样的刺激称为“无条件刺激”（unconditioned stimulus，简称US）。相应地，由食物诱发的唾液分泌反应就被称为无条件反应（unconditioned response，简称UR）。如果研究人员给狗呈现的是铃声，而不是食物，随后会观察到狗的唾液分泌量不会有所改变，此时的铃声不具有引起唾液分泌量增加的作用，故将铃声称之为中性刺激（neutral stimulus，简称NS）。

在铃声与食物多次相继呈现后，单独呈现铃声，狗也能够出现唾液分泌的反应。这说明此时的铃声已不再是原先的中性刺激了，它在一定条件下可以诱发唾液分泌，这里将此时的铃声称为“条件刺激”（conditioned stimulus，简称CS）。相应地，将此时的铃声引起的原先只有食物才能诱发唾液分泌的反应称为条件反应（conditioned response，简称CR）。

这个过程被称为经典性条件反射（classical conditioning），即一个新刺激替代另一个刺激与一个自发的生理或情绪反应建立联系。经典性条件反射建立的基本过程可以表示为表3－1。

表3－1 经典性条件反射的形成过程

建立前	无条件刺激（食物） 中性刺激（铃声）	——→无条件反应（唾液分泌） ——→引起注意但无唾液分泌
建立中 （多次重复）	中性刺激（铃声） 无条件刺激（食物）	}——→无条件反应（唾液分泌）
建立后	条件刺激（铃声）	——→条件反应（唾液分泌）

（资料来源：［美］布恩·埃克斯特兰德．心理学原理和应用［M］．韩敬之，吴福元，张湛，等译．北京：知识出版社，1985）

（三）巴甫洛夫的经典性条件反射理论的基本规律及应用

1.获得与消退

所谓条件反射的获得，是指条件刺激（如铃声）反复与无条件刺激（如食物）相匹配，使条件刺激获得信号意义的过程，也即条件反射建立的过程。在条件反射的获得过程中，条件刺激与无条件刺激之间的时间间隔十分重要。一方面，条件刺激和无条件刺激必须同时或近于同时呈现，间隔太久则难以建立联系；另一方面，条件刺激作为无条件刺激出现的信号，必须先于无条件刺激而呈现，否则也将难以建立联系（冯忠良，2000）。

当经典性条件反射建立以后，如果条件刺激（铃声）反复呈现而无条件刺激（食物）不伴随呈现，则在条件刺激（铃声）呈现后，狗的唾液分泌量会逐渐减少，条件反应会变得越来越弱，直至最终消失。此时的铃声就由条件刺激又恢复到了最初的中性刺激，这就是条件反射的消退过程。条件反射愈巩固，消退速度就会愈慢。要完全消除已经形成的条件反应要比生成这个反应难得多。但是消退之后，如果经过一段时间，再次呈现条件刺激，条件反应会重新出现。

对于条件反射的获得与消退，生活中有很多例子。比如一位中学生一开始对学习英语并没有兴趣，但是特别喜欢新来的英语老师，一段时间后竟然爱上了学英语，这就是条件反射的获得。但一学期后，这个老师调走了，该学生又慢慢恢复到原来的状态，对英语失去了兴趣。这个过程便是条件反射的消退。

2.刺激的泛化与分化

当经典条件反射形成以后，有机体对类似于条件刺激的其他刺激也做出同样的条件反应，这就是条件刺激的泛化（generalization）。这一泛化现象说明了有机体对条件刺激的辨别还不够精确（袁军，2004）。例如，若狗对闪烁的红灯形成了条件反射后，对闪烁的绿灯或黄灯也会产生条件反应。俗语“一朝被蛇咬，十年怕井绳”就是生活中泛化现象的经典实例。一般来讲，泛化现象是对事物相似性的反应，与条件刺激的类似程度越高，就越容易产生泛化现象。

分化则与泛化相反，是指有机体对类似但不同的刺激做出不同的反应。若在建立经典条件反射的过程中，只强化条件刺激而不强化与其类似的其他刺激，就可以产生分化（discrimination）现象。这种条件反射的分化现象说明了有机体已具备了精确地辨别区分类似但不同刺激的能力。例如，当狗学会只对闪烁的红灯作出条件反应，而对闪烁的绿灯和黄灯不作出条件反应，这就出现了条件反射的分化现象。分化现象是对事物差异性的反应，与条件刺激的类似程度越低，就越容易发生分化现象。

刺激的泛化与分化的例子也有很多，如假设一学生因为生物测验受到了批评，当学生正着手准备化学考试时，由于这两门学科在自然科学中关系密切，他同样会感到紧张。而如果该学生参加不同学科的考试，如该学生参加英语或历史的考试，他的紧张程度会较轻，因为这些学科的差别很大。

二、桑代克的尝试—错误说

图3－4 桑代克（E. L. Thorndike，1874～1949）

知识窗3－3 桑代克简介

桑代克（Edward L. Thorndike，1874 ～ 1949）是美国一位杰出的心理学家。20世纪上半叶，他的联结主义学习理论在美国一直占统治地位。他通过一系列动物实验开始了他的研究（1911），是美国动物心理学实验的创始人之一。他最早出版了《教育心理学》（1903），是第一个系统论述教育心理学的心理学家。他在教育的许多领域，尤其是学习、迁移、个别差异、智力测验以及成绩测量等方面，进行了开创性的工作。“桑代克奖”的设立反映了他对教育产生的影响。这个奖项是美国心理学会教育心理学分会授予那些为教育心理学做出卓越贡献的人的最高荣誉。

（资料来源：陈琦，刘儒德.教育心理学［M］.北京：高等教育出版社，2005）

（一）桑代克的尝试—错误说的经典实验

桑代克的尝试—错误说的实验是猫走“迷笼”实验。他将一只饿猫放入由他专门设计的迷笼里，把一条鱼放在笼外可以看到的地方。迷笼是关着的，但在迷笼内有一机关，只要猫踏到机关就可以出笼吃到鱼。猫一开始在迷笼里乱碰乱撞，又抓又咬。经过一系列的盲目尝试之后，猫偶然碰到了开关，进而出笼吃到了鱼。然后把猫关回笼子，重新实验。结果发现，猫在迷笼内的盲目行为逐渐减少了，逃出迷笼所用的时间也缩短了。反复实验多次之后，猫从笼内逃出所用时间越来越短。最后，猫几乎是一被放入迷笼内，就直扑机关而逃出迷笼。这说明猫已经学会了打开迷笼。

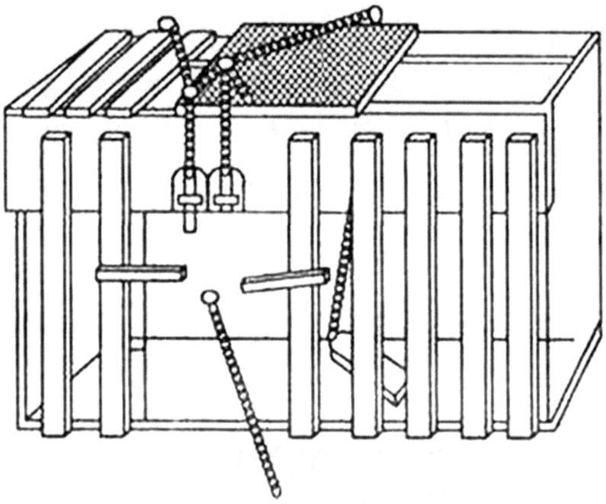

图3－5 桑代克箱

（二）桑代克的尝试—错误说的基本观点

在桑代克的实验中，猫最初的毫无目的的乱撞是一个“尝试错误”的过程，通过这种尝试行为使错误而无效的动作被淘汰，正确而有效的行为被保留下来，实现了“迷笼”情境和正确反应之间的联结。由此，桑代克提出了尝试—错误说：学习的实质在于形成刺激与反应之间的联结（无需观念作为媒介）；学习的过程是通过盲目尝试—逐步减少错误—再尝试这样一个反复的渐进过程；人和动物遵循同样的学习律，即学习的准备律、练习律、效果律。

（三）尝试—错误学习的基本规律及应用

1.准备律

学习者开始学习时的预备定势。在试误学习的过程中，学习者有准备而且给予活动就感到满意，有准备而无活动就感到烦恼，当学习者无准备而强制活动时也感到烦恼。比如学生做好了复习来考试，并且考试按时进行，那么学生就会满意；假如学生准备好了考试，却被通知考试改期了，那么他们就会懊恼；如果对学生进行“突然袭击”式的考试，那么他们就会不满。

2.练习律

在试误学习的过程中，如果经常对刺激与反应之间的联结加以练习和运用，则联结的力量就会变得越来越强。反之，则会变得越来越弱。桑代克后来又认为，联结只有通过有奖励的练习才能得到加强。例如，老师在讲授新的知识点后，可以布置一些相关的题目，促进学生对知识点的理解与巩固。

3.效果律

在试误学习过程中，如果其他条件相等，学习者对刺激情境做出特定的反应之后，能够获得满意的结果时，则其联结就会增强；而得到烦恼的结果时，其联结就会削弱（冯忠良，2000）。在实际的教学过程中，教师可以使用一些奖励，精神的或物质的，使学生的正确反应得到加强。

桑代克关于学习的三条定律有着非常重要的意义，对学校的教育实践有着重要的启示作用：在教学过程中，教师要做到激发动机，帮助学生培养兴趣；适当练习，帮助学生巩固知识；及时表扬，帮助学生走向成功。

三、斯金纳的操作性条件反射理论

图3－6 斯金纳（B. F. Skinner，1903～1990）

（一）斯金纳的操作性条件反射理论的经典实验

为了更深入地研究学习，斯金纳改进了桑代克的迷笼实验，专门设计了一种被称作“斯金纳箱”的实验装置。此箱去掉了所有无关刺激，箱内装有一杠杆，杠杆与一食物仓相连。在实验过程中，把饥饿的小白鼠置于箱内，若小白鼠偶然地按压了杠杆，食物仓便会打开并落下一粒食丸。逐渐地，小白鼠就会发现按压杠杆与食丸出现之间的联系，于是就会不停地按压杠杆，直至吃饱为止。在此实验过程中，小白鼠学会了按压杠杆以取得食物的反应。食物的出现导致了小白鼠频繁的按压杠杆，这种通过行为后果（出现食丸）来改变行为（按压杠杆）的过程就称之为操作性条件反射（operant conditioning）。

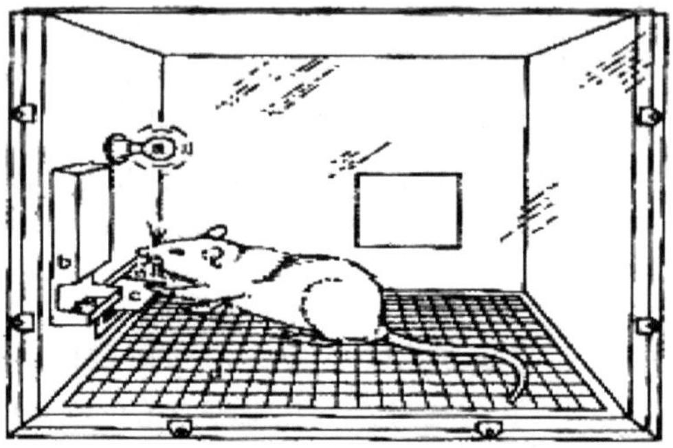

（a）灯　　　　　　（b）食物板
（c）杠杆或木板　　（d）电格板

图3－7 斯金纳箱

（二）斯金纳的操作性条件反射理论的基本观点

斯金纳将有机体的行为分为两类：应答性行为和操作性行为。前者是指由特定的、可观察到的刺激所引起的行为。巴甫洛夫实验中的无条件反应就属于应答性行为。后者是指在没有任何可观察到的外部刺激情境下，有机体自发做出的行为。比如，斯金纳实验中小白鼠按压杠杆的行为就属于操作性行为。应答性行为受刺激控制，较为被动；而操作性行为不取决于事先的刺激，而是受行为结果的控制，是有机体的主动反应，人类的大部分行为都是操作性行为。相应地，斯金纳把条件反射也分为两类：应答性条件反射（即经典性条件反射）和反应性条件反射（即操作性条件反射）。

斯金纳利用“斯金纳箱”主要对操作性行为进行研究。小白鼠之所以学会了按压杠杆获得食丸，是因为开始偶然压倒杠杆的自发行为的结果是得到了食物。斯金纳发现，有机体作出的反应与其随后出现的刺激条件之间的关系对行为起着控制作用，它影响以后反应发生的概率。因此，他认为学习实质上是在某种情境中，一种反应概率的变化，而强化是增加反应概率的手段。如果一个操作（自发反应）出现以后，有强化刺激尾随，则该操作的发生概率就会增加；已经通过条件作用强化了的操作，如果出现后不再有强化刺激尾随，则该操作的发生概率就会逐渐减弱，甚至完全消失。

（三）斯金纳的操作性条件反射的强化理论

强化理论是斯金纳理论的最重要部分，他认为行为之所以会发生变化，就是因为强化的作用，对强化的控制就是对行为的控制。

强化（reinforcement）是操作性条件反射中一个最为重要的概念。强化是指能够增加操作行为再次出现的概率的效果。凡是能增加操作行为再次出现的概率的刺激或事件就可称为强化物（reinforcer）。例如，小孩发现自己哭后就会得到父母的关注，因此小孩以后哭的次数就会大增，以获得父母更多的关注。其中，父母的关注是强化物，它对哭这种行为起强化作用。

一般来说，强化分为正强化（positive reinforcement）和负强化（negative reinforcement）两种形式。正强化就是在操作行为后通过呈现令人满意的刺激来增强这一行为发生概率的过程。例如，为了获得食物，小白鼠会增加按压杠杆的行为；一个经常不按时完成作业的学生，在每次按时完成作业后，教师都及时给予表扬，那么该同学以后按时完成作业的次数会逐渐增加，并最终养成按时完成作业的好习惯。而在操作行为后通过移去令人厌恶的刺激来增加行为发生概率的过程就称为负强化。例如，给予小白鼠电击直至小白鼠按压杠杆为止，经过几次强化之后，小白鼠很快便习得了按压杠杆的反应以逃避电击；教师在教学中规定，只要学生的课堂测验能够得到满分，就可以不用上随后的自习课。在这里需要特别注意的是，正强化和负强化的结果都是增加了操作行为以后出现的概率，两者相区别的只是它们在这一过程中所采取的措施不同而已。

惩罚（punishment）是指在操作行为出现后，所采取的具有减少该行为再次发生的概率的措施。惩罚可以分为呈现性惩罚（presentation punishment）和移去性惩罚（removal punishment）。前者是指在操作行为后，呈现令人厌恶或者不愉快的刺激以减少或抑制该行为的再次发生。比如，学生在学校打架后，受到老师和父母的批评。而后者则是指在操作行为后，移除令人愉快的刺激以减少或抑制该行为的再次发生。比如，学生在校打架之后，父母为了惩罚他，一周不准其上网。在教学活动中，教师要尽量避免使用惩罚，因为惩罚带来的负面效应会比较多。但是在某些情境下，如强化方法失败等不得不使用惩罚时，也要谨慎使用。

强化和惩罚两者之间的区别见表3 － 2。

表3－2 强化和惩罚的形式

	鼓励行为（强化）	抑制行为（惩罚）
呈现刺激	正强化（在某一行为后通过呈现满意的刺激来加强行为） 如给学生打高分以鼓励学习行为	呈现性惩罚（在行为之后出现的刺激会抑制或减少该行为的发生） 如罚做额外的作业以减少上课开小差
移去刺激	负强化（在某一行为后通过移去令人厌恶的刺激来加强行为） 如努力学习以避免责骂	移去性惩罚（移除某一刺激，以减少不当行为） 如不准看电视以减少贪玩行为

（资料来源：吴庆麟，胡谊.教育心理学—献给教师的书［M］.上海：华东师范大学出版社，2003）

（四）强化理论在学习中的应用

1.强化的应用

（1）选择有效的强化物

强化理论认为行为的变化，主要是因为强化的作用。强化作用主要通过强化物来实现。在学习过程中，强化物有很多种类，如表扬、鼓励、自我强化等等。不同的学生可能需要不同的强化物来强化其行为。这就需要教师注意观察并了解哪些学生对什么样的强化物感兴趣，教师事先可以做一个调查，以了解适合每个学生的有效强化物。在以后的强化过程中，教师要分别对不同的学生予以不同的强化物，保证每个学生的强化物对其是最有效的，这样才能取得理想的教学效果。

（2）强化要及时

斯金纳认为，只有及时强化才能有利于某一行为的巩固与发展。因此，当学生作出良好的行为后，要予以及时强化，否则，这种行为容易消退，哪怕学生有一点小小的进步，老师也要给予及时强化，使学生的良好行为进一步发展起来。

（3）善于运用负强化

在教学中，一些表现不好的学生对正强化不太在意，反而对负强化异常敏感。这时教师就要善于运用负强化，以促进这些学生不良行为的“良性转化”。比如，“你像今天这样帮助别人，那么同学们以后就不会不理你了”；“你像今天这样好好学习，那么你的成绩就不会那么坏了”。

2. 惩罚的应用

惩罚是为了减少学生某种行为出现的频率。它只能暂时地压制不良行为的表现，却不能从根本上消除该不良行为。在使用惩罚的过程中，也常常会出现因误用惩罚而压制了良好的行为。所以，在对学生的教育过程中，要谨慎使用惩罚。在运用惩罚时，应该及时，并且选择一定的替代反应进行强化，即指出正确的行为方式，在学生作出正确的行为后给予强化。比如，在课堂上，一名学生大声喧哗，其行为已经严重影响了教学秩序，此时教师就不能坐视不管，要对该同学进行批评教育。由于受到了批评，该同学会暂时处于安静的状态，这时就要对其保持安静的良好行为给予及时强化，从而在压制不良行为的同时也塑造了良好的行为。最终使学生的不良行为被良好行为所取代。

第三节　认知学习理论与应用

认知主义学习理论突破了行为主义仅从外部环境考察人的学习的思维模式，它从人的内部过程即中间变量入手，对感觉、知觉、表象和思维等认知环节进行研究，去揭示人的学习心理发展的某些内在机制和具体过程。

认知主义学习理论的主要观点是：学习不是简单地在强化条件下形成刺激与反应的联结，而是学习者积极主动地形成新的完形或认知结构的过程；学习不是通过练习与强化形成反应习惯，而是通过顿悟与理解获得期待；个体的学习不仅依赖于当前的刺激情境，而且依赖于原有的认知结构；学习受主体的预期所引导，而不是受习惯所支配。

本节主要介绍苛勒的完形—顿悟说、托尔曼的符号学习理论、布鲁纳的认知发现学习理论和奥苏贝尔的有意义接受学习理论。

一、苛勒的完形—顿悟说

图3－8 苛勒（W. Kohler，1887～1967）

（一）关于学习问题的经典实验

1912年，格式塔心理学派诞生于德国，格式塔是德文gestalt的音译，含义为“能动的整体”，国内学者翻译为“完形”。格式塔心理学派最有影响的实验当属苛勒的顿悟实验研究。苛勒于1913 ～ 1917年，曾在特纳利夫岛深入地研究了猩猩解决问题的行为。研究人员将一串香蕉悬挂于房顶上，这时的香蕉是猩猩所不能够到的，房内的地上放着几个箱子。实验开始后，猩猩企图跳起来抓取香蕉，但是没有成功。于是它变得焦躁不安，在房间内来回走动。后来，猩猩“安静”下来，发呆似地观察着眼前发生的一切。突然，它将箱子挪到了香蕉下面，然后跳到箱子上，抓取到了香蕉。如果箱子不够高，猩猩也能将更多的箱子摞起来以取到香蕉。在以后的实验中同样发现，猩猩也会类似地将两根竹竿插在一起而够取香蕉。苛勒根据他的一系列实验，提出了顿悟学习，认为猩猩的学习是一种顿悟，而不是尝试错误。

图3－9 顿悟实验中的黑猩猩

（二）关于学习问题的基本观点

1.学习是通过顿悟过程实现的

在实验中苛勒发现，黑猩猩在面对问题情境时，在初次获取食物的行为不成功之后，并未表现出盲目的尝试—错误的动作，而是坐下来观察整个问题的情境，后来突然显示出了领悟的样子，并随即采取行动，成功地解决了问题。因此，苛勒认为学习是由“顿悟”实现的，而不是尝试错误，“真正的问题解决行为，通常是一个顿悟的过程，具有与前面发生的行为截然不同的特征”。学习是个体利用自身已有的知觉经验与智慧对情境及情境与目标关系的顿悟。在学习过程中，个体知觉经验中原有结构得到逐渐改组，并最终豁然形成了新的结构。它是一种突发性的质变过程，而不是动作的积累或盲目的尝试。

2.学习的实质是在主体内部构造完形

格式塔学派理论中的完形是一种心理结构，它是在机能上相互联系和作用的整体结构，是对事物关系的认知。在他们看来，学习过程中问题的解决都是由于对情境中事物关系的理解而构成一种“完形”而实现的。学习的实质是在主体内部构造完形，学习是一个不断构建完形的过程。

二、托尔曼的符号学习理论

图3－10 托尔曼（E. C. Tolman，1886～1959）

（一）关于学习问题的经典实验

1.关于潜伏学习的实验

托尔曼（E. C. Tolman，1886 ～ 1959）将小白鼠分为三组，训练它们走一个复杂的迷宫。其中，A组小白鼠每次跑到目的箱都会得到食物；而B组小白鼠自始至终都没有给予食物强化；实验组即C组小白鼠在前10天的练习中不予食物强化，而从第11天开始给予食物强化。实验结果发现，A组小白鼠的平均错误次数成逐渐下降的趋势；B组小白鼠的平均错误次数一直都没有显著下降；C组小白鼠的平均错误次数在没有食物强化的前10天里没有显著的下降，与B组基本一致。但是从第11天开始，其平均错误次数陡然下降，甚至表现得比A组还要好。托尔曼认为，三组小白鼠的学习情境是一样的，差别就仅在于各组有没有得到食物强化。C组小白鼠前10天虽然没有得到强化，但是从第11天以后学习效果的突现来看，前10天中小白鼠也在学习。B组小白鼠虽然一直没有给予强化，但是自始至终它们同样也在学习，只不过没有将学习的效果表现出来而已。托尔曼称这种学习为潜伏学习（latent learning）。这说明学习不仅需要知识，而且还要有目标。如果没有目标，学习就可能表现不出来。

2.关于认知地图的实验

在迷宫中有三条通道可以到达食物箱（如图3 – 11所示）。通道1最近，而通道3最远，通道2介于两者之间。实验开始后，研究人员训练小白鼠走迷宫。经过几次训练后，发现小白鼠不仅学会了走迷宫，而且最喜欢走通道1，而不走通道2和3。随后，研究人员将通道1堵塞，结果发现，小白鼠走通道1受阻后，迅速返回并选择通道2。后来，研究人员又将通道2堵塞，结果发现，小白鼠受阻后，也会迅速返回并选择通道3。托尔曼认为，小白鼠学到的不是一系列动作，而是习得了迷宫地图，比如，哪条路通向食物，哪条路最近，哪条路绕弯等。一旦小白鼠将这些信息同化到自己的认知地图中，它就会明白目标在哪里及应该如何走，如果发现通路受阻，它也会选择其他通路并成功到达目的箱。

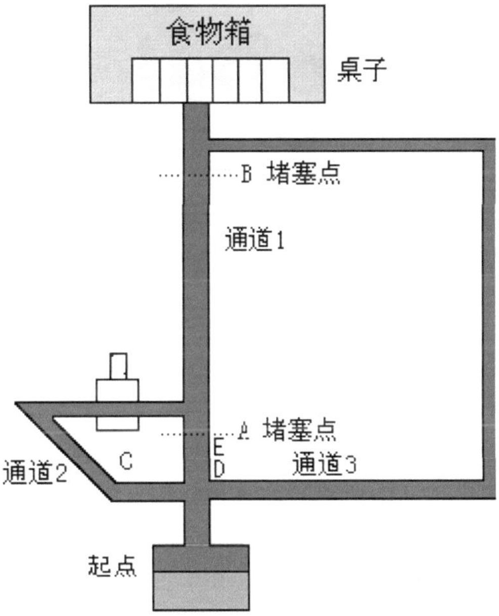

图3 – 11 小白鼠走迷宫实验装置平面图

（二）关于学习问题的基本观点

1.托尔曼不同意把刺激与行为的关系说成是直接的，而是提出了中介变量的概念。他认为，一个完整的行为是由外部环境或内部生理状态所激发的，经过某些中介变量而由此表现出的行为和反应。要分析一个完整的行为就必须考虑个体的认知因素，认知因素就是行为的中介变量。

2.学习是对完形的认知，是形成认知地图。认知地图是指在过去经验的基础上产生于头脑中的某些类似于现场地图的模型。在达到目的的过程中，个体对各种环境条件的认识是达到目的的手段和途径。行为不是对一种刺激的反应，而是对某种刺激模式的认知。

3.托尔曼强调认知、目的和期望等在学习中的作用。他虽然承认练习和强化的作用，但是他只是将它们的作用放在次要位置，而是将认知提到了首位。

4.强化不是学习的必要条件，它只影响学习效果的表现。如果没有受到强化，个体也能发生学习行为，只是学到的东西未必一定能表现出来，此时的学习为潜伏学习。所以，个体没有表现出某种行为，也不能断定个体没有学会该行为。

5.托尔曼认为，小白鼠在走迷宫时，根据对情境的感知，在头脑里形成了一种期待。期待是托尔曼学习理论中的核心概念。它是指个体根据已有经验而建立起来的一种内部准备状态，是一种通过学习而形成的关于目标的认知观点。只有对即将到达目标建立某种期待，才会对不同目标做出实际的不同行为。

三、布鲁纳的认知发现学习理论

图3－12 布鲁纳（J.S. Bruner，1915～2016）

（一）学习观

1.认知生长和表征理论

布鲁纳十分重视认知生长的问题。在他看来，认知生长为学生提供了一个现实世界的模式，学生可以借此来解决生活中所遇到的各种问题。所谓的认知生长就是形成表征系统的过程，而表征系统则是人的知觉和认知世界的一套规则，是外界信息进入主体以后，新信息藉以加工的依据。布鲁纳认为，人类的认知生长经历了动作性表征、映像性表征和符号性表征三个阶段。

首先是动作性表征，即能够对动作进行表征和再现，如婴儿通过观察大人的动作，学会走路、玩玩具等。映像性表征阶段指儿童形成图像或表象，去表现现实世界中所发生的事情。他们能够记住过去发生了什么事情，并能靠想象力，想象可能再发生的事情；符号性表征阶段是指能够运用符号（尤其是语言）来进行再现、想象和创造等思维活动。

2.学习的实质是主动地形成认知结构

布鲁纳认为，人不是知识的被动接受者，而是一个对周围世界的主动探索者。学生的学习是一个主动的过程，他们主动地获取知识，并通过把新获得的知识和已有的认知结构联系起来，积极地建构其知识体系。学习的动机主要来源于主体内部，如对所学材料的兴趣等，而不是源于奖赏等外部强化。因此在教学中，要努力让学生产生学习兴趣，并让他们主动地参加到学习中去。

认知结构是指过去对外界事物进行感知、概括或经验构成的观念结构，实际上是指各种信息在头脑中的表征方式。认知结构一旦建立，它就成为接受理解新知识的基础。学习是通过认知活动获得意义，主动形成这些认知结构的过程。学习者获取的新知识不是被纳入到原有的认知结构中，就是引起原有认知结构的重组，进而产生新的认知结构。

知识窗3－4　布鲁纳简介

布鲁纳（J. S. B runer，1915 ~ 2016），当代美国著名的认知心理学家和教育家。1937年，他毕业于杜克大学，并获得文学学士学位。随即进入杜克大学的心理学研究生院。一年后，转入哈佛大学学习动物知觉和社会心理学。在第二次世界大战期间，他获得哈佛大学的心理学博士学位。1942年任普林斯顿公共舆论研究所副所长。1943年到第二次世界大战结束，在海外服役，归属于联合国派遣军总司令部的心理战部。1945年，他回到哈佛，任讲师。1951年在哈佛大学组织认知研究小组，开始从事认知机能的实验研究。1960年他同米勒一起创立了哈佛大学认知研究中心，自1961年起任该研究中心主任。

布鲁纳所阐述的一系列对教育理论的独到见解和对学校课程改革的大胆设想引起人们广泛的关注，特别是1960年出版的《教育过程》，使他名声大振。1959年，美国科学院在伍兹霍尔召开了有关教改的讨论会，美国科技学术界35位知名学者专家参加了会议，布鲁纳任大会主席。会议着重讨论了如何改进中小学学科，特别是数学和科学教学，以提高教学质量问题。在大会结束时，他做了总结性发言，发言稿名为《教育过程》。会议结束后，他以自己的结构论思想为主导，综合了专家们在会上发表的意见，最后写出了《教育过程》这本名著，于1960年出版。这本著作不仅很快传遍美国，而且也迅速地传播于世界各国。它被列为“最重要和最有影响的教育著作之一”，并被誉为“教育理论的一个里程碑”。

由于布鲁纳的研究和卓越的贡献，从1962年起先后承担认知研究中心主任、全美心理学联合会主席、美国社会问题心理研究会主席、美国科学促进会理事、美国教育研究院研究员，1962 ~ 1964年任白宫教育委员会委员。1972年后任英国牛津大学心理学教授。他还先后荣获美国优异科学奖（1962年），美国教育研究联合会和教育出版社机构联合奖（1969年）等。

3.学习包括获得、转化和评价三个过程

布鲁纳将学习分为新知识的获得、转化和评价三个过程。首先是新知识的获得，这种新知识可能是先前知识的重新提炼，或者是与个人的已有知识相违背，或者是已有知识的替代；知识的转化，是指学习者通过各种方法把获得的信息转换为多种不同形式，使之超出最初所给的事实，从而学到更多的知识；知识的评价是指学习者判断知识是否合理，检查所用处理知识的方法是否适合当前任务，或者概括的是否恰当。

学习最终的目的是构建学生良好的认知结构，要达到学习的最终目的，就需经历新知识的获得、转化和评价这三个过程。

（二）教学观

1.教学的目的在于理解学科的基本结构

布鲁纳认为，学习知识结构就是学习事物是怎样相互联系的。一门学科的基本结构就是该学科具有普遍适用性知识间相互关联性与规律性。在他看来，教学的目的在于理解学科的基本结构，他将学科的基本结构放在了教学的中心地位。学生理解了各门学科的基本结构，就可以更容易地掌握各门学科的知识，促进知识的迁移和运用；有助于知识在记忆中的长期储存；还有助于学生解决日后所遇到的各种问题。在教学过程中，教师就应该全面深入地分析教材，明确学科的基本结构，引导学生理解并掌握该学科的基本结构，为更好地掌握该门学科知识打下坚固的基础。

2.提倡发现学习

布鲁纳认为，学生掌握学科基本结构的最好方法就是发现学习法（冯忠良，2000）。所谓的发现学习法即学生应用自己的能力，积极主动地去思考和探索自己尚未知晓的知识并最终获取这些知识的一种学习方法。这里的发现，当然不只限于寻求人类尚未知晓的事物，而且还包括依靠学生自己的头脑亲自获得人类已知晓的知识。在教学过程中，应将学生看作是一个积极的探究者，教师的作用就在于帮助学生获得一种能够独立探究的情境，鼓励学生自己去思考，去探求知识。

研究结果表明，发现学习有利于激发学生探索未知事物的兴趣，并最大程度地调动学生的内部动机和自身学习的积极性；有助于知识以最佳的形式长期储存在记忆中，并在日后以最优的方式提取；还有助于学生批判性和创造性思维的发展，提高智力的潜能。但是发现学习的界定还缺乏一定的科学性和严密性，同时也不能保证学生学习的水平，并且耗时过多，不经济。

3.掌握学科基本结构的教学原则

（1）动机原则

布鲁纳认为几乎所有的学生都有内在的学习意愿，内部动机是维持学生学习的基本动力。在他看来，学生具有三种最基本的内在动机，即好奇内驱力（求知欲）、胜任内驱力（成功欲望）和互惠内驱力（人与人之间和睦共处的需要）。这三种内在动机都具有自我奖励的作用，有持久的效应。因此，在教学过程中，教师要善于激发学生的内在动机，有效地达到预定的目标。发现学习可以很好地激起学生的好奇心和学习兴趣，好奇心被布鲁纳称为“学生内部动机的原型”，所以，在教学过程中，可以采用发现学习的方法来提高学生学习动机。

（2）结构原则

在教学过程中，为了让学生更好地理解教材的结构，教师应当采用最佳的知识结构进行传授、实施结构化教学。知识结构的呈现有三种方式：动作、图像和符号。至于采用何种呈现形式，应根据学生的认知发展水平、经验水平和教材性质而定。

（3）程序原则

布鲁纳认为，教学活动的程序会影响儿童获得知识和发展能力。因此在教学过程中，老师要注意设计和选择“最佳教学程序”。布鲁纳强调说：“在任何特定的条件下，最理想的序列则随着各种因素而定，这些因素包括过去的学习、发展的阶段、材料的性质的个别差异等。”所以，在教学中，要综合考虑各方面因素，以确定最优的教学程序。

（4）强化原则

布鲁纳认为，教师在教学过程中应当注意通过及时反馈使学生知道自己的学习结果，并使他们逐步具有自我矫正、检查和强化的能力，从而强化有效的学习。因此，在教学中教师应该根据学科知识基本特点，按步强化，及时强化，促进学生掌握学科基本结构。

四、奥苏贝尔的有意义接受学习理论

图3－13 奥苏贝尔（D. P. Ausubel，1918～2008）

知识窗3－5 接受学习与发现学习的区别

接受学习和发现学习之间的区别还是显而易见的。接受学习是讲授的学习内容以定论的形式传递给学生，学习过程中不包括任何发现。而发现学习是不给予学生呈现现成的学习内容，而要求他们自己主动地去发现这些内容。奥苏贝尔反复强调，接受学习不一定就是机械的，而发现学习也不一定就是有意义的。当学生的认知结构中没有与要讲授学习内容相关的知识时，学习就需以接受学习的方式进行。这时只要教师讲授的方式方法得当，学生的接受学习也可以是有意义的。同样，如果学生只是机械地记住了“发现”的典型步骤，而对自己正在做什么，为什么这样做却稀里糊涂，这时的发现学习就是机械的。有意义学习与机械学习处于一个连续体的两个极端，大部分的学习都处于两端之间的某一点上（陈琦，刘儒德，1997）。在实际教学中，有意义接受学习是最常见也是最有效的学习方法。

（一）学习分类

奥苏贝尔（D. P. Ausubel，1918 ～ 2008）根据不同标准把学习分为不同的种类。他曾根据学习进行的方式把学习分为接受学习与发现学习，又根据学习材料与学习者原有认知结构的关系把学习分为机械学习与意义学习，并认为学生的学习主要是有意义的接受学习。

1.接受学习是指教师讲授的学习内容以定论的形式传递给学生，而学习的材料是经过仔细考虑的、有组织的、有序列的完整形式；

2.发现学习即学生应用自己的能力，积极主动地去思考和探索自己尚未知晓的知识并最终获取这些知识；

3.有意义学习就是将符号所代表的新知识与学习者认知结构中已有的适当观念建立非人为的和实质性的联系；

4.机械学习就是学习者并没有理解符号所代表的知识，只是根据字面上的联系，记住某些符号的词句或组合，死记硬背。

（二）有意义学习的实质

奥苏贝尔给有意义学习下了明确的定义。有意义学习（meaningful learning）的实质就是将符号所代表的新知识与学习者认知结构中已有的适当观念建立起非人为的和实质性的联系。在这一定义中，包含了区分机械学习与有意义学习的两条标准，即“非人为的”和“实质性的”联系。所谓“非人为的联系”是指新知识与认知结构中的有关观念存在某种合理的或逻辑基础上的联系，这种联系是一种内在的联系，整体与部分的联系，一般与特殊的联系。而不是人为的或任意联想到的联系。所谓“实质性的联系”是指新的符号或符号所代表的观念与学习者认知结构中已有的符号或观念的联系，这种联系可能表达的方式不同，但却是等值的，是一种非字面的、本质上的联系。不具备这两条标准的学习就是机械学习，比如，有的幼儿将《三字经》背得滚瓜烂熟，但是从中抽出一句来问他们是什么意思时，他们的回答将不知所云，这就是机械学习。

（三）有意义学习的条件

有意义学习的产生要受到许多因素的制约。在学生学习过程中，学习只有同时具备以下几个条件时，有意义学习才能得以发生。第一，学习材料本身必须有逻辑意义。也就是说，学习的材料本身能够与学习者认知结构中已有的观念建立非人为的和实质性的联系。第二，学习者必须具有积极主动地将符号所代表的新知识与学习者认知结构中适当的知识加以联系的倾向性，即具有有意义学习的心向。第三，学习者认知结构中必须具有适当的知识以便与新知识进行联系。第四，学习者必须积极主动地使这种具有潜在意义的新知识与他的认知结构中适当的知识发生相互作用，使原有的认知结构或旧知识得到改造，使新知识获得心理意义，并纳入学习者原有的认知结构中。

（四）接受学习的原则

1.渐近分化原则

在教材的呈现或课堂教学内容的组织安排上，应该遵循从一般到具体、从整体到个别、按层次渐近分化的原则。也就是说，首先应该传授最一般的、包摄性最广的概念，然后根据具体细节对它们逐渐加以分化。

2.综合贯通原则

指在组织安排教材时，除了纵向方面要遵循由一般到具体、由整体到个别的渐进分化原则外，还要有意识地从横向方面将新旧知识紧密结合起来，加以组织、整合、协调，以达到融会贯通之目的。

（五）“先行组织者”教学策略

奥苏贝尔强调，在新知识的学习中，认知结构中原有的适当观念起着决定性作用，对学习是否有意义起着重要作用。因此，促进学生的有意义学习，就要增强学生认知结构中与新知识相关的适当观念的学习。为了促进学生这方面的学习，奥苏贝尔提出了一种被称为“先行组织者”的教学策略。所谓的先行组织者（advance organizer）是指，先于学习任务本身呈现的一种引导性材料，它的抽象、概括和综合水平要高于学习任务，并且与认知结构中原有的观念和新学习任务相关联。其目的是为新学习任务提供观念上的固着点，增加新旧知识间的可辨别性，以促进学习的迁移（冯忠良，2007）。例如学习“蚂蚁”之前先让学生学习“昆虫的基本特征”，那么“昆虫”概念就是学生学习“蚂蚁”概念的先行组织者。

第四节　建构主义学习理论

建构主义是学习理论中行为主义发展到认知主义以后的进一步发展，被誉为当代教育学中的一场革命。建构主义学习理论与认知主义不同的是，建构主义认为知识不是客观存在的，而是个体在自己已有的认知结构上生长出来的。他们还认为个体都是以自己的知识结构来建构意义的，因此每个个体可以对同一知识有不同的理解。该学习理论还强调学习过程不是学习者被动地接受知识，而是学习者积极主动地建构意义的过程。建构主义学习理论对学习与教学提出了许多新的见解和思想，对学校教学和教育改革都具有深远的影响和积极的意义。

一、建构主义学习理论的不同倾向

至今，建构主义理论还处在发展过程中，并没有清晰的理论框架，人们对其尚存在不一致意见，有着不同的取向。概括起来，建构主义可以分为两类：个体建构主义和社会建构主义。

（一）个体建构主义

个体建构主义主要关注学习者是如何建构意义的，与认知学习理论有很大的连续性。它的基本观点是学习是一个意义建构的过程，学习者通过新旧知识经验的交互作用，形成、丰富和调整自己认知结构；建构过程一方面对新知识进行意义的建构，另一方面也对已有的知识结构进行重组和改造。

（二）社会建构主义

社会建构主义关注学习和知识建构背后的社会文化机制，它的基本观点是学习是一个文化参与过程，学习者通过借助一定的文化支持参与某个学习共同体的实践活动中，来构建有关的知识。知识的建构不仅需要学习者与物理环境相互作用，还需要通过学习共同体的合作互助来完成。

二、建构主义学习理论的基本观点

（一）知识观

建构主义学习理论对知识提出了新的理解，即知识不再是课本、文字及图片等对现实的准确表征，不是对现实的纯粹客观的反映，而只是一种理解和假设。学生们对知识的理解并不存在唯一标准，而是依据自己的经验背景，以自己的方式建构对知识的理解。

1.知识的不确定

知识是人们对客观世界的一种解释、假设或假说，它不是问题的最终答案，不是绝对的。随着人们认识程度的深入而不断地变革、升华和改写，出现新的解释和假设。

2.知识的情境性

知识并不能准确地概括世界的法则，需要根据具体情境进行再创造。在解决具体问题时，知识并不是一用就准，一用就灵的，而是需要针对具体问题的情境，对原有知识进行再加工和再创造。

3.知识的个体差异性

知识不可能以实体的形式独立存在于个体之外，对知识的理解是由每个学习者基于自己的经验背景而建构起来的。尽管通过语言赋予了知识一定的外在形式，并且获得了较为普遍的认同，但这并不意味着学习者对这种知识有着同样的理解，学习者以自己的方式建构对知识的理解，从而不同学习者看到的是知识的不同方面，并不存在对知识唯一标准的理解。

（二）学习观

建构主义认为，学习是学习者在原有知识和经验的基础上，在一定的情境即社会文化的背景下，借助他人（包括教师和学习伙伴）的帮助，即通过人际间的协作活动，主动对新信息进行加工处理，建构自己意义的过程。因此建构主义学习理论认为，情境、协作、会话和意义建构是学习环境中的四大要素或四大属性。

1.学习的情境性

建构主义强调学习的情境性，认为知识是不可能脱离具体情境而独立存在的。知识不是一套独立于情境的知识符号，它只有通过实际应用活动才能真正被人理解。建构主义倡导学校和教师应为学生创设各种学习情境，让学生在各种真实具体的情境中获得对知识的理解。

2.学习的协作性

社会建构主义学习观认为，学习不是一种“孤立”的个人竞争行为，而是教师与学生合作共同建构知识的过程。所以，教学不应该是教师单向的信息传递，而应是师生间、学生间的双向交流与协作，这些交流与协作发生在学习过程的始终。这样教师和学生就构成了一个学习共同体，学生的学习就是通过这一学习共同体的合作互动完成的。所谓的学习共同体，即由学习者及其助学者（包括教师、专家、辅导者等）共同组成的团体，他们彼此之间经常在学习过程中进行沟通交流，分享各种学习资源，共同完成一定的学习任务，因而在成员之间形成了相互影响、相互促进的人际联系，形成了一定的规范和文化（张建伟，孙燕青，2005）。

3.学习的“会话”性

“会话”是协作过程中不可缺少的环节。在教学过程中，教师应提倡学生之间进行会话商讨、彼此交流观点，以达到新知识的“意义建构”。教师可以结合教学内容，根据学生的具体情况，提出适当的问题以引起学生的思考和讨论，在讨论中设法使其感到轻松的课堂氛围，并对“会话”的内容及过程进行引导，从而促使学生主动观察思索、积极发表意见、相互交流信息，在不断肯定、修正自己的思维过程中实现新知识的“意义构建”。

4.学习的意义建构

建构主义提出了学习实质上是一种“意义建构”的独特观点。“意义建构”也是整个学习过程的最终目标。“意义建构”就是对当前学习内容所反映的事物的性质、规律以及该事物与其他事物之间的内在联系达到较深刻的理解。“意义建构”的过程主要受到三方面的制约：第一，学习材料本身的可理解性；第二，学习者先前的知识水平；第三，学习者的建构性加工活动。教师在教学过程中，只有把握好这三方面的制约条件，才能更好地促进学生的“意义建构”。

（三）学生观

在学生观上，建构主义强调学生先前已经获得的知识经验，并十分注重学生学习的主动性，提倡在原有知识经验的基础上，进行积极主动的“意义建构”的学习。

1.学生已有知识经验的促进作用

学生不是空着脑袋走进教室的，在以往的各种生活学习中，学生就已经习得了丰富的知识经验。所以，教学不能无视学生的这些知识经验，而是要把这些已习得的知识经验作为新知识的生长点，引导学生增加新的知识经验。

2.学生已有知识经验的个体差异性

对于现实生活中的各种现象和问题，学生已经形成了一些自己的认识和看法，他们会从自己的经验背景出发，来理解和解决所遇到的各种问题。由于经验背景的差异，学生对同一问题的理解可能会各不相同。在教学中，教师要增进学生间的合作与交流，使他们看到那些与他们自己不同的观点，从而更有效地促进学习的进行。

3.学生学习的主动性

建构主义学习理论强调学习过程不是学习者被动地接受知识，而是学习者积极主动地建构意义的过程。建构主义特别重视让学习者积极主动地对各种现象和问题进行探索，通过学生自身积极主动的参与、教师的引导及同学间的互助，学生就会积极地去搜集并分析有关的信息和资料以求解决问题，并最终形成新的知识结构，进而习得新知识。

三、建构主义学习理论的应用

（一）支架式教学

建构主义者提出并强调了支架式（scaffolding）教学。“scaffolding”本意是建筑行业中使用的脚手架，这里用来形象地说明一种教学模式：教师引导着教学的进行，为学生参与学习提供外部支持，帮助他们完成独自无法完成的任务，随着学习的深入，逐渐减少这种外部的支持，让学生更多地独立学习，最终使学生掌握建构和内化所学的知识技能，从而使他们进行更高水平的认知活动。简言之，通过支架（教师的帮助）把管理调控学习的任务逐渐由教师转移给学生自己，最后撤去支架。

支架式教学一般包括五个环节：搭脚手架——围绕当前学习内容，按学习目标的要求建立概念框架；进入情境——将学生引入一定的问题情境（概念框架中的某个节点）；独立探索——让学生独立探索；协作学习——进行小组协商、讨论；效果评价——对学习效果的评价，包括学生个人的自我评价和学习小组对个人的学习评价，评价内容包括：自主学习能力，对小组协作学习所做出的贡献，是否完成对所学知识的意义建构。

（二）情境教学

建构主义认为，学生要想完成对所学知识的意义建构，最好的办法是让学生到现实世界的真实环境中去感受、去体验，而不是仅仅聆听别人关于这种经验的介绍和讲解。因此，建构主义批评传统教学使学习去情境化的做法，提倡锚式情境教学。锚式情境教学使学习在与现实情境相类似的情境中发生，以解决学生在现实生活中遇到的问题为目标，学习的内容要选择真实性任务。这种教学的过程与现实的问题解决过程相类似，所需要的工具往往隐含于情境当中。教师并不是将提前已准备好的内容教给学生，而是在课堂上展示出与现实中专家解决问题相类似的探索过程，提供解决问题的原型，并指导学生探索。情境性教学不需要独立于教学过程的测验，而是采用融合式测验（test integrated），在学习中对具体问题的解决过程本身就反映了学习的效果，或者进行与学习过程的一致的情境化的评估（context-driven evaluation）。

锚式情境教学可以培养学生解决问题的能力，培养学生的探索精神并且在完成任务中表达自己的知识。目前在这方面已有大量的研究，特别是利用多媒体进行计算机辅助教学可以提供与现实更加类似的问题情境，达到完成真实性任务的目的（陈琦，刘儒德，1997）。

（三）探究学习

建构主义认为教学不是一种知识传输的过程，而是一种使学生产生稳定的探究心向并使其积极探究的过程。所以，建构主义倡导以学习者为中心的探究性学习。这种探究性学习的核心思路就是以问题为中心的学习，让学生亲自去解决问题，并在解决问题的过程中习得新知识。教学应让学生对知识形成多角度的理解，把学生所学知识置于多种具有一定复杂性的问题情境中，鼓励学生以探究的方式分析问题，搜集资料，最终通过自身的努力解决问题。这种探究性学习，可以提高学生自主学习和灵活运用知识的能力。

（四）合作学习

在学习过程中，学生与周围环境的交互作用对于学习内容的理解起着关键性的作用，因此建构主义提倡合作学习。合作学习是指通过讨论、交流、观点争论，相互补充和修正，共享集体思维成果，完成对所学知识的意义建构的过程。合作学习主要是让学生在小组中进行学习，小组活动要足够小，以便让所有成员都能参与到学习任务之中，学生通过和其他同学的相互协作来建构自己对新知识的理解。在这一学习过程中，个体的思维与智慧就可以被整个群体所共享，而不是其中的某个或某几个学生完成意义建构。

总之，合作学习作为一种有效的学习形式，不仅可以促进学习者的意义建构，促进学生的思维和学习，还可以促进学生相互了解，发展学生的合作意识和能力，让学生学会分享学习成果。

本章要点

1. 学习的实质：学习表现为行为或行为潜能的变化；学习引起的行为或行为潜能的变化是相对持久的；学习是由练习或者反复经验引起的；学习没有价值标准与对错之分；学习是指过程而非结果；学习是人和动物共有的一种对环境的适应行为。

2. 巴甫洛夫提出了经典性条件反射建立的过程以及消退、刺激泛化与分化的基本规律。

3. 桑代克的尝试—错误说认为学习的实质在于形成刺激与反应之间的联结（无需观念作为媒介）；学习的过程是通过盲目尝试—逐步减少错误—再尝试这样一个反复的渐进过程；人和动物遵循同样的学习律，即学习的准备律、练习律、效果律。

4. 斯金纳的操作性条件反射理论认为学习实质上是在某种情境中，一种反应概率的变化，而强化是增加反应概率的手段。其特别强调强化在学习中的作用。

5. 苛勒的完形—顿悟说认为：学习是通过顿悟过程实现的；学习的实质是在主体内部构造完形。

6. 托尔曼的符号学习理论不同意把刺激与行为的关系说成是直接的，而是提出了中介变量的概念。认知因素就是行为的中介变量。他强调认知的重要性。

7. 布鲁纳的认知发现学习理论认为学习的实质是主动地形成认知结构；学习包括获得、转化和评价三个过程。同时提出了教学观：教学的目的在于理解学科的基本结构；提倡发现学习；掌握学科基本结构的教学原则。

8. 奥苏贝尔的有意义接受学习理论认为有意义学习的实质是将符号所代表的新知识与学习者认知结构中已有的适当观念建立非人为的和实质性的联系。

9. 有意义学习必须具备以下几个条件：学习材料本身必须有意义；学习者必须具有积极主动地将符号所代表的新知识与学习者认知结构中适当的知识加以联系的倾向性；学习者认知结构中必须具有适当的知识以便与新知识进行联系；学习者必须积极主动地使这种具有潜在意义的新知识与他的认知结构中适当的知识发生相互作用。

10. 建构主义认为知识不是客观存在的，而是个体在自己已有的认知结构上生长出来的；他们还认为个体都是以自己的知识结构来建构意义的，因此每个个体可以对同一知识有不同的理解。该学习理论还强调学习过程不是学习者被动地接受知识，而是学习者积极主动地建构意义的过程。

11. 建构主义在教育中的应用：支架式教学、情境教学、探究学习、合作学习。建构主义学习理论对学习与教学提出了许多新的见解和思想，对学校教学和教育改革都具有深远的影响和积极的意义。

思考题

1. 对学习这一概念如何界定？
2. 简述人类学习及学生学习的特点。
3. 经典条件反射的分化和泛化有什么区别？
4. 经典条件反射和操作性条件反射有何不同？
5. 举例说明正强化、负强化、惩罚三者的异同？
6. 简述操作性条件反射在教育中的应用。
7. 简述布鲁纳的发现学习与奥苏贝尔的接受学习的区别。
8. 简述奥苏贝尔有意义学习的内容。
9. 简述“先行组织者”教学策略。
10. 概括与评价建构主义学习理论的基本观点。

参考文献

布恩·埃克斯特兰德.心理学原理和应用［M］.韩敬之，吴福元，张湛，等译.北京：知识出版社，1985.

奥苏贝尔.教育心理学—认知观点［M］.佘星南，等译.北京：人民教育出版社，1994.

布鲁纳.布鲁纳教育论著选［M］.邵瑞珍，等译.北京：人民教育出版社，1989.

陈琦，刘儒德.当代教育心理学［M］.北京：北京师范大学出版社，1997.

陈琦，刘儒德.教育心理学［M］.北京：高等教育出版社，2005.

冯忠良，伍新春.教育心理学［M］.北京：人民教育出版社，2000.

潘菽.教育心理学［M］.北京：人民教育出版社，1983.

卢强，高明书.教育心理学［M］.北京：北京出版社，2010.

吴庆麟，胡谊.教育心理学—献给教师的书［M］.上海：华东师范大学出版社，2003.

叶浩生，郭本禹，等.西方心理学的历史与体系［M］.北京：人民教育出版社，1998.

袁军.教育心理学专题［M］.北京：中央广播电视大学出版社，2004.

张建伟，孙燕青.建构性学习：学习科学的整合性探索［M］.上海：上海教育出版社，2005.

Howard，R. W. Learning and memory ［M］.Westport，CT: Praeger，1995.

Slavin R. E. Educational Psychology: Theory and Practice ［M］.Needham Heights，Massachuset ts，1994.

第四章　学习动机

“我要练”和“要我练”

2023年10月，杭州亚运会在如火如荼进行的同时，“苏炳添的奥运奖牌来了”登上热搜，“迟到”的荣誉终于抵达，虽然是一枚铜牌，但我们深知，它的“含金量”相当高。

在东京奥运会男子100米半决赛中，苏炳添跑出了个人历史最好成绩9秒83并打破亚洲纪录，排名第一晋级决赛。奥运会百米决赛赛场首次出现中国选手的身影。

为何他能跑得这么快？好成绩的取得，离不开苏炳添的努力和拼搏。苏炳添从小就对运动充满热爱，刻苦训练。但与众不同的是，他不仅会主动总结训练和比赛的经验，还会观看世界各国优秀运动员的技术和战术，然后结合自己的实际情况进行改进，正是在这样强大内部动机的激励下，他通过日复一日、年复一年的刻苦训练与主动钻研，终于让世界重新认识了中国速度。

从苏炳添的故事中，我们可以看出“我要练”的强大作用，这就是内部动机所产生的激励作用。如果苏炳添没有“我要练”的激情，而只是执行“要我练”的计划，可能我们就不会见识到国际赛场上的中国速度了。同样，在学习中也存在着“我要学”与“要我学”这两种状态。“我要学”反映了学生的内部学习动机，它可以激发个体进行学习、维持进行中的学习，并努力使学生的学习行为朝向既定的学习目标。教师需要在教学中注重培养与激发学生的学习动机，尤其是“我要学”的动机，使学生主动、积极地进行学习。

学习目标

通过本章的学习，你将能够：

1. 了解学习动机的概念、基本成分、分类等。
2. 理解学习动机与学习效果的关系。
3. 了解学习动机的强化理论，理解学习动机的需要层次理论、成就动机理论、成败归因理论，掌握学习动机的自我效能感理论。
4. 理解影响学习动机形成的因素。
5. 掌握培养学生学习动机的方法，了解激发学生学习动机的技巧。

基础概念

动机（motivation）：引起和维持个体的活动，并使活动朝向某一目标的内在心理过程或内部动力。

学习动机（learning motivation）：激发个体进行学习活动、维持已引起的学习活动，并致使行为朝向一定的学习目标的一种内在过程或内部心理状态。

自我效能感（self-efficacy）：人们对自己是否能够成功地从事某一成就行为的主观判断。

关键名词

学习动机，学习需要，学习期待，内部学习动机，外部学习动机，认知内驱力，自我提高内驱力，附属内驱力，需要层次理论，成就动机理论，成败归因理论，自我效能感理论

第一节　学习动机概述

一、学习动机的概念与基本成分

（一）动机

人类一个古老的问题是企图了解自己与别人行为的起因。他们时常向自己发问：“人为什么会活动？”今天，心理学家都一直同意将个体一系列复杂的行为起因归结为他具有某种动机。因此，在心理学中，动机是指引起和维持个体的活动，并使活动朝向某一目标的内部心理过程或内部动力。

动机可以说是活动的原因和动力，它表明一个人“为什么”去从事某项活动。例如，动物感到饥饿，这种饥饿刺激作为一种内驱力驱使动物寻找食物，动物吃到食物，饥饿消失，停止寻找食物行为，这种动力就不存在了。

（二）动机的功能

动机有3种功能。第一，激活功能。动机水平高的个体同动机水平低的个体相比，其情绪和意识处于较高的唤醒状态，在动机指向的目标达到之前，这种唤醒状态将维持下去。如，学生在迎接高考或中考时，其唤醒状态保持较高水平，一直要到考试结束后，思想和

情绪才会放松。第二，指向功能。有较强动机的个体，同无动机的个体相比，其思想和行为更集中指向满足动机的客体或事物。如，一名球探与一名普通球迷同看一场足球赛，由于球探有特殊动机，其行为指向与普通球迷不同，他将注意力集中在他需要的球员的表现上。第三，强化功能。当动机把某种活动引起之后，动机并不能也不会立即停止，而是继续发挥其作用，即维持或调整已引起的活动，并使该活动朝向某一目标进行。

（三）学习动机

学习动机是一种比较广泛的社会性动机。它是在社会生活条件和教育的影响下逐渐形成起来的。不同的社会和教育对学生的学习有着不同的要求。所以，反映在学生头脑中的学习动机是非常复杂多样的。

传统上，教育心理学把学习动机定义为激发与维持学生从事学习活动的原因，但现代教育心理学赋予这一概念更多的含义。正如心理学家沃尔福克（Wollfork）所说："学习动机不只是涉及学生要学或想学，还涉及更多含义，包括计划、目标导向、对所要学习与如何学习的任务的反省认知意识、主动寻求新信息、对反馈的清晰知觉、对成就的自豪与满意和不怕失败。"并把学习动机定义为"寻求学习活动的意义并努力从这些活动中获得益处的倾向"。

因此，学习动机是指激发个体进行学习活动、维持已引起的学习活动，并致使行为朝向一定的学习目标的一种内在过程或内部心理状态。

（四）学习动机的基本成分

学习动机的基本成分主要包括学习需要和学习期待两个方面。学习需要是个体在学习活动中感到有某种欠缺而力求获得满足的心理状态或内驱力。学习期待是个体学习积极性的重要源泉，它的主观体验形式是学习者的学习愿望或学习意向。它包括学习的兴趣、爱好和学习的信念等。

二、学习动机的种类

（一）内部学习动机和外部学习动机

根据学生学习动机的动力来源，可以把学习动机分为两类：一是内部动机（intrinsic motivation），也称内源性动机，指由内在心理因素转化而来的学习动机。例如，个体内在的兴趣、信念、理想、好奇心、荣誉感或成就需要等激发的学习动机。另一种支持学习的动机是外部动机（extrinsic motivation），也称外源性动机，指由外在的奖惩激发产生的学习动机，例如，父母的鼓励、教师的表扬、竞争的奖励等激发的学习动机。

一般来说，内部学习动机的作用比较持久，使学习者具有较大的主动性；外部学习动机的作用时间相对比较短，使学生的学习比较被动。

知识窗4－1 学习动机的其他种类

远景性动机和近景性动机

所谓远景性动机（distant motivation），是指动机行为与长远目标相联系的一类动机。所谓近景性动机（proximal motivation），是指与近期目标相联系的一类动机。例如，学生在确定选修课程时，有的是考虑今后走上社会、踏上工作岗位的需要，有的只是考虑眼下是否容易通过考试，他们的选课动机便属远景性和近景性动机范畴。

远景性动机和近景性动机具有相对性，在一定条件下，两者可以相互转化。远景目标可分解为许多近景目标，近景目标要服从远景目标，体现远景目标。“千里之行，始于足下”，是对远景性动机和近景性动机辩证关系的生动描述。

普遍型学习动机和特殊型学习动机

在学校教学中还出现这样一种情况：一类学生对所有学习活动都有学习动机，不但对所有知识性的学科都认真学习，就是对技能性学科，甚至课外活动，也从不懈怠；另一类学生则只对某种（或某几种）学科有学习动机，对其他学科均不予注意。教育心理学家将这两类学生的学习归结为两种学习动机：第一类学生的学习行为背后的学习动机，可以称为普遍型学习动机（general motivation to learn）；第二类学生的学习行为背后的学习动机，可以称为特殊型学习动机（specific motivation to learn）。

合理动机和不合理动机

所谓合理动机（rational motivation），是指与我们的社会利益相一致的、有利于个体健康发展的动机，它包括高尚的、正确的和在一定时期里有较多积极因素的动机。所谓不合理动机（irrational motivation），则是指不符合我们的社会利益和个体健康发展的动机，它包括低劣的、错误的和有较多消极因素的动机。

主导性动机和辅助性动机

对行为起支配作用的动机称为主导性动机（dominative motivation）；对行为起辅助作用的动机称为辅助性动机（assistant motivation）。当主导性动机和辅助性动机之间的关系比较一致时，活动动力会加强；如果彼此冲突，活动动力会减弱。一般来说，在同一时间内，在一个学生身上，主导性学习动机只有一个，而辅助性学习动机则可能会有一个以上，并且这些辅助性学习动机的强度和稳定性也都不会是一样的。

（二）认知内驱力、自我提高内驱力、附属内驱力

美国心理学家奥苏贝尔认为，学校情境中的成就动机主要由以下三个方面组成：认知内驱力（cognitive drive）、自我提高内驱力（ego-enhancement）以及附属内驱力（affilia-tive drive）。他认为，学生所有的指向学业的行为都可以从这3方面的内驱力加以解释。

三种内驱力在动机结构中的比重随年龄、性别、个性特征、社会地位和文化背景等因素的变化而变化。

1.认知内驱力

这是个体要求了解和理解的需要，要求掌握知识的需要，以及系统地阐述问题并解决问题的需要。这是学习动机中最稳定最重要的一种驱力，它并不是天生的，而是靠后天的

学习经验获得的。这种动机指向学习任务本身，反映了学生想理解知识、解决问题的欲望。例如，儿童很早就开始探索他们周围的世界，对新鲜事物特别感兴趣，他们喜欢摆弄和拆装玩具或物品，喜欢问大人“这是什么？”“为什么会这样？”等问题。

2.自我提高内驱力

这是个体因自己的胜任能力或工作能力而赢得相应地位的需要。与认知内驱力不同，其根源是赢得地位和自尊心，是成就动机的重要组成部分。例如，学生的学习成绩好，就会得到老师、父母的赞扬，同学的羡慕，在班级中的地位提高，因而使他们需要尊重的需要得到满足，这就可以激发他们进一步学习的积极性。

3.附属内驱力

这是学生为了获得他人（教师或家长）的赞许或认可而表现出要把工作做好的需要。它具有3个条件：第一，学习者和长者在感情上具有依附性；第二，学习者从长者方面博得的赞许或认可中将获得一种派生地位（例如被教师认为是聪明的、有前途的学生，会在学校受到种种优惠的待遇）；第三，享受到这种派生地位乐趣的人，会有意识地使自己的行为符合长者的标准和期望，借此获得并保持长者的赞许。

研究表明，具有高附属感的学生，一旦得到肯定或表扬，会进一步努力学习，并取得良好成绩。反之，他们的努力得不到老师和家长的赞许，会使他们暂时丧失信心，甚至导致学习积极性下降。

三、学习动机与学习效果的关系

在一般情况下，学习动机和学习效果的变化是一致的。然而，在现实生活中，会出现学习动机与学习效果之间的关系不一致的情况。有的学生学习动机强，但学习效果比较差，而另一些学生学习动机较弱，但学习效果较好，这样的情况都是存在的。

由于学习动机与学习效果之间的关系不是直接的，而是间接的，也就是说，学习动机是以行为为中介来影响学习效果，而影响学习行为的因素有很多，学习动机只是其中的一个原因，这就有可能使学习动机与学习效果之间的关系不一致。

由此我们可以得出，学习动机是影响学习行为、提高学习效果的一个重要因素，是学习过程中不可缺少的条件，但却不是唯一的条件。因此，在实际教学过程中，教师不但应注重激发学习动机因素，同时还应针对具体情况进行具体分析。

第二节　学习动机的理论

一、强化理论

行为主义心理学派认为，行为会随着其后的结果而变化。愉快的结果称为强化物，不愉快的结果称为惩罚物。在学习过程中，强化物有很多种，如表扬、奖励、自我强化等。他们用“强化”来解释学习的发生及动机的产生，并提出了学习动机的强化理论。该理论认为，人的某种学习行为倾向完全取决于先前的这种学习行为与刺激因强化而建立起来的稳固联系，而不断强化则可以使这种联结得到加强和巩固，从而达到学习的效果。而动机是由外部刺激引起的一种对行为的激发和强化的力量。

图4－1 斯金纳（B. F. Skinner，1903～1990）

一般说来，强化起着增进学习动机的作用，如适当的表扬与奖励；而惩罚则一般起着削弱学习动机的作用，但有时也可使一个人在失败中重新振作起来。在学习中如能合理地运用强化，减少惩罚，将有助于提高学生的学习动机水平，改善他们的学习行为及其结果。

强化是有方向的。美国心理学家斯金纳把强化分为正强化与负强化。正强化是指施加强化物，如提出表扬，给予奖励等。而负强化则是指撤销强化物，如不再提出表扬，撤销奖励等，并不是给予批评或惩罚，因为批评或惩罚是一种惩罚物。

根据强化物的性质，可将其分为物质强化和精神强化两种，物质强化包括有形奖品的奖励，精神强化包括教师的表扬、称赞、积极的关注等。

强化理论曾在教育领域中盛行过一段时间，也取得了一定的效果。但由于强化理论过分强调引起学习行为的外部力量（外部强化），忽视甚至否定了人的学习行为的自觉性与主动性（自我强化），因而这一学习动机理论有较大的局限性。

二、需要层次理论

美国人本主义心理学家马斯洛（A. H. Maslow）通过对各种人物的观察和对一些人物传记的考察，从理论上和原则上对人类行为的动力进行了系统的整理，提出了需要层次理论。他通过研究，将人类的需要按其出现的先后顺序分为高低不同的5个层次（见图4 － 3）。

图4－2 马斯洛（A. H. Maslow，1908～1970）

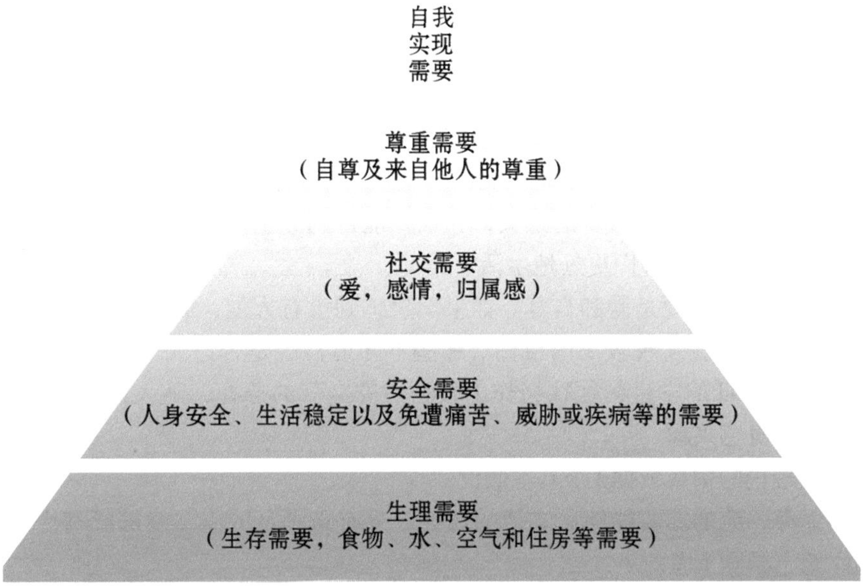

图4－3 马斯洛的需要层次图

（一）生理需要

即物质需要，这是直接与生存有关的需要。它具有自我保存和种族延续的意义，在人类各种基本需要中占有最强的优势，也是人类社会发展的动力，正是人们对物质的需要，人们才会不断地寻求更舒适的物质享受，物质社会的发展才会日新月异。只有生理需求得到了满足，人们才会有更高层次的追求。

（二）安全需要

如果人的生理需要相对满足了，就会出现安全需要。安全需要是人们对于周围环境的依赖和信赖。

（三）社交需要

也称归属和爱的需要，生理需要和安全需要基本满足之后，归属和爱的需要就会产生。归属需要就是参加和依附于一定组织的需要，爱的需要包括给予爱和接受爱。归属和爱的需要如果得不到满足，个人就会感到孤独和空虚。

（四）尊重需要

尊重需要包括两个方面：自尊和他人对自己的尊重。这种需要的满足会使人建立自信，使人觉得自己在这个世界上是有价值的、有能力的、有力量的。如果得不到满足，就会导致自卑感、无助感和失落感。

（五）自我实现的需要

上述几种需要得到合理满足后，自我实现的需要才会出现。这种需要是一种创造、发挥个人潜能、实现自我理想、实现个人价值的需要。

上述5个需要层次中，前2个被统称为缺失需要，是我们生存所必需的，它对生理和心理健康是很重要的。后3个层次可定义为生长需要，它虽然不是我们生存所必需的，但对于我们适应社会来说却有很重要的意义，它很少能得到完全的满足。所以，缺失需要使我们生存，而生长需要使得我们更好地生活。

学校里最重要的需要是爱和自尊。如果学生感到没有人爱，或认为自己无能，他们就不可能有强烈的动机去实现较高的目标。那些不知道自己是否讨人（特别是教师）喜欢或不知道自己能力高低的学生，往往会作出较为“安全”的选择，随大流，为考试而学习，而不是对学习本身感兴趣。

需要层次理论的构成依据3个基本假设。

1. 人要生存，他的需要能够影响他的行为。只有未满足的需要能够影响行为，满足了的需要不能充当激励工具。

2. 人的需要按重要性和层次性排成一定的次序，从基本的（如食物和住房）到复杂的（如自我实现）。

3. 当人的某一级的需要得到最低限度满足后，才会追求高一级的需要，如此逐级上升，成为推动继续努力的内在动力。

马斯洛的需要层次理论强调了人的价值和尊严，概括了一般人在不同层次上的需要，肯定了人类高层次需要的重要性，有助于发挥精神利益的作用。该理论是一种较为完备的需要理论，在多个学科中有着广泛的应用。

但是这一理论也存在明显的不足：第一，马斯洛最初的理论机械性很强，逐层上升的需要层次不符合实际情况。第二，需要层次理论存在着人本主义局限性，将需求欲望作为人们行为动机的唯一要素。第三，需求归类有重叠倾向。第四，需要层次理论具有推崇自我中心的倾向，脱离了社会实践。第五，需要层次论带有假设的性质，需要满足的标准和程度是模糊的，难以测量。

三、成就动机理论

成就动机是指驱动一个人在社会活动的特定领域力求获得成功或取得成就的内部力量，是人们追求高目标，完成困难任务，竞争并超过他人的人格力量。在行为上，它表现为一个人对自己认为有价值的、重要的社会或生活目标的刻意追求。

成就动机最初由麦克里兰（D. C. McClelland）和阿特金森（R. Atkinson）提出，后由阿特金森加以发展。

麦克里兰研究发现，高成就需要与成功行为之间有很高的相关性。高成就需要者通常对问题表现出喜欢承担个人责任，他们通过个人能力而不是运气或外界因素来取得事业的成功。他们拥有坚强的毅力，失败会使他们加倍努力，直至成功。

知识窗4-2 成就动机的计算

个体在某一行为上趋向成功的倾向（用Ts表示）取决于他稳定的趋向成功的倾向性（用Ms表示）、他对行为成功可能性大小的主观估计（用Ps表示）与取得成功的诱因价值（用Is表示）三者之间的乘积，用公式可表示为：

$$Ts = Ms \times Ps \times Is$$

同理，个体避免失败的倾向性（用Taf表示）取决于他稳定的避免失败倾向（用Maf表示）、他对行为失败可能性大小的主观估计（用Pf表示）与失败的消极诱因价值（用If表示）三者之间的乘积，用公式表示为：

$$Taf = Maf \times Pf \times If$$

其中，$If = 1 - Pf$

个体在某一行为上的成就动机等于他趋向成功倾向的强度减去避免失败倾向的强度，即：

$$Ta = Ts - Taf = (Ms \times Ps \times Is) - (Maf \times Pf \times If)$$

阿特金森在麦克里兰的理论基础上对成就动机理论的许多方面作了提炼。他区分了这种动机中的两种不同倾向：其一是力求成功的需要；其二是力求避免失败的需要。人们在这两种特征的相对强度方面各不相同，可以分为力求成功或力求避免失败这两种类型的人。阿特金森认为，生活使人面临难度不同的任务，他们必然会评估自己成功的可能性。力求成功的人旨在获得成就，并选择能有所成就的任务。这种情况最有可能发生在他们预计自己成功的可能有50%的把握时，因为这给他们提供了最大的现实挑战。如果他们认为成功完全不可能，或胜券在握，动机水平反而会下降。反之，避免失败的人，在预计自己成功的机会大约有50%时，则会采取回避态度。他们往往选择极其困难的任务，这样即使失败，也可为自己找到合适的借口。

在教育教学中，一方面，对于力求成功的学生，可以采取创设难度任务、创造竞争情境、严格评定分数的方法提高其成就动机；另一方面，对于避免失败的学生，则应安排竞争性不强的情境，如果他们取得成功，要及时地给予表扬和鼓励，避免当众指责或批评他们。

很多研究证明，对成就动机进行训练是有效果的，它的直接效果表现为受过训练的学生对取得成就更为关心，并能够根据自己的实际情况去选择所追求的目标，它的间接效果是能够提高学生各学科的学习成绩。这一效果在原来成就动机低而学习又差的学生身上更为明显。

四、成败归因理论

归因是指人们对自己或他人的活动及其结果以及其他社会事件的原因作出的解释或推论。

美国心理学家韦纳（B. Weiner，1979）认为人们在解释自己或他人的行为，分析行为结果的原因时，无论是成败，往往归结为以下6个方面：能力（或天资）、努力程度、任务难度（工作难度）、运气（机会）、身心状况、别人的反应。

以上六项因素作为一般人对成败归因的解释，韦纳按各因素的性质，分别纳入以下三个维度之内。

（一）控制点

分为内控与外控两种类型，指个体自认影响其成败因素的来源，是以个体内部，还是来自外部因素。天资、能力、心境、努力及身心状况等因素属于内部原因；而任务难度、运气、教师偏见、别人帮助等则不是由个体本身的力量能决定的，是外部原因。

（二）稳定性

分为稳定性与不稳定性两种类型，指个体认为的影响其成败的因素，在性质上是否稳定，是否在类似情境下具有一致性。能力与工作难度是不随情境改变的，是比较稳定的。心境、运气和一时的努力等因素是不稳定的。

（三）可控性

分为可控性与不可控性两种类型，指个体认为的影响其成败的因素，在性质上是否能由个人或他人意愿所决定。如努力、教师偏见、别人帮助是可控的，而天资、心境、任务难度和机遇是难以控制的。

不过韦纳同时指出，多数情况下，人们只把成功与失败结果归因为个人的能力、自己所作出的努力程度、任务难度及运气4个因素（见表4－1）。

表4－1 韦纳的归因分析表

可控性	内部的		外部的	
	稳定	不稳定	稳定	不稳定
不可控	能力、天资	心境、疲劳	任务难度	运气
可控	持久努力	一时努力	他人偏见	他人帮助

韦纳的归因理论是对成就动机理论的重要发展，它明确地阐述了认知对成就动机的重要作用，并且提出了以认知为主的成就动机的归因理论。它把人们对成败原因的认识归纳为内外部、稳定性、可控性等维度，具有很大的概括性。它对归因的成就动机和行为的影响作用的研究结论也是有相当科学性的，不仅为教育实践提供了可行的方法和途径，而且以培养学生完整的人格、优良的心理品质为目标，教会学生正确地认识失败、应对失败，不屈服于环境的影响并形成正确的自我意识系统。这一理论为我们的教育目标提供了具体而客观的标准，不仅有利于人才的开发，而且对成绩差的学生的培养具有更为重要的意义。

五、自我效能感理论

自我效能感是指人们对自己是否能够成功地进行某一成就行为的主观推测和判断。这一概念是班杜拉于1977年提出的，在20世纪80年代，自我效能感理论得到了丰富和发展，也得到了大量实证研究的支持。他认为，人的行为受行为结果与先行因素的影响。行为结果因素指强化，包括直接强化、替代强化及自我强化。行为的先行因素即期待，包括结果期待和效能期待。结果期待是指个体对自己的某种行为会导致某一结果的推测。效能期待指的则是人对自己能否进行某种行为的实施能力的推测或判断，即人对自己行为能力的推测。它意味着人是否确信自己能够成功地进行带来某一结果的行为。当人确信自己有能力进行某一活动，他就会产生高度的“自我效能感”，并会去进行那一活动。例如，学生不仅知道注意听课可以带来理想的成绩，而且还感到自己有能力听懂教师所讲的内容时，才会认真听课。人们在获得了相应的知识、技能后，自我效能感就成为了行为的决定因素。

图4－4 班杜拉（A. Bandura，1925～2021）

班杜拉等人的研究指出，影响自我效能感形成的因素主要如下。

（一）个人自身行为的成败经验

这个效能信息源对自我效能感的影响最大。一般来说，成功经验会提高效能期待，反复的失败会降低效能期待。但事情并不这么简单，成功经验对效能期待的影响还要受个体归因方式的影响，如果归因于外部的不可控的因素就不会增强效能感，把失败归因于内部的可控的因素就不一定会降低效能感。因此，归因方式直接影响自我效能感的形成。

（二）替代经验

人的许多效能期待是来源于观察他人的替代经验。这里的一个关键是观察者与榜样的一致性。

（三）言语劝说

因其简便、有效而得到广泛应用，但缺乏经验基础的言语劝说其效果则是不巩固的。

（四）情绪唤醒

班杜拉在研究中发现，高水平的唤醒使成绩降低而影响自我效能，当人们不为厌恶刺激所困扰时更能期待成功。

上述四种信息对效能期待的作用依赖于人们对其是如何认知和评价的。人们必须对与能力有关的因素和非能力因素对成败的作用加以权衡，人们觉察到效能的程度取决于任务的难度、付出努力的程度、接受外界援助的多少、取得成绩的情境条件等因素，这些因素作为效能信息的载体影响成绩，主要是通过自我效能感的中介影响发生的。

第三节　影响学习动机形成的因素

一、内部条件

（一）学生自身需要

在社会实践中，由于每个人的生活和经历各不相同，形成了个人独特的需要和认知事物的方式，从而反映在学习动机上的认知和求知需要也多种多样，再加上每个人在需要的强度和水平上也不尽相同，因此反映在学习的动机上，其内容、方向、强度和水平也就有很大的差异。

（二）成熟与年龄特点

在各种动机表现中可见，幼年的孩子对于社会的影响、家长的过高要求常常是不予理睬的。按照马斯洛的理论：小孩子对生理安全过分关注，而大孩子对社会影响，如教师、家长的期望等比较在意。比如，刚入学的孩子会产生对小学生地位和外表的羡慕，而对于教师的眼神却不会多注意。随着年龄的增长，社会性的动机作用才增长，如注意到自己在班中的地位，渐渐地学会与其他同学比较等。

知识窗4－3　专注于任务的学习者与专注于自我的学习者

在课堂上，学生们常常有两类主要的目标——以掌握所学内容为定向的掌握目标和以成绩为定向的成绩目标。拥有掌握目标的学生，不管他们犯多少错误或遇到多大的困难，仍能坚持学习、钻研，他们往往主动地寻求挑战，不断地提高。他们主要关注的是掌握所学的内容，而不在意他们的得分及与班上其他人的比较。而拥有成绩目标的学生，则将注意力集中于他们的行为表现及别人对他们的评价。他们评价自己的学习行为时，不是在意自己学到了什么或自己付出了多少努力，而是他人怎样看待他们，他们的分数在班上的位置。这类学生往往尽量避免出错，避免挑战，不敢冒险，知难而退。

对于这两类学生，尼哥斯和米勒（Nicholls & Miller）把前者称为专注于任务的学习者（task-involved learners），后者则称为专注于自我的学习者（ego-involved learners）（A. E. Woolfolk，1995）。两种目标定向者在归因和坚持性上也具有不同的特点，掌握目标定向者在完成活动中具有较强的坚持性，而成绩目标定向者的坚持性较差。在归因方面，掌握目标定向者倾向于将成功归因于学习方法，成绩目标定向者倾向于将成功归因于运气和能力，而将失败归因于任务难度和运气。所以，掌握目标定向的学生具有内归因的倾向，成绩目标定向的学生具有外归因的倾向。

（三）学生的性格特征和个别差异

学生本人的兴趣爱好、好奇心、意志品质都影响着学习动机的形成。比如交往性动机对某一学生来讲可能是主要的、第一位的，但有的学生可能以竞争中得首位，得到别人尊重的威信性动机为其第一位的动机。这在一定程度上既反映年龄特征，也反映了个别差异。此外，成功与失败对不同学生的作用不同也反映了个别差异。有人趋于进取、力求获得成就，有人则力求避免失败。

（四）学生的志向水平和价值观

学习动机与理想是紧密联系的，因此，学生的人生观、世界观、价值观所反映的理想和志向直接影响学习动机和目标结构的形成。理想水平高，学习的动机就强。

（五）学生的焦虑程度

焦虑指学生在担心不能成功地完成任务时产生的不舒适、紧张、担忧的体验。焦虑水平不仅影响着学习的动机，更会影响学生的学业成绩。大量的调查表明，焦虑程度过高或过低都会对任务的完成有不良影响。中等程度的焦虑对学习是有益的。由于动机与学习相互影响，焦虑会对学生的学习产生影响，因此焦虑对动机的影响也是值得探究的一个问题。

二、外部条件

（一）家庭环境与社会舆论

不同的社会条件，对学生有不同的要求。社会要求通过家庭对学生的动机起影响作用。例如，封建社会中读书人普遍具有追求功名富贵的学习动机；工业社会中人们以劳动市场的需求确定自己学什么专业；我国十年动乱期间，由于对知识和知识分子不公止的待遇，普遍产生了“读书无用论”。这些无不反映了社会舆论对学习动机产生了巨大的影响。

当然，在学生动机形成过程中，家庭的文化背景、精神面貌也起着极重要的作用。如果家长注意教育，孩子就对社会上的正确舆论产生积极响应，对错误的现象会抵制，否则就会造成一种矛盾状况，影响学生学习动机的健康发展。

国外有许多心理学家研究“家长的态度对学生学习成绩的影响”。美国心理学家凯尔和赫尔赛对两组打算上大学的男孩进行调查研究和互相比较，目的在于找出两组学生学习动机上的差异及其与父母态度的相关。结果发现父母的期望与管教具有相当大的影响。美国洛杉矶加州大学有一篇博士生论文研究不同文化背景、家庭对学生学习成绩的影响，研究了在美国的墨西哥家庭、华人家庭和美国家庭对学生学习的影响，结果表明，华人影响最好，美国人次之，墨西哥人的家庭影响最差。

（二）教师的榜样作用

动机是有感染力的。大量的观察、调查研究证明：教师在学生学习动机形成中是一个十分强有力的因素。

首先，教师本人是学生学习动机的榜样。如果教师本身治学严谨、学而不厌，以极大的热情和兴趣从事他的专业和教学，就会对学生留下极深刻的印象。相反，如果教师对他的工作表现出厌烦和冷淡，这种情绪也会影响学生。

教师的期望也会对学生的动机和行为产生不同的影响：教师对不同的学生有不同的期望行为和期望结果，由于这些期望的不同，产生了教师对不同学生的对待方式的不同，这种不同的对待方式影响着学生的自我概念、成就动机水平和抱负水平。如果这种对待方式持续下去的话，便会对学生产生固定的影响，高期望的学生产生了高水平的动机，经过不懈的努力，取得了高水平的行为，低期望的学生则恰恰相反。随着时间的推移，学生们的行为和成就与当初的期望值越来越接近。

此外，教师不仅有榜样作用，他还是沟通社会、学校的要求与学生的成长，形成正确动机的纽带，要善于把各种外部因素和学生的内部因素结合起来。学习动机的培养和激发，主要是通过教师的工作，配合各方面力量去完成的。

第四节　学习动机的培养与激发

一、学习动机的培养

（一）利用学习动机与学习效果的互动关系培养学习动机

学习动机作为引起学习活动的动力机制，是学习活动得以发动、维持、完成的重要条件，并由此影响学习的效果。

学习动机之所以影响学习的效果是因为它直接制约学习的积极性，学习动机强的学生，他们在学习中能专心一致，具有深厚持久的学习热情，遇到困难时有顽强的自制力和坚强的毅力。缺乏学习动机的学生，必然学习积极性低。

心理学研究表明，学习动机影响学习效果，而学习效果也会反作用于学习动机。如果学习效果好，个体在学习中付出的努力与所取得的收获成正比，其学习动机也会得到强化，从而巩固了新的学习需要，使学习更有成效。反之，不良的学习效果，最终形成学习上的恶性循环。要想使学习上的恶性循环变成良性循环，关键在于：改变学生的成败体验，使他获得学习上的成就感；改善学生知识技能的掌握情况，弥补其基础知识和基本技能方面的欠缺。

（二）利用直接发生途径和间接转化途径培养学习动机

教育心理学研究表明，新的学习需要可以通过两条途径来形成。一是直接发生途径，即因原有学习需要不断得到满足而直接产生新的更稳定更分化的学习需要。二是间接转化途径，即新的学习需要由原来满足某种需要的手段或工具转化而来。

从直接发生途径考虑，应尽量使学生原有的学习需要得到满足。动机是在需要的基础上产生的。当某种需要没有得到满足的时候，它就会推动人们去寻找满足的对象。例如，一个幼儿园的孩子希望自己得到更多的小红花；一个小学生希望自己考试能得到一百分。学生以学习为主，教师应利用直接发生途径，尽可能使学生在学习过程中得到成功的体验，使学生的学习需要得到满足。如果每一个学生都有这种“我要学习”的欲望，那么学习的积极性就会十分高涨。

从间接的途径考虑，主要应通过各种活动，提供各种机会，满足学生其他方面的要求和爱好。教师在平时需要多关注学生的各方面发展，发现学生在体育运动、文娱表演等活动中的浓厚兴趣与积极性，引导学生把这些积极因素与学习联系起来，并把它们转化为学习需要与学习动机。例如，通过开展科技小组活动，培养学生的认知能力、操作能力、创造能力，更巩固了他们对知识的掌握。

二、学习动机的激发

学习动机的激发，是指在一定的教学情境中，利用一定的诱因，使已形成的学习需要由潜在状态变为活动状态，使它们成为推动学习的内部动因，形成学习积极性，从而使已经形成的学习需要不断地得到巩固、加深和提高。

（一）创设问题情境，实施启发式教学

创设问题情境就是在讲授内容和学生求知心理之间制造一种“不协调”，将学生引入一种与问题有关的情境中。创设问题情境时应注意问题要小而具体、新颖有趣、有适当的难度；有启发性，善于将要解决的课题寓于学生实际掌握的知识基础之中，造成心理上的悬念。那么，教师怎样去创设难度适宜的问题情境呢?

1.熟悉教材

教材作为一种最普遍同时也最重要的媒介，在传播知识方面起着非常重要的作用。在学校教育中，教材是学生获取知识的主要来源和教师教学的主要依据。因此教师要非常熟悉教材，对教材的知识结构、组织形式及表述方式等都应了如指掌。熟悉教材是创设问题情境的重要前提。

2.了解学生

了解学生是创设问题情境的核心，也就是了解学生的知识基础及可能回答问题的方式。

同时，任何问题的出现都是相对于不同人而言的，有些问题对于某些人是问题，而对于另一些人却不是问题。教师想要创设问题情境，就必须了解学生的个别差异。

3.贯彻始终

一般来说，在教学中，教师应只把概念、原理讲解透彻，而不是把所有问题都讲细讲到，也就是要造成悬念，启发引导，让学生思索回味，前后贯通，探索回答。创设问题情境要在教学过程中贯彻始终，这样通过提出问题可以促进学生积极思维。

（二）根据作业难度，恰当控制动机水平

一般来说，学习动机对学习效果具有积极的影响。但是，学习动机强度与学习效率并不完全成正比。心理学家的研究指出，动机强度与学习效率并不是简单的线性关系，而是成倒U型曲线关系。也就是说，学习动机强度有一个最佳水平，即动机水平适中时，此时的学习效率最高；一旦超过了顶峰状态，动机水平过强时就会对学习效果产生阻碍作用。因为，过分强烈的学习动机往往使学生处于一种紧张的情绪状态之下，注意力和知觉范围变得狭窄，由此限制了学生正常的智力活动，降低了思维效率。比如，一个学生在考试时，由于想获得好成绩的动机过于强烈，造成了他产生了过度紧张和焦虑的情绪，干扰了正常的思维过程，甚至回答不出本来十分熟悉的问题。

心理学家耶克斯（R. M Yerkes）与多德森（J.D Dodson）的研究表明，一般来说，从事比较容易的学习活动，动机强度的最佳水平会高些，而从事比较困难的学习活动，动机强度的最佳水平会低些。不仅如此，动机强度的最佳点还会因人而异，进行同样难度的学习活动，对一些学生来说动机强点好，对另一些学生来说动机弱点好。这一规律在心理学中被称为耶克斯多德森定律，简称倒“U”型曲线，如图4 － 5所示。

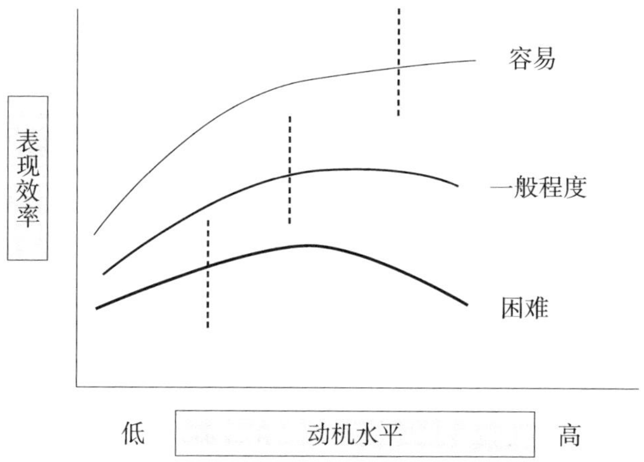

图4－5 耶克斯多德森定律示意图

（三）充分利用反馈信息，妥善采取奖惩措施

了解自己活动的进展情况本身就是一种巨大的推动力量，会激发学生进一步学习的愿望。教师及时提供反馈信息能帮助学生及时发现、纠正错误，调整学习的进度，使用合适的学习策略来完成学业任务。如果学生在学习很长时间之后，仍不能知道其进展情况和取得的成就水平，就不会继续保持巨大的学习热情。

知识窗4－4　反馈的重要性

心理学家罗斯（D. Ross）等做过一个很有说服力的实验。他们把一个班级的学生分成三组，每组给予不同的反馈。对第一组，学习后每天告诉其学习结果；对第二组，每周告诉其学习结果；对第三组，则不告诉学习结果，如此进行8周。在其后的8周内，除第二组仍然每周告诉学习结果外，对第一组不再告知学习结果，而对第三组则每天告诉学习结果，如此再进行8周。实验结果表明：在第8周后，除第二组显示出稳步的前进以外，第一组与第三组情况则变化很大，即第一组成绩逐步下降，而第三组成绩则迅速上升。由此可见，反馈在学习上的效果是很明显的，尤其是每天及时反馈，较之每周反馈效果更佳。如果没有反馈，不知道自己的学习结果，则缺乏学习的激励，很少进步。所以，教师应尽可能让学生及时准确具体地了解自己学业的进展情况及取得的成就，对学生完成的作业（练习、试卷等）的批改切忌拖延，也不能过于笼统，只给“对错”，尤其是对错误的批改分析，越具体，越有针对性，效果越好。

尽管在一定的情形中适度的批评和惩罚对促进学习是有效的。但一般来说表扬、鼓励、奖励要比批评、指责、惩罚更能有效地激发学习动机。所有学生的所有进步都是应当受到肯定、表扬和鼓励的，使之体验成功，产生能力有效感。只奖励少数学生的课堂是不能激发大多数学生的，尤其是低成就和力求避免失败的学生，对他们来说，教师这种对表扬和奖励的“吝啬”和“偏向”只有负作用。例如，一个学生从来不受到老师的肯定、关注、表扬，失去学习的动力就不奇怪了。

但是，这并不意味着表扬和奖励可以滥用。对学生进步的认可，除了要有普遍性之外，还要有针对性。任何的表扬和奖励都应让学生感到是有理有据的，是对其努力的肯定。

（四）正确指导结果归因，促使学生继续努力

根据归因理论，将成功归因于内部因素（如，努力），将失败归因于外部因素（如，任务难度、运气）的学生认为，他们能够控制自己的行为。将失败归因于缺乏努力和方法不当，不会对学生的坚持性产生消极的影响。相反，失败会带来一些有益的学习经验，在一些任务中的失败能够促使学生设立更合理的目标，尝试新的策略，发展自己对挫折的承受力。而将成功归因于外部因素，将失败归因于内部因素（能力）的学生往往认为他们没有成功的能力，他们无力避免失败，也不去追求成功，对学生的坚持性会产生消极的影响，

同时会产生失落感、无力感，这就是学习无助感。归因倾向是后天形成的，因此教师可以根据学生的情况加以培养。教师可以采取如下的帮助措施。

1.帮助学生了解自己的优点和缺点，并为他们制定切实可行的目标。

2.制定出具体的行动以帮助他们达到目标，使他们成为自己控制自己，而不是受别人控制的人，而且要改变他们的归因倾向，让他们将失败归因于缺乏努力，而不是缺乏能力，使他们明白，只要付出努力便会成功的道理。

3.教学生学会何时完成他们的计划，并对学生的每一个学习行为给予及时的反馈。

本章要点

1. 学习动机是指激发个体进行学习活动、维持已引起的学习活动，并致使行为朝向一定的学习目标的一种内在过程或内部心理状态。学习动机的基本成分主要包括学习需要和学习期待两个方面。

2. 学习动机有多种分类方法，最主要的是将其分为内部学习动机和外部学习动机。内部学习动机，指内在心理因素转化而来的学习动机。外部学习动机，指由外在的奖惩激发产生的学习动机。

3. 强化理论认为，人的某种学习行为倾向完全取决于先前的这种学习行为与刺激因强化而建立起来的稳固联系，而不断强化则可以使这种联结得到加强和巩固，从而达到学习的效果。而动机是由外部刺激引起的一种对行为的激发和强化的力量。

4. 需要层次理论将人类的需要按其出现的先后顺序分为高低不同的5个层次，人要生存，他的需要能够影响他的行为。只有未满足的需要能够影响行为，满足了的需要不能充当激励工具。人的需要按重要性和层次性排成一定的次序，从基本的（如食物和住房）到复杂的（如自我实现）。当人的某一级的需要得到最低限度满足后，才会追求高一级的需要，如此逐级上升，成为推动继续努力的内在动力。

5. 成就动机是指驱动一个人在社会活动的特定领域力求获得成功或取得成就的内部力量，是人们追求高目标，完成困难任务，竞争并超过他人的人格力量。这种动机中存在两种不同倾向：其一是力求获得成功的需要；其二是力求避免失败的需要。力求获得成功的人旨在获得成就，并选择能有所成就的任务。避免失败的需要强于力求成功愿望的人，对任务会采取回避态度，他们往往选择极其困难的任务，这样即使失败，也可为自己找到合适的借口。

6. 归因是指人们对自己或他人的活动及其结果以及其他社会事件的原因作出的解释或推论。人们在解释自己或他人的行为，分析行为结果的原因时，无论是成败，往往归结为以下6个方面：能力（或天资）、努力程度、任务难度（工作难度）、运气（机会）、身心状况、别人的反应。以上六项因素可被分别纳入以下三个维度之内：第一，内外部；第二，稳定性；第三，可控性。

7. 自我效能感是指人们对自己是否能够成功地进行某一成就行为的主观推测和判断。影响自我效能感形成的因素主要有：个人自身行为的成败经验；替代经验；言语劝说；情绪唤醒。

8. 影响学习动机形成的因素分为内部条件与外部条件。内部条件包括学生自身需要、成熟与年龄特点、学生的性格特征和个别差异、学生的志向水平和价值观、学生的焦虑程度；外部条件包括家庭环境与社会舆论、教师的榜样作用。

9. 学习动机的培养可以从以下两方面进行：利用学习动机与学习效果的互动关系培养学习动机；利用直接发生途径和间接转化途径培养学习动机。

10. 学习动机的激发可以从以下四方面进行：创设问题情境，实施启发式教学；根据作业难度，恰当控制动机水平；充分利用反馈信息，妥善进行奖惩；正确指导结果归因，促使学生继续努力。

思考题

1. 什么是学习动机？它有哪些不同的分类？学习动机与学习效果的关系是什么？
2. 关于学习动机有哪些理论？它们的主要观点是什么？
3. 影响学习动机形成的因素有哪些？
4. 如何培养与激发学生的学习动机？

参考文献

B. 韦纳. 论心理理论的建构和动机归因理论的整合［J］. 华东师范大学学报（教育科学版），2001.

Woolfolk，A. Educational Psychology［M］. Boston: Allyn and Bacon，2001.

刘儒德. 发展与教育心理学［M］. 北京：人民教育出版社，2007.

卢家楣. 学习心理与教学［M］. 上海：上海教育出版社，2000.

马斯洛. 人的动机理论［M］. 上海：上海教育出版社，1990.

皮连生. 教育心理学［M］. 上海：上海教育出版社，2004.

皮连生. 学与教的心理学［M］. 上海：华东师范大学出版社，1997.

邵瑞珍等. 教育心理学［M］. 上海：上海教育出版社，1998.

邵瑞珍等. 学与教的心理学［M］. 上海：华东师范大学出版社，1990.

张大均等. 教育心理学［M］. 北京：人民教育出版社，1999.

卢强，高明书. 教育心理学［M］. 北京：北京出版集团北京出版社，2010.

第五章　学习的迁移

当瑜伽遇上游泳

当瑜伽遇上游泳，更可能成为好朋友吗？或许我们之前从未思考过这类问题。但是我们有过这样的体验：学会了骑自行车，再骑摩托变得很容易；学会了画猫，再学画虎也不是难事儿。一名游泳运动员因为伤病困扰，尝试练习瑜伽，结果瑜伽不但让她在柔韧性、平衡感和核心力量方面有了显著的提升，还让她拥有了更好的专注力，从而帮助她游得更好。同样，她在游泳中所积累的身体控制能力和呼吸技巧，也为她的瑜伽水平的提升打下坚实的基础。

原来，当两种运动项目具有相似的动作结构、相当的难度和许多共同的技术要素时，它们就可能相互影响并产生积极的迁移效果。2022年的北京冬奥会，我们从新闻报道中就能发现很多获奖运动员，就是夏奥项目转到冬奥项目的。运动项目之间互相影响而产生积极效果的现象叫作学习迁移中的正迁移。学习迁移包括正迁移和负迁移，而正迁移的能力，正是我们现代教育理论所重视的“举一反三”的能力，即学生能够运用所学知识解决类似或同类的课题，并能够运用所学的知识、技能和态度去面对并解决生活和学习中的问题。

因此，心理学家们对学校中的迁移教育非常重视，并提出了“为迁移而教”的理念。如果一个学生英语成绩优秀，但法语成绩不佳，那么学校教育就没有成功地发挥其作用。同样，如果一个学生在学习羽毛球时，不能将羽毛球的技能应用到其他领域，那么，学校教育也没有尽到其应尽的责任。

学习目标

通过本章的学习，你将能够：

1. 掌握学习迁移的概念。
2. 了解迁移的种类。
3. 掌握迁移的相关理论，并能对其优缺点进行适当地评价。
4. 了解影响学习迁移的三个因素。

基础概念

迁移（transfer）：一个人将以前在学习或问题解决时获得的经验及知识应用于新情境时即为迁移。

认知结构（cognitive structure）：学习者头脑中的知识结构，即学习者的观念的全部内容和组织形式。

定势（mental orientation）：是在连续活动中发生的，前面的活动经验为后面的活动形成一种准备状态。

关键名词

学习迁移，形式训练说，相同要素说，概括说，关系转换理论，认知结构迁移理论，原有认知结构，学习心向，定势，教学策略

第一节　学习迁移概述

一、学习迁移的概念

学习始终是建立在已有知识经验的基础上的。每当新的学习任务开始时，学习者都可能会有意或无意地将自己已有的知识、技能相联系。比如，在学习跳箱时，之前跳山羊的技能就会对其产生影响，此时，就产生了学习迁移。学习迁移也称训练迁移，是一种学习对另一种学习的影响，或习得的经验对完成其他活动的影响，也就是已获得的知识、技能、学习方法或学习态度对学习新知识、新技能和解决新问题所产生的一种影响。学习迁移具有普遍性，我们常说举一反三、触类旁通、闻一知十是典型的学习迁移形式。各种经验内部及其不同经验之间相互影响，通过迁移，各种经验得以沟通，经验结构得以整合。

二、迁移的种类

（一）正迁移与负迁移

根据迁移影响效果的有效性，我们把迁移分为正迁移和负迁移。正迁移也叫“助长性迁移”，是指一种学习对另一种学习起到积极的促进作用。如学习数学有利于学习物理，学习珠算有利于心算，会打羽毛球有利于网球学习，等等。正迁移常常在两种学习内容相似，过程相同或使用同一原理时发生。

负迁移一般是指一种学习对另一种学习起干扰或抑制作用。负迁移通常表现为一种学习使另一种学习所需的学习时间或所需的练习次数增加或阻碍另一种学习的顺利进行以及

知识的正确掌握。负迁移的产生常在两种学习既相似又不相似的情境下，学习者认知混淆而产生的。发生这种迁移，会使另一种学习更加困难，错误增加。例如会骑自行车的人学习骑三轮车比不会骑自行车的人会更困难，就是一种负迁移现象。

（二）水平迁移与垂直迁移

根据迁移方向的不同，我们将学习迁移分为水平迁移和垂直迁移。水平迁移也称横向迁移，是指处于同一概括水平经验之间的相互影响。在这种迁移中，先后两种学习除了相似但又有不相同外，在难度和复杂程度上大体属于同一水平。例如学生在学习直角、锐角、钝角这些概念时，因为这些概念的抽象性与概括性处于同一水平、同一层次，它们之间的相互影响就是水平迁移。

垂直迁移又称纵向迁移，指处于不同概括水平经验之间的相互影响。具体讲，是具有较高的概括水平的上位经验与具有较低的概括水平的下位经验之间的相互影响。例如作为先行的加、减、乘法能力的学习，对以后更高级的除法能力学习具有促进作用。也就是说为了学习除法，必须充分掌握作为前提条件的加、减、乘法的运算，必须具备熟练的下位能力作为纵向迁移的条件，才能进行迁移。认知心理学家认为，学习者原有的认知结构中的经验是按照抽象、概括的不同水平而有层次地组织在一起的。从学习内容的逻辑关系来说，有的学习内容的概括性与抽象性较高，这种学习内容在其形成的认知结构方面，是一种上位结构；而那些抽象性与概括性较低的学习内容，其形成的认知结构属于下位结构。以“球”和“篮球”这两个概念来讲，其抽象性和概括性就不同，前者抽象性和概括性较后者高，在认知结构中就形成为上位结构，叫上位概念；后者形成的认知结构处于下位，叫下位概念。因此，垂直迁移就是指上位的较高层次的经验与下位的较低层次的经验之间的相互影响。

垂直迁移表现在两个方面：一是自下而上的迁移，即下位的较低层次的经验影响着上位的较高层次的经验的学习；二是自上而下的迁移，即上位的较高层次的经验影响着下位的较低层次的经验的学习。

（三）一般迁移与具体迁移

根据迁移内容的不同，我们将迁移分为一般迁移和具体迁移。一般迁移也称普遍迁移、非特殊迁移，是将一种学习中习得的一般原理、方法、策略和态度等迁移到另一种学习中去。相对而言，一般迁移产生的内在原因不像特殊迁移那么直接明了，他常常表现为原理原则的迁移。如学生学习中获得的一些基本的运算技能、阅读技能可以运用到各种具体的数学或语文学习中。布鲁纳非常重视这种迁移，并认为一般迁移是“教育过程的核心”。如果能将习得的一般原理、方法等应用到后继的学习情境中，则后继学习将会变得较为有效、省力。

具体迁移也称为特殊迁移，指一种学习中习得的具体的、特殊的经验直接迁移到另一种学习中去，或经过某种要素的重新组合，以迁移到新情境中去。发生具体迁移时，学习者原有经验的组成要素没有发生变化，只是将一种学习中习得经验的组成要素重新组合并移用于另一种学习之中。如跳水的一些项目，弹跳、空翻、入水等基本动作是一样的，只要将这些基本动作熟练掌握，那么在学习新的跳水项目时，就可以把这些基本动作加以不同的组合，很快形成新的动作技能。在这里仅仅将旧的动作经验成分组合于新的动作序列中，而原有的经验成分并没有发生变化。

知识窗5－1　迁移的其他种类

低路迁移与高路迁移

1969年所罗门（G. Salomon）和帕金斯（D. Perkins）提出低路迁移和高路迁移的划分。低路迁移指经过充分练习的技能自动迁移，不需要反省性思维，往往是无意识的。这种迁移的关键是原先的技能经过了充分的练习，而且练习是在变式的情境中进行的。例如，会骑自行车的人不管骑自己的车还是别人的都会很轻松。而高路迁移是有意识努力的结果，学生将先前习得的抽象知识有意识地应用于新的情境中。高路迁移意味着从以前的学习经验中抽取出一般规则或原理，然后将其应用于新情境下的新问题中，它可能是在当前的学习中想到今后的应用，也可能是在面对新的问题时，回头思考先前习得的知识在新情境中的应用。例如，心理辅导老师将课本中的心理学知识在运动员的训练课中加以运用。

顺向迁移与逆向迁移

根据迁移的顺序，可以将迁移分为顺向迁移与逆向迁移。顺向迁移是指先学习的内容对后学习产生的影响，逆向迁移是指后学习的内容对先前学习的影响。例如，先学会单词，更容易读懂英文段落，先学会骑自行车，对将来骑摩托车更容易这些都属于顺向迁移；在儿时可以倒背如流的古诗词，若干年后有了切身体会便会对其中寓意有更进一步的解读，这就是逆向迁移。值得注意的是，不管是顺向迁移还是逆向迁移，它的影响都有量的大小之分，正负迁移之分。

认知迁移、态度迁移和技能迁移

这是根据迁移的内容进行的划分。认知迁移是指在人脑的知识结构中发生的迁移。每个学生的认知结构各有不同，当面临新的问题情境时，学生原有的认知结构可能会影响问题的解决，也可能认知结构自身发生改变。在某一方面具有较好的认知结构的学生，与相对较差的学生相比，他在这方面的成绩也会更好。态度迁移是指一种态度对另一种态度的影响，例如学生对某一学科老师的积极或者消极态度将直接影响其对该学科的学习态度。如果欣赏该科老师，则会对学习充满热情，积极主动地去配合老师。反之，则会消极怠慢，将对老师的不满意态度迁移到学习中去。技能迁移可分为认知技能的迁移和动作技能的迁移。认知技能是一种认知性的内隐操作过程，而动作技能则是一种肌肉性的外显操作过程。一个掌握数学中排列组合解题技巧的学生，解任何有关排列组合的题都游刃有余，这属于认知技能的迁移。而网球选手打羽毛球也会打出高水平则是动作技能的迁移。

辛格利和安德森的2×2分类

辛格利和安德森（M. K. Singley & R. Anderson）根据知识学习的陈述性阶段和程序性阶段将学习迁移划分为程序性知识向程序性知识的迁移，程序性知识向陈述性知识的迁移，陈述性知识向陈述性知识的迁移，陈述性知识向程序性知识的迁移四类。

三、研究学习迁移的意义

（一）迁移对于提高学生解决问题的能力具有直接的促进作用

在学校情境中，大部分的问题解决是通过迁移来实现的，迁移是学生进行问题解决的一种具体体现。学校的教学目标就是在传授学生知识的同时，培养能力，发展智力。如果说“培养能力”和“发展智力”是学校教学的最重要目标，那么，学习的迁移就是检验教学是否达到这个目标的最可靠的指标。学习过程中的正迁移量越大，说明学生通过学习所产生的适应新的学习情境或解决新问题的能力越强，教学的效果也就越好。

（二）迁移对学生毕业后适应社会生活具有间接作用

要将校内所学的知识技能用于解决校外的现实问题，这同样也依赖于迁移。现代教育的一个重要特征是面向未来，即使学生将在学校中所学到的东西应用到学校以外的情境和问题上去。学生在学校所学到的知识、技能、行为、态度等，都是为了能解决实际问题。学习的迁移能使学生在不同的实际情境中，用已获得的知识、技能等解决面临的问题。学生“学会怎样学习”，从而使迁移达到最高最广泛的水平，也就能从学校生活转移到社会生活。

（三）迁移对于学生学习具有重大影响

从某种意义上说，学生在学习过程中，能否形成积极的迁移，决定了其成绩的好坏。只有通过积极的迁移，学生才能将所学知识、技能融会贯通，才能在已有知识、技能的基础上形成能力。

（四）研究学习迁移有助于我们更好地认清学习的实质

要想研究迁移，必然涉及对学习过程、学习条件以及学习机制等基本学习理论的探讨，因此，研究迁移实际上也是在探讨学习的实质、不同学习间的种种联系及提高学习效率等问题。

第二节　学习迁移的基本理论

一、形式训练说

形式训练说是以官能心理学为基础的。其认为人的心是由“意志”“记忆”“思维”和“推理”等官能组成。心的各种成分（官能）是独立的，分别从事不同的活动，如利用记忆官能进行识记和回忆，利用思维官能从事思维活动。各种官能只有通过各种训练才能得以发展，而心理官能得到训练而发展的结果就是迁移。注意、记忆等各种官能都可以通过多种不同形式的训练而得到增强，就如同对肌肉的训练一样，同样能够自动地迁移到其他活动中去。

形式训练说认为教学的最重要目标是训练和改进心的各种官能。在进行官能训练时，迁移是无条件的、自动发生的。其产生的关键不在于训练的内容，而在于训练的形式。因为内容经常容易忘记，但形式是永久的。某些学科如古典语言、自然科学中的难题等都具有训练官能的价值。在这些训练中，学生可以学会观察、分析、推理、甚至创造，有了这样的能力，就可以使学生在工作和生活中受益，相反的，如果只学到了一些具体的事实，对于学生来说，其使用价值是很小的。一些研究者基于形式训练说理论没有一定的科学依据，而对其产生怀疑和反对。为了进一步证实形式训练说，并为其提供科学的实验依据，詹姆斯（W. James）试图用实验方法对迁移问题进行研究。其得到的主要研究结论是被试的记忆能力并未因训练而得到提高，而且迁移的产生也不是无条件、自动的，这与形式训练说的主要观点相悖。但因为他的实验方法太粗糙，其所得的结论并没有得到大家的认可。在此后不断有学者希望通过更为严密的实验来验证形式训练说的相关观点。在这其中，桑代克通过自己的研究提出了另一种理论——相同要素说。

二、相同要素说

心理学家桑代克、伍德沃斯（R. S. Woodworth）在验证形式训练说的相关观点的实验后，提出了另一种理论，即相同要素说。这一学说认为：两种学习间如果有共同的成分或因素，那么他们之间就可以产生迁移。他们认为训练某一官能未必能使这一官能的所有方面都得到改善，而任何一种官能的改变也只限于一定的活动范围。某一官能通过训练并不能保证它能够自动地迁移到其他方面，只有在有相同要素的两种情境中迁移才能够产生。这里相同要素也就是指相同的刺激与反应联结，只有在刺激相似而且反应也相似的两种情境中迁移才能发生，并且相同联结越多，迁移量越大。伍德沃斯在之后的研究中将相同要素改为了共同成分，其认为在两个情境中如果有共同成分时，迁移就可以产生。

桑代克首先在知觉方面进行了一系列的实验，他选取大学生作为被试，训练他们判断图形的面积，这些图形具有不同的大小和形状。被试先估计了127个矩形、三角形、圆和不规则图形的面积。通过这样就预测了他们判断面积的一般能力。然后用90个10平方厘米～100平方厘米的平行四边形让每一被试进行判断面积训练。之后被试接受两种测验：第一种测验要求判断13个与训练图形相似的长方形的面积；第二个测验要求判断27个三角形、圆和不规则图形的面积。这27个图形是预测中用过的。研究表明：通过平行四边形训练，被试判断矩形面积的成绩提高了，但他们对三角形、圆和不规则图形的判断的成绩没有提高。这说明，只有在两个情境中存在共同要素时（13个长方形与训练图形相似），迁移才会产生。之后，桑代克还做了长度和重量方面的实验，在长度实验中，他让被试估计1～1.5英寸（1英寸=2.54厘米）直线的长度，经过练习，成绩取得了很大进步。但是之后用6～12英寸的直线对他们进行测试发现，被试估计长度的能力并没有提高。在记忆和注意方面，桑代克也做了类似的实验。从这些实验中他发现，经过练习，被试的成绩取得了明显提高，这些训练可以迁移到类似的活动中去，但在不相似的活动中，并未发现迁移。

既然在知觉、记忆和注意方面的能力不易经过特殊训练而得以改善，桑代克就设想如果让学生选学某些特殊的学科，并经过长期训练之后，其一般智力能否得到提高。为此，在1924年和1927年，他选取将近13000多名学生作了两次规模很大的实验。学生选修的科目囊括了几何、公民课、戏剧、拉丁语、化学、薄记和法语，进行了为期一年的学习。一年之后，测试这些学生学习这些科目前后的智商变化，结果并未发现某些学科对改善智力特别有效。

韦斯曼（A. Wesman）为了验证桑代克的这一结论，在一个学年的开始和结束，对中学生进行了一系列一般智力和成绩测验，结果发现，在测量的任何一种成绩范围内，智力并没有更多增长。

桑代克等人用大量的实验证明，迁移是非常具体的、有限的，只存在于含有相同要素的领域。迁移是有条件的，需要有共同的要素。这些都是对形式训练说的否定，也使迁移的研究有所深入。但仅将迁移视为相同联结的转移，认为在两种没有相同要素或共同成分的过程之间，两个完全不相似的刺激—反应联结之间，不可能产生迁移，这在某种程度上否认了已存在的迁移，也否认了迁移过程中的复杂的认知活动，因此有一定的机械性和片面性。

三、概括说

以贾德（C. H. Judd）为代表的概括化理论是通过做“水下击靶”实验得出的，其主要观点是：概括化的原理和经验是迁移产生的关键，有共同要素是迁移产生的必要条件之一。但当有了实际经验后，概括化的原理就可以应用于不同的情境中，能随情境的变化而加以调整，即根据水下靶子的不同的深度进行调整。贾德认为：概括化的原理和经验是迁移得以产生的关键。对原理学习得越透彻，对新情境的适应性越强，迁移性就越好。

贾德在1908年所做“水下击靶”实验是概括化理论的经典实验。他以小学五年级和六年级学生为被试，让他们练习用镖枪投中水下的靶子，将其分成两组，给其中一组学生讲授水的折射原理，另一组不予讲授，只是让他们自己通过尝试获得经验。在开始投掷练习时，靶子被置于水下12英寸处，结果两组学生成绩相同。接着将靶子从12英寸处移到水下4英寸处，此时，两组学生的成绩出现了差异，懂得折射原理那组学生迅速适应了水下4英寸的条件，而没有教授折射原理的一组成绩远不如教授原理组。

针对上述结果，贾德认为，是理论把全部的经验，包括水外的、深水的和浅水的，组成了整个的思想体系，然后学生在这个理论的背景上，利用概括的经验，迅速地解决面临的新问题。

此后，亨得里克森（G. Hedrick son）等人在贾德的实验基础上，又进行了更为严格控制的实验，并得出了相类似的结论。同时指出，概括化的过程不是自动化的，它与教学方法有着密切的关系。概括说比相同要素说有所进步，其认为迁移的产生更多地是依赖于对一般原理的理解以及这种理解在新旧情境的相互关系中的作用，突出强调了概括化经验在迁移产生过程中的作用。然而经验仅是影响迁移能否产生的条件之一，而不是全部。

知识窗5-2　“小鸡觅食实验”与关系转换理论

苛勒用小鸡觅食实验证明了关系转换的学习迁移理论。其实验如下：

先让小鸡学会辨别一种浅灰色纸和一种深灰色纸，小鸡在浅灰色纸上能啄到谷粒，在深灰色纸上不能啄到谷粒，两种纸常常交换位置，经过40～60次训练，小鸡学会了找浅灰色纸啄米，以后变换条件，把深灰色纸换成更浅灰色纸，以观察小鸡对浅灰色和更浅灰色纸的反应，结果有70%的小鸡啄新的更浅的灰色纸，只有30%的小鸡啄原来的浅灰色纸。

根据这一结果，苛勒认为，小鸡在实验中的反应是“更浅色的纸”，而不是原来的特殊的浅色纸；它们是根据灰色纸的深浅关系发生反应，是对整体情境中所包含的相对关系的反应，而不是对特殊刺激发生反应。苛勒认为，如果它们总是到过去放着食物的那一张纸上去（两个情境中的相同要素），那么就可以证明，迁移是由于相同要素引起的。如果它们到两个中的较浅的那一张纸上去，那就证明不是对相同要素的反应，而是对关系作的反应，这就是它们经过学习获得的。

四、关系转换理论

格式塔心理学家不否认依赖于学习原理的迁移，但他们强调“顿悟”是迁移产生的一个决定因素。他们认为，迁移是学习者突然发现两个学习经验存在关系的结果，并不是由于两个学习情境具有共同成分、原理而自动产生的。苛勒从理解事物间相互关系的角度，提出了关系理论，重新解释了经验类化的迁移理论，并且通过实验证明：迁移产生的实质主要是对事物间关系的理解。他曾将小孩和小鸡同时作为被试做了一个实验。实验表明被试的反应并不是根据刺激物的绝对性质作出的，而是主要受制于事物之间的相对关系。因此，苛勒认为，个体发现事物间的关系的能力大小，对于其概括和推广能力以及迁移的产生有促进作用，即发现事物关系的能力越大，则概括、推广能力越强，迁移的产生越普遍。而通过对事物的顿悟实现了对事物间的关系发现、理解。从而，格式塔心理学家从行为和经验的整体性出发，认为迁移产生的机制主要是对事物之间的关系的顿悟。已有的经验能否对其他事物产生迁移，不取决于两者之间是否存在共同的要素，也并不取决于对原理是否真正掌握，而是取决于能否理解原理与实际事物之间的关系，以及各要素间形成的整体关系，强调行为和经验的整体性在迁移中的作用。

五、认知结构迁移理论

认知结构迁移理论是由美国著名认知心理学家奥苏贝尔（Ausubel）提出的，他认为“为迁移而教”实际上是塑造学生良好的认知结构问题。该理论认为，一切有意义的学习都是在原有认知结构的基础上产生的，不受原有认知结构影响的有意义学习是不存在的。一切有意义的学习必然包括迁移，迁移是以认知结构为中介进行的，先前学习获得的新经验，通过影响原有认知结构的有关特征影响新学习。奥苏贝尔认为，在有意义的学习与迁移中，我们所说的过去经验的特征，不是指前后两个学习课题在刺激和反应的联结方面的相似程度，而是指学生在一定知识领域内认知结构的组织特征，诸如清晰性、稳定性、概括性等。在一般的课堂学习中，并不存在孤立的课题A和课题B的学习，学习课题A是学习课题B的准备和前提；学习课题B也不是孤立的，而是在同课题A的联系中学习。因此，无论在接受学习过程还是在解决问题的过程中，凡有已形成的认知结构影响新的认知功能的地方，就存在迁移。

学生已有的认知结构是否能够促进新知识的学习，有利于正迁移产生，主要取决于三个变量：可利用性、可辨别性和稳固性。

（一）可利用性

在原有认知结构中是否有起固定作用的观念可以利用，这是影响迁移产生的第一个认知结构变量。学生的认知结构中，有的观念处于较高抽象、概括水平，能起固定作用，对于新的学习能提供最佳关系和固定点，那么该学生的认知结构就具有原有知识的可利用性。反之，如果在学习新知识时，在学生的原有知识结构中找不到可以同化新知识的原有知识，那么该学生的认知结构就缺乏原有知识的可利用性。奥苏贝尔认为，原有知识的可利用性是影响新的学习和迁移的最重要因素，也是最重要的认知结构变量。

（二）可辨别性

新旧知识的可辨别性是指原有认知结构中的原理、概念以及相关知识与新学习的知识之间的差异性或可分辨程度，两者之间可分辨程度越高，则正迁移越容易产生，并能够避免因混淆相互间关系而带来的负迁移。

（三）稳固性

原有知识的稳固性是指学习者原有的认知结构的巩固程度，对于正迁移的产生有正相关的影响，即巩固度越高，越有助于正迁移的产生，越易促进新知识的学习。因此，学习者在学习新知识时，是否已牢固掌握用来同化新知识的原有知识，就非常重要。如果学习者本身没有牢固掌握原有知识，则不但不会产生正迁移，反而会产生负迁移。

那么，如何提高学生原有认知结构的可利用性、可辨别性和稳定性呢？奥苏贝尔提出应当设计适当的“组织者”（也称“先行组织者”）。这里所谓的“组织者”是指针对“有效地迁移”而提出的，是在学习任务本身之外呈现给学生的一种引导性学习材料。它能清晰地将新的学习任务和认知结构中原有的概念建立关联。设计“组织者”的目的，主要是为新的学习任务提供概念上的固定点，增加新旧知识之间的可辨别性，以促进正迁移的产生。通过“组织者”的形式，在学习者已有的知识与新学的知识之间建立一座连接之桥，使之能够更有效地学习新材料。

“先行组织者”可分为“陈述性组织者”和“比较性组织者”两类：“陈述性组织者”与新的学习产生一种上位关系，其作用是为新学习提供最适当的类属；“比较性组织者”，其主要是比较新知识与认知结构中原有的相类似的知识，从而增强新旧知识之间的可辨别性。

知识窗5－3　迁移的其他理论

产生式迁移理论

针对认知迁移理论不能解释程序性知识的迁移的问题，安德森（J. R. Anderson）等人提出产生式迁移理论。所谓产生式，就是有关条件与行动的原则，是程序性知识在人脑中的内部表征形式。产生式理论的提出为描述程序性知识（如运动技能）习得的内部认知结构提供了一种有力的手段，更准确地反映了技能的心理表征形式，更逼真地抓住了技能学习和迁移的内在心理实质。该理论认为，两项技能学习产生迁移的原因是两技能之间产生式的重叠，重叠越多迁移越易发生，迁移量也越大。迁移的是共同的产生式而不是表面的相似，所以，产生式迁移理论可以说是共同要素说的现代化，只是这一共同要素已不再是相同的S－R联结，而是共同的产生式规则。

根据产生式理论的基本观点，在教学实践中，做到以下几点可有效促进“为迁移而教”目的的实现：(1) 循序渐进地选编教材内容，并将教材内容分成多个单元，且使不同单元有若干重叠。这样，前面的学习将成为后面学习的准备，后继学习就成为先前学习的扩展和延伸，前后学习将因为有共同的产生式而相互促进。(2) 突出和加强基本概念、原理和规则的学习，因为任何程序性知识的获得都必须经由陈述性知识的转化这一阶段。(3) 重视已学过内容的充分练习。这样，不仅可以避免因对共同产生式的模糊不清而使前后学习相互干扰（即避免前后学习因表面上的相似而混淆了实质上的差异），而且，充分练习可以使得许多基本技能自动化，而不必有意识地注意，这样就可能有力地促进新任务的学习。

认知策略迁移理论

针对认知结构迁移理论和产生式迁移理论都不能很好地解释策略性知识的迁移这一情况，安德森等当代认知心理学家在大量实验的基础上，提出了认知策略迁移理论。认知策略也是一种程序性知识，但与对外调控的智慧技能不同，它是学习者用以支配自己的心智过程，并将其由内部组织起来的技能。认知策略学习的特殊性决定了其在应用时具有很大的灵活性。在总结认知策略迁移研究历史的基础上，认知策略迁移理论得出学习者的自我评价是影响策略迁移的一个重要因素。新近的研究表明，如果把策略训练提高到反省认知水平，则策略训练的迁移效果良好。

这一理论对教学中促进策略性知识的习得和迁移具有深刻的指导意义：(1) 教师要实现“为迁移而教”，学生要实现“为迁移而学”，除了要重视和利用陈述性知识和自动化基本技能的迁移，更要重视认知策略的学习和迁移。(2) 当代教学改革的突破在于让学生“学会学习”和“学会思维”，认知策略迁移理论的提出为此指明了方向，学校教学要把认知策略的传授作为一个独立教学目标，教材的编写要反映这一目标，教师的教学也要体现这一目标。(3) 加强元认知知识和技能的教学，将元认知训练、一般认知策略的训练和具体学习方法的训练结合起来进行，这是知识迁移的必要和有效途径。如果学生没有掌握一定的元认知技能和认知策略，即使他们习得了某些具体的学习方法甚至学习策略，他们仍不能实现知识的有效迁移，即不知道在什么条件下在何种情境中使用何种知识、何种方法和何种策略。

"陈述性组织者"，为新知识的学习提供一个上位的固定点。在学习者学习新知识之前，先学习一些"概括性强"的材料—— "陈述性组织者"，这样能促进新知识学习时正迁移的产生。而且这对于那些学习能力较弱的学习者而言，作用更为显著。因为这些学习者自身概括能力较弱，在给了他一个"陈述性组织者"后无疑提高了他这方面的能力。此外，"陈述性组织者"，也促进了学习者有意义学习的方向，避免了不必要的机械记忆。

"比较性组织者"，可以增加新旧知识的可辨别程度，提高清晰性。奥苏贝尔和约瑟夫等研究发现：当新旧知识间可辨别程度不高时，加入一个"比较性组织者"，比反复学习新材料更加有效。其关键在于"比较性组织者"突出了新旧知识之间的异同，提高了原有知识的稳定性与清晰性。此外，我们还可以通过利用纠正、反馈和过度学习等反复学习的方法，来增强起固定作用的知识的稳定性。只有当原有知识越稳定时，才越有助于新知识的学习，促进正迁移的产生。

奥苏贝尔认为"为迁移而教"关键在于为学生搭建良好的认知结构。因此，我们可以从教材的内容、呈现方式、教学方法等方面促进学生形成良好的认知结构。

第三节　促进学习迁移的教学策略

一、影响学习迁移的因素

（一）相似性

如果两种学习材料彼此相似，那么学习者对相似的学习材料作出同样的反应，这就有利于迁移的产生。在实际学习之中，知识之间的共同因素往往潜藏于内部，这就要求学生具有一定的辨别能力。要培养学生的这种能力，作为教师应给学生尽可能多地提供练习认识事物间同一性或相似性的机会。在学习迁移发生的过程中，影响学习迁移的相似性可以是情境的相似、感觉模式的相似和知识技能之间的相似等等。两种情境之间的相似是影响学习迁移的重要因素；而感觉模式的相似则是另一种形式，例如日常生活中，人们通常习惯于用红色代表危险的东西，如马路上的交通指示灯、火警箱上的红色按钮等等；知识技能之间的相似是影响学生学习迁移产生最常见的一种形式，也是在课堂学习中教师最惯用的一种形式。

（二）原有认知结构

不同的家庭背景，并且受教育的层次的差异，造成了学生认知结构水平的差异。有良好认知结构的学生对已学知识的概括程度较高，包容的范围较广，能很好地实现迁移；反之，有的学生认知结构混乱，概括知识的包容性和协调性较差，则不能有效地进行学习的迁移。另外，学生在学习新的知识前，对认知结构中的原有知识与将要学习的新知识之间的异同是否能够准确清晰地分辨，也是学习能否实现迁移的重要因素之一。假如某一个学生的原有知识是按一定的结构层次严密组织在自己的头脑当中，则他在遇到新的学习任务时，不仅能迅速地在原有认知结构中找到新知识的共同点，而且也容易辨别新旧知识间的不同点。

学生对原有认知结构越巩固，则对于新的学习和新知识的理解越有帮助；相反，原有知识本身就不巩固，则不但不会产生积极的迁移作用，反而可能会对学习新知识出现干扰而影响新的学习。

（三）学习的心向与定势

学习的心向与定势常常是指的同一种现象，它是指先前影响所形成的一种倾向性的往往不被意识到的心理准备状态，它支配人以同样方式去对待同类后继活动。定势是在连续活动中发生的，前面的活动经验为后面的活动形成一种准备状态。定势对迁移的影响表现为两种：促进和阻碍。定势会对问题解决产生积极影响：前面问题解决的过程迁移到后面可以使后面解题的速度加快，问题变得比较容易。定势的消极作用的一个明显表现是功能固着，即把某种功能、作用赋予某种物体的心理倾向。陆钦斯的“量杯”实验是定势影响迁移的一个典型例证。在这一实验中，被试被要求用容积不同的量杯（A、B、C）来量取一定量的水，量杯与要量的水量如下表5－1所示。实验组与控制组开始时做一道练习题，然后按要求解决其他题，实验组做全部题目，而控制组只做7～11题。

表5－1　陆钦斯量杯实验

问题	A	B	C	要量的水（D）	方法
1	29	3		20	D＝A－3B
2	21	127	3	100	D＝B－A－2C
3	14	163	25	99	D＝B－A－2C
4	18	43	10	51	D＝B－A－2C
5	9	42	6	21	D＝B－A－2C
6	20	59	4	31	D＝B－A－2C
7	23	49	3	20	D＝B－A－2C，A－C
8	15	39	3	18	D＝B－A－2C，A＋C
9	28	76	3	25	D＝A－C
10	18	48	4	22	D＝B－A－2C，A＋C
11	14	36	8	6	D＝B－A－2C，A－C

结果发现，由于实验组的被试先进行了一定的练习，并发现所练习的问题都可以应用三杯方法（即D＝B－A－2C）来解决，就形成了定势，直接将三杯方法迁移到后面问题的解决过程中，使后面解题的速度加快，问题变得比较容易。从这一意义上来讲，定势是迁移产生的一种积极的心理因素。但是，这种定势同时又阻碍、限制了其他更简便的解决问题的方法（即D＝A－C或D＝A＋C）的产生，使思维僵化、因循守旧，难以灵活应用其他有效的经验来解决问题。这种定势阻碍了将其他方法迁移于目前问题的解决，因此表现为一种负迁移。实验还发现，控制组的被试都使用了最简便的解决问题的方法。

定势对迁移究竟是积极的影响还是消极的影响，这取决于许多因素，但关键是教师既要培养学生解决类似问题的心向，又要引导学生在遇到用习惯方法难以解决有关问题时积极地从其他角度来思考，充分利用积极的定势解决问题，同时又要打破已形成的僵化定势，灵活地、创造性地解决问题。

二、促进学习迁移的教学策略

（一）确立明确、具体、现实的教学目标

教学目标是一切教学工作的出发点和最终归宿，一切教学工作都是为教学目标服务的。确立系统的、明确的教学目标是促进学习迁移的重要前提。由于任何学习都是在原有学习基础上的连续、分步构建的过程，而最终形成的心理结构也是具有一定层次关系的网络结构，因此，某一单元或某一堂课的教学目标的确立必须从所要构建的心理结构的整体出发来考虑。同时，教学目标的表述应明确而具体，不能含糊笼统，应让学生能够确切把握其涵义，以发挥它对学习材料的沟通作用。

（二）改进教材呈现方式，改革教材内容

依照人们认识世界的自然顺序和认知结构的组织特点，应强调从一般到个别、从整体到部分的不断分化原则；同时还应遵循“综合贯通”原则，加强概念、章节之间的横向联系，强调整体性和协调性的同步发展。这样，可以使学生在学习过程中自然发现相关知识之间的不同要点，发现相互之间的关系，逐步总结出其中所隐藏的共同原理；并进一步明确，虽然有些字面表达方式不同，但是实际上代表着本质相同的观念，这样才能够对所学知识融会贯通。

根据迁移理论，认知结构中是否有适当的起固定作用的观念可以利用，是决定新的学习与保持的重要因素。为了促进迁移，教材中必须有那种较高概括性、包容性和强有力的解释效应的基本概念和原理。好的教材结构可以简化知识，可以产生新知识，有利于知识的运用。

（三）创设与情境相似的学习情境

学习情境最好与日后运用所学知识内容的实际情境相类似，这样有助于学习的迁移。为此，在教学中，教师要尽量为学生设置与实际情况相近的情境。另外，还要在知识或技能的学习过程中考虑到实际运用情境中的种种情况。例如学习计算，不仅要让学生单纯地学会计算的法则，还应该使他们通过解决实际问题等学习活动学会在实际情境中解决计算问题。此外，课堂上开展的学习活动，在日后学生能将其活动应用于相类似的实际生活时才是有效的。譬如：在篮球训练中，不能仅仅学会运球、传球等基本技能，而应通过比赛，有效地使基本技能向实际的综合性能力发生迁移。

（四）在教学中应注意启发学生对所学内容进行概括总结

教学中应多给予鼓励、赞扬学生，认可他们的成绩，激发其学习、锻炼的激情。多采

用启发性、诱导性的语言和练习，为新技能创造良好的定式状态。在学生遇到困难时，如在跳马、跨栏时出现恐惧心理，教师一方面应鼓励，另一方面也可采用分解教学和诱导练习，降低跳马或栏架高度，为完成学习任务创造条件。

“授人以鱼供一饭之需，授人以渔则终生受用无穷。”这句话启示我们，教学的目标不只是要让学生掌握一门或几门学科的具体知识与技能，而且还要让学生学会如何学习，掌握学习的知识与技能。教师在教学中要重视引导学生对各种问题进行深入分析、综合、比较、抽象、概括，帮助学生认识问题之间的关系，寻找新旧知识或课题的共同特点，归纳知识经验的原理、法则、定理、规律的一般方法，发展学生分析问题和概括问题的能力，必须重视对学习方法的学习，以促进更有效的迁移。如在排球的垫球教学中，教师可以通过启发学生运用已学的有关力学原理，来探讨问题、分析问题，寻找解决问题的方法，更好地掌握球出手的角度和控制好用力的大小。

本章要点

1. 学习迁移也称训练迁移，是一种学习对另一种学习的影响，或习得的经验对完成其他活动的影响，也就是已获得的知识、技能、学习方法或学习态度对学习新知识、新技能和解决新问题所产生的一种影响。

2. 根据迁移影响效果的有效性，我们把迁移分为正迁移和负迁移。正迁移也叫“助长性迁移”，是指一种学习对另一种学习起到积极的促进作用。负迁移是指一种学习对另一种学习起干扰或抑制作用。

3. 根据迁移方向的不同，我们将学习迁移分为水平迁移和垂直迁移。水平迁移也称横向迁移，是指处于同一概括水平的经验之间的相互影响。垂直迁移又称纵向迁移，指处于不同概括水平的经验之间的相互影响。

4. 根据迁移内容的不同，我们将迁移分为一般迁移和具体迁移。一般迁移也称普遍迁移、非特殊迁移，是将一种学习中习得的一般原理、方法、策略和态度等迁移到另一种学习中去。具体迁移也称为特殊迁移，指一种学习中习得的具体的、特殊的经验直接迁移到另一种学习中去，或经过某种要素的重新组合，以迁移到新情境中去。

5. 形式训练说是最早的一种迁移理论，以官能心理学为基础。官能心理学认为，人的心是由意志、记忆、思维、推理等官能组成。心的各种官能相对独立、各司其职。各种官能可以像肌肉一样，通过练习来增强能力。而且，一种官能改进了，其他所有官能也会在无形中得以加强。形式训练说把迁移看作是通过对各种官能分别训练来实现的。

6. 相同要素说是由桑代克等人提出的，他们通过“形状知觉”等大量实验证明，迁移是非常具体的、有限的，只存在于含有相同要素的领域，在两种没有相同要素或共同成分的过程之间，两个完全不相似的刺激—反应联结之间，不可能产生迁移。

7. 概括说是由贾德提出的。他认为概括化的原理和经验是迁移产生的关键，有共同要素是迁移产生的必要条件之一。但当有了实际经验后，概括化的原理就可以应用于不同的情境中，能随情境的变化而加以调整。对原理学习得越透彻，对新情境的适应性越强，迁移性就越好。

8. 关系转换理论是格式塔心理学家提出的，他们认为，顿悟出两种学习经验之间存在的关系是学习迁移产生的决定因素，而不是两个学习情境中存在的共同成分或一般原理而自动产生的。

9. 认知结构迁移理论是由奥苏贝尔提出的，该理论认为一切有意义的学习都是在原有认知结构的基础上产生的，不受原有认知结构影响的有意义学习是不存在的。一切有意义的学习必然包括迁移，迁移是以认知结构为中介进行的，先前学习获得的新经验，通过影响原有认知结构的有关特征影响新学习。

10. 学生已有的认知结构是否能够促进新知识的学习，有利于正迁移产生，主要取决于三个变量：可利用性、可辨别性和稳固性。

11. “先行组织者”可分为“陈述性组织者”和“比较性组织者”两类：“陈述性组织者”与新的学习产生一种上位关系，其主要是为新学习提供最适当的类属；“比较性组织者”，其主要是比较新知识与认知结构中原有的相类似的知识，从而增强新旧知识之间的可辨别性。

12. 影响学习迁移的因素有三个：学习材料的相似性、原有认知结构和学习者的心向和定势。

13. 促进学习迁移的教学策略主要有确立明确、具体、现实的教学目标；改进教材呈现方式，改革教材内容；创设与情境相似的学习情境；以及教师在教学中应注意启发学生对所学内容进行概括总结等。

思考题

1. 什么是学习迁移？它有哪些不同的分类？
2. 关于学习迁移有哪些理论？它们的主要观点是什么？
3. 为了促进学习迁移的产生，应该采取哪些教学策略？

参考文献

范小宇，王平.关于学习迁移的理论述评［J］.法制与社会，2008（3）
龚少英.学习迁移研究的历史与发展［J］.内蒙古师范大学学报，2001（4）
季浏.体育心理学［M］.北京：高等教育出版社，2006.
江栋.学习迁移理论在初中体操教学中的试行研究［J］.华东师范大学学报，2010（2）
刘儒德.发展与教育心理学［M］.北京：人民教育出版社，2007.
卢家楣.学习心理与教学［M］.上海：上海教育出版社，2000.
皮连生.教育心理学［M］.上海：上海教育出版社，2004.
邵瑞珍等.教育心理学［M］.上海：上海教育出版社，1998.
王文静.促进学习迁移的策略研究［J］.教育科学，2004（2）
张大均等.教育心理学［M］.北京：人民教育出版社，1999.
张路.学习的迁移在体育教学与训练中的运用［J］.山西财经大学学报，2001（4）

第六章　知识的学习

闪闪发光的中国短道速滑队

2022年的北京冬奥会，中国取得了9金4银2铜的好成绩，金牌数、奖牌数均创下历史新高。短道速滑队，便是其中耀眼的存在。

决定短道速滑队成功的因素有很多。今天，我们来聊聊其中与教育心理学相关的“知识”。

首先，队员们需要对短道速滑的规则、技巧、战术以及训练的理论等等有清晰明确的认识。对这些知识的掌握和理解属于心理学中的陈述性知识，它告诉我们“是什么”。

其次，队员们还需要在比赛中能够熟练运用各种技巧和战术。他们在比赛中需要展现出色的起跑、弯道控制和超越等技巧；他们还需要根据对手的反应和场上的局势，灵活运用不同的技巧和战术，以获得最佳的表现效果。这种对于技巧和战术的运用不同于前面提到的陈述性知识，它回答的是“如何做”，这属于心理学中的程序性知识。

正如培根（Fyancis Bacon）所说，知识就是力量。因为知识是一切实践和创造活动的基础，所以学生学习的主要任务之一就是掌握人类长期积累形成的、系统的科学文化知识。要想更好地掌握知识，首先必须了解知识的实质和规律。相信学习本章后，你会有更深刻的了解。

学习目标

通过本章的学习，你将能够：

1. 了解知识与知识学习的分类、记忆的三个系统。
2. 理解遗忘的规律及遗忘的原因，工作记忆的特点。
3. 掌握运用信息加工学习原理，促进知识的获得和保持。

基础概念

陈述性知识（declarative knowledge）：主要用来回答事物“是什么”、“为什么”和“怎么样”的问题，也可用来辨别事物，是个人可以有意识地回忆出来的关于事物及其关系的知识。

程序性知识（procedural knowledge）：主要用来回答“怎样做”的问题，是个体具有的用于具体情境的算法或一套行为步骤。

关键名词

符号学习，概念学习，命题学习，下位学习，上位学习，并列结合学习，感觉登记，短时记忆，工作记忆，长时记忆

第一节　知识学习概述

关于知识的定义，一直存在着争议。一般而言，知识可以在两种意义上使用。一是指人类知识，该类知识经常以书籍、计算机或其他载体来储存，构成人类所具有的信息总和。二是个体知识，是某个体头脑中所具有的信息总和。根据现代认知心理学的观点，知识就是个体通过与环境相互作用后获得的信息及其组织。其实质是人脑对客观事物的特征与联系的反映，是客观事物的主观表征。

对于这一定义，可以从知识的产生基础和表现形式两个方面来理解。

从知识的产生基础来看，它是在主客体的相互作用的基础上，通过人脑的反映活动产生的。主客体的相互作用即反映活动的主体与作为反映对象的客体之间的相互作用。如果没有被反映的对象，即没有事物的特征与联系的作用，则头脑中不会产生任何反映。因此，知识来源于客观存在的事物，具有客观性。

从知识的表现形式来看，它是主客观相统一的产物，是一种主观表征。知识虽然是对客观事物的反映，具有客观性，但知识并不是客观事物本身，而是客观事物在人脑中的主观映象，因此它又具有主观性。

知识窗6－1　知识的心理表征

知识的表征或知识的心理表征（mental representation），指信息在心理活动中储存和呈现的方式。一个外在的客体在心理活动中可以以具体形象、概念或命题等形式表现出来。如儿童见到过一只小狗，便在他的头脑中留下“小狗”的形象，该形象便是他见到小狗的心理表征。同一事物可以有不同形式的表征。不同表征形式所具有的共同信息称为表征的内容，而每一表征形式称为编码。

一、知识的类型

知识的种类是多种多样的，但目前尚无统一的分类标准。研究者提出了多种类型的知识，人们在使用知识这一名词时，往往有广义与狭义之分。广义的知识将心智技能和认知策略也包含其中，泛指人们所获得的经验。狭义的知识仅指个体获得的各种主观表征，不包括技能和策略等调控经验。知识从狭义的角度，一般可进行以下分类：根据知识的不同反映深度，分为感性知识和理性知识；根据知识的不同抽象程度，分为具体知识和抽象知识；根据知识应用的复杂多变程度，分为结构良好领域的知识和结构不良领域的知识；根据知识的不同表述形式，可以分为陈述性知识和程序性知识；等等。

（一）陈述性知识

1.陈述性知识的含义

陈述性知识主要用来回答事物“是什么”“为什么”和“怎么样”的问题，也可用来区别和辨别事物，是个人可以有意识地回忆出来的关于事物及其关系的知识。如，“中国运动心理学会在哪年成立？”“吉林省的省会是哪？”“圆面积的计算公式是什么？”“三国演义的作者是谁？”等。

2.陈述性知识的基本单元和表征方式

陈述性知识的基本单元是组块。组块有表象、命题和时间序列（线性序列）。

（1）命题

在认知心理学中，命题是意义或观念的最小单元，是表征观念和概念间的有意义联系的信息组块，是一种基于语言的表征。一个命题是由一种关系和一组论题（arguments）构成的。关系一般由动词、副词和形容词表达，有时也用其他关联词如介词表达；论题一般指概念，一般由名词和代词表达。关系会限制命题，如表6－1，“喜鹊”是命题，“飞走了”是关系，这对我们所知道的有关喜鹊的全部情况的这一主题作了限制，使得我们只注意到喜鹊飞走了这一情况，而不关注喜鹊的其他情况。

表6－1 命题、论题和关系

命题	关系	论题
喜鹊飞走了	飞走了	喜鹊
喜鹊有羽毛	有	喜鹊、羽毛
喜鹊是动物	是	喜鹊、动物
喜鹊喂幼雏一只虫	喂	喜鹊、幼雏、虫

应该说明的是，虽然一个命题只能有一个关系，但其中所包含的论题可以不止一个，如“喜鹊有羽毛”就含有两个论题。

命题用句子来表达，一个句子可以包含一个或多个命题。如“喜鹊们正在叽叽喳喳地寻找树林里的虫子”这一句子至少包含了三个基本命题：“喜鹊们正在找虫子”“寻找是叽叽喳喳地”，“虫子是树林里的”。命题可以由句子表达，但不等同于句子。句子代表着交流观念的方式，而命题则代表着观念本身，个体是用命题（句子的意思）而不是句子（确切的词语）将观念储存在头脑中的。

如果两个或多个命题中具有某个共同成分，并借此可以把若干命题彼此联系起来，就构成了命题网络。科林斯和奎廉（A. M. C ollins and M. R. Quillian，1969）的一个经典实验支持了知识以命题网络的层次结构储存的观点。他们认为对动物、鸟、鱼等分类的知识，以图6 - 1的层次结构储存。科林斯和奎廉认为，不同动物的知识概括水平不同。在每一概括水平上储存了可以用来区分其他水平的物体的属性。

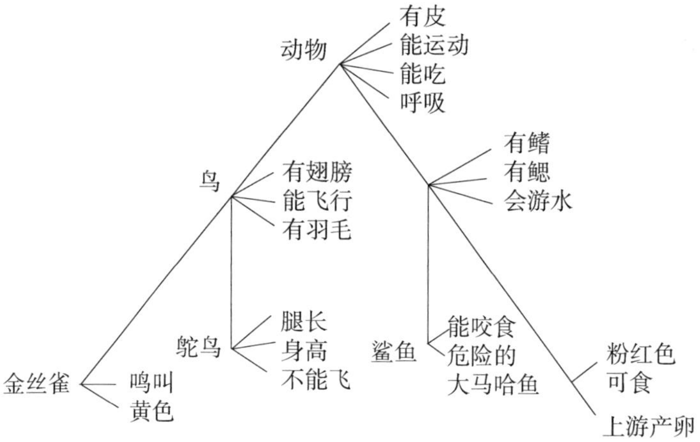

图6－1 信息按层次组织的命题网络

（2）表象

表象是指人们在头脑中出现的关于事物的形象。它是表征物体物理特征和空间结构的信息组块。例如，判断篮球和排球的大小时，你会发现，在短短的时间里，头脑中会出现篮球和排球的模样，并在头脑中进行比较。又如，表达“书在桌子上”时，我们可以在头脑中形成如图6 - 2所示的A图的形象，来进行空间结构的表征。

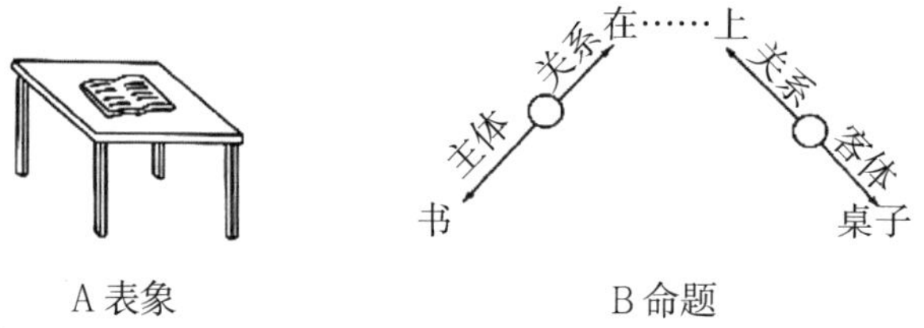

图6－2 对“书在桌子上”的两种心理表征

（资料来源：冯忠良，伍新春，姚梅林，等. 教育心理学［M］. 2版. 北京：人民教育出版社，2010）

图6 - 2中，表象表征中提供了书、桌子和它们相对大小的三维关系。而命题表征中，没有提供两者相对大小的信息。所以，相对于断续的、抽象的命题表征，表象表征是一种连续的、模拟的表征。

知识窗6－2 表象旋转

在过去的几十年里，认知心理学家对表象的性质做了大量的研究，比较有影响的经典实验是谢帕德（Shepard，1971）等人所做的关于“心理旋转”的研究。在该研究中（如图6－3所示），给被试呈现成对的标准图形和测验图形，让被试对二者进行异同判断。每个图形都是由10个小方块连接起来组成的手柄形。成对图形的关系可以是相同的，但平面方位不同（A）或深度方位不同（B），但成对图形存在角度的差异，要经过在0度和180度之间不同角度的旋转即可成为相同的图形。成对图形也可能不同（C）。结果发现，被试对图形判断的反应时与两图形间的角度差异有线性关系，即角度差异越大，反应时越长。对于这样的结果，研究者认为被试在进行异同判断时，首先需要在心理上对测验图形进行旋转，然后看它与标准图形的方位是否匹配，测验图形与标准图形的角度差别越大，用于心理旋转的时间就越长。这个研究证明个体会自发地使用心理表象来表征信息。

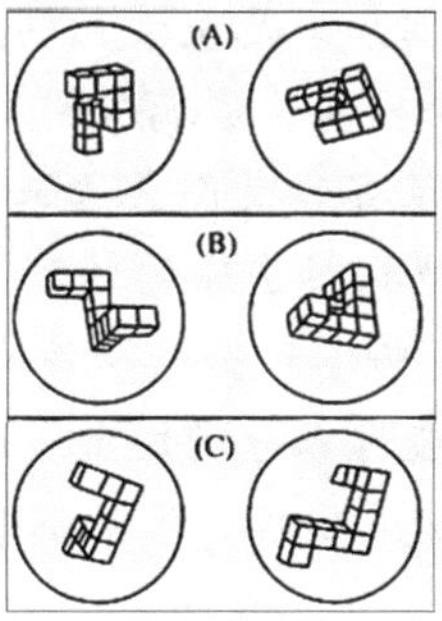

图6－3 心理旋转实验图形

（资料来源：冯忠良，伍新春，姚梅林，等. 教育心理学［M］. 2版. 北京：人民教育出版社，2010）

（3）时间序列（线性序列）

时间序列存储的是个体对事件发生的时间顺序的知觉。如果某个经验的重要特征是次序或顺序，那么就可以用时间序列表征。时间序列以线性的方式将一些元素串连为一个统一体，其间的元素可以是表象（如某一乐曲的旋律、某部电影的情节），也可以是命题（如某一诗词、某一首歌的歌词）。

线性排序与命题的不同点在于，命题仅涉及论题之间的基本语义上的关系，但不必对这些论题的次序作出排定；线性排序与表象的不同点在于，表象保留了知觉特征之间的间隔关系（即各个特征之间的相对距离），而线性排序则是对一组元素按从头到尾的顺序作了排列。

知识窗6－3 图式

在现实中人们对知识的表征似乎总是以综合性为特征的，即在对一个范畴或相应领域的知识进行表征时是整体性的，集表象、命题和线性序列于一体。例如，人们有关房子的知识，如果用“房子是人的居住处”这一命题表征，则不足以表征与人有关的“房子”的全部知识。为了探讨人的大多数知识具有这种综合性、整体性的事实，认知心理学家提出了图式概念。在现代认知心理学中，图式是指关于一类事物的有组织的大的知识单元或称为信息组块。其中图式中的知识是以某种方式或结构组织起来的。如房子的图式包括：

上位集合：建筑物

组成部分：房间

材料：木头、石头、砖头

功能：供人居住

形状：方形、三角形、图形等

大小：100平方米～1000平方米。

而且个体的图式是发展的。例如，儿童最初的房子图式只表征他所见到的草房，随着经验增长和图式变化，能表征砖房、玻璃房等。

图式具有不同的种类，如表征客体的图式（如网球拍的图式）、表征事件的图式（脚本）、表征动作的图式（如网球挥拍击球的的动作）三大类。把表征反复出现的有序事件的图式称为脚本（script）。脚本表征的事件有一定的时间顺序。如“去商店买球拍”这个经常出现的事件，一般可以分解成如下的4个阶段：进店、选球拍、试球拍、离店。由于这样的步骤多次重复出现，人头脑中形成有关去商店买球拍的定型图式。

（二）程序性知识

1.程序性知识的含义

程序性知识是关于“怎样做”的知识，是个体具有的用于具体情境的算法或一套行为步骤。这类知识可以分成两种，一类属于动作技能知识，如各种运动项目，如篮球、武术、体操等知识，也有如打字、驾车、烹饪等知识；一类属于智力（心智）技能知识，如计算机的软件编程、文献资料的检索、怎样完成一个数学运算。需要注意的是“动作技能”和“智力技能”通过练习可以达到相对自动化的程度，很少或不需要受意识控制，它属于处理外部事务的程序性知识。另一类是以对客观规律的洞察和把握为基础的活动定向性知识，通常受意识控制，其运用很难达到自动化程度，是用于调控认知过程的程序性知识，称为“认知策略”。按照加涅的观点，认知策略是一种对学习和思维极其重要的心智技能，是一种特殊的心智技能。

2.程序性知识的基本单元和表征方式

现代认知心理学家认为，表征程序性知识的最小单位是产生式（production）。人经过学习，其头脑中贮存了一系列以“如果－那么”形式表示的规则。这种规则称为产生式。

一个产生式是一个由条件和动作组成的指令，即所谓的条件－活动规则。条件是指产生式必须具备的情况概述，而动作则指由条件引起的外部行为或在记忆中发生的变化。例如，“如果两个自行车对面相遇，那么不要来回晃把”，“如果你想减少比赛时的焦虑，那么可以采用腹式呼吸放松的方式”。

这里以加涅的描述方法为例说明最简单的产生式（简作P）的表示法（见表6－2）。产生式中的“如果”部分规定行为必须满足的条件，在第一个产生式中有两个条件，在第二个产生式中有三个条件；“则”部分规定应进行的活动，第一个产生式中的活动是“表扬”儿童，第二个产生式中的活动是“识别”与“说”三角形。

表6－2 实施强化和鉴别三角形的产生式

P1实施强化的产生式：
如果 目标是要增加儿童的注意行为， 且 儿童注意时间比以前稍微延长， 则 对儿童进行表扬。
P2鉴别三角形的产生式：
如果 已知一个图形是两维的， 且 该图形有三条边， 且 三条边是封闭的， 则 识别此图形为“三角形”，
并说“三角形”。

（资料来源：皮连生．教育心理学［M］．3版．上海：上海教育出版社，2004）

简单的产生式只能完成单一的活动。但是当任务需要多个产生式时，经过练习，简单产生式可以组合成复杂的产生式系统。如果说，若干命题通过其共同的观念而形成命题网络，那么产生式通过控制流而相互形成联系。当一个产生式的活动为另一个产生式的运行创造了所需要的条件时，则控制流从一个产生式流入另一个产生式（见表6－3）。

表6－3 分数加法前三步的产生式表征

P1 如果 我的目标是要将分数相加， 且现在有两个分数， 则 建立一个子目标，即求出它们的最小公分母。 P2 如果 我的目的是要将分数相加， 且现在有两个分数， 且两个分数的最小公分母已知， 则 用最小公分母除第一个分数的分母。 P3 如果 我的目的是将分数相加， 且现在有两个分数， 且两个分数的最小公分母已知， 且已得结果1， 则 以结果1乘第一个分数的分子和分母。

（资料来源：皮连生．教育心理学［M］．3版．上海：上海教育出版社，2004）

陈述性知识和程序性知识之间是有差异的，那么这种区别表现在哪个方面呢？具体可见表6 － 4。

表6－4 程序性知识与陈述性知识的区别

	程序性知识	陈述性知识
表征方式	在表征的形式上，以产生式的形式，通过目的流将一系列的“条件－行动”组装起来。	在表征形式上，主要通过命题、表象和时间序列来表现观念间的联系。
知识类型	主要关心的是“怎么做”。例如，如何驾驶摩托车。	主要关心的是“是什么”。它是对事件的一种描述性知识。例如，昨天下冰雹了。
静态和动态	是一种具有动态性的知识。例如，如何驾驶摩托车就包含着许多的过程。	是一种静态性的知识。它只是对事情的一种描述，不具动态性。
获得的速度和方式	获得较慢。视具体事件的难易程度不同，需要的时间也有较大差异。但这类知识获得之后，也不太容易遗忘。例如，尽管长时间不骑摩托，但多年以后，人们往往还保持着这种技能。	可以很快地获得，但遗忘也快。例如，对于从电视上看到的一条新闻，能很快地记住它，但事隔不久，往往就遗忘了。
改变的难易程度	获得之后，要对它进行修改，具有很大的难度。例如，对一个熟练的摩托车手而言，要他对驾车的动作进行较大调整，是一件比较困难的事情。	获得之后，要进行调整或修改的话，比较容易。例如，对学生而言，要把“辛弃疾是唐代著名词人”这句话改为“辛弃疾是宋代著名词人”相对容易。
达到的标准	检验程序性知识是通过看其能否被操作和实施。例如，驾照考试中的驾驶技能的考试。	检验陈述性知识是通过看其能否被陈述、描述。例如，驾照考试中的道路交通安全法律、法规和规章的考试。

尽管程序性知识与陈述性知识之间存在着许多的不同之处，但它们之间还是存在着相似的地方。二者在人的长时记忆中表征的特征完全不同，但两种表征方式都旨在使知识既能在长时记忆中得到经济的表征，又能在有限的工作记忆容量中被灵活地使用。例如，在陈述性知识当中，当以命题的形式保留了客观世界在意义上的联系后，有可能使人在工作记忆中以当时想到的为数有限的命题（观念）为线索，不时地从自己的长时记忆网络中提取出与此相关的命题或观念，因此人们由此及彼的联想当归之于这种观念网络化的形成。同样，对于程序性知识而言，它通过自身的目的流来流畅地控制人一连串举动，以减轻人的工作记忆的负担。

陈述性知识和程序性知识是学习过程不可分割的两个方面。任何知识的学习都要经过陈述性阶段才能进入程序性阶段。程序性知识的获得过程就是陈述性知识向技能的转化过程。练习与反馈是陈述性知识转化为程序性知识的重要条件。程序性知识的运用有助于陈述性知识的学习。在人类的绝大多数的活动中，这两类知识是共同参与，互为条件的。

（三）知识的联系

同样，知识的学习绝不是为了获得单一的命题、表象和时间序列，也不是单一的产生式，而是要把知识联结和组织起来形成更大的知识系统，这就涉及到知识的联系的问题。

在陈述性知识方面联系的主要机制是图式。图式是将事物的相关属性有机地组合为一个整体以表现该类事物的知识储存方式或结构。例如，关于参观吃饭的图式，里面有“什么餐厅服务是好的”，“什么餐厅的菜是名菜”等命题，有某种菜的表象，内部装饰的表象等。也有先选位、点餐、就餐、结账和离开的时间序列表征。由命题、表象和时间序列构成图式或陈述性知识网络，从而为知识增加一个新的组块，并形成组块间新的联结，或改变联结的强度和性质。在程序性知识方面联系的主要机制是产生式系统。产生式系统由一系列产生式构成，并完成复杂联结。

（四）知识分类的教学含义

教师在教学过程中，了解陈述性和程序性知识非常重要。通过了解两种知识的学习过程，并在此基础上可以进行高效率的教学。

现代认知心理学认为，陈述性知识的学习可以分为三个阶段：第一阶段，新信息进入短时记忆，与长时记忆中被激活的相关知识建立联系，从而出现新的意义的建构；第二阶段，新建构的意义贮存于长时记忆中，如果没有复习或新的学习，这些意义会随着时间的延长而出现遗忘；第三阶段，意义的提取和运用。在教育教学过程中，注意新知识的获得主要依赖于认知结构中原有的适当观念，必须通过新旧知识的相互作用，新的意义才能习得，并进而形成高度分化的认知结构。

程序性知识的学习也可以分为三个阶段：第一个阶段，是习得过程性知识的陈述性形式，新知识进入原有的命题网络，与原有知识形成联系。第二阶段，经过各种变式练习，使贮存于命题网络中的陈述性知识转化为以产生式系统表征和贮存的程序性知识。第三阶段，过程性知识依据线索被提取出来，解决“怎么做”的问题，这个阶段往往是自动化的。示范、理解和让学生说出示范动作相结合；把各个步骤充分展开加以示范；降低示范速度，防止信息负担过重。许多研究表明，在程序性知识学习的初期阶段，要使示范有效，示范动作必须慢速进行；引导学生回忆并利用已掌握的有关技能；给学生提供具体事例。

二、知识学习的类型

（一）符号学习、概念学习和命题学习

根据知识本身的存在形式和复杂程度，知识学习可以分为符号学习、概念学习和命题学习。

奥苏贝尔将知识分为符号（代表）、概念和命题三类。由于奥苏贝尔的理论主要用于解释以语言文字符号表示的“意义”怎样被个体习得、巩固和应用，所以可以将奥苏贝尔的这一知识分类看成是对陈述性知识的分类。

1.符号（代表性）学习

符号学习，指学习单个符号或一组符号的意义，也即学习它们代表什么。符号学习的主要内容是词汇学习，即学习单个语言符号的意义。例如，汉语的字词教学和英语单词的教学就属于词汇学习。由于词汇所代表的事物和观念是约定俗成的，而个体最初对此一无所知，因此必须通过学习来建立符号与其所代表的事物之间的等值关系。

符号表征学习可以分为两个阶段，早期阶段是连接生成阶段。当现实中一只活生生的狗出现在孩子的面前时，通过视觉将这只狗的各种视觉刺激特征输入孩子的大脑中，形成这只狗的表象。与此同时，成人用手指着（或其他方式）孩子面前的狗对孩子说:“这是狗。”于是，孩子又通过听觉将这一音符输入大脑中，并产生一个刺激兴奋点。根据条件反射原理可知，在孩子大脑中的关于狗的表象与音符“gǒu”之间将产生暂时神经联接，当类似的事件多次出现后，狗的表象与音符“gǒu”之间的联接就逐渐固定下来了。至此，符号表征学习的输入定型过程（早期阶段）结束。后期阶段是反应检测阶段。这个阶段的目的在于检测孩子是否真正掌握了符号表征的意义。当一只狗再次出现在孩子面前时，孩子能够说出“狗狗”或“这是狗”等话语，可确定孩子已经完成了关于“狗”的符号表征学习；另外，当孩子听到成人或其他孩子发出“gǒu”的声音时，表现出寻找狗的动作行为（比如问“在哪儿”），也是确认孩子已经完成了关于“狗”的符号表征学习的一条途径（张大均、郭成，2006）。

当然，符号不限于语言符号（词)，也包括非语言符号（如实物、图像、图表、图形等)。因此，对数学图表的认识、对瓜果树木的认识、对各种机床的认识等，也属于符号学习。同时，符号学习还包括事实性知识的学习，即学习一组符号（语言或非语言）所表示的某一具体事实。如历史课中历史事件和历史人物的学习，地理课中地形地貌和地理位置的学习，均属于事实性知识的学习。

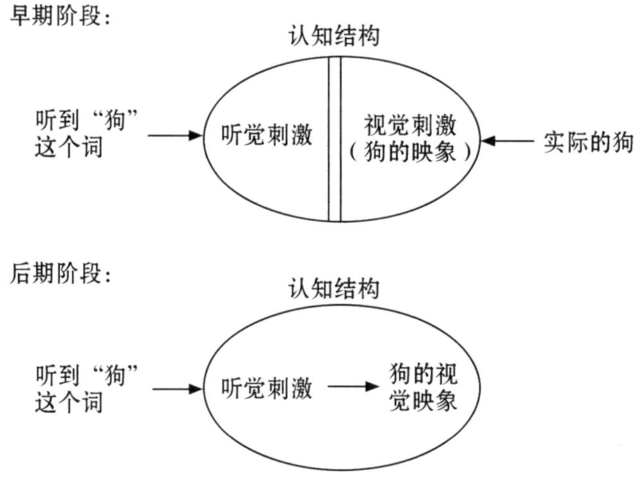

图6－4 符号表征学习的阶段

（资料来源：张大均，郭成．学习心理学纲要［M］．北京：人民教育出版社，2006）

2.概念学习

意义学习的较高级形式叫概念学习。概念是符号所代表的具有共同本质特征的一类事物或性质。概念学习指掌握概念的一般意义，实质上是掌握同类事物的共同的关键特征和本质属性。概念是有一定结构的，这包括概念名称、概念定义、概念属性和概念实例。以儿童学习“立方体”这个概念为例。儿童见过或玩过不同颜色、质地和大小的立方体。他们从经验的角度归纳出了立方体的关键属性。这些属性是置于立方体的表征映象（即表象）中的，这种表象是儿童从经验中形成的，在没有实物时也能回想出来。奥苏贝尔把儿童通过归纳发现一类物体的关键属性的过程，称为概念形成。儿童入学以后，开始学习概念的名称。学习概念的名称也是一种表征学习，在这种学习中，儿童学会用符号（如“立方体”）代表他已习得的概念。在学习过程中，学生把“立方体”这个词的意义等同于已有的表示这个概念的意义的表象。这一阶段的概念学习中，教师运用得最多的是概念同化的学习方式。概念同化（concept assimilation）是指直接以定义的方式向学生呈现概念的本质特征（逻辑意义），让学生利用其认知结构中原有的有关概念来理解这个新概念（张大均、郭成，2006）。

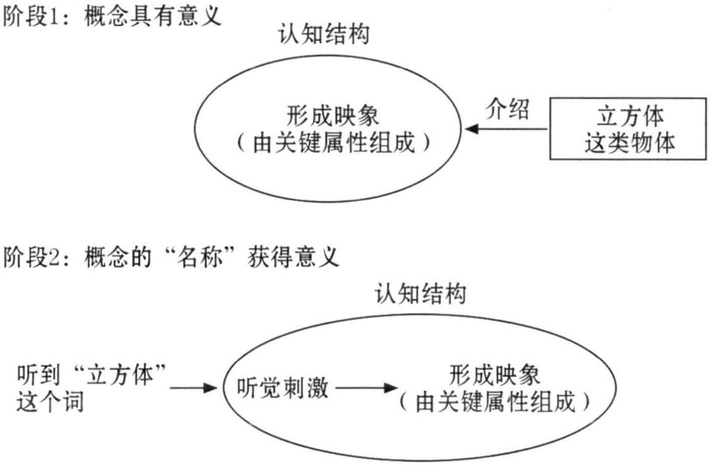

图6－5　学习概念名称的两个阶段

（资料来源：张大均，郭成．学习心理学纲要［M］．北京：人民教育出版社，2006）

3.命题学习

意义学习的第三种类型是命题学习。命题学习指学习若干概念之间的关系，掌握句子表述的意义。命题是指表达判断的语言形式。命题即可以是非概括性命题，只表示两个以上的特殊事物之间的关系（即特征关系），如“长春是吉林的省会”，这个命题旨在将两个特殊的事物“长春”和“吉林”之间的事实关系陈述清楚，也可以是概括性命题，表示若干事物或性质之间的一般关系，如“圆的半径是它的直径的一半”，这里的倍数关系是普遍的关系。奥苏贝尔认为，命题学习的本质是意义的获得，在这个过程中个体认知结构中原有的适当观念起着决定性作用。在命题学习中也包含了符号学习和概念学习。命题学习在复杂程度上一般高于概念学习。如果学生对一个命题中的有关概念没有掌握，他就不可能理解这一命题，命题学习必须以概念学习为前提。

学生知识的学习，不外乎学习概念，学习由概念构成的命题，学习代表概念和命题的符号。应该注意的是，符号学习、概念学习和命题学习，其学习过程和条件既有相同之处，也有不同之处。一般而言，在符号学习中，概括活动不占主导地位，只需在直观的基础上进行直觉概括即可。而概念学习和命题学习，则必须经过直观、概括、具体化三个基本认知过程才能完成。

（二）下位学习、上位学习和并列结合学习

根据新知识与原有认知结构的关系，知识的学习可以分为下位学习、上位学习和并列结合学习。

表6－5 新知识的意义获得的同化模式

<table>
<tr><td>1.下位学习
A.派生类属学习
B.相关类属学习</td><td>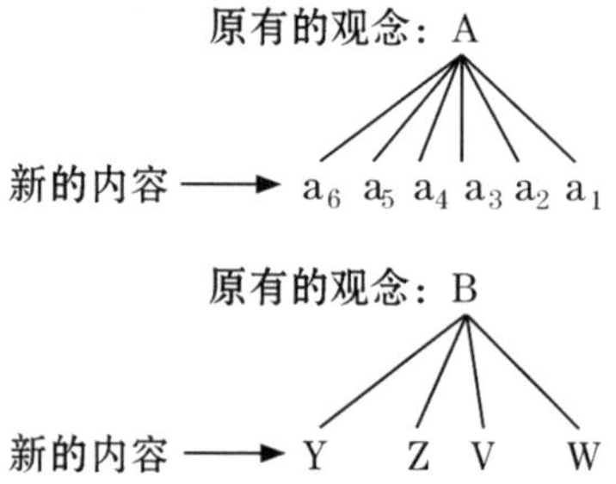
</td></tr>
<tr><td>2.上位学习</td><td>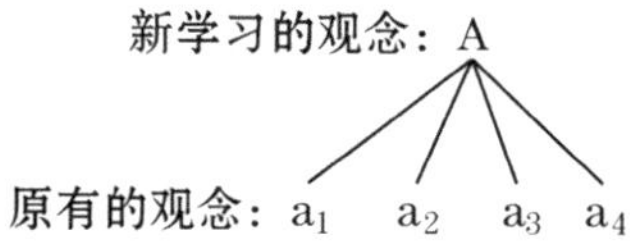
</td></tr>
<tr><td>3.并列结合学习</td><td>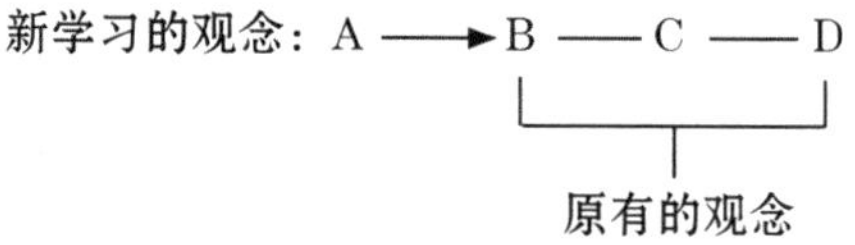
</td></tr>
</table>

（资料来源：卢强，高明书．教育心理学［M］．3 版．北京：北京出版集团北京出版社，2010）

1. 下位学习（subordinate learning）

下位学习又称类属学习，即通过类属过程获得意义的学习。认知心理学假定，认知结构本身在观念的抽象、概括和包容的水平方面，倾向于按层次组织。就像知识的命题网络表征形式那样，储存于个体大脑中的知识是以抽象性水平的不同而分层级组织的，相邻两个层级之间形成一种类属关系，上一层级为类，下一层级为属。当认知结构中原有的有关观念在包容和概括水平上高于新学习的知识，新知识与旧知识之间构成的这种类属关系，又称下位关系，这种学习便称为下位学习（subordinate learning），又称类属学习，就像在

学习过程中，如果新观念（要学习的命题）处于“属”的层级水平，而个体认知结构中已有一个处于“类”层级水平的旧观念，那么个体可以用这个旧观念作为“支撑点”将新学习内容纳入其中，从而获得新知识的意义，这种学习就是下位学习。如原有概念的“水果”和新概念的“柚子”之间就是下位关系，学习时把“柚子”纳入“水果”的概念中，不但扩充水果的概念也理解了柚子的新概念。

在下位学习或类属学习中，需要区分两种不同的类属过程。

（1）派生类属学习。派生类属学习是在新的学习材料作为原先获得的概念的特例，或作为原先获得的命题的证据或例证而加以解释时产生的。在上述两种情形中，新知识只是旧知识的衍生物。在这样的条件下，衍生材料学习比较省力。例如在学习圆时，“圆也是轴对称图形”这一命题被纳入或类属于原有轴对称图形概念，如等边三角形、正方形、长方形，知道三者都是轴对称图形，新的命题很快就获得意义，学生立即能发现圆具有轴对称图形的一切特征。这种学习，不仅使新的命题获得意义，而且使原有的概念或命题得到充实或证实。

（2）相关类属学习。当新的材料类属于原有的具有较高概括性的概念中，原有的观念得到扩展、精确化、限制或修饰，新的命题或概念获得意义时就产生相关类属学习。例如，学生已知“平行四边形”这一概念的意义，那么，我们可以通过“菱形是四条边一样长的平行四边形”这一命题来界定菱形。在这种情况下，通过对“平行四边形”予以限定，产生了“菱形”这一概念。

两种类属过程的差别的关键在于原有的概念或命题是否发生本质属性的改变。在派生类属学习中，新知识纳入原有的旧知识中，原有的概念或命题只是得到证实或说明，本质未变。在相关类属学习中，每次新知识类属于原有的概念或命题中，原有的概念或命题便扩张、深化、精确化或修改。

2.上位学习（superordinate learning）

上位学习也叫总括学习，即通过综合归纳获得意义的学习。在这几个原有观念的基础上学习一个概念更概括和包容程度更高的命题时，就产生了上位学习（superordinate learning），或称总括学习。例如，假定学生已知正方形、长方形和平行四边形内角之和等于360°，再让学生量一些学生还不知道其内角之和为360°的不规则的四边形，最后就会概括出“任何四边形内角之和等于360°”这一命题，这样的学习也是上位学习。一旦一般面积概念形成以后，再学习其他具体图形的内角之和，如梯形的内角之和时，这种学习又转化为下位学习。

3.并列结合学习（combinatorial learning）

并列结合学习是在新知识与认知结构中的原有观念既非类属关系又非总括关系时产生的。当新的命题与认知结构中原有的特殊观念既不能产生从属关系，又不能产生总括关系时，而是一种并列关系时产生的这种学习称为并列结合学习，也就是同构综合归纳来获得新意义的学习。它们不能与认知结构中的有关特殊观念相联系，只能利用一般的和非特殊的有关内容起固定作用，它们的学习和记忆都比较困难。学生在数、理、化以及社会科学中学习概括的许多例子，都是并列结合学习。如表6－5中第所示，新概念A与已有概念B、C、D相联系，但A并不比B、C、D包摄性更广些，或更具体些。在这种情况下，新概念

A具备某些与这些已有概念共同的关键属性。假定学生学习了质量与能量、热与体积、遗传结构与变异的关系，现在要学习需求与价格的关系，这个新学习的关系虽不能类属于原有的关系之中，也不能概括原有的关系，但它们之间仍然具有某些共同的关键特征。例如，后一变量随前一变量的变化而变化等。根据这种共同特征，新关系与已知的关系并列结合，新关系便具有了意义。一般而言，并列结合学习比较困难，必须在直观的基础上，认真比较新旧知识的联系与区别才能掌握。因此，直观在并列结合学习中具有重要作用。

三、知识学习的作用

知识历来是学校教育的重要内容。知识是人们活动的定向工具，是能力结构的基本构成要素之一，知识的掌握程度制约着问题的解决水平。知识学习是增长经验、形成技能、发展创造力的重要前提。

首先，知识的学习有助于学生的成长。知识的学习是学校教学的主要任务之一。学校教师通过有计划、有组织、有目的地向学生传授人类长期积累的宝贵知识经验，有助于学生的成长，有助于学生更好地适应现代社会的生活。

其次，知识的学习是学生各种技能形成和能力发展的重要基础。心智技能形成和发展是以知识的掌握为前提的，心智技能中包含有程序性知识的成分，必须通过知识学习才能有效实现。许多研究表明，知识掌握水平越高，越有助于心智技能形成。

最后，知识的学习是创造性产生的必要前提。通过知识的掌握，个体体验着前人的创造成果，这对于创造态度的获得起到了积极作用，而创造能力也离不开知识。缺乏知识的头脑是不可能有创造性的，脱离知识的掌握而空谈创造性的开发，是不可能有什么结果的。

第二节　知识的获得与保持

知识的获得实质就是记忆。所谓记忆，就是通过识记、保持、再现（再认或回忆）等方式，在人的头脑中积累和保存个体经验的心理过程。从信息加工的观点来看，记忆就是人脑对外界输入的信息进行编码、存储和提取的过程。人们感知过的事物、思考过的问题、体验过的情感或操作过的动作，都可以以映象的形式保留在人的头脑中，在一定条件下还能恢复，这就是记忆。

记忆包括“记”和“忆”两个方面，“记”体现在识记和保持上，“忆”体现在再认和回忆上。识记是记忆的第一个环节，是主体获得知识和经验的过程；保持是第二个环节，是已获得的知识经验在头脑中的储存和巩固过程；再认或回忆是第三个环节，是从头脑中提取和恢复知识经验的过程。在这三个环节中，识记和保持是再认或回忆的前提，而再认或回忆又是识记和保持的结果。因此，在记忆活动中，识记和保持占主导地位，知识的巩固主要是通过识记和保持这两个记忆环节来实现的。

一、记忆系统及其认知过程

现代认知心理学根据信息从输入到提取所经过的时间和信息编码方式的不同，把记忆系统分成3个子系统：感觉登记、工作记忆和长时记忆。这3个子系统有各自的功能和特点，在知识的获得和保持过程中起不同的作用。

（一）感觉登记及其认知过程

1.感觉登记的特点

客观刺激停止作用后，感觉信息在一个极短的时间内保存下来，这种记忆叫感觉记忆或瞬时记忆，它是记忆系统的开始阶段。瞬时记忆的储存时间一般为0. 25 ～ 2秒。感觉登记储存信息的时间很短而且随着刺激性质的不同而不同，图像记忆的储存时间为0. 25 ～ 1秒，声像记忆的储存时间为2 ～ 4秒。信息储存的方式具有鲜明的形象性，它完全保持输入刺激的原样，而且有一个相当大的容量。如果这些感觉信息受到特别注意，就会进入短时记忆；而那些没有受到注意的信息，则会很快变弱消失掉。当然，如果刺激极为强烈，也可能一次性印入长时记忆系统。

2.认知过程

很多感觉信息没有达到意识水平就消失了，有一部分感觉信息通过选择性知觉过程而进入工作记忆。选择性知觉是对信息进行初步选择的认知过程，包括知觉和注意。学习者通过知觉和注意过程来识别并标明需要进一步加工的信息。注意过程使个体关注某些特定的感觉信息，而忽略其他感觉信息。学习目标对于学习者将选择哪些信息加以注意具有重要的影响作用。注意缺损的学生由于不能有效排除无关刺激的干扰，结果他们的加工系统负担过重，在各种刺激相互竞争的过程中，最重要的学习内容可能就会被忽略，从而造成学习困难问题。

知觉是对通过信息赋予意义的认知过程。信息刺激被知觉到，必须经过感觉登记，并且和长时记忆中的知识进行比较。与长时记忆中的知识进行比较通常以两种方式进行：自下而上的加工和自上而下的加工。自下而上的加工首先要分析信息刺激的特征，然后建立一个识别信息刺激的有意义的表征。自上而下的加工是指由刺激情境、个体的过去经验或两者相互作用而产生的预期所引导的加工过程。知觉过程在很大程度上受到事物特征、刺激情境、个体的知识经验、心理状态、动机等因素的影响。

3.感觉登记的教育含义

感觉登记对教育的重要意义有3点。

（1）教师应确保在学习新材料时能让学生回忆起相关的先前知识。因为选择性知觉过程要求学生具备足够的与学习材料有关的情境经验来理解所需加工的信息，学生认识和应用情境的能力有赖于他们的先前知识。

（2）教师通过情境设计、板书、重复等多种方式帮助学生识别并注意重要的信息。

多种分析器同时参加活动是提高识记成效的重要条件。心理学的实验研究充分证明了多重编码的作用。例如，在一个实验中，分别让三组学生用下列三种方式识记10张图片：①视觉识记，只运用视觉编码；②听觉识记，只运用听觉编码；③视听结合，既看且听，综合运用视觉和听觉编码。结果发现，视听结合的识记效果优于任何单一的识记方式，视听结合编码组可记住内容的80%，而视觉编码组和听觉编码组只分别记住了70%和60%的内容。

实际教学经验同样证明，综合运用多重编码有利于提高识记成效。例如，在英语词汇教学中，采用视、听、读、说、写结合，可以提高词汇的识记成效。在地理教学中，学生对地形地貌的识记，仅仅阅读地图，不如让学生自己绘制地图的效果好。总之，来自不同感觉通道的信息有助于加强识记。

（3）每次给学生呈现的信息不能太多，而且要给学生留出充分的注意时间，那么学生才能更好地完成学习任务。

（二）工作记忆及其认知过程

1.工作记忆的特点

工作记忆是感觉记忆和长时记忆的中间阶段，是指长时记忆中存储的、正在使用的信息，也是将储存在长时记忆中的信息提取出来解决面临问题的过程。在工作记忆中，来自环境的信息与来自长时记忆的信息发生了意义上的相互联系，从而使人们能够进行学习和作出决策。保持时间为5秒～2分钟。工作记忆的信息既有来自感觉记忆的，也有来自长时记忆的。它的容量相当有限，大约为7±2个组块。“教育心理学”5个字对于根本不懂心理学的人来说，是5个组块；对稍懂心理学的人来说，是2个组块（教育、心理学）；而对心理学家来说，则只是1个组块。再如，有这样一列数字：185119211839193719491935，如果把它看成孤立的数字来记忆，是24个组块，远远超过了短时记忆的容量。但熟悉中国历史的人可以把它组块化为1851、1921、1839、1937、1949、1935，把它看做中国近代史上的重要年代，则只有6个组块，就很容易记住了。

编码方式以言语听觉形式为主，也存在视觉和语义的编码。除非积极加以复述，否则工作记忆中的信息会很快消失。

2.认知过程

一般而言，从感觉登记阶段中选出需进一步加工的信息进入到工作记忆中，在此处，运用从长时记忆中提取的已有知识对新信息进行分析处理，这样，信息被表征为知识。工作记忆所涉及的认知过程主要包括：复述、组块和编码。

工作记忆中的信息是不牢固、易忘的，如果不能得到及时复述，就会很快消失或被遗忘。有两种复述形式：一是保持性复述，是指信息在头脑中不断被重复，保持性复述对于那些用完就可忘的信息或简单的学习任务是有效的，如电话号码、拼写生字、背诵课文或算算术等；二是精细复述，是指把新信息与来自长时记忆的信息相联系，从而使其进入长时记忆。对于更复杂和更有意义的信息，保持性复述并不能保证它们被充分加工并记入长时记忆，精细复述或编码才能做到这一点。

组块就是将信息组成更大的有意义的信息片段。例如，在阅读文章时，一个字是一个组块，一个词可以是一个组块，一句话也可能是一个组块，不同的组块能力将影响阅读的效率。组块能力依赖于个体的知识和经验，比如背景知识就是一个重要因素，一个人掌握的相关背景知识越多，就越能很好地吸收和组织新知识。丹麦心理学家和象棋大师德·格鲁特（A. D. de Groot）曾做过这样一个实验，首先给象棋大师和新手看一个真实的棋局5秒，然后将棋子移开，要求他们复盘。象棋大师在第一次尝试时就能将90%的棋子正确复位，而新手只能正确恢复40%的棋子。但是，如果给他们呈现的不是一个真实的棋局，而是一些任意放置的棋子，那么象棋大师和新手正确复位的棋子数目都很少，没有什么差别。这一结果说明，象棋大师在真实棋局的复盘上成绩之所以好，是由于他们比新手具有更丰富的下棋知识经验，熟悉许多棋局，可以用来对短暂看到的棋子有效地进行组块化，而新手则差得多。然而，象棋大师对任意放置的棋子却无法应用其丰富的知识经验，因而复盘的成绩下降到新手的水平（冯忠良等，2010）。

编码是指将输入信息与长时记忆中已有的概念和思想相联系以便新的学习材料能更好掌握的认知过程。编码方式主要包括组织、精细加工等，记忆术、形成表象等因素都会影响编码过程。

3.工作记忆的教育含义

工作记忆对教育的意义主要有以下几点。

（1）必须给学生留出一定的时间用于复述。如果给学生呈现太多的信息，但是没有留出时间使学生能对信息进行充分的复述，这些信息可能会被后来的信息挤出工作记忆。当学生学习新的、有难度的材料时，进行复述是非常必要的。

（2）每次给学生呈现的信息不能过多，不能超出工作记忆的负荷。由于工作记忆容量有限，所以要尽量使信息很好地组织起来，并与长时记忆已有的信息密切联系。教师要对工作记忆的局限性保持敏感。

（3）利用记忆策略帮助学生更有效地、更好地组织信息。策略有复述和形成组块等。

（4）利用适当的程序性知识表征来应对工作记忆容量有限的问题。程序性知识所表征的心智技能或运动技能具有自动化特征。自动化主要通过练习来形成，使某个技能达到自动化的练习量远远超出将该技能储存于长时记忆中所需的练习量。例如，一个棋手可以很快地掌握下棋的规则，但却需要漫长的时间来练习怎样识别取胜的棋局。

（5）通过学生掌握更多的背景知识来提升工作记忆效能。

（三）长时记忆及其认知过程

1.长时记忆的特点

长时记忆是指信息经过充分的和有一定深度的加工后，在头脑中长时间保留下来。这是一种永久性储存。它的保存时间长，从1分钟以上到许多年甚至终生，容量没有限度。其信息的来源大部分是对短时记忆的内容进行深度加工的结果，但也有由于印象深刻而一次获得的。信息储存的方式是有组织的知识系统。这种有组织的知识系统对人的学习和行为决策有重要意义，它使人能够有效地对新信息进行编码，以便更好地识记，也能使人迅速有效地从头脑中提取有用的信息，以解决当前的问题。

2.认知过程

长时记忆中的认知过程主要涉及编码、知识的储存和提取。

（1）编码。编码是给新信息赋予意义并使之与长时记忆的已有信息整合的过程，它是对存入长时记忆的信息进行预处理的过程。编码方式主要包括组织、精细加工和形成图式结构等。

组织是把新信息置于某一相关信息的范畴或次序中，从而使新信息变得更有意义。研究表明，组织好的材料比较容易学习和记忆，因为组织过的材料使所学的东西之间建立了系统联系。组织信息的方式主要有：用层次结构把信息块整合进来、记忆术的使用、形成表象等。

精细加工是指将新知识与已有的知识建立联系的过程。

图式可以使大量的信息变成一个有意义结构从而有助于编码。

（2）储存。长时记忆中的基本单位是命题，命题能用网络的形式加以组织即命题网络。命题网络只是表征了许多小块的知识，图式是一个更巨大的网络。图式的结构可以用一系列“位置”来表征，每个位置对应于一个属性，比如，在房子的图式中，其属性包括建筑材料、面积容量、作用等；在地理构造（山脉、火山）的一般图式中，包含高度、地质构成和活动等属性。

长时记忆中的陈述性知识与程序性知识都可以用表象和言语表征两种编码形式来储存。

给信息赋予意义、组织、精细加工等都能促进信息的储存。

（3）提取。提取是从长时记忆中激活或回忆知识的过程。对陈述性知识而言，提取会使知识在工作记忆中活跃起来，对程序性知识而言，提取会使某些行为自动执行。提取有赖于编码方式，知识的编码方式决定了哪种提取线索会有效地激活哪些知识。精细加工和组织能使信息在记忆网络中建立更多的联系，从而有助于提取。信息加工理论认为，将学习活动与使用知识的条件联系起来也可以优化提取过程，如果学生编码的过程与他们预期要提取和使用知识的方式和条件相匹配，知识的回忆和提取就会比较容易。

3.长时记忆的教育含义

长时记忆的教育含义主要包括以下两点。

（1）可以利用形象的视听刺激来创设易于记忆的事件。如投影、影片、课文中的插图，等等，如体育心理学教学中，可以利用高速摄像机拍摄的视频讲解跳高的过程，分析技术要领。

（2）将新的学习材料与长时记忆中的已有知识经验联系在一起成为有机整体。具体来说，这方面的记忆策略包括精细加工、组织等。如我们在教学圆柱的体积计算公式时，应让学生通过自主探究、演示等手段，得到体积公式，使之进入长时记忆。那么在下次用到体积公式时，就算学生一时想不到，也会通过回忆学习的过程进一步回忆起体积的公式。

从系统论的观点看，瞬时记忆、工作记忆和长时记忆是统一的记忆系统的三个不同的信息加工阶段，而不是非此即彼的记忆种类，它们之间相互联系、相互影响。虽然我们认为知识的巩固主要是通过长时记忆系统来实现的，但事实上，任何信息都必须经过瞬时记忆、短时记忆才可能转入长时记忆，没有瞬时记忆的登记、工作记忆的加工，信息就不可能长时间储存在头脑中。因此，就知识巩固的全过程而言，它是起于瞬时记忆，经过工作记忆，而达到长时记忆。

知识窗6－4 记忆天才并非天生，成年人提升记忆力有希望

平常你或许会听到这样的说法：小时候人的学习能力和记力力都更强。看看那些小孩子，不管是学语言还是学技能，他们的大脑都会开足马力，甚至不经意间就能掌握。而成年人的记忆力似乎不怎么给力，难道成年人想提升记忆力就如同登天吗?

答案来了。2022年11月，来自顶尖学术期刊*Nature*上的一项新研究“Filopodia are a structural substrate for silent synapses in adult neocortex”指出，成年大脑中存在大量的“沉默突触”，在一定条件下可以转变为有功能的突触，可以作为学习和记忆的基础。这证明成年大脑也绝不缺少灵活学习新东西的潜力，所以成年人记忆力的提升并不是奢望。当然，我们也听闻不少记忆大师的例子。从科学的角度来说，记忆是一个复杂而神奇的过程，它涉及多个阶段和因素，从编码到存储再到提取，每个阶段都会受到不同因素的影响，进而影响我们的记忆能力。可以肯定的是，人的记忆力可以通过训练得到提升。为了提升记记力，我们需要掌握科学的训练方法，如多感官学习可以提高记忆力（2023年的*Nature*中的研究Multisensory learning binds neurons into a cross-modal memory engram发现，结合颜色和气味的多感觉学习可增强记忆功能）。同时，需要注重大脑健康，科学用脑；需要劳逸结合，充足休息；需要加强注意力和兴趣等。还等什么，快快行动起来，下一个记忆大师，或许就是你。

二、知识的遗忘及其原因

（一）遗忘及其进程

记忆保持的最大变化是遗忘，遗忘和保持是矛盾的两面。保持是识记过的经验在人们头脑中的巩固过程，也就是信息的存储过程。保持是识记和再现的中间环节，在记忆过程中有着重要的作用，没有保持也就没有记忆。知识保持是一个动态过程，存储信息在内容和数量上都会发生变化。记忆的内容不能再认和回忆，或者再认和回忆时发生错误，就是遗忘。遗忘有各种情况，能再认不能回忆叫不完全遗忘，不能再认也不能回忆叫完全遗忘，一时不能再认或回忆叫暂时性遗忘，永久不能再认或回忆叫永久性遗忘。

对于遗忘的进程，德国心理学家艾宾浩斯（H. Ebbinghaus）最早进行了系统的研究。他自己既当主试又当被试，独自进行实验，持续数年之久。为了对结果进行数量分析并排除过去经验的干扰，他采用了无意义音节作为记忆材料。这种材料是由中间一个元音、两边各一个辅音构成的音节，如XIQ、ZET、SUW等。艾宾浩斯采取重学法（又称节省法）来检验记忆的效果。他每次学习8组、每组13个无意义音节的字表，诵读到能连续两次无误背诵为止，并记录所需时间和诵读次数。然后，间隔不同的时间后进行重新学习，记录达到同样的背诵程度所需要的时间和诵读次数。然后比较两次学习所用的时间和诵读次数的差异，以重学比初学节省的时间或次数的百分数作为保持量的指标。其实验结果如表6－6。后来的学者将此实验结果绘成曲线图（见图6－7），这就是百余年来一直被广泛引用的经典的艾宾浩斯遗忘曲线。

知识窗6－5 保持的内容是可以变化的

在内容方面，由于每个人知识经验的不同，加工和组织经验的方式不同，人们保持的经验可能有以下几种形式的变化：(1) 保持的内容比原来识记的内容更简略、更概括，一些不太重要的信息趋于消失，而主要内容及其显著特征被保持；(2) 保持的内容比原来识记的内容更详细、更具体、更完整、更合理和有意义；(3) 使原来识记内容中的某些特点更夸张、突出或歪曲，变得更生动、离奇，更具特色。

巴特利特（Bartlett，1922）在实验中让第一个人看一张图（图6－6中的0），然后要他默画出来给第二个人看（图6－6中的1），再让第二个人默画出来给第三个人看（图6－6中的2）……依次下去直至第18个人画出第18幅图（图6－6中的18）为止，结果图形从一只枭鸟变成了一只猫。可见记忆图形在质的方面起了显著的变化。

图6－6 保持的变化

从以上的研究看出，信息在头脑中的保持不是静止的、凝固的，而是一个重建过程，信息在保持过程中要不断地受到思维的“剪裁”加工而发生变化。

（资料引自：http: //www. pep. com. cn/xgjy/xlyj/xlshuku/shuku13/shuku17/201008/t20100827_ 815339. htm）

从表6－6和图6－7，我们可以看到，遗忘在学习之后立即开始，而且遗忘的进程是最初很快，以后逐渐缓慢；过了相当的时间后，几乎不再遗忘。例如，在20分钟之后遗忘就达到了41.8%，1天之后遗忘达到了66. 3%，而31天后遗忘仅达到78.9%。这一研究表明，遗忘在学习之后立即开始，而且遗忘的过程最初进展得很快，以后逐渐缓慢，过了相当的时间后，几乎不再遗忘。也可以说，遗忘的发展是不均衡的，其规律是先快后慢，呈负加速型。

表6-6 不同时间间隔的保持

时距（小时）	重学节省（保存量，%）	遗忘数量（%）
0. 33	58. 2	41.8
1	44. 2	55. 8
8. 8	35. 8	64. 2
24	33.7	66. 3
48	27. 8	72. 2
6 ×24	25. 4	74. 6
31 ×24	21.1	78. 9

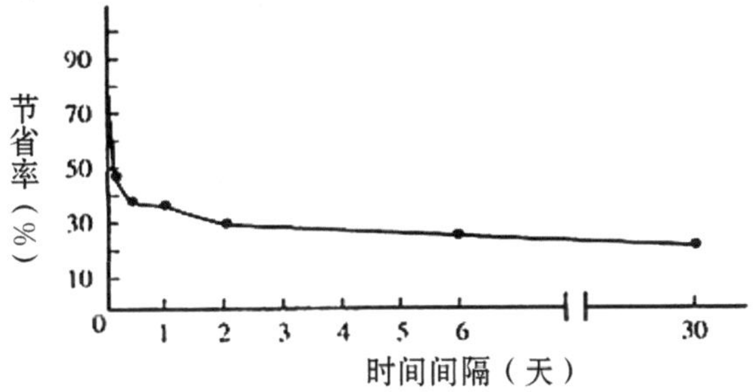

图6-7 艾宾浩斯遗忘曲线

（资料来源：冯忠良，伍新春，姚梅林．教育心理学［M］．上海：上海教育出版社，2004）

知识窗6-6 长时记忆遗忘的特征

长时记忆的遗忘因学习材料的性质不同而呈现出不同特征。一般来说，机械学习的材料表现出迅速的遗忘（如艾宾浩斯遗忘曲线所示）。真正理解了的概念或原理，则不容易遗忘。例如，里德（Reed）在使用人工概念研究概念遗忘的实验中，首先让被试学习六个概念。然后在学习一周、三周和六周后进行测验。为了防止重测对保持的影响，每次测验都使用不同的被试。结果表明，在一周之内，学过的概念基本上没有遗忘；经过六周后，遗忘也很少。这与无意义音节的大量和迅速的遗忘形成了鲜明的对比（见图6－8）。

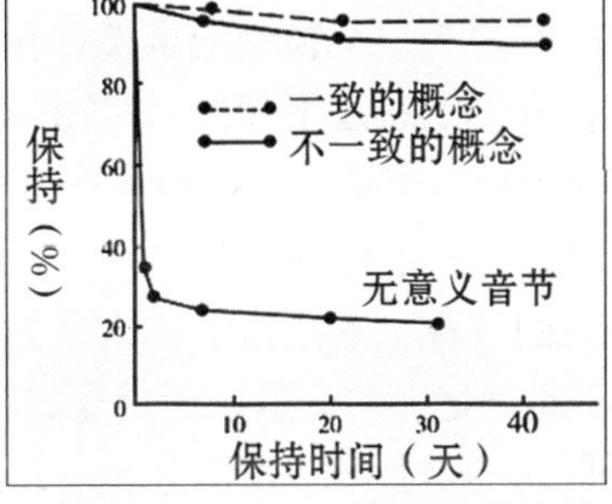

图6-8 概念与无意义音节遗忘曲线的比较

（资料来源：冯忠良，伍新春，姚梅林．教育心理学［M］．上海：上海教育出版社，2004）

（二）遗忘的理论解释

1.痕迹衰退说

按照这种理论，遗忘是由记忆痕迹衰退引起的，消退随时间的推移自动发生。这是一种对遗忘原因的最古老的解释。它起源于亚里士多德（Aristotle），由桑代克和巴甫洛夫学派进一步发展。桑代克曾把练习律作为他的三大学习定律（效果律、练习律、准备律）之一。练习律指习得的刺激－反应联结如果得到使用，其力量会加强；如果失去使用，则联结的力量会减弱，以至逐渐消失。按照巴甫洛夫学派的解释，记忆痕迹就是在大脑皮质中建立起来的暂时神经联系。暂时神经联系的形成使经验得以识记和保持；在有关刺激作用下，暂时神经联系得以恢复，使旧有经验通过回忆或再认等方式表现出来。这些实际上是用痕迹衰退说对遗忘所作的解释。尽管许多心理学家对痕迹衰退说提出了种种怀疑，并设计了大量实验来否认痕迹衰退说，但至今没有可靠的证据表明神经系统中留下的记忆痕迹可以永久保持而不会衰退，并且记忆痕迹随时间的推移而逐渐衰退的观点也符合事物的发生、发展和衰亡的一般规律，所以痕迹衰退仍然被认为是导致遗忘的原因之一。

2.干扰说

经验干扰说认为，遗忘是由于在学习和回忆之间受到其他刺激干扰的结果。一旦排除了干扰，记忆就可以恢复。这种遗忘理论得到了大量实验的支持，近一个世纪以来它一直占据着统治地位。早在1924年詹金斯（Jankins）等就进行了睡眠记忆实验。他们让被试在白天和临睡前记忆无意义音节，结果在临睡前学习过的无意义音节保持较好。原因是白天学习受到新进入信息的干扰较多，临睡前的学习不受或少受后面进入的信息干扰。因此他们认为，在保持期间，如果没有其他信息进入记忆系统，则原有的信息不会遗忘。

研究表明，干扰主要有两种情况，即前摄抑制和倒摄抑制。所谓前摄抑制，是指前面学习的材料对识记和回忆后面学习材料的干扰；倒摄抑制，指后面学习的材料对保持或回忆前面学习材料的干扰。前摄抑制和倒摄抑制在系列学习、配对联想学习和自由回忆的记忆实验中，都获得了强有力的证据。在其他条件相等的情况下，一个学习材料的两端的项目学习快、记得牢一些，而中间部分的项目总是学得慢、记得差一些。中间部分的记忆效果之所以较差，可能是由于同时受到前摄抑制和倒摄抑制双重干扰的结果；最前部与最后部的记忆效果之所以较好，可能是由于仅受到倒摄抑制或前摄抑制造成的。

现在，大多数心理学家认为，长时记忆中信息的相互干扰是导致遗忘的最重要原因。干扰说可以解释许多遗忘现象。在白天记忆模糊的事件，在晚上做梦时却显得十分清晰；在清醒情况下想不起来的情节，在催眠状态下却能回忆出来。这些都说明，记忆的痕迹并未消失，只是受到了其他信息的干扰，当排除了这种干扰以后，记忆就能恢复。研究表明，一般成年人（包括大学生）的记忆力并不比少年儿童差，但许多成年人觉得自己的记忆力比孩提时差多了。按经验干扰说的解释，这是由于成人接触的事物多，导致分心的信息也多，其容易遗忘的真正原因并不是记忆力的衰退，而是受到较多干扰的缘故。

不过，经验干扰说的理论依据还是刺激－反应理论。现代认知心理学则更要求探求遗忘的内部机制，认为遗忘是信息提取失败或新旧知识同化的结果。

3.同化说

奥苏贝尔根据他的有意义接受学习理论，对遗忘的原因提出了一种独特的解释。他认为，经验干扰说是根据机械学习实验提出来的，只能解释机械学习的保持与遗忘，不能解释有意义学习的保持与遗忘。为了证明其观点，奥苏贝尔及其同事做了大量有关意义学习与保持的实验，这些实验同传统的学习与记忆实验有很大不同：(1) 他所用的材料是有逻辑意义的，而且是被试能够理解的；(2) 材料不是逐字逐句呈现，而是一次全部呈现，学习者可以主动支配学习材料；(3) 测验时不要求逐字逐句回忆原材料，只要求回忆该材料所含的意义单元。这样就完全满足了意义学习的条件，防止了传统记忆实验中有逻辑意义材料的机械学习。

奥苏贝尔认为，在真正的意义学习中，前后相继的学习不是相互干扰而是相互促进的，因为意义学习总是以原有的学习为基础，后面的学习则是前面学习的加深和扩充。遗忘就其实质来说，是知识的组织与认知结构简化的过程。当我们学到了更高级的概念与规律以后，高级的观念可以代替低级的观念，使低级观念遗忘，从而简化了认识并减轻了记忆负担。这是一种积极的遗忘。

但在意义学习中，或者由于原有知识结构不巩固，或者由于新旧知识辨析不清楚，也有可能以原有的观念来代替表面相同而实质不同的新观念，从而出现记忆错误。这是一种消极的遗忘，教学中必须努力避免。

4.动机说

动机性遗忘说认为，遗忘是因为我们不想记，而将一些记忆信息排除在意识之外，因为它们太可怕、太痛苦或有损自我的形象。这一理论最早由弗洛伊德提出。他在给精神病人施行催眠术时发现，许多人能回忆起早年生活的许多琐事，而这些事情平时是回忆不起来的。它们大多与罪恶感、羞耻感相联系，因而不能为自我所接纳，故不能回忆。也就是说，遗忘不是保持的消失，而是记忆被压抑，故这种理论也叫动机压抑说。

心理学研究表明，人们有一种把创伤性经验有选择地重新编码为中性的甚至愉快的经验的倾向。也就是说，人们倾向于重新组织自己的童年经验，以便记住过去的“美好时光”。但实际生活并非如此，只是“应当如此”而已。这一现象是符合动机性遗忘理论的解释的。

总之，遗忘的原因是多方面的。上述每种理论都能解释遗忘的部分现象，但不能解释所有的遗忘现象。因此对于遗忘的原因，应当把上述几种理论综合起来加以解释。

三、运用信息加工学习原理，促进知识的获得和保持

（一）信息加工学习原理

从信息加工理论中可以推出几条一般性的学习原理。

(1) 当新知识与已有知识建立起联系时，有意义的学习才能发生，学生的已有知识会影响他们的关注点、对新信息意义的解释、信息编码方式等。

(2) 学生在学习过程中应充分调动各种基本的心理过程，包括知觉、选择性注意、编码、组块、组织、精细加工、形成图式等。

(3) 学生的学习材料要在工作记忆的容量限度内。

（4）学习是一个主动的、由目标所引导的过程。

（5）将学习活动与使用知识的条件联系起来可以优化知识的获得和应用。

（6）及时的复习和必要的练习将减少遗忘的可能性（卢强，2010）。

（二）促进知识获得和保持方法

1.明确知识学习的目的，增强学习主动性

学习的主动积极性指的是学生对待知识的态度及其注意、情绪和意志的状态。如果学生对待学习的态度是主动的，则其积极性就会高涨，就会有积极良好的情绪状态和克服困难的意志力。实际经验表明，学习的主动积极性是影响知识学习的首要条件。只有学习的主动积极性高，才可能取得良好的掌握效果；否则，难以有好地掌握成效。这是因为学生是掌握知识的主体，只有学生开动脑筋，积极主动地去从事知识学习过程中所必须的各种智力活动时，才有可能真正掌握知识，这是别人无法替代的。学习的主动积极性与学习动机直接相关，学习的积极主动状态是学习动机的外在表现。因此，在教学过程中，发挥学习的主动性，调动学习的积极性，最根本的方法在于通过创设问题情境，激发学生的学习动机，使之由兴趣发展到乐趣并最后发展成志趣。

2.在学习活动与使用知识的条件之间建立联系

教学是连续进行的，当前教材的学习，总是以先前所学知识为基础。所以，知识的掌握总是在已有知识经验的背景上进行的，是在有关知识经验的参与下完成的。

现代认知心理学特别强调主体已有知识经验在学习新知识中的作用。例如，奥苏贝尔认为，学习就是新知识与学习者原有认知结构中的适当或相应观念建立起非人为的、实质性的联系的过程；布鲁纳认为，如果把新知识纳入到学习者已有的知识体系中去，把新的知识组成一个个有系统的结构网络，然后把它们分门别类地储存在头脑中，将有助于知识的理解、保持与应用。

研究表明，已有知识经验对当前知识学习的影响，有时是积极的，能促进知识的掌握，有时是消极的，会阻碍知识的掌握。其影响的方向主要取决于已有知识经验本身的正确性、它与当前事物的一致性和教学上有无必要的分析与比较这三者的相互作用。

由于学生已有知识经验对其当前的知识学习有重大影响，因此，教师必须充分了解学生已有知识经验的准备状况，采取适当措施，发挥其积极作用，防止其消极影响。

3.深度加工学习材料

所谓深度加工就是对要学习的材料重新编码，分类组织，纳入过去的知识结构之中，建立多样联系，形成新的信息网络，增加信息，帮助理解和记忆。经过这样加工，学习材料层次更加清楚，从属关系更加明确，并且分级储存，就更有利于记忆，不容易遗忘。

4.进行组块化编码

所谓组块，是指在信息编码过程中，利用长时记忆中储存的知识经验，对进入短时记忆系统中的信息加以组织，使之成为利于保持的知识模块。组块能力依赖于个体的知识和经验，可以加以训练。

5.合理安排练习和复习

从时间分配上来说，有两种不同的形式，一种是分散复习（每次时间短，次数多），一种是集中复习（每次时间长，次数少）。研究表明，这两种复习方式效果不同，一般分散复习优于集中复习，因为分散复习可以降低疲劳感，可以减少前摄抑制和倒摄抑制的影响。因此，教师在教学中应鼓励学生进行分散复习，不要等到考前集中“算总账”。

有关研究一致表明，教材的保持或遗忘与复习的次数密切相关。一般来说，复习次数越多，识记和保持的效果越好；反之，则遗忘发生越快。据此，心理学家肯定了“过度学习”的必要性。所谓过度学习，指在学习达到刚好成诵以后的附加学习。如读一首短诗，某人学习10分钟就刚好能背诵，在能够背诵之后增加的学习（如再读5分钟或再读5遍）便是过度学习。研究表明，学习的熟练程度达到150%时，记忆效果最好。超过150%时，效果并不递增，很可能引起厌倦、疲劳等而成为无效劳动。

本章要点

1. 根据知识的不同表述形式，知识可以分为陈述性知识和程序性知识。陈述性知识的基本单元是组块，表征方式有命题，命题网络和图式。程序性知识的基本单元是产生式，经过练习，简单产生式可以组合成复杂的产生式系统。

2. 知识学习的类型根据知识本身的存在形式和复杂程度，可以分为符号学习、概念学习和命题学习；根据新知识与原有认知结构的关系，知识的学习可以分为下位学习、上位学习和并列结合学习。

3. 现代认知心理学根据信息从输入到提取所经过的时间和信息编码方式的不同，把记忆系统分成3个子系统：感觉登记、工作记忆和长时记忆。三个系统在信息的存储时间、编码和提取上有不同特点。

4. 记忆的内容不能再认和回忆，或者再认和回忆时发生错误，就是遗忘。德国心理学家艾宾浩斯最早进行了系统的研究，以无意义音节作为记忆材料，采取重学法（又称节省法）得到一直被广泛引用的经典的艾宾浩斯遗忘曲线。遗忘的发展是不均衡的，其规律是先快后慢，呈负加速型。对遗忘的解释涉及不同学说，如痕迹衰退说；干扰说；同化说；动机说。

5. 促进知识的获得和保持需要了解信息加工学习原理以及促进知识获得和保持方法。在具体方法方面注意要明确知识学习的目的，增强学习主动性；在学习活动与使用知识的条件之间建立联系；深度加工学习材料；进行组块化编码；合理安排练习和复习。

思考题

1. 举例说明不同知识类型和不同学习类型的关系。
2. 举例说明三个记忆系统的差别和联系。
3. 如何防止知识的遗忘？
4. 如何合理安排练习和复习？

参考文献

陈琦，刘儒德. 当代教育心理学［M］. 2版. 北京：北京师范大学出版集团北京师范大学出版社，

2007.

岑国桢.教育心理学［M］.2版.北京：中国人民大学出版社，2011.

卢强，高明书.教育心理学［M］.3版.北京：北京出版集团北京出版社，2010.

莫雷.教育心理学［M］.北京：教育科学出版社，2007.

冯忠良，伍新春，姚梅林，等.教育心理学［M］.2版.北京：人民教育出版社，2010.

皮连生.教育心理学［M］.3版.上海：人民教育出版社，2004.

张大均，郭成.学习心理学纲要［M］.北京：人民教育出版社，2006.

第七章　技能的形成

21年磨一剑

从滑步到铅球落地，只有几秒的时间。但从拿起人生中的第一枚铅球，到奥运冠军，巩立姣用了21年。

2021年8月1日，在东京奥运会女子铅球决赛中，巩立姣以20米58的个人最好成绩，成功夺金。这枚金牌，是中国田径史上首枚田赛项目奥运金牌，更是巩立姣不懈努力的成果。

虽然铅球项目看似只需要力量，但实际上，它对运动技巧要求极高。为了比赛中的那短短的几秒钟，巩立姣每天都要进行超过200次的投掷训练，每天投掷的重量超过1000千克。这样的刻苦训练，只为了自己的技能更加熟练。可以说，“握球，滑步，转换，最后用力，维持平衡”这套动作，巩立姣练习了21年。

巩立姣的成功是通过不断的技能动作学习、刻苦的训练、专业的教练指导以及丰富的竞技经验所取得的。作为教师，在技能的教学过程中，我们可以通过提供科学有效的指导和示范，合理规划练习阶段，并给予学生积极的反馈，以提升学生的技能学习效果。同时，我们还需要更精准地理解操作技能的概念、实质、特点和主要类型，理解操作技能形成的阶段及其特点，这样才能更好地指导和帮助学生。

学习目标

通过本章的学习，你将能够：

1. 了解技能的概念、实质、特点和主要类型。
2. 理解操作技能形成的阶段及其特点。
3. 掌握操作技能培训的主要方法与途径。
4. 掌握原型定向、原型操作和原型内化的心智技能形成理论。
5. 能运用心理模拟法创立心智技能原型，并有效地进行培养。

基础概念

技能（skills）：是指个体运用已有的知识经验，通过练习而形成的确保某种活动得以顺利进行的合乎法则的活动方式。

操作技能（operating skills）：也叫动作技能、运动技能，是通过学习而形成的合乎法则的程序化、自动化和完善化的外显活动方式。

心智技能（intellectual skills或mental skills）：也称智力技能、认知技能，是借助内部言语在头脑中完成的智力活动方式。

关键名词

技能，操作技能，心智技能，操作定向，操作模仿，操作整合，操作熟练，原型定向，原型操作，原型内化

第一节　技能的一般概述

一、技能及其特点

技能是指个体运用已有的知识经验，通过练习而形成的确保某种活动得以顺利进行的合乎法则的活动方式。如心算、计算机编程、书写、游泳、驾车、打字等都是技能。它具有如下几个基本特点。

（1）技能是通过学习或练习而形成的，不同于本能行为。例如呼吸道进入异物做出打喷嚏的反应，就不能称之为技能。

（2）技能是一种活动方式，是由一系列动作及其执行方式构成的，属于动作经验，不同属于认知经验的知识。

（3）技能中的各动作要素及其执行顺序要体现活动本身的客观法则的要求，不是一般的习惯动作。技能是在若干次练习过程中形成的，是对完成实际动作的心理过程的概括化。这种概括化的程度直接影响着对当前任务的完成，并借助于迁移间接地影响其他与实际动作有关的任务。个体越是经济、有效、合理地利用规则去完成相应的任务，其技能的水平越高，其能力也就越强。

二、技能的类型

根据技能的性质和表现形式，通常把技能分为操作技能和心智技能。

（一）操作技能

操作技能也叫动作技能、运动技能，是通过学习而形成的合乎法则的程序化、自动化

和完善化的外显活动方式。如，操作机器、书写、弹琴、打球、体操与实验操作等等。

操作技能的特点是：

1.动作对象的物质化

动作技能的活动方式是由一系列动作构成，动作是主体对动作对象所作出的影响，是活动系列的构成单位。就其动作的对象来说，动作技能的对象是物质性客体或肌肉，因此，动作技能具有物质性的特点。

2.动作进行的外显化

就动作技能的进行而言，操作动作由外部显现的机体运动来实现，具有外显性，是看得见、摸得着的。如学生的广播体操做得好坏、整齐与否，通过观看就可得知。

3.动作结构的展开化

动作技能就其动作结构而言，操作活动的每个动作必须切实执行，不能合并，不能省略，在结构上具有展开性的特点。学生做广播体操必须从第一节按顺序地做完，是不能跳跃、不能省略的。

（二）心智技能

心智技能也称智力技能、认知技能，是借助内部言语在头脑中完成的智力活动方式。阅读技能、运算技能、记忆技能等都是常见的心智技能。比如，学生掌握了四则运算的技能，在演算这类习题时就能运用自如地计算出答案；学生掌握了写作技能，就能根据不同性质的命题，自如地按照写作程序构思，并写出记叙文、议论文等文章来。

心智技能具有以下三个特点。

1.动作对象的观念性

心智技能不是靠操作实物实现的，它的动作对象不是客观事物本身，而是客观事物在人脑中的主观反映，是知识和信息。智力活动是靠内部言语及词的作用进行的，是以词的形式在“心理”完成的动作，所以是观念性的。

2.动作进行的内隐性

就动作的进行来说，心智技能是在头脑中借助于内部言语默默地完成的，是对事物进行分析、综合、抽象、概括的思维活动。它不像作用于客观实物的外部动作那样，可以看得到对实物进行加工改造的动作过程，人们往往只能通过其作用对象的变化而判断活动的存在，因而心智技能具有内隐性。

3.动作结构的简缩性

心智技能不像操作技能那样，需要实际做出每个动作；心智技能也不像外部言语必须说出每个动作。心智技能可以脱离开摆弄实物的束缚，以合并、省略、简缩的方式进行，甚至可以使他人觉察不到其活动的过程。如在口算、阅读（默读）、构思、心算、解题时，智力活动可以高度简缩这些思维的过程，比实际操作有时要快得多。

（三）智力技能和动作技能的关系

智力技能与动作技能既有联系又有区别。

智力技能与动作技能之间有紧密联系。他们统一存在于人的实践活动中，动作技能是智力技能形成与发展的最初依据，智力技能的形成常常在外部动作技能的基础上，逐步脱离外部动作而借助内部言语实现。智力技能又是动作技能的支配者和调节者，复杂的动作技能往往包含认知成分，需要学习者智力活动的参与，手脑并用才能完成。在完成比较复杂的活动任务时，既需要动作技能也需要智力技能，两者缺一不可。在实践活动中，确定某种技能是智力技能还是动作技能，取决于其活动的主要成分。

表7－1　操作技能和心智技能的区别

	操作技能	心智技能
定义	也叫动作技能、运动技能，通过学习而形成的合乎法则的程序化、自动化和完善化的外显活动方式。	也称智力技能、认知技能，是借助内部言语在头脑中完成的智力活动方式。
特点	对象—具有物质性； 进行—具有外显性； 结构—具有展开性。	对象—具有观念性； 进行—具有内隐性； 结构—具有简缩性。
分类	动作的精细程度与肌肉运动强度不同（细微型－粗放型） 动作的连贯性（连续型－断续型） 对环境的依赖（闭合型－开放型） 操作对象（徒手型－机械型）	阅读技能 运算技能 记忆技能 经过训练达到自动化的认知活动

三、技能的作用

（一）技能是获得经验、解决问题的前提条件

当主体掌握某种技能后，主体才能与客体进行相互作用，并从中获取经验。心智技能是获得理性经验的重要手段，理性经验是技能的产物。心智技能不仅对知识经验的获得起着重要的作用，同时它也是问题解决的重要条件。例如，当你的汽车抛锚后，你需要进行检查和修理。你已经通过某种途径了解了大致的修理程序，但是从没实践过，这时你只是掌握了知识，而并未具有某种技能，这对问题解决是不起作用的，必须经过一系列的技能才能实现。

（二）技能的形成有利于能力的发展

能力是个体心理的特征，它是概括化、系统化了的知识与技能。知识与技能是能力结构的基本要素。人们掌握了某种技能和知识，就能够按照合理的动作方式去完成相应的活动任务，而这就是人们能力的体现。

第二节　操作技能的学习

一、操作技能的学习过程

心理学家认为操作技能的形成可以分为操作定向、操作模仿、操作整合与操作熟练四个阶段。

（一）操作的定向阶段

操作定向是指学习者了解操作活动的结构与动作程序要求，在头脑中建立起操作活动的定向映象的过程。操作定向是操作技能形成过程中的一个重要的环节，是操作活动的自我调控机制。

在操作定向阶段形成的映像应包括两方面：一是有关操作动作本身的各种信息，包括对操作活动的结构要素及其关系的认识和对操作活动方式的认识等；二是与操作技能学习有关或无关的各种内外刺激的认识与区分。

定向映像的建立，是通过如下心理活动完成的。首先，通过对教师示范动作的直接感知而形成动作表象。然后，通过教师的进一步讲解，学生在头脑中正确区分动作的内部特性，建立有关动作的基本概念，掌握动作要领。

例如，刚开始学骑自行车时，我们首先观察别人如何骑自行车，同时，父母、朋友也给予我们示范、指点。此时，我们牢记动作要领，如何扶把，如何蹬车，如何保持平衡，等等。

（二）操作的模仿阶段

操作模仿就是学习者通过观察，对示范的动作技能进行实际仿效操作，其实质是将头脑中形成的定向映像以外显的实际动作表现出来。模仿是形成操作技能的重要环节，这表现在两方面：一是模仿可以检验已形成的动作定向映像；二是可以加强个体的动觉感受。

操作模仿阶段的动作特点如下。

（1）动作品质：动作的稳定性、准确性、灵活性较差。

（2）动作结构：各个动作要素之间的协调性较差，互相干扰、相互衔接不连贯，常有多余动作产生。

(3) 动作控制：主要靠视觉控制，动觉控制水平较低，不能主动发现错误与纠正错误。

（4）动作效能：完成一个动作往往比标准速度要慢，个体经常感到疲劳、紧张。

例如，在记住骑车的动作要领后，我们需要不断模仿练习，以实际感受如何蹬车，如何保持平衡。在练习时，我们还离不开别人的扶持和帮助，很难长时间保持身体平衡，一不小心就会摔倒。

（三）操作的整合阶段

操作整合是指把模仿阶段习得的动作成分依据其内在依据、内在的联系联结成为一个整体，固定下来，成为定型的一体化的动作。

只有通过整合，各动作成分之间才能协调联系，动作结构才逐步趋于合理，动作的初步概括化才得以实现。因此，整合是操作技能形成过程中的关键环节，它是从模仿到熟练的一个过渡阶段，也为熟练的活动方式的形成打下基础。

操作整合阶段的动作特点如下。

（1）动作品质：外界条件保持不变时，动作可以表现出一定的稳定性、精确性和灵活性；但当外界条件发生变化时，动作的这些特点都有所降低。

（2）动作结构：动作的各个成分趋于分化、精确，整体动作趋于协调、连贯，各动作成分间的相互干扰减少，多余动作也有所减少。

（3）动作控制：视觉控制不起主导作用，逐渐让位于动觉控制；肌肉运动感觉变得较清晰、准确，并成为动作执行的主要调节器。

（4）动作效能：疲劳感、紧张感降低；心理能量不必要的消耗减少，但没有完全消除。例如，在经过一段时间的反复练习后，我们能够比较连贯地进行扶把、蹬车、拐弯，可以独立骑行一段距离，但是遇到复杂的路况时，仍然不能够自如地加以控制。

（四）操作的熟练阶段

操作熟练是指各个动作环节与各种动作在时间和空间上彼此协调起来，构成一个连贯的稳定的动作系统，动作的执行达到高度的完善化和自动化，所形成的动作方式对各种变化的条件具有高度的适应性。

操作的熟练阶段是操作技能形成的高级阶段，是由操作技能转化为技术能力的关键环节，各种技术能力的形成都是以操作的熟练为基础的。

操作整合阶段的动作特点如下。

（1）动作品质：学习者的动作对各种变化的条件表现出高度的稳定性、精确性和灵活性。

⑵ 动作结构：各个动作环节间与各种动作间的相互干扰消失，衔接连贯，高度协调。

（3）动作控制：不再需要专门控制和有意识的活动，视觉注意范围扩大。

（4）动作效能：心理消耗和体力消耗降至最低，紧张感、疲劳感减少，动作具有轻快感。

例如，熟练骑自行车的人不仅可以自如地在各种路况下骑行，还可以一边骑车，一边与他人交谈或思考问题。这时，骑自行车的动作已经达到自动化的程度，是在无意识或很少意识的支配下完成的。

二、操作技能的培训要求

（一）准确的示范与讲解

1.作用

示范可以促进操作技能的形成；言语讲解在技能形成过程中也起到重要的作用。

2.影响示范有效性的因素

（1）示范者的身份

示范者的身份对学习者（观察者）的学习效果有一定的影响。研究发现，当观察熟练教师的示范操作时，学生的学习效果最好；与观察不熟练同伴的示范和观察不熟练教师的示范相比，学生在前面一种情况下的学习效果优于后者。但其他有关实验表明，无论是何种身份的示范者，对技能学习的影响都要视示范者的技能水平而定（Mc Cullagh，1987）。马吉尔（Magill，2004）认为，在某些情况下，示范者的身份可能影响学习者的技能掌握，其主要原因有两方面：一是身份较高的示范者可能引起观察者对其示范的更多的关注，进而有可能影响从示范中所获取的信息；二是高身份者可能促进观察者产生较高的动机，使观察者渴望达到示范者所演示的那种水平。

（2）示范的准确性

无论是何种身份的示范者，其示范效果关键取决于示范的准确性。示范的准确性是影响操作技能学习的直接决定因素。因为学习者通过观察示范动作而加以模仿，错误的示范直接导致错误的模仿，这在技能学习的初级阶段是非常重要的。为了保证示范的准确性，可以借助于图片、录像、幻灯、影片、计算机模拟等现代化的技术手段，使信息的呈现更准确、方便、易于接受。

（3）何时给予示范

何时示范也是一个要考虑的因素：一种可能是在学习者实际操作之前示范，使其形成操作的定向映象；还有一种主张先让学习者根据某种简单的言语讲解进行尝试—错误的练习，然后示范，其目的是先让学习者形成初步的协调能力。威克斯和安德森（D. L. Weeks & L. P. Anderson，2002）的研究说明了如何解决这一问题。他们让没有发飘球经验的学习者观看10次熟练的排球运动员发飘球的动作，继而要求学习者模仿练习。学习者被分成三组：一组叫前练习组，在练习30次发球前观看10次示范；一组叫分散组，观看一次示范后练习3次发球，这样分散地观看10次示范后共练习30次发球；最后一组是联合组，观看5次示范后练习15次发球，而后再观看5次示范，练习剩下的15次发球。对三组学习者的保持测验发现，联合组和前练习组比分散组模仿得更好，发球的准确性也更高。由此可见，在实际进行技能操作之前让学习者充分观察示范动作，这是一种较好的技能学习方式，这也表明操作技能学习过程中的定向环节是非常必要的（王小明，2009）。

但值得注意的是，除在技能学习的最初阶段提供示范外，在技能学习的其他阶段也应根据需要来提供必要的示范，以进一步充实、矫正学习者的定向映象。

另外，在动作的示范中要注意：（1）示范与讲解相结合；（2）整体示范与分解示范相结合；（3）示范动作的速度要适当。

3.讲解注意事项

（1）要注意言语的简洁、概括与形象化；（2）不仅要讲解动作的结构与具体要求，也要讲解动作所包含的基本原理；（3）不仅要讲解动作的物理特性，也要指导学生注意、体验执行动作时的肌肉运动知觉（冯忠良，2010）。

卡顿和兰丁（D. M. Cutton & D. Landin，1994）要求初学网球的大学生在每次击打网球时大声说出5个有关词语："准备"是做好对来球的准备；"球"是将注意集中到网球上；"转身”提示将注意力集中于击球；“低头”提示击球后头的固定位置。与没有使用这些言语指导的被试相比，使用言语指导的学习者更好地学会了打网球的动作（王小明，2009）。

（二）必要而适当的练习

1.练习曲线可看出练习的共同点

（1）开始进步快；（2）中间有一个明显的、暂时的停顿期，即高原期；（3）后期进步较慢；（4）总趋势是进步的，但有时出现暂时的退步。

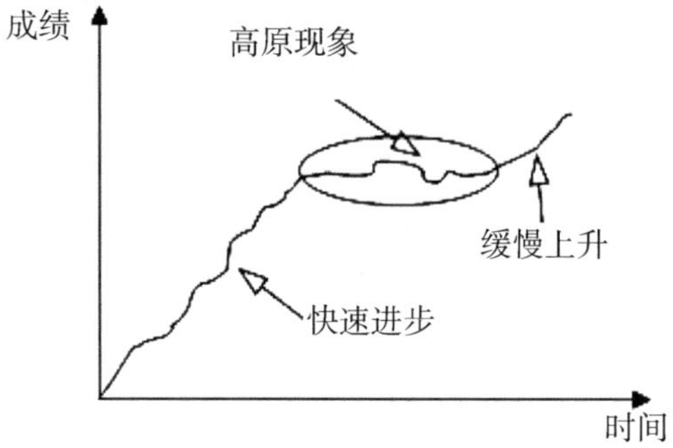

图7－1 练习曲线示意图

2.影响练习的因素

（1）练习量。过度学习是必要的，但并非过度学习的量越大越好。

动作技能练习的实践表明，在一定范围内，练习得越多，动作技能的学习效果越好。可见，练习量对动作技能的形成有一定的影响。在学习者正确掌握动作要领的基础上，加大练习量，有利于其动作技能的掌握。大量的练习可以使练习者脱颖而出，形成特殊的技能（即熟练的技能，或称技巧）。适当过度练习对动作技能的学习是十分必要的，它对于动作技能的保持尤为关键。在理论知识的学习中，学习程度越高，遗忘越少，且过度学习达150%时保持的效果最佳。在动作技能学习中是否也遵循这样的规律，或动作技能学习中过度学习达到怎样的比例最有利于动作技能的保持，目前还不得而知，这有待于今后进一步的研究。

（2）练习方式。练习方式有多种，练习方式的选择取决于学习任务的性质。

根据练习时间分配的不同有集中练习与分散练习。对于连续的动作技能，许多实验研究表明，分散练习的效果要优于集中练习；对于离散的动作技能，初步研究表明，集中练习似乎比分散练习的效果要好，至少和分散练习一样好。

根据练习内容完整性的不同有整体练习与部分练习。二者对动作技能的形成有着不同的影响。部分练习和整体练习的优劣主要取决于动作任务受单独一个动作程序支配的程度。如果动作任务完全由一个动作程序支配，则应当将其作为一个整体来练习。如果动作任务受一个以上动作程序的支配，则采用部分练习的效果会比较好。但需要注意的是，有些动作技能是不能无限度地进行分解的，例如将篮球中的“跳投”动作分解为“起跳”“投篮”进行练习，则达不到理想的训练效果。这是因为这两个动作几乎是同时完成且互相配合的，应该视为一个动作程序。

根据练习途径的不同有身体练习和心理练习，例如表象训练。Hird等人（J. S. Hird et al，1991）的研究指出，在任何可能的时候，学习动作技能要尽量选择身体练习而不是心理练习；但在不可能进行身体练习的情况下，心理练习也是促进学习的有效方法。

图7－2 表象训练在动作技能的形成中起着重要作用

（三）充分而有效的反馈

1.反馈的来源

一般来讲，反馈来自两个方面：一是内部反馈，即操作者自身的感觉系统提供的感觉反馈。它是个体通过自身的视觉、听觉、触觉、动觉等获取的反馈信息，尤其是动觉反馈信息最有代表性。二是外部反馈，即操作者自身以外的人和事给予的反馈，有时也称结果知识，是教师、教练、示范者、录像、计算机等外部信息源对学习者的操作结果及其操作过程的反馈。

2.反馈的作用

反馈在操作技能学习过程中的作用是非常关键的，其中结果反馈的作用尤为明显。准确的结果反馈可以引导学生矫正错误动作，强化正确动作，并鼓励学生努力改善其操作。

3.影响反馈效果的因素

（1）反馈的内容

要考虑该信息能否使学习者的注意指向应改进的动作方面。有效的信息可以使学习者在下一次操作中将注意力集中于要改善的某一动作或某些动作上。在反馈内容的详细程度对操作技能的影响方面，所得到的结论并不一致，马吉尔（Magill，1989）综合有关研究，提出了三点结论：①只有当学习者进行充分的练习之后，较详细而具体的外部反馈信息才有助于学习；②对于某些操作任务而言，极其精确的外部反馈信息有时并非是最有效的，过分精确的反馈反而导致较差的操作；③精确的反馈能否起作用，与个体能否理解和应用这类信息有关，过分精确的信息如同过分不精确的信息一样，都不易为学习者所应用。简言之，所提供的反馈信息能否为学习者利用，这要视个体所处的学习阶段、学习任务、对信息的加工程度等具体因素而定。

（2）反馈的频率

并非每次练习都需要给予外部的反馈。因为每次都给予外部反馈，容易增加学习者工作记忆的负担，而且容易导致过分依赖外界，不利于内部动觉体验的形成，也不利于自我发现错误、纠正错误的能力形成。许多研究者都认为，在几次练习之后给予某种总结性的、简要的反馈信息是非常有效的。

（3）反馈的方式

给予何种形式的反馈，要视具体情形而定。在学习的初期，学习者需要接受较多的外部反馈，因为个体尚未建立准确的动觉感受，不能从运动分析器获取必要的内部反馈信息，此时外部反馈对其作用较大。在学习的中期和后期，个体已具有了必要的动觉体验，这时强调内部反馈的作用，可以提高个体对各种肌肉动作的自我调节、控制的能力。尽管对每种反馈方式有效性的研究所得结果不尽一致，但根据具体操作应用多种反馈方式是必要的。

（四）建立稳定清晰的动觉

动觉是复杂的内部运动知觉，它反映的主要是身体运动时的各种肌肉活动的特性，有必要进行专门的动觉训练，以提高其稳定性和清晰性，充分发挥动觉在技能学习中的作用。

1.应用多种动觉训练方法

虽然视觉在许多操作技能的学习中都起到非常重要的作用，但在动作形成过程中，若过分依赖视觉，则在一定程度上阻碍了动觉的建立及其作用的发挥。因此，在训练过程中，可以适当地应用视觉遮断法，尽量避免视觉的参与，让学习者充分体验肌肉运动感觉。

为了让学生准确地体验动觉，还可以利用分解法，即让学生去练习分解的个别动作，并体验每个具体动作的肌肉感知觉。通过练习而形成准确的、专门的动觉，这为形成正确而协调的整体动作打下了基础。

利用各种辅助手段或辅助器械也可以让学习者体验伴随其动作的运动感觉线索。如初学游泳时，可以利用各种浮具（助泳板、救生圈等），让练习者体验动作，形成运动感知觉。但辅助只是一种手段而不是目的，应该注意将辅助条件下的练习和实际动作的练习结合起来，发挥其最大的迁移效果。否则，过分依赖辅助工具，将干扰真正动作的形成，如离开助泳板就不会游泳。

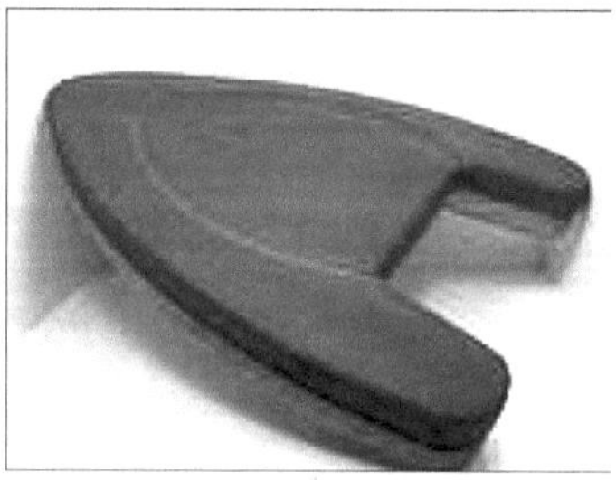

图7－3 借助辅助工具可以使学习者更好地体验动觉线索

2.动觉训练方法与其他训练方法结合

虽然动觉训练的主要目的是形成动觉，但若将动觉训练与其他训练方式相结合，则更有助于形成稳定而清晰的动觉。在进行动觉训练时，可以配合言语描述。教师通过言语讲解，可以加强学生对动作的理解，使动作的形象明晰化，同时也使各种肌肉感觉在头脑中处于优势地位。学习者本人通过对动作的言语表述，可以加强对动作的自我监控，充分发挥认知对动作的调节作用。

还应注意将视觉遮断训练与有视觉参与的训练交替结合。借助于视觉，可以使学习者对动作的感知由模糊转为清晰，由无意识转为有意识，由不准确转为准确。

3.动觉训练与其他感知觉训练结合

动觉仅是复杂的感知觉中的一种，要顺利而熟练地完成某种操作技能，仅有动觉是不够的，需要多种感知觉的配合。因此，在进行动觉训练时，应结合不同形式的感知觉训练，只有这样，动觉才能真正发挥作用。时间节奏感、大小知觉、方位知觉等各种形式的时间知觉和空间知觉在操作技能的完成中都起到非常重要的作用，各种感知觉相互作用，共同完成复杂的技能动作。

但不同的操作技能对感知能力的要求也有所不同，某些技能需要将不同的单一感知觉加以整合，形成复合性的知觉，而这些复合性的知觉又成为完成某种操作技能所必需的专门化的感知能力。比如，在田径、滑雪等运动项目中，速度感是非常重要的。速度感主要是由时间知觉与空间知觉相互作用而产生的。在球类运动中，有关球的运动方向、速度、高度、力量等的球感即是一种专门化的感知能力。此外，平衡感、水感等也是某些运动项目中所需的关键感知能力。

图7－4 水感在游泳、跳水、花样游泳等项目中十分重要

动觉训练与这些感知能力的训练结合起来，一方面有助于形成准确的动觉，另一方面也有助于发挥动觉的作用。孤立地训练动觉是没有意义的，因为动觉作用的发挥是在实际做出某种技能动作时体现的，而技能动作的顺利完成又是在多种感知能力的协同作用下实现的。

第三节 心智技能的学习

一、有关心智技能形成的理论

（一）加里培林的心智动作按阶段形成理论

苏联心理学家加里培林提出了心智动作按阶段形成的理论。这一理论认为，智力动作是外部物质活动向反映方面——知觉、表象和概念方面转化的结果。这种转化过程是通过一系列的阶段来实现的，其中包括5个基本阶段。

1.动作的定向阶段

这是一个准备阶段，即领会活动任务的阶段。学习者了解动作的原样，从而建立起调节动作执行的定向映象。为了建立动作的定向基础，首先，需要把所要形成的智力动作“外化”，赋予一定的物质化形式，从而使学习者能了解这种动作原样的实际内容。其次，要以学习者独立审查和独立完成为原则，把动作的原样划分为各个组成部分，以建立起学习者既能看懂，又能独立完成的操作程序。此外，在建立定向基础的教学过程中，要注意选择最佳的学习类型。

例如，在学生的减法运算定向阶段中，教师在演示减法运算时，应该使学生了解减法运算的目的在于求几个数的差，了解运算的客体是事物的数量，由此在学生头脑中形成定向映象。

2.物质与物质化活动阶段

在这一阶段中，所有的操作都是通过肢体运动来完成的，是外显的。物质动作与物质化动作的区别在于动作的客体。前者为实物，后者为实物的模拟品，如模型、图表等。例如，在学生的加法运算中，既可以让他们用火柴进行演算活动，也可以用图片中的火柴进行演算活动。

由于智力动作是外部活动的反映，因此，加里培林强调物质或物质化动作是完备的智力动作的源泉。在学习物质或物质化动作时，首先，要注意使动作展开，对于操作体系中的每个动作都要切实完成，并要对每个操作进行客观检验。其次，要不断变更动作对象，使动作方式得以概括。当学习者初步掌握了这种展开的动作并得到了概括之后，就要使动作缩简，即省略或合并某些操作，使动作方式简化。为了使形成起来的动作方式能顺利地向下一阶段过渡，需要使物质或物质化动作同言语结合起来。

3.出声的外部言语动作阶段

这一阶段的动作开始离开它的物质或物质化客体，以出声的外部言语来完成各个实在的操作。这是动作由外部形式转化为内部形式的开始。例如，在进行加法运算时，学生能够根据题意，大声说出“7 + 5 = 12”或“4 + 6 = 10”等，即口算，他们用有声言语来代替实物或模象来进行计算。

加里培林认为，没有言语范围内的练习，物质化动作根本不能在表象中反映出来。要使动作离开其直接的物质或物质化依据，首先要求有言语的依据，对新的动作进行言语训练。由于言语的作用，使动作得以抽象和简化，并进一步保证动作的高度定型化以及自动化。为了充分发挥外部言语活动应有的作用，首先要使言语能确切表达活动的实在内容。其次，言语动作的方式同样要注意由自觉展开、概括到简化的不断改造。

4.不出声的外部言语动作阶段

这一阶段同前一阶段的区别在于言语减去声音。例如，在进行数学运算时，只看到学生嘴动而听不到声音，如心算。

加里培林认为，智力动作本身最初是以不发声的言语动作方式形成的，因此，这一阶段是动作转向智力水平的开始。由发声的外部言语动作转向不发声的外部言语动作时，最初的学习同样必须以展开动作的形式进行练习，然后注意概括和简化。

5.内部言语动作阶段

这是动作在智力水平上形成的最后阶段。由外部言语过渡到内部言语，言语的机能和结构都发生了重大变化。内部言语是为固定智力动作的个别因素与调节智力动作进行而存在的。内部言语的结构主要是谓语性言语，常常简化成为不合语法的结构。加里培林认为，真正的内部言语的特征并不是词的成分的片断性，而是它的进行是自动化的而且基本上处于自我观察的界线之外。因此，真正形成的智力动作过程是自己觉察不到的。

知识窗7－1 数学运算的能力在不同阶段的表现

当小学生刚学数学运算不久，老师会教他们运用算盘这种特殊的模拟实物来进行演算。有时候学生还会一边打算盘一边自言自语，将计算过程说出来。此时，学生在运算方面的心智技能尚处于物质与物质化活动阶段和出声的外部言语动作阶段。当学生的运算能力达到一定程度，他们将会进行珠心算，即以打算盘为基础，使打算盘的操作过程充分“内化”，从而完全摆脱实际的打算盘的外部动作，凭借这“内化”了的“心理算盘”（亦称“虚算盘”）在脑中进行计算。此时，学生在运算方面的心智技能处于不出声的外部言语动作阶段。

珠算和珠心算既有联系又有区别：珠算是珠心算的实践模式，珠心算是珠算的原型内化；珠算是用手指拨动实物算珠，珠心算是用思维想象拨动脑中的算珠图像（心理学上叫表象）；珠算的计算动作属于操作技能，包括姿势、置盘、握笔、指法等，珠心算属于心智技能。

从珠心算的形成过程中可以看出，心智技能的培养需要遵循其形成规律，在经过一个阶段后才能顺利达到另一个阶段。成为珠心算的高手必然离不开珠算的练习过程。珠心算来源于珠算，是珠算的最高形式。如果教练忽视了珠算的训练，那么珠心算将成为“无源之水，无本之木”，珠心算的水平就无法再提高。

（二）安德森的心智技能形成三阶段论

著名认知心理学家安德森（John Robert Anderson）认为，心智技能的形成需经过三个阶段，即认知阶段、联结阶段和自动化阶段。

1.认知阶段：认知阶段的任务是要了解问题的结构，即起始状态、要达到的目标状态，从起始状态到目标状态所需要的步骤、算子。

2.联结阶段：在这一阶段，学习者应该用具体的方法来解决问题，主要表现在把某一领域的描述性知识转化为程序性知识，这种转化即程序化的过程。在该阶段，个体逐渐产生一些新的产生式法则，以解决具体的问题。

3.自动化阶段：在自动化阶段，个体获得了大量的法则并完善这些法则，操作某一技能所需的认知投入较小，且不易受到干扰。

（三）我国教育心理学家提出的心智技能形成三阶段论

在加里培林和安德森的研究基础上，我国教育心理学家通过教学实验总结并提出心智技能的学习包括3种因素：物质的观察活动，这是获得信息的主要通道；物质形式的操作活动，这是训练抽象思维、促进认知活动内化的有效途径；言语表达活动，这是智力内化的工具。据此，提出了原型定向、原型操作、原型内化的心智技能形成三阶段论。

二、心智技能的学习过程和教学要求

（一）原型定向

1.原型定向的含义

原型是指那些被模仿的某种自然现象或过程。原型定向就是了解心智活动的实践模式，了解“外化”或“物质化”了的心智活动方式或操作活动程序，了解原型的活动结构，从而使主体知道该做哪些动作和怎样去完成这些动作，明确活动的方向。

原型定向阶段也就是使主体掌握操作性知识（即程序性知识）的阶段。这一阶段相当于加里培林的“活动的定向阶段”。通过原型定向阶段的教学，学生建立起了关于活动的初步的自我调节机制，从而为进行实际操作提供了内部控制条件。在原型定向阶段，主体的主要学习任务可以归结为两点：首先要确定所学心智技能的实践模式（操作活动程序），其次要使这种实践模式的动作结构在头脑中得到清晰的反映。

2.原型定向的教学要求

（1）要使学生了解活动的结构，即了解构成活动的各个动作要素及动作之间的执行顺序，并了解动作的执行方式。

（2）要使学生了解各个动作要素、动作执行顺序和动作执行方式的各种规定的必要性，提高学生学习的自觉性。

（3）采取有效措施发挥学生的主动性与独立性。

（4）教师的示范要正确，讲解要确切，动作指令要明确。

（二）原型操作

1.原型操作的含义

所谓原型操作，就是依据心智技能的实践模式，把主体在头脑中建立起来的活动程序计划以外显的操作方式付诸实施。

这一阶段相当于加里培林及其学派理论中的“物质与物质化活动阶段”。通过原型操作，学生不仅有了程序性知识，而且通过实际操作获得了完备的动觉映象，这就为原型内化奠定了基础。该阶段要求学生严格按照实践模式进行实际操作，对动作序列要逐一执行。及时检查操作是否正确、对象是否变化。执行的同时还要作口头报告，促使智慧活动向言语执行水平转化。

2.原型操作的教学要求

（1）要使心智活动的所有动作以展开的方式呈现。也就是说，主体要依据心智活动的原型，把构成这一活动的所有动作系列依次按照一定的顺序做出，不能遗漏或缺失。而且每个动作完成之后，要及时检查动作的方式是否能正确完成，对象是否发生了应有的变化。

(2) 要注意变更活动的对象，使心智活动在直觉水平上得以概括，从而形成关于活动的表象。

(3) 要注意活动的掌握程度，并适时地向下一阶段转化。

(4) 为了使活动方式顺利内化，动作的执行应注意与言语相结合，一边进行实际操作，一边用言语来标志和组织动作的执行。

（三）原型内化

1.原型内化的含义

所谓原型内化，即心智活动的实践模式向头脑内部转化，由物质的、外显的、展开的形式变成观念的、内潜的、简缩的形式的过程。

这个阶段相当于出声的外部言语动作阶段、不出声的外部言语动作阶段和内部言语动作阶段。该阶段开始借助于言语来对观念性对象进行加工。这是原型在学习者头脑中转化为心理结构内容的过程。

2.原型内化的教学要求

(1) 动作的执行应遵循由出声的外部言语，到不出声的外部言语，再到内部言语的顺序，不能颠倒。

(2) 在开始阶段，操作活动应在言语水平上完全展开，即用出声或不出声的外部言语完整地描述原型的操作过程（此时已没有实际操作），然后再逐渐缩减。

(3) 在这一阶段也要注意变换动作对象，使活动方式得以进一步概括，以便广泛适用于同类课题。

(4) 在进行由出声到不出声、由展开到压缩的转化过程中，也要注意活动的掌握程度，不能过早转化，也不宜过迟，而应适时。

三、心智技能的培养

（一）确定合理的智力活动原型

由于心智活动是实践活动的反映，因此在心智技能的培养上，首先必须确定心智技能的实践模式或操作活动程序，即确定心智技能的原型。不过，确定心智技能的操作原型是一项相当困难的工作，因为形成的心智技能不仅是内隐的，而且是借助于内部言语以高度简练的形式自动进行的。不仅旁观者难以观察到，就连活动的主体也难以自我意识，这就给操作原型的确定造成了很大困难。但自20世纪60年代以来，随着控制论功能模拟思想向心理学的渗透，我们终于找到了可用来确立心智技能操作原型的“心理模拟法”。

控制论认为，在分析研究某系统的结构时，应先建立模型，利用模型与原型之间存在着形状、特性等的相似性，通过对模型进行试验来研究原型，这就是模拟（simulation）。根据模型与原型之间的关系特点，可以将模拟分为数学模拟、物理模拟和功能模拟。我们在研究心理现象时，一般都采用功能模拟法，即利用模型与原型之间功能上的相似性，用模型来代替原型或模拟原型的工作过程。

用“心理模拟法”来建立心智活动的实践模式需要经过两个步骤，即创设确立模型和检验修正模型，其中第一步是关键。(1) 为了创设确立心智技能的操作原型，首先必须对活动进行系统分析：①对系统进行功能分析，分析系统对环境的作用，其中包括作用的对象、条件及结果；②对系统进行结构分析，分析系统的组成要素及组成要素之间的相互关系；③将功能分析与结构分析有机地结合起来，作为创设模型的基本方法。同时，实践模式中的基本操作要依据操作系统的性质及学生的相对能力水平而确定。(2) 在拟订假设性的操作原型后，还应通过实验来检验这种原型的有效性。在实验中如能取得预期的成效，则证明此假设原型是真实可靠的，这种经实验证实了的原型就可以在教学上应用。反之，如果在实验中假设原型不能取得预期成效，则必须对此原型予以修正或重新拟订。当然，模式的检验除了可以通过教学心理实验的方法进行，也可以通过计算机进行。不过，用计算机进行检验时，过程分解要细，必须分解到机器可以执行这些基本操作为止。

当然，所模拟的心智技能原型不应是原始的心智活动的实践模型，而应是对理想的科学思维过程的模拟。由于形成的心智技能一般存在于有着丰富经验的专家头脑之中，因此创设确立模型的过程实际上是把专家头脑中观念的、内潜的、简缩的经验外化为物质的、外显的、展开的心理模型的过程（也称物质化过程）。不过，这一心理模型必须能确实揭示并反映专家头脑内部的思维操作过程；同时，该原型不应该是某一个专家的心智活动模型，而应是对一批该领域专家心智活动模型的总结与经验的概括化与系统化。

（二）注意原型的完备性、独立性与概括性

所谓完备性，指对活动结构（动作的构成要素、执行顺序和执行要求）要有清楚的了解，不能模糊或缺漏。所谓独立性，指应从学生的已有经验出发，让学生独立地来确定或理解活动的结构及其操作方式，而不能是教师给予学生现成的模式。所谓概括性，是指要不断变更操作对象，提高活动原型的概括程度，使之具有广泛的适用性，扩大其迁移价值。在原型建立阶段，一切教学措施都要考虑到有利于建立完备、独立而具有概括性的定向映像。

（三）激发学习的积极性与主动性

任何学习任务的完成均依赖于主体学习的积极性与主动性。学习的积极主动性取决于主体对学习任务的自觉需要。在培养工作中，教师应采取适当措施以激发主体的学习动机，调动其学习的积极性。

（四）适应培养的阶段特征，正确使用言语

言语在不同的阶段，其作用是不同的。

言语在原型定向与原型操作阶段的作用在于标志动作，并对活动的进行起组织作用。所以，这时的培养重点在于使学生了解动作本身，利用言语来标志动作，并巩固对动作的认知。在学生熟悉动作的基础上再提出言语要求。在用言语来标志动作时，用词要恰当，要注意选择表现力强而学生又能接受的词来描述动作。

言语在原型内化阶段，其作用在于巩固形成中的动作表象，并使动作表象得以进一步概括，从而向概念性动作映像转化。这时培养的重点应放在考查言语的动作效应上。在这一阶段，不仅要注意主体的言语动作是否正确，而且要检查动作的结果是否使观念性对象发生了应有的变化。此外，要随着心智技能形成的进展程度，不断改变言语形式。

（五）注意学生的个别差异

教师在集体教学中还应注意学生的个别差异，充分考虑学生所面临的主客观条件，并针对学生存在的具体问题采取有针对性的辅助措施，以求最大程度地发展学生的心智技能。

本章要点

1. 技能是指个体运用已有的知识经验，通过练习而形成的确保某种活动得以顺利进行的合乎法则的活动方式。不同于本能行为，不同属于认知经验的知识，不是一般的习惯动作。

技能包括操作技能和心智技能两类。

2. 操作技能也叫动作技能、运动技能，是通过学习而形成的合乎法则的程序化、自动化和完善化的外显活动方式。特点是动作对象的物质化；动作进行的外显化；动作结构的展开化。心智技能也称智力技能、认知技能，是借助内部言语在头脑中完成的智力活动方式。特点是动作对象的观念性；动作进行的内隐性；动作结构的简缩性。两种技能既有区别也有联系。

3. 操作技能的学习是分阶段进行的，通常包括操作定向、操作模仿、操作整合和操作熟练这四个阶段。操作技能的训练要求是准确地示范与讲解；必要而适当的练习；充分而有效的反馈；建立稳定清晰的动觉。

4. 有关心智技能形成的理论探讨有：

加里培林的心智动作按阶段形成理论：动作的定向阶段；物质与物质化活动阶段；出声的外部言语动作阶段；不出声的外部言语动作阶段；内部言语动作阶段。

安德森的心智技能形成三阶段论：认知阶段；联结阶段；自动化阶段。

我国教育心理学家提出的心智技能形成三阶段论：原型定向；原型操作；原型内化。这个理论中每个阶段有不同的含义和教学要求。

5. 心智技能的培养要注意以下方面：确定合理的智力活动原型；注意原型的完备性、独立性与概括性；激发学习的积极性与主动性；适应培养的阶段特征，正确使用言语；注意学生的个别差异。

思考题

1. 举例说明操作技能和心智技能的关系。

2. 操作技能形成的基本过程是怎样的？在每一阶段应注意哪些主要问题？

3. 请结合实例说明如何培训某种操作技能。

4. 心智技能是怎样分阶段形成的？在每一阶段的教学中，应注意哪些问题？

5. 在实际教学过程中，应如何培养学生的心智技能？

参考文献

陈琦，刘儒德. 当代教育心理学［M］. 2版. 北京：北京师范大学出版社，2007.

岑国桢. 教育心理学［M］. 2版. 北京：中国人民大学出版社，2011.

卢强. 教育心理学［M］. 3版. 北京：北京出版社，2010.

何先友. 教育心理学［M］. 北京：中国人民大学出版社，2019.

冯忠良，伍新春，姚梅林，等. 教育心理学［M］. 2版. 北京：人民教育出版社，2010.

皮连生. 教育心理学［M］. 3版. 上海：上海教育出版社，2004.

张大均. 教育心理学［M］. 2版. 北京：人民教育出版社，2004.

第八章 学习策略

有效利用学习策略，成就许海峰的“射击之王”

2023年9月23日，杭州亚运会正式拉开帷幕，杭州亚运会执旗手许海峰再次进入了大家的视野。许海峰是中国历史上首位奥运金牌的获得者，也是中国体育射击史上第一个集奥运会冠军、世锦赛冠军、亚运会冠军、亚锦赛冠军多项荣誉于一身的优秀运动员。

许海峰从小并未接受过专业的射击训练，他在入选省队前是供销社的化肥售货员。许海峰说：“除了吃饭睡觉，我将全部时间都投入到了射击练习中。”在反复的“举枪、瞄准、射击”训练中，许海峰养成了一个习惯，无论是参加比赛还是训练，他都要随身带一个笔记本，及时记录训练、比赛中的各种数据和自己的思考。翻开笔记本，里面全是密密麻麻的数据，他说：“这些数据可是宝贝啊，对提高训练和比赛成绩很有帮助。”笔记本里，他记录了自己的瞄准方式、手臂稳定性、身体协调等技巧的调整过程和效果，同时对比赛和训练中的失误进行了总结反思。许海峰从接受专业训练到拿下第一枚奥运金牌，仅仅用了两年多时间，这个笔记本功不可没。

无论是知识学习，还是技能习得，有效利用学习策略都能够为目标的达成增添助力，而许海峰经常采用的“做笔记”的方法属于精细加工策略的一种，除此之外，还有很多其他的学习策略，如元认知策略、资源管理策略等。本章将详细介绍学习策略方面的知识，帮助大家更高效地进行知识和技能的学习。

学习目标

通过本章的学习，你将能够：

1. 了解学习策略的概念和分类、生成性学习、元认知的含义及构成。
2. 理解资源管理策略、学习策略的训练方法。
3. 掌握复述策略、精细加工策略、组织策略和元认知策略。

基础概念

学习策略（learning strategies）：学习者为了提高学习效果和效率，有目的、有意识地制定的有关学习过程的复杂的方案。

元认知（metacognition）：是对认知的认知，是个人对自己认知过程及结果的意识与调控。

关键名词

学习策略，认知策略，元认知策略，资源管理策略

第一节　学习策略概述

一、学习策略

对于学习策略的研究源于对学习方法的探讨。20世纪40年代，哈罗（H. F. Harlow，1949）以动物为对象进行了一系列的研究，结果发现，先前学习所获得的经验一旦形成一种定势，将会促进后续的学习。后来，对儿童进行的研究也得到了相同的结果。哈罗从此得到结论说，动物和儿童是学会了学习的，并在1949年提出了“学会学习”的概念。

近年来，越来越多的观点认为：教学的目的不仅是教授给学生知识和技能，更重要的是传授给学生学习的方法。“授人以鱼”，不如“授人以渔”。如何教会学生学习、教会学生思考已经成为近年来世界各国关注的焦点问题。在学习策略的研究中，学习策略的界定始终是一个基本的问题。目前，学术界尚无统一的界定。研究者从不同的角度对学习策略进行了解释。归纳起来可以分为以下几类。

第一类，学习策略就是学习方法。学习策略是学习过程中信息加工的程序、方法和规则。如琼斯（Jones，1985）指出，学习策略是被用于编码、分析和提取信息的智力活动或思维步骤。梅耶（Mayer，1988）认为，学习策略是学习者有目的的影响自我信息加工的活动，是在学习活动中用以提高学习效率的任何活动，如记忆术、画线、做笔记、概述等方法的使用。

第二类，学习策略就是学习计划。德瑞（Derry，1986）认为学习策略是学习者为了完成学习目标而制定的复杂的计划，可以被视为对一个学习问题采用一个或几个学习方法。

第三类，学习策略是学习者对自己信息加工过程的调节与控制技能。学习策略是对在学习过程中的自身信息加工过程的调节与控制。这里体现的是学习策略与元认知的关系。

第四类，学习策略是信息加工方法与调控技能的组合。斯滕伯格（Sternberg，1983）指

出，学习中的策略是由有效执行技能和非执行技能整合而成。其中执行技能指学习的调控技能，非执行技能是一般的学法技能。要达到高质量的学习活动，这两种技能都是必不可少的。

基于以上学习策略概念的总结，可以看出，国外学者对学习策略的定义众口不一，各有侧重。这主要与研究者的研究观念和角度不同有关。根据陈琦等人的观点，学习策略是学习者为了提高学习的效果和效率，有目的、有意识地制定的有关学习过程的复杂方案。这一概念明确了学习策略的四个特征。一是主动性，表明学习策略的使用是一个有意识的心理过程；二是有效性，表明策略的使用旨在提高效率、增强效果；三是过程性，学习策略是有关学习过程的策略，它规定学习时做什么不做什么、先做什么后做什么、用什么方式做、做到什么程度等；四是程序性，学习策略由规则和技能构成，每一种学习都有相应的计划，每一次学习的策略也不同。

二、学习策略的分类

学习策略是个多层次、多水平、动态的有机系统。根据不同的划分标准可以将学习策略划分为不同的类型，麦基奇（Mckeachie，1990）等人将学习策略划分为三种类型：认知策略、元认知策略和资源管理策略。

（一）认知策略

认知策略是信息加工的策略，是从学习者的认知过程考虑的，是信息加工的一些方法和技术，有助于学习者有效地从记忆中提取信息。认知策略的两个基本功能如下：一是对信息进行有效的加工和整理；二是对信息进行系统储存。认知策略包括复述策略、精细加工策略和组织策略。这三种策略针对不同的学习任务具有重要的意义。

（二）元认知策略

元认知策略是对信息加工过程进行调控的策略。即学习者对自己认知过程的认知策略，是对自己认知过程的理解和控制的策略，有助于学习者有效地安排和调节学习过程。元认知策略包括计划策略、监视策略和调节策略。

（三）资源管理策略

资源管理策略是辅助学生管理可用环境和资源的策略，有助于学生适应环境并调节环境以适应自己的需要，对学生的学习动机具有重要作用，包括学习时间管理策略、学习环境管理策略、努力管理策略、学习工具利用策略和人力资料利用策略。

第二节 典型的学习策略

一、认知策略

（一）复述策略

复述策略是在工作记忆中为了保持信息，而对信息进行反复重复的过程。复述策略是短时记忆的信息进入长时记忆的关键，是一种促进陈述性知识学习的策略。复述策略既可以表现为出声的外部言语，也可以表现为默默地在头脑中进行的内部的言语活动，只有经过多次复述后，信息才能在短时间内被记住并长期保持。复述策略的主要作用是把注意维持在目前的学习材料中，并将学习材料保持于长时记忆中。复述策略包括识记过程中的复述策略和保持过程中的复述策略，具体来看，包括利用无意识记和有意识记、排除相互干扰、整体识记和分段识记、多种感官参与、复习形式多样化和画线强调等。

1.利用无意识记和有意识记

识记是记忆的初始环节，成功的识记必须是在正确理解、掌握并善于运用识记一般规律的基础上才能得以实现。无意识记是没有自觉目的、不需要付出任何意识努力的识记。我们的很多知识都是通过无意识记获得的。如果对某些事情感兴趣，就会记得更加牢固。有意识记是有自觉目的、需要付出意志努力的识记。在学习科学文化知识的基本原理或事实时，需要运用有意识记去掌握并巩固。正是由于有意识记，人们才能够积累知识、巩固知识并系统地掌握知识。教学中，教师应该充分利用学生的两种识记。比如在教学内容的安排上，采用多样的教学形式进一步吸引同学们的注意；在教学内容的选择上，增强学习材料的乐趣，让同学们能够在轻松愉悦的情况下获取知识。另一方面，教师应该采用一些办法让同学们认识到有意识记的重要性，并引导同学们将有意识记和无意识记巧妙地结合起来，这样就可以让同学们在没有增加额外负担的情况下增进学习的效果。

2.排除相互干扰

干扰是遗忘的一个重要原因，当信息被其他信息搞混或者是被其他信息挤到一边时，干扰就发生了。干扰会阻碍人们在头脑中复述刚才获得的信息。要想排除干扰，就需要尽量考虑预防前摄抑制、倒摄抑制的影响，充分考虑首因效应和近因效应，同时注意尽量错开相互混淆的内容。

抑制是前后所学信息之间的消极影响。当先前所学知识和当前新信息混在一起时，先前所学知识就会遗忘，这种现象叫做倒摄抑制。当所学的信息干扰了后面信息的学习时，就会出现前摄抑制。如当我们学习英语单词时，以前学习过的汉语拼音对学习英语有影响，这是前摄抑制。当我们能够熟练使用英语单词时，英语单词又会影响我们对汉语拼音的回忆，这是倒摄抑制。前摄抑制和倒摄抑制都是一种学习现象，会受到材料相似性、先后学习时间间隔、先学材料巩固程度等的影响。

在学完一系列的词汇后马上进行测验，会发现开始和结尾的几个词一般比中间的词的记忆效果要好得多。人们倾向于记住开始的事情和最后的事情，这就是首因效应和近因效应。首因效应指在社会认知过程中，通过第一印象最先输入的信息对以后的认知产生的影响。近因效应则是指在多种刺激一次出现的时候，印象的形成主要取决于后来出现的刺激。根据首因效应和近因效应，在教学时要精心组织课堂教学，把最为重要的知识放在一节课的开始，在课程即将结束时进行简要的小结。同时，教育学生将最重要的学习任务放在学习的开始和最后，而不要把宝贵的时间放在整理材料等一些琐碎的小事情上。

另外，在学习时，应该尽量错开学习两种容易混淆的内容，如将不同类型的课程交错学习与复习，以避免相互之间的干扰。

3.整体识记和分段识记

整体识记就是从头到尾一遍一遍地阅读，直到记住为止。分段识记则是指将识记材料分成几个部分进行识记。一般来说，应该根据识记的材料内容选择整体识记还是分段识记。篇幅较短且整体性强的材料，以一气呵成的整体识记方法较好；但如果内容比较多，且可以将其划分为几个部分，则可以采用分段识记的方法。另外，也可以将整体识记和分段识记综合起来运用。学习材料时，先了解整体的材料，抓住文章要点，然后再分段识记，特别困难的地方多下一些功夫，最后再将各部分内容整合在一起。通过这样的过程，识记效果就会好很多。

4.多种感官参与

有研究指出，在获取知识时，1%通过味觉，1.5%通过触觉，3.5%通过嗅觉，11%通过听觉，83%通过视觉。而且，人一般可以记住自己阅读的10%，自己听到的20%，自己看到的30%，自己看到和听到的50%，交谈时自己所说的70%。而多种感官的参与可以提高记忆效果。其原因在于当我们运用多种感官协同记忆时，可以在大脑中留下多方面、更加生动的回忆线索，从而提高记忆提取速度和效果。一般说来，视听结合的复述效果要优于仅仅运用视觉通道或听觉通道的复述效果。

5.复习形式多样化

从心理发展的特点来看，每个人有自己独特的认知方式、个性特征等，因此在复习时，可以让同学们根据自己的特点来选择适合自己的复习方式。比如，有同学喜欢采用集中复习的方式，集中一段时间一下子重复学习许多次，也有同学更喜欢分散复习的方式，每隔一段时间重复学习一次或几次。有同学喜欢在安静的环境中识记，也有同学倾向于在嘈杂的环境中奋笔疾书。

6.画线强调

画线是常用的一种学习策略，可以帮助学生快速找到课文中的要点，监测学习的进度和程度，并进行及时的复习。有研究表明，如果同学们能够画出课文中重要的和相关的信息，那么他们就能够获得更多的知识。在画线的同时进行注释也是非常好的一种方法。需要指出的是，尽管画线这种方法应用广泛，但若不恰当地使用，则效果不佳。使用这种方法时需要注意，应该谨慎画线，并且只画出自己认为最重要的信息，如果不能确定哪些资料是最关键的，而只是一味地画线，那会降低对重要信息的回忆效果。

（二）精细加工策略

精细加工策略就是将所学的新信息与头脑中已有的知识联系起来，寻求字面意义背后的深层次意义，或增加新信息的意义，从而帮助学习者将新信息储存到长时记忆中去的学习策略。精细加工策略是一种深层加工策略，通过建立信息间的联系，真正理解深层意义。新信息与已有知识的联系越多，提取的线索就越丰富，精细加工就越深入、细致，这样回忆时就会越容易。精细加工策略是一种理解性的记忆策略，与复述策略结合使用效果会更好。

一般的精细加工策略有许多种，包括联想法（形象联想、谐音联想、简缩联想、关键词联想）、做笔记、提问、生成性学习和利用已有知识等。

1.联想法

联想法是一种有用的精细加工策略，它能在新材料和视觉想象或语义知识之间建立联系。联想法包括形象联想、谐音联想、简缩联想、关键词联想。形象联想就是充分利用头脑中的生动而鲜明的形象来帮助记忆。即通过人为联想，使无意义的材料和头脑中的鲜明奇特的形象相结合，从而提高记忆效果。如在学习butterfly（蝴蝶）这个单词时，可以将其划分为butter（黄油）和fly（苍蝇）两个单词，并通过故事将两个单词的内在意义联系在一起，比如联想为苍蝇在吃了黄油之后变成了蝴蝶。在进行联想时，想象的形象以及所编造的故事越离奇越好，想象之间的逻辑关系越紧密越好。

谐音联想指通过谐音线索，运用视觉形象、假借意义进行人为联想。比如，要想记住英语单词“battle”，可以将其想象为“班头”带领我们去战斗。另外，在记忆圆周率时，可以将其谐音为“山巅一寺一壶酒，尔乐苦煞吾，把酒吃，酒杀尔，杀不死，乐尔乐”，当你听了这个谐音之后，就会很容易地记住圆周率后面的很多数字了。当然，需要指出的是，谐音联想和过去的知识经验具有一定的联系，谐音只是一个媒介，最终能起作用的还是谐音背后的意义和想象。运用这一方法时要注意，关键的谐音字词只能起到检索的作用，不能代替对知识本身的精确感知，应该在谐音和需要学习的材料之间进行有效的转换。

简缩联想就是将记忆中的每条内容简化成一个单字，然后将其转变为自己熟悉的事物，或者用一系列词语来描述某个过程的每个步骤，然后将这一系列词提取首字作为记忆的支撑点，从而将材料与过去的经验联系起来。比如，大五人格因素的五个维度可以简称为“OCEAN”。在运用这种方式时应该注意，如果记忆材料是操作程序性信息，应该按照顺序记住材料。

关键词联想是将新词或概念与相似的声音线索词通过想象联系起来。如英文单词“tiger”可以联想成“泰山上一只老虎”。在外文词汇的学习中，这种方法会比较有效。当然，在运用这种方法时也要注意，不能将谐音当做外语单词的准确读音，该方法只是帮助我们在准确发音和表达中文意义之间建立人为联系。

2.做笔记

俗话说，“好记性不如烂笔头”“心不及墨”。做笔记属于一种较为普遍的精细加工策略，在阅读和听讲时常用。做笔记不仅仅是为了复习，也就是说笔记不仅仅是承担学习信息的工具，同时更为重要的是，做笔记的过程能够促进新信息的精细加工和整合。通过做笔记，可以有效控制自己的认知过程和材料加工过程，发现新旧知识之间以及新知识之间的内在联系。同时，做笔记可以帮助学习者保持注意，同时根据自身情况不同程度地用自己的加工方式加工材料，实现对信息的有效组织。当然，因为每个人的学习风格有所不同，因此做笔记的方法也会有所差异。

在做好笔记的基础上，还应该对笔记进行复习。复习笔记可以对材料进行进一步的精细加工和整合。从现实中也可以发现，与只做笔记从不复习和借别人的笔记复习的同学相比，那些能够独立做笔记且经常复习的学生掌握得会好得多。这就要求我们应该对笔记进行复习，且在复习的过程中进行积极的思考。另外，需要指出的是，是否要采用做笔记的方法促进学习，关键还是要结合学生的个体特征。对于那些能力较低或处理听觉信息有困难的学生来说，先听讲然后再看讲义或许是更好的一种方法。

知识窗8－1 5R笔记法

5R笔记法又称康奈尔笔记法，是用产生这种笔记法的大学校名命名的。这一方法几乎适用于一切讲授或阅读课，特别是对于听课笔记，5R笔记法应是首选。具体包括以下步骤：一是记录（Record），在听讲或阅读过程中，在主栏内尽量多地记有意义的论据、概念等讲课内容；二是简化（Reduce），下课后尽快在副栏将上述的论据、概念简明扼要地概括；三是背诵（Recite），即把主栏遮住，只用回忆栏中的摘记提示尽量复现课堂所讲内容；四是思考（Reflect），将自己的感受、意见等与讲课内容分开；五是复习（Review），每周花十分钟时间，快速复习笔记。

使用时，将一页纸分成三部分，就是将左边四分之一左右和下面五分之一左右的空间分割出来。右上方是平时做笔记的地方；左边的竖着的空间是线索栏，用来归纳右边的内容；下面横着的一栏用来做总结。

3.提问

提问是一种帮助学生学习课文、讲演及其他信息的策略。提问可以使学生明确阅读的目的，知道想要获得的资料。另外，可以让学生在阅读具体内容之前进行提问，如果能够回答问题就表明学生与作者思路一致，能够帮助学生更好地理解作者的推理过程和表达方式。如果不一致，则可以帮助学生进一步思考与作者不一致的原因。

作为重要的教学组成部分，提问的教学方式越来越受到青睐。但在使用时也需要注意以下问题。比如，在教学时首先需要设计好问题。提问的目的是更好地掌握学习内容，因此应该根据教学目标设计问题，而不能纯粹为了提问而提问。问题的设计应该简洁清楚，而不能让学生感到模棱两可。对于学生的回答应该给予及时的反馈，让学生明白回答的质量。

4.生成性学习

生成性学习是维特罗克（Wittrock）提出的概念，属于建构主义的一种教学方法，是强调积极整合新信息于已有的图式的理论。生成性学习策略就是要训练学生对自己所阅读的内容产生一个类比或表象，如图形、图像和表格等，从而加深理解。生成性学习强调将所学的知识与自身的经验联系起来。

5.利用已有知识

对于新学习的材料能够掌握多少，最重要的一个决定因素是你对这一方面的知识已经知道了多少。也就是说，在理解的基础上，学生可以把旧知识作为一个根基，进一步找到新旧知识之间的内在逻辑关系。在现实中可以发现，在有些学生的头脑中，已经储备了一些相关的知识，但是不知道该如何利用已有的知识帮助他们学习新知识。因此，教学时，教师一个很重要的任务，就是利用一定的方法，让学生能够将新的学习内容与头脑中已有知识建立联系。比如，可以运用先行组织者，让已有知识充分发挥作用。

（三）组织策略

组织是学习和记忆新信息的重要手段，是整合所学新知识之间，新旧知识之间的内在联系，形成新的知识结构。具体方法将学习材料分成一些小的单元，并把这些小的单元置于适当的类别之中，从而使每项信息和其他信息联系在一起。研究表明，组织有序的材料比凌乱无章的材料更容易记住。对知识进行组织是学习记忆新知识的一种重要手段。学习过程中，通过组织能够将新知识、新材料转变为有意义的整体。经过组织加工的材料或知识会变成与个体已有认知结构更相似的概念，这样就会使信息编码更加精细，更容易与个体头脑中已有的知识经验建立连接。组织策略包括列提纲、利用图形、利用表格等。

1. 列提纲

提纲是文章写作的计划，也是一篇文章的基本框架。提纲不需要把全文内容列出，而只需要列出主要内容。列提纲就是用简要的语言写下文中的主要观点、次要观点等，能够呈现出材料的要点及其要点之间的关系，从而对材料进行更好的整合。列提纲是掌握学习材料纲领的方法。列提纲时一般遵循以下步骤：首先，判断学习材料的主旨；然后勾画或摘要出要点；接下来，考虑要点之间的关系，并且采用一定的方式，如数字，表达出信息之间的层次结构；最后，记住提纲，用提纲帮助解答问题。提纲并非一定要规范化，可以采用自己喜欢的格式，其主要目的是使所列的内容能够以清晰明确、一目了然的方式呈现出来。借助于列提纲，学习者可以减轻短时记忆的负担，帮助阅读和记忆，同时提高创造性解决问题的能力。

在教授列提纲时，可以让学生用模仿的途径学会列提纲。教师首先提供给学生一个已经列好的提纲，然后给学生讲解列提纲的要点。接下来，给学生一个提纲模板，让学生模仿模板上的格式要求，自己补充相关信息。可以先给学生提供一个几乎完整的提纲，要求学生填写一些支持性的细节，然后提供一个只有主题的提纲，要求学生填写所有的支持性细节，最后只提供一个支持性细节，而要求填写主要观点的纲要。这样，可以让学生迅速掌握列提纲的学习策略，养成良好的列提纲习惯。

2. 利用图形

利用图形是采取图解的方式体现知识的结构，它比列提纲更加直观形象，但是也对学生提出了更高的要求，需要对图解符号相当熟悉。像列提纲一样，在作关系图时，首先也需要识别主要的知识点，同时弄清楚各知识点之间的关系，然后再选择适当的图解来标明各个知识点之间的关系。学生可以根据学习内容或自己的兴趣选择适合的图形，如系统结构图、流程图或模型图等。一般来说，在关系图中，主要观点位于图正中，支持性观点位于主要观点的周围。同时，采用一定的图示清楚标注各个观点之间的关系。

3. 利用表格

利用表格对信息进行组织也是常用的方法。一般常用的有一览表和双向表。使用一览表时，首先需要对材料进行全面的综合分析，然后抽取主要信息，并从某一角度出发，将这些信息全部陈列出来，力求反映材料的整体面貌。双向表是从纵横这两个维度罗列材料的主要信息的表格。

二、元认知策略

100多年前，许多教育家、哲学家、心理学家提出了关于“思维的思维”（thinking about thinking）这一概念，20世纪70年代，美国心理学家弗拉维尔（Flavell）在《认知发展》一书中首次提出了元认知的概念。目前元认知是教育心理学研究中热门的话题。

（一）元认知的含义与特点

1.元认知的含义

元认知，又称反省认知、监控认知、超认知、反审认知等，是对认知的认知，是关于个人自我认知过程的知识和调节这些过程的能力。元认知是一种高级思维，是对学习中认知过程的主动建构，如提出学习任务，监控理解过程，对完成任务的评价等。元认知在成功学习中扮演重要角色。认知指向客观外部世界，而元认知是指向个体自身的认知过程，以认知过程本身的活动为对象。

2.元认知的构成

一般认为，元认知包括元认知知识、元认知体验和元认知监控三个部分。

元认知知识就是个体关于自身或他人在认知过程中有哪些因素，因素之间以何种方式发生作用，从而影响认知活动的过程及其结果的认识。元认知知识包括三方面内容：一是有关个体作为学习者的知识，即有关人作为学习者或思维者的认知加工者的一切特征的知识；二是有关任务的知识，如认识到材料的性质、材料的长度、材料的熟悉性等都会影响认知活动；三是有关学习策略及其使用方面的知识，如知道认知活动有哪些策略，各种认知策略适应的情境如何，哪种学习策略更为有效等。

元认知体验指任何伴随着认知活动的情绪体验，可能发生在认知活动的任一时刻。元认知体验所经历的时间可长可短，在内容上可繁可简。可能发生在一个认知活动持续期间，也可能发生在一个认知活动之前或之后。弗拉维尔认为，元认知体验最可能发生在思维水平较高的情况下。元认知体验在激活相关的元认知知识的过程中起着关键的作用，可以将元认知知识从“沉睡”状况“唤醒”到个体的工作记忆之中。

元认知监控是运用自我监视机制确保任务能成功地完成——知道何时、如何做什么，是对认知行为的管理和控制，是主体在进行认知活动过程中，将自己正在进行的认知活动作为意识对象，不断对其进行积极、自觉的监视、控制和调节。元认知监控包括制订计划、执行控制、检查结果和采取补救措施四个步骤。制订计划指在认知活动开始前，根据任务的特点、性质等，制定完成认知活动的实际步骤，考虑可以选择的策略，并预计执行的结果等；执行控制指在学习活动过程中，及时评价当前学习状态、反馈学习效果以及回顾学习目标等；检查结果指根据所指定的学习目标，对自己的认知活动是否达到目标进行评价；采取补救措施指根据检查结果，对于所存在的问题采取可行的行动去及时进行补救。

3.元认知的发展

元认知不是我们天生就会具有的，而是在长期的学习活动中逐步发展起来的。弗拉维尔曾对小学儿童做了一项研究，这一研究是让儿童帮助实验者估计指导语是否适当，指出遗漏和含糊的地方。虽然指导语有明显的缺漏和含糊不清的地方，令人惊奇的是年幼的儿童却很少能觉察出来。他们错误地认为他们已经理解并能遵循这个指导语。这一现象表明，年幼儿童在认知现象的知识与认知方面，即在元认知方面是十分有限的。如同人的智力一样，元认知的发展也是一个不断提升的过程。总体来看，元认知的发展经历以下阶段：

（1）从他控到自控。他控是指个体的活动由他人来进行调节与控制，自控则是指个体的活动由个体自己来调节与控制。一般来说，在儿童的元认知还没有发展起来时，也就是说还没有获得一定的元认知监控能力之前，他们的学习活动通常是在教师、家长等他人的直接指导、要求和监督下进行的。尤其是当儿童还不具备辨别是非、对错的能力的时候，更需要他人的调节与控制。一旦离开了成人的指导和安排，他们往往束手无策。随着自身能力的提高以及经验的丰富，儿童自觉地或不自觉地对自身实践活动进行的独立判断、自我决定和吸取行为教训的意识和能力增强，儿童的元认知能力也就从无到有、由低级到高级发展起来。此时，外界的指导和监督由主导作用变为辅助作用。在这个过程中，父母的指导要逐渐减少，一直到没有指导。

（2）从不自觉到自觉再到自动化。在元认知形成的初期，儿童会表现出很大的不随意性和许多不自觉的意向活动。此时，儿童的元认知是处于不自觉、不随意的状况。随着生理心理的成熟，以及社会经验的丰富，他们的自觉性就会不断增强，开始有意识地对自己的认知活动进行调节和控制。同时，能够对自身的活动进行评价与调整。这样，儿童的自我调节与监控初步形成，开始能够自觉地开展自我监控。

（3）从局部到整体。元认知的纵向发展是从局部监控不断向整体监控发展。元认知发展的早期，儿童对学习活动的自我观察与监控只是针对学习活动中的某一环节、某一方面或某一学科内容进行的。以后才会逐渐把监控扩大到几个环节、几个方面或几个学科内容，最后发展到对整个认知活动的监控。

4.培养元认知的具体途径

研究者（聂爱情，许晓晴，2001）论述了元认知的培养对教学的启示，元认知的培养可以从以下几个方面展开：

（1）提高教师的元认知水平。我们经常会说“教是为了不教”，如果教师没有较高的元认知水平，他们就不能很好地组织教学，这就要求教师应该有充分的教学目标意识，有高度的自我意识和自我评价水平。只有教师对教学过程的有效监控，才能促成学生在信息加工过程中的有效建构。

（2）在教的过程中要把学生认知能力的培养作为重要一环。元认知对学生信息加工过程起着控制、协调的作用，它的发展水平直接制约着其他方面的发展程度。但如果学生的感知、记忆、思维、言语水平很低，很难体验到自己建构过程不足和失败的原因所在，就很难监控、调节自己的学习过程。

（3）要提高学生的动机水平。动机的培养关键是学生内部动机的培养，以促成深层次成就动机的养成。内在动机能激发学生做出正确归因，而不是寄希望于外来的运气和机遇。

(4) 加强学生迁移能力的培养。“为迁移而教”是现在普遍关注的话题。学生的迁移水平在一定程度上反映了他们的元认知水平。有效的迁移表明学生能认知、调节自己的学习活动。教师只有在教学与日常生活中结合学生的特点灵活创设问题情境，有意识地促进学生积极迁移，才能使学生的学习迁移成为提高学生元认知水平的契机。

最后，要帮助学生掌握一定的元认知策略。当学生的认知策略达到反省认识水平时，学生的这种策略就达到较高的元认知水平。也就是说认知策略学习的结果是元认知水平的提升。因此，在教学过程中，把认知策略的培养贯穿于信息加工的各个环节，将有利于学生元认知水平的提高与发展。

（二）元认知策略

元认知策略是一种典型的学习策略，指学生对自己整个学习过程的有效监视及控制的策略。如在阅读一篇文章时，会有读不懂的地方，那应该怎么办？或许可以慢慢再读一遍，或许可以寻找其他的线索，或许还会知道这一篇文章的其他部分，这些都属于元认知策略。具体来看，元认知策略可以分为计划策略、监视策略和调节策略。

1.计划策略

计划策略指根据学习活动的目标，在学习活动开始之前计划所涉及的各种活动、采用的学习方法并预估其可行性、预计结果等。具体包括设置学习目标、浏览阅读材料、提出问题以及分析如何完成任务等。现实中，在学期或学年开始，学生会为自己制订这一学期或这一学年的学习计划，规划自己的学习目标、培养习惯，这就是典型的计划策略。计划策略水平高的学生会预计完成作业所需要的时间，会根据实际情况合理地安排复习，并会根据实际情况使用各种可行的方法。从一定意义上说，成功的学生是一个积极主动的而不是被动的学习者。

2.监视策略

监视策略指在认知过程中，根据预先制定的认知目标对认知过程进行监测。这种策略可以使学生警觉自己可能会出现的问题。如学习者及时反思自己对学习内容的掌握程度，自身的已有知识经验，所采用的学习方法是否高效，考试时监测自己的答题速度等。监视策略包括领会监控、集中注意和调节监控三个方面。

3.调节策略

调节策略指根据在学习过程中对认知活动监视的结果，找出认知偏差，及时调整或修正目标，以保证更好地完成任务的策略。如当阅读不熟悉的材料时会放慢速度，考前复习时会重点关注掌握不扎实的知识，考试过程中会先完成简单的题目而最后将时间放在困难的题目上。调节策略能够帮助学生及时进行补救。一般来说，在实际运用中，调节策略通常和监视策略同时使用。当意识到出现问题后，学生通常会及时地进行调节。

三、资源管理策略

资源管理策略是辅助学生管理可用环境和资源的策略，有助于学生适应环境并调节环境以适应自己的需要，对学生的动机有重要的作用。

（一）学习时间管理

学习时间管理包括统筹安排学习时间、高效利用最佳时间和灵活利用零碎时间。

1.统筹安排学习时间

统筹安排学习时间指我们每个人都应该根据自己的总体目标，对时间做出总体的安排，并通过阶段性的时间表来落实。人的一生就像是一张大的时间表。一生之中，我们都会有一个总体的目标，同时会根据总体的目标对自己的人生做出总体的规划，而要想实现人生的总体规划，我们需要落实每个阶段的时间表。比如，我们可以将人生划分为几个阶段，如上学前、上学中、工作后等不同的时间段。具体到每天的学习中，可以对每天的活动列出一张活动优先表，之后根据活动优先表合理地分配学习时间，按照事情的重要程度选择活动，尽量保证每天都能完成最重要的事情。为了更好地利用时间，要有效防止拖沓的作风，同时也不要过分追求完美，从而思前想后什么也做不成。

2.高效利用最佳时间

高效利用最佳时间要求我们首先要根据自己的生物钟安排学习活动，能根据一周内学习效率的变化来安排学习活动，或者能够根据一天内学习效率的变化来安排学习活动。在不同的时间里，我们的体力、智力和情绪等状态都是不一样的。为了更有效地完成工作，我们需要根据活动的不同性质安排不同类型的学习活动。比如，在自己精力最旺盛的时候完成最为重要的任务。具体来看，首先，根据自己的生物钟安排学习；其次，根据一周内的学习效率的变化安排活动，安排好工作时间和周末完成的任务；再次，根据一天内学习效率的变化来安排学习活动。比如有的人喜欢早睡早起，上午的时间是他们学习的黄金时期；而有的人是夜猫子型，他们一般早上时状态不佳，而到了晚上夜深人静时大脑异常活跃，学习效率最高。

知识窗8-2 一天中的最佳时间

大量医学研究表明：人的体温在一天中有三个高峰，即早晨起床后、8：00和18：00后的两个小时左右。这三个高峰期间，脑神经处于高度活跃状态，思维灵敏，办事效率高。因此，要学会科学地运用最佳时间。

清晨起床后，大脑经过一夜休息，消除了疲劳，没有新的记忆干扰，是学习和记忆的高效期。在这一时段，适宜学习一些难以记忆但必须记忆的内容。

上午8：00～10：00，大脑极易兴奋，适宜学习需要周密思考和分析判断的内容，也是攻克难题的好时光。

下午6：00～8：00，大脑神经活跃，是回顾复习全天学习内容、知识归纳分类和整理笔记的黄金时间。

晚上临睡前一小时，是一天中第四个学习高效期。利用这段时间，复习难以记忆的内容则不易遗忘，因为在睡梦中大脑依然在思考，重复睡前接触过的信息。

3.灵活利用零碎时间

每天之中我们都会有很多的零碎时间，如课余时间、饭前饭后、等车的时候、会议间隙等。有人统计，一天中可支配的零星时间至少有两个小时，如果不充分利用，白白从身边溜走实在可惜。如果能充分利用零碎时间，我们照样可以完成很多事情。首先，在零碎时间里，我们可以完成一些学习上的杂事，如收拾课本、整理学习用品、削铅笔等。尽管是些琐事，但若处理不好也会影响到学习。处理这类事情时，最好不要利用整段的时间，而尽可能地利用这些零碎时间。其次，在零碎时间可以从事一些和学习任务相关，但不需要整体时间段的活动，如阅读图书、杂志，朗诵诗词等，这些活动可以拓宽我们的知识面。最后，与他人进行沟通和交流也是零碎时间可以完成的活动，闲暇之余，和他人说说话、聊聊天，一方面可以增进相互之间的感情和交流信息，同时还可以促进创造性思维的发展。

（二）学习环境的设置

学习环境对于学生的学习非常重要。学习环境的设置就是使周围的环境更有利于学生学习的开展。学习环境是可以人为地选择、创设和改善的。一般来说，环境分为物理环境和心理环境。物理环境方面，可以关注各种自然条件和学习环境的物理空间。如，注意保持空气的流通，调节过高或过低的温度，调整好照明条件，做好教室的空间布置，合理放置教学用具等，以保证学生能够在良好的物理环境下进行学习。心理环境方面，尽可能地减少可能的干扰和分心因素，以免分心和打乱学习的状态。同时，注意营造良好的校风和班级氛围，让学生在安全的心理环境下，保持愉悦的心情进行学习。

（三）努力资源的管理

一般来说，学习是需要付出意志努力的，仅仅依靠不随意注意难以保持长时间的学习。因此，努力管理是学生面临的重要问题。努力管理策略是学习者对自身学习兴趣、态度、情绪状态等心理因素进行约束和调整，以激发和维持学习动机，实现学习目标的过程。努力资源的管理可以关注以下方面：如激发内在动机，树立正确的学习信念，自我奖励，选择适宜难度的任务等。

（四）学习工具的利用

学习工具是学习中必不可少的学习资源，学会利用学习工具对于一生的发展都至关重要。现今社会信息高度发达，要教会学生利用参考资料，选择适当的参考资料而不必搞题海战术。除了利用传统的学习工具，还应该根据科技的进步，及时学会利用最新的技术进行学习。如掌握电脑的相关知识，选择一些电脑辅助教学软件来自学、预习、复习所学过的课程。利用电脑中的一些工具软件如电子表格等获取和处理相关信息。学会上网查阅资料、浏览信息，记住一些和相关学科有关的重要的网站，关注一些全国著名学校的网页，及时地了解最新的信息也是非常重要的。

（五）人力资源的利用

学习的过程就是一个不断与他人沟通交流的过程，因此，教师、同学都是我们学习过程中非常重要的社会性人力资源。老师是我们学习的引路人，在学习过程中，应该善于利用老师的帮助。比如在学习中遇到不会的问题，应该及时向老师请教，老师的解答可以在解决问题和学习方法上给予学生启发。同学之间水平相当，与同学的讨论可以让学生相互启发，从而达到对问题更为全面而深刻的理解。同时，同学们根据自己的理解所进行的辅导有时候比教师的讲解更为好懂。另外，从辅导者的角度来看，辅导别人不仅仅是付出，辅导者本身也会有很大的收获。因为要想给别人讲解清楚，自己首先必须对问题有透彻的理解，同时要能够用准确的语言表达出来，这肯定会加深学生对内容的理解。

第三节　学习策略的训练模式

研究者指出，学习策略与学习能力有关。学习策略的获得与提高不仅会有效提高学生的学习成绩，同时可以直接促进学生学习能力的提高。尽管对于学习策略的性质、结构和测量等问题还有待于进一步研究，但研究者认识到学习策略是可教、可迁移的。学习策略的训练基本上遵循两种思路：一是进行专门化的教学。这种模式的训练不涉及任何特定知识，而是单独开设学习策略的课程，训练学生掌握相应的学习策略。二是学科渗透式的训练模式，也就是将学习策略的训练与特定学科内容结合编制，在学科知识的教学过程中直接传授学习策略。具体来看，主要有以下几种训练模式。

一、程序化训练模式

基于加涅的学习层次理论，可以采用程序化的训练模式。也就是将活动的基本技能，分解成若干有条理的小步骤，在其适宜的范围内，作为固定程序，要求活动主体按此进行活动，经过反复练习使之达到自动化程度。

二、完形训练模式

完形训练就是在直接讲解策略之后，提供不同程度的完整性材料促使学生练习策略的某一个成分或步骤，然后逐步降低完整性程度，直至完全由学生自己完成所有成分或步骤。如在教授列提纲的方法时，可以先给学生一个较完整的提纲，给学生讲解提纲是如何统领材料的，然后再给学生一个不完整的提纲，要求学生补充完整，直至学生能够独立完成列提纲。完形训练可以让学生注意到每一个成分或步骤，让学生对策略的应用获得一个整体的印象。

三、交互式训练模式

交互式训练模式主要是帮助成绩落后的学生阅读领会。它是由教师和一小组学生（大约6人）一起进行的，旨在教学生这样四种策略：①总结——总结段落内容；②提问——提与要点有关的问题；③析疑——明确材料中的难点；④预测——预测下文会出现什么。

四、合作训练模式

合作性是当今基础教育倡导的基本理念。在这种学习活动中，两个学生一组，一节一节地彼此轮流向对方总结材料，当一个学生主讲时，另一个学生听着，纠正错误和补充遗漏内容。然后两个学生变换角色，直到学完学习材料为止。要让合作训练模式充分发挥作用需要考虑以下问题：所选择的主题是否有吸引力，是否有一个凝聚力稳定的团队，是否有一个具有激励性、发展性的评价机制等。

本章要点

1. 学习策略是学习者为了提高学习效果和效率，有目的、有意识地制定有关学习过程的复杂的方案。

2. 认知策略是信息加工的策略，是从学习者的认知过程考虑的，是信息加工的一些方法和技术，有助于学习者有效地从记忆中提取信息。认知策略包括复述策略、精细加工策略和组织策略。

3. 元认知策略是对信息加工过程进行调控的策略。即学习者对自己认知过程的认知策略，是对自己认知过程的理解和控制的策略，有助于学习者有效地安排和调节学习过程。元认知策略包括计划策略、监视策略和调节策略。

4. 资源管理策略是辅助学生管理可用环境和资源的策略，有助于学生适应环境并调节环境以适应自己的需要，对学生的学习动机具有重要作用，包括学习时间管理策略、学习环境管理策略、努力管理策略、学习工具利用策略和人力资源利用策略。

5. 复述策略是在工作记忆中为了保持信息，而对信息进行反复重复的过程。复述策略包括利用有意识记和无意识记、排除相互干扰、整体识记和分段识记、多种感官参与、复习形式多样化、画线强调等。

6. 精细加工策略就是将所学的新信息与头脑中已有的知识联系起来，寻求字面意义背后的深层次意义，或增加新信息的意义，从而帮助学习者将新信息储存到长时记忆中去的学习策略。包括联想法（形象联想、谐音联想、简缩联想、关键词联想）、做笔记、提问、生成性学习、利用已有知识等。

7. 组织策略是整合所学新知识之间、新旧知识之间的内在联系，形成新的知识结构。组织策略包括列提纲、利用图形、利用表格等。

8. 元认知，又称反省认知、监控认知、超认知、反审认知等，是对认知的认知，是关于个人自我认知过程的知识和调节这些过程的能力。元认知包括元认知知识、元认知体验和元认知监控三个部分。

9. 元认知的发展经历了从他控到自控，从不自觉到自觉再到自动化，从局部到整体的过程。

10. 学习策略的训练模式包括程序化训练模式、完形训练模式、交互式训练模式、合作训练模式。

思考题

1. 结合实际谈谈对学习策略的理解。

2. 学习策略的概念及其分类是什么？

3. 结合实际谈谈学习策略的训练模式。

参考文献

卢强.教育心理学［M］.3版.北京：北京出版社，2010.

杨凤池.咨询心理学［M］.北京：人民卫生出版社，2007.

张承芬.教育心理学［M］.济南：山东教育出版社，2000.

张大均.教与学的策略［M］.北京：人民教育出版社，2003.

张大均.教育心理学［M］.2版.北京：人民教育出版社，2004.

第九章　问题解决与创造性

斯芬克斯之谜的答案是什么?

什么动物早晨用四条腿走路，中午用两条腿走路，晚上用三条腿走路？这是斯芬克斯曾向路人提出的一个谜语。根据古希腊神话，斯芬克斯是一个长着狮子躯干、女人头面的有翼怪兽。他坐在忒拜城附近的悬崖上，向过路人提出该谜语，如果路人猜不出，就会被害死，直到有人解开谜底为止。为了尽快破解这个谜语，找到斯芬克斯之谜的答案，俄狄浦斯意识到这个谜语的特点是要揭示一些隐喻。因此，他认为早晨、中午和晚上分别代表人生的不同时期。婴儿期爬行，实际上有四条腿；成人用两条腿走路；老年人用两条腿走路，此外还需要手杖，这样总共三条腿。因此，俄狄浦斯解出了谜底。

图9－1 斯芬克斯之谜

无论是古代的斯芬克斯之谜，还是现代人的日常生活、学习和工作，都离不开对各种问题的回答与解决。其中，有些问题可以利用自己已有的知识经验顺利地加以解决，而有些问题则需要开动脑筋，进行积极、多角度的思考，创造性地寻找其答案。这就是本章要学习的内容，即问题解决与创造性。

学习目标

通过本章的学习，你将能够：

1. 了解问题、问题解决、创造性、发散思维、聚合思维的概念。
2. 理解影响问题解决的因素、创造性的基本特征、影响创造性的因素。
3. 掌握问题解决能力和创造性的培养措施。

基础概念

思维（thinking）：指人脑对客观事物概括的、间接的反映，它反映的是客观事物共同的、本质的特征和内在联系。

动机（motivation）：指推动个体从事某种活动的动力，具体地讲，动机是引起、维持个体活动并使活动朝向某一目标前进的内在动力。

个性（personality）：指一个区别于他人的，在不同环境中显现出来相对稳定的，影响人的外显和内隐性行为模式的心理特征的总和。

关键名词

问题解决，创造性，发散思维，聚合思维

第一节　问题解决及其培养

一、问题解决的概述

（一）问题

1.问题的概念

在日常生活、学习和工作中，我们每时每刻都会遇到各种各样的问题，并不断去解决它们。如学生要回答老师提出的问题或完成老师布置的作业；老师要不断解决班级管理和课堂教学方面遇到的各种问题。人类社会发展到今天，从火的发明到宇宙飞船的上天，就是一部问题解决史，以至于未来的登月计划、探月工程，同样离不开一个个具体问题的解决。

为了科学地探讨问题解决的含义，详细了解问题解决的过程，有必要首先对问题进行一个清晰的界定，明确到底什么是问题。关于问题的概念界定，目前人们倾向于接受认知心理学的定义，问题即给定信息和要达到的目标之间有某些障碍需要克服的刺激情境。换句话讲，就是个体不能用已有的知识经验直接处理当前所遇到的疑难情境。

知识窗9－1 问题的其他定义

美国学者纽厄尔和西蒙（Newell & Simon）对问题进行了这样的界定：问题是这样的一种情境，个体想做某件事，但不能马上知道做这件事所需采取的一系列行动。

从对问题的概念界定可以看出，问题是一个比较宽泛的概念，涉及的范围相当广，小到今天中午吃什么饭、学习上遇到的每一个难题，大到科学上的发明创造，都属于问题的范畴。但无论是简单问题还是复杂问题，都必然包含四个基本成分：（1）具有目的。即在该情境下想要干什么或得到什么。一种情境可有多个目的，也可能只有一个目的；目的可能很明确，也可能很模糊。如教学情境中的大多数问题是有明确目的的。（2）个体已有的知识。这是指个体在面对问题情境时，大脑中已经具备的知识和技能。个体已有的知识因人因事而异。（3）存在障碍。这是指在问题解决的过程中会遇到种种需要克服的困难。障碍是否明确因人而异。（4）解决方法。这是指个体可以用来解决问题的程序和步骤。在问题解决的过程中，可以使用的方法常常会受到多种因素的制约，如能力、资金、工具等。

2.问题的分类

问题的种类是纷繁复杂的，可以从不同的角度或侧面分为不同的类型。根据领域可以分为生活问题、学习问题和科研问题等；根据问题的复杂性，可以分为简单问题和复杂问题。但研究者普遍倾向于根据问题结构的性质将其分为两类：

（1）结构良好的问题。问题的条件和目标都非常明确，其解决方案或答案也是确定的，个体只要按照特定的思维模式即可解决问题。教科书上的练习题和各种考试题多属于结构良好的问题，如给出了圆的直径，求解该圆的面积等。

（2）结构不良的问题。问题给出的条件和目标都有一定的不确定性，各种影响因素不稳定，不易找出解答线索的问题。此类问题在实际中经常遇到，也容易使人感到困惑，如怎样培养学生的创造性？如何有效地进行因材施教？这些都是重要但又无确切的、唯一正确答案的问题。

（二）问题解决的概念

当常规或自动化的反应不适应当前的问题情境时，问题解决就发生了。因此，问题解决是指个体应用一系列的认知操作，从问题的起始状态达到目标状态的过程。这就是说，问题解决的过程需要对已习得的概念、命题和规则进行一定的组合，才能达到目标状态。例如，数学应用题的计算就是一个典型的问题解决的过程。从已知条件要计算出结果，就必须根据已知条件进行一系列的认知操作。操作成功，则问题得以解决。显然，一个人所拥有的知识和技能越多，对其进行组合的可能性越大，从而问题解决的机会也越多。

无论领域如何不同、问题情境怎样、解决问题的难易程度如何，问题解决都具有一些共同的特点：（1）解决的是新问题。即所遇到的问题是初次遇到的问题。如果面对的是以前遇到过的问题，就不能称为问题解决，只能说是一种练习。（2）在问题解决中，要对掌握的简单规则重新进行组合，以适用于当前的问题情境。因此，原先习得的简单规则是问题解决过程中的一些要素。（3）问题一旦解决，个体的能力或倾向随之发生变化。

在问题解决过程中产生的高级规则（简单规则的组合），贮存下来构成个体“知识宝库”（认知结构）中的一个组成部分，以后遇到同类情境时，借助回忆即可做出回答而不再视为问题了。所以，问题解决是一种更为高级的学习活动。

知识窗9－2 问题解决时的心理活动

问题解决过程是由处理问题时所涉及的种种心理活动和行为构成的，既涉及思维或认知的成分，也涉及动机或情感成分，还涉及行为或意志的成分。例如，学生在解数学题的时候需要进行公式推算是认知成分，在解题过程中体验到快乐或痛苦是情感成分，而在解题过程中的演算则是行为成分。其中，情感成分是动力系统，它不仅对认知成分起到推动或阻碍的作用，而且也制约着行为成分的顺利实施。

如同问题可以分为结构良好的问题和结构不良的问题，问题解决也有两种类型：一是常规性问题的解决，使用常规方法来解决有结构的、有固定答案的问题；二是创造性问题的解决，综合应用各种方法或通过应用新方法、新程序等来解决无结构的、无固定答案的问题。各种发明创造都可以看作是创造性问题解决的典型例证。

二、问题解决的理论模型

教学的目的是要让学生运用自己学习的知识和技能自如地进行问题解决，最终成为在社会中具备独立生活能力的个体。那么问题解决的过程是怎样的？如何有效地培养学生问题解决的能力？这是历来教育学家和心理学家探讨的重点问题。在这里分别介绍几种具有代表性的问题解决的理论模型：试误说、顿悟说、信息加工理论和现代认知派的理论。

（一）试误说

最早利用动物作为研究对象，来探讨其问题解决过程的是美国教育心理学家桑代克（E. Thorndike）。他通过猫走出迷笼的实验提出了一种解决问题的尝试—错误说，即试误说（trial and error theory）。该理论认为，问题解决是刺激情境与反应之间建立适当联结的过程，而这种联结是通过在不断尝试与错误的过程中逐步形成的。问题解决的过程首先要通过一系列的盲目操作，不断地尝试错误，使正确的行为得以保留，最终发现一种问题解决方法。

图9－2 桑代克的实验装置

知识窗9-3 桑代克的猫逃出迷笼的实验

桑代克让饿猫逃出“迷笼”的具体实验情况是这样的：桑代克用木条钉成的箱子里，有一个能打开门的脚踏板。当门开启后，猫即可逃出箱子，并能得到箱子外的奖赏——鱼。实验一开始，饿猫进入箱子中时，只是无目的地乱咬、乱撞，后来偶然碰上脚踏板，箱门打开，猫逃出箱子并得到了食物。接着第二次，桑代克再把饿猫关在箱子里，如此多次重复。最后，猫一进入箱中即刻便打开箱门。实验表明，猫在成功地逃出迷笼之前要进行一系列杂乱的行为，即不断地尝试，不断地犯错误，并在这个过程中慢慢地放弃了无效尝试，最终学会了逃出迷笼。

试误说是从动物实验中得来的，但对于人类的问题解决来说仍具有很大的借鉴意义。该理论看到了问题解决过程中一系列建立刺激与反应联结的过程，即不断尝试错误的过程，重视问题解决的内在过程和操作系列，这对后来的研究和理论模型的建立都有一定的积极影响。但是，该理论模型也存在一个明显的不足，即认为问题解决的过程是盲目的，忽略了认知因素在问题解决中的重要作用，这也就忽视了人类所具有的主观能动性。

（二）顿悟说

格式塔派心理学家苛勒等人以黑猩猩摘取香蕉的经典实验为基础，提出了问题解决的顿悟说（insight theory）。该理论认为，个体遇到问题情境时，会重组问题情境的当前结构，以弥补问题的缺口，达到新的完形，从而联想起一种可行的解决方案。这一过程的突出特点是顿悟，即对问题情境的突然领悟。换句话讲，问题解决要依赖于问题解决者对问题情境和各种事物之间关系的理解和领悟，这就是苛勒所说的对问题情境的“顿悟”。根据顿悟说的观点，桑代克的猫由于在迷笼里看不到开关的结构，因此，它只能通过一部分一部分的经验，逐渐了解整个情境。

知识窗9-4 苛勒的黑猩猩摘取香蕉实验

苛勒在实验一中，在房间中央的天花板上吊一串香蕉，黑猩猩站在地面上不能直接够到香蕉。他还在房间的四周放了一些箱子。面对这样一个情境，黑猩猩开始采取跳跃的方式试图获取香蕉，但是没有达到目的。于是它不再跳，而是走来走去。突然它站在箱子前面不动，过一会儿，它很快把箱子挪到香蕉下面，爬上箱子，取到了香蕉，有时一个箱子不够，还能把两个或多个箱子叠起来。

后来苛勒在实验二中，将黑猩猩关在铁笼里，黑猩猩的旁边放置一根短棍，在笼子外放一根长棍和香蕉。黑猩猩开始试图抓取香蕉，结果失败。随后，它用短棍去拨，又失败，急得黑猩猩摔棍撞笼。在这个过程中，经过几次观察，黑猩猩忽然拾起短棍，用短棍再连结长棍，结果取得了香蕉。

顿悟说注意到了重组情境的认知作用，这实际上就是后来人们所强调的对问题的理解和表征。但是该理论模型将这种认知成分看成是先验的，并且还片面强调顿悟，忽视了对问题解决过程的研究。事实上，顿悟说与试误说有着一定的联系，它们似乎是问题解决的既相互对立又相互联系的两个方面，人们面对新的问题时，有可能要重组问题的当前结构，以期联想起一种可行的解决方案。如果方案不成功，就需要尝试另一种新的方案，在此过程中既有顿悟也有试误。

（三）信息加工理论

信息加工理论主要是利用计算机模拟人脑问题解决的过程来探讨人类问题解决的实际过程，把问题解决看作是信息加工系统（即大脑或计算机）对信息的加工，把最初的信息转换成目标状态信息的过程。目前，计算机通过事先编好的程序可以下棋，诊断病情，证明复杂的数学和逻辑问题等。在这些计算机模拟程序中，最为有名的当属纽厄尔和西蒙1958年设计的“通用问题解决程序”（general problem solver）。

知识窗9－5 通用问题解决程序的编制过程

这一程序的编制过程是，先让被试在实验中解决特定的问题，一边解决一边大声说出自己的想法，实验者将这些口语录制下来，进行分析整理，然后编成计算机程序，来模拟人的问题解决过程。

按照信息加工理论的观点，问题解决过程应该包括四个步骤，分别为问题表征、设计解题计划、执行解题计划和监控。问题表征就是审题，即了解题意的过程。设计解题计划是指确定解题的一般步骤，如重新描述问题或者是将问题操作化，使之转化为更类似于熟悉的问题，建立问题子目标的层次关系。执行解题计划是指问题解决者采取一系列行动实施解题计划。监控是指问题解决者分析问题解决的过程并确定自己采取的行动是否适合解题计划、是否达到了目标等。

信息加工理论从信息加工的角度来解释问题解决的过程，确实给人们对问题解决的认识增添了新的角度，对一些问题的解决和教学具有一定的指导意义。但是人毕竟不是计算机，计算机加工信息的方式是人类赋予的，计算机与人类加工信息的方式有本质的区别，如它缺乏对全新情境的应变能力，无法实现人类情感的特定作用等。

（四）现代认知派的理论

自瑞士心理学家皮亚杰提出认知发展理论和现代认知心理学产生以来，人们热衷于从认知的角度来解释人类问题解决的内在过程。他们既不利用动物作为研究对象也不直接利用计算机的加工过程，而是研究人类解决某类问题的实际过程。例如，要了解学生的学习过程，就要对学生的心理发展特点以及学生面对具体学习任务时的心理反应过程进行动态研究，而不是去实验室研究动物，或者进行简单的计算机模拟。这种研究思路和模式，对培养学生问题解决的技能和指导教师的教学具有重要的现实意义。

1.奥苏贝尔等人的理论

奥苏贝尔和鲁宾逊（Ausubel & Robinson）以学生解决几何问题为材料，于1969年提出了问题解决要经历的四个阶段：（1）呈现问题情境命题。（2）明确问题的目标和已知条件。个体利用有关的知识背景使问题情境命题与其已有的认知结构联系起来，从而理解所面临问题的性质和条件。这样一方面掌握解题过程的目标或终点，另一方面了解了问题的最初状况，提供进行思考的基础。(3) 填补缺口。这是问题解决的核心。个体看清了“已知条件”（他当时的状况）和“目标”（他必须达到的状态）之间的缺口和差距之后，便利用有关背景命题，根据一定的推理规则和解题策略来填补问题的缺口。（4）解决之后的检验。问题一旦解决，通常会进行一定形式的检验，查明推理时是否有错误、缺口填补的方法是否简捷，以及进一步总结供将来交流之用等。

奥苏贝尔的理论不仅描述了问题解决的一般阶段，而且指出了原有认知结构中各成分在问题解决过程中的重要作用，为培养学生问题解决的能力指明了方向。但是，该理论以数学中的问题解决为原型，并不一定适合其他学科或领域的问题解决，因而缺乏一定的普适性。

2. 格拉斯的理论

根据格拉斯（Class）1985年的观点，可以将问题解决过程分为具有相互联系又相互区别的四个阶段：（1）形成问题的初始表征。问题的表征阶段即对问题的理解阶段，在问题解决之前，首先要将问题信息转换到工作记忆中，在工作记忆中对构成问题的种种条件、对象、目标等进行编码，建立表征。（2）制订计划。对问题建立表征后，需要制订问题解决的计划。制订计划就是从广阔的问题信息中搜索出能够达到目标的解题方法，也就是从长时记忆中搜索出与问题解决方法有关的信息。（3）重构问题表征。如果在第一阶段建构的表征对于执行计划是不充分的，就必需重构问题表征。重构的问题表征与建立的初始问题表征在许多方面有相似之处，但有时需要放弃初始的问题表征形式，而建构新的问题表征。（4）执行计划和检验结果。将问题解决的方法应用到实际中去的过程，就是执行计划的过程。只有执行了计划，问题才能够解决。在执行计划之后，还要对结果进行评价和检验，这也是反馈的一个过程。个体将问题的答案同初始的问题表征相匹配，如果利用操作使问题由初始状态达到了目标状态，问题解决就是成功的。否则，要返回来修订原来的计划，甚至要采取新的问题解决的方法。

格拉斯提出的问题解决的四个阶段是有机联系的，形成了问题解决的一个完整过程。

另外，在问题解决的每一个阶段都有可能出现新的问题，因此，问题解决的过程是迂回曲折的，而不是直线发展的。

现代认知派理论基本上都认为，问题解决就是将问题划分为各个成分，从记忆中激活已有的旧信息，或寻找新的信息。如果失败了，就可能退回到最初的问题表征，另找方法，重新定义问题或寻求解决问题的方法。这种问题解决过程不是线性的，有可能是螺旋式地跳来跳去、跨步或一些步骤的联合。

三、问题解决的过程

很多教育学家和心理学家对个体问题解决的过程进行了大量研究，在不同层次上提出了问题解决的具体过程。其中，杜威（John Dewey）最早提出了问题解决过程的“五阶段论”，将学生问题解决的过程分为五个步骤，即开始意识到难题的存在；识别出问题；收集资料并对之分类整理，提出假设；接受或拒绝试探性假设；最后形成结论并评价。

综合各家的理论和观点，我们将问题解决的过程分为四个阶段，即发现问题、理解问题、提出假设和检验假设。

（一）发现问题

发现问题是问题解决的第一步工作。问题只有在被发现的时候，才能引起人们解决问题的思维活动。问题本身是客观存在的，但有些问题较为明显，容易被发现；有些问题则比较隐蔽，不易被人发现。同时，有的人善于提出问题，有的人则对问题熟视无睹。发现问题的能力是个体思维发展水平的重要标志。在Moore（1990）的一项研究中发现，有经验的教师和大学生在发现问题上存在明显的差别，有经验的教师花费更长的时间来认真识别问题。

（二）理解问题

理解问题就是要分析问题，抓住问题的关键，找出解决问题的突破口。理解问题最基本的要求是全面系统地掌握问题信息，并在此基础上将整个大问题分解为各个小问题，使矛盾充分暴露，再通过分析比较，找出主要矛盾，这是理解问题的关键，也是找出解决问题方法的突破口。问题信息掌握不全面，思维活动不充分，主要矛盾把握不住，问题就不会明朗。另外，对问题进行归类也是理解问题的重要步骤。根据问题的表述对其进行归类使人的思维具有方向性，便于有选择地运用原有知识经验来解决当前的问题。

（三）提出假设

问题解决的关键是找到切实可行的解决方法。而解决问题的方法通常是以假设的形式出现。所谓假设就是人们推测、假定、设想问题的结果、结论以及用于解决问题的方法和途径。假设是从发现问题开始，在理解问题的基础上提出的。通过对问题的理解，个体对问题进行概略的推测、预想和推论，然后再有目标、有选择地提出解决问题的建议和方案（假设）。提出假设是为问题解决搭起从已知到未知的桥梁。

（四）检验假设

问题解决的最后步骤是检验假设。检验假设最有效的方式是实践（包括实验）。通过实践检验假设有直接和间接两种方式。直接检验就是依据实践结果直接判断某一假设的真伪。如家里的电灯熄灭了，可以提出“可能没有电费了”或“可能保险丝断了”的假设，只要亲自检查一下电费余额或保险丝，便可断定该假设的真伪，这是直接检验。所谓间接检验是依据实验结果间接推论某一假设的真伪。如假设男生比女生数学学得好，没有必要对所有的男生和女生的数学成绩进行测试，而是根据一部分男生和女生的数学成绩进行推论男生是否比女生数学学得好。在检验假设时常常借助于思维进行推论，这也是一种间接的方式，当然最终的检验还要靠实践。猜谜语、解答智力游戏题、军事战略计划部署、学习等智力活动中，常用这种间接方式来验证假设。可见，积极的思维与实践活动相结合是检验假设和解决问题的重要条件。

在问题解决的过程中，通常都会不同程度地涉及上述四个阶段。在解决简单的问题时，上述的四个阶段可能并不明显，往往是比较简略的，甚至在理解问题的同时就提出了问题解决的假设。但在解决比较复杂的问题时，四个阶段是明显存在的，并可能多次地反复循环。

这里需要说明的是，在问题解决的每一个阶段都需要一定的条件。首先，依赖于个体思维活动的积极性。思维懒惰与因循守旧者难于发现问题，更谈不上提出假设和检验假设，而勤于思考善于钻研的人才能从细微平凡的事件中发现重要的问题。牛顿发现万有引力，巴甫洛夫发现狗的“心理性唾液分泌”，都是勤于观察和认真思考的结果。其次，依赖于个体的兴趣爱好和求知欲望。有强烈求知欲望的人往往能够发现他人不能发现的问题，进而能够解决他人不能解决的问题。他们通常不满足一般的、表面的解释，而是善于探究事物内部的原因和机制。再次，依赖于个体知识经验的丰富程度。知识贫乏有时会刺激人们提出一些自己不了解的问题，如幼儿总爱问“这是什么？”“那是什么？”等。但是缺乏某些知识经验，则不易发现较为复杂的问题，更无法提出科学、合理的假设。最后，依赖于个体认真负责的态度。人的活动积极性越高，社会责任感越强，态度越认真，越容易发现问题，也愿意从事尝试性的实际操作，从而努力解决问题。

四、影响问题解决的主要因素

知识窗9－6　解决“三周台”难题，成就奥运冠军

千淘万漉虽辛苦，吹尽狂沙始到金。2022年的北京冬奥会，徐梦桃凭借完美的一跳实现了中国女子自由式滑雪空中技巧“零”的突破，迎来了北京冬奥夺金的高光时刻。

在此前三届的冬奥征程中，徐梦桃走过了温哥华、索契以及平昌，她一次次与金牌擦肩而过。恰逢国际雪联决定在北京冬奥会上增加三周台女运动员的难度系数分，面对这次家门口的北京冬奥会，徐梦桃下定决心要解决“三周台”难题。在强大动机的驱动下，徐梦桃积极尝试各种方法来解决“三周台”难题。凭借以往丰富的经验积累，徐梦桃细化了三周台问题，将整套动作进行了分解，起跳、空中、落地的每个环节都精心打磨；同时利用科技手段，结合能为运动员提供实时、专业评判及指导意见的AI裁判与教练系统“观君”，有针对性地进行训练。在长期反复的训练中，十字韧带撕裂、切除70%的半月板、膝盖中打了3根钢钉这些身体上的伤痛并没有让徐梦桃放弃，她始终保持积极乐观的心态。除此之外，徐梦桃不拘泥于传统的训练方式，她还借助水池、蹦床等方法来辅助专项训练。最终，徐梦桃解决了“三周台”难题，为中国拿到了一枚宝贵的金牌。

徐梦桃的成功，说明动机、积极的心态以及创造性思维都能助力问题解决。当然，影响问题解决的因素还有很多，请读者接着阅读后续内容吧。

影响问题解决的因素是多方面的，既有问题本身的客观因素，也有问题解决者的主观因素，甚至还有问题解决过程中的环境因素。教育心理学更加关注问题解决者的主观因素。

（一）问题本身的客观因素

问题本身的客观因素主要关注的是问题的呈现特征。当你解决某一个问题时，这个问题中的事件和物体将以某种特点呈现在你面前，如空间位置、距离、时间顺序以及物体当时表现出的特定功能。这些特点以及它们之间的关系将影响你对问题的理解和表征。某些呈现方式能够直接提供解决问题的线索，便于发现解答问题的方向、方法和途径；某些呈现方式则可能掩蔽或干扰了解决问题的线索，增加解答难度，甚至将人引入歧途。

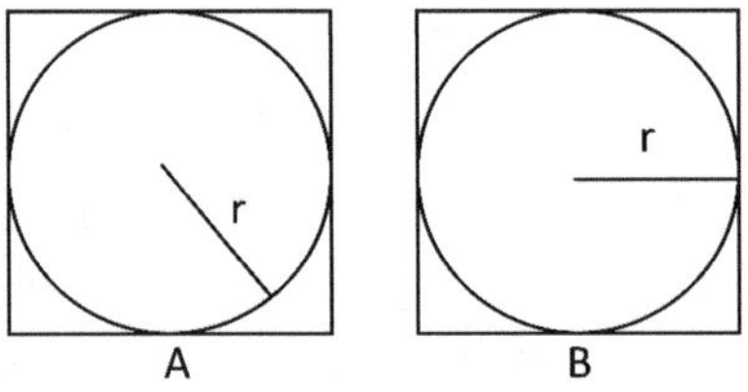

图9－3 求正方形的面积

已知圆的半径r，问与圆外切的正方形的面积是多少？结果发现，被试在解决图A的问题时出错更多，而被试在解决图B的问题时出错更少。主要原因是问题的呈现特征不同。

（二）问题解决者的主观因素

1.已有知识经验

个体已有知识经验的质和量都影响着问题解决的过程和结果。个体与问题解决有关的知识经验越多，解决该问题的可能性越大。研究发现，优等生头脑中贮存的知识经验显著多于学习有困难的学生。可以说，拥有某一领域丰富的知识经验是有效地解决该领域问题的基础。但若大量的知识经验是以杂乱无章的方式贮存于头脑中，则对问题解决的帮助不大。显然，知识经验在头脑中的贮存方式决定了个体对问题解决的有效性。

对专家和新手已有的知识经验对比研究发现，专家不仅拥有某一领域的大量的知识经验，而且这些知识经验在头脑中的组织也是非常合理，并且在需要的时候可以快速地提取，并加以应用。专家不仅拥有丰富的、组织合理的陈述性知识，而且也拥有解决问题所必需的、有效的心智技能和认知策略。专家和新手在问题解决过程中的差异主要表现在以下几个方面。

（1）专家通常忽视中间过程，根据问题特点立即进行推理；而新手则需要注意中间过程，从头到尾地解决问题。

（2）专家更多地利用直觉，或者根据生活经验来解决问题；而新手更多地依赖正确的方程式来解决问题。

（3）专家在面对问题时，能够对问题的内在结构进行表征，能够很快抓住问题的实质，而新手通常根据问题的表面特征来寻找问题的解决办法。

（4）专家解决问题时的自我监控能力优于新手。专家更倾向于频繁地检查自己对问题的解答，会反复思考解题的方法是否恰当。

2.反应定势

反应定势也称定势，是指心理的一种暂时的准备状态。最初由德国心理学家穆勒和舒曼（G. E. Muller & F. Schumann）于1989年提出，原指对某一特定知觉活动的直接准备性。定势对问题的解决既有积极的影响，也有消极的作用。如解决一般性问题时，定势可能会起到促进作用，而对特殊性问题，定势很可能会阻碍问题的解决。通常人们认为，定势会使解决问题的思维活动刻板化。如在下面的四个问题中，每个问题只能移动一根火柴棒，使左右两边真正变成一个等式。想想如何解决？

（1）\ /　= \ / | |　　　　（2）\ / |　=　×|

（3）×| |　=　\ / | |　　　　（4）\ / | |　=　|

你可能很快就解决第一个问题，只需从右边移动一根火柴到左边，形成"\ / |　=　\ / |"；第二个和第三个问题也不会太难，可以变"\ / |"为"×|"，就能解决。但是第四个就没那么容易了。要解决这个问题，必须改变定势，按照前面的方式是肯定行不通的。这个答案依赖于应用阿拉伯数字和平方根的知识，变\ / | |为\ /⊤，它表示1的平方根等于1。

3.功能固着

功能固着的概念是由德国心理学家邓克尔（Karl Danker）1945年提出的，它是指一个人看到某个物体有一种惯常的用途后，就很难看到它的其他新用途；如果初次看到物体的用途越重要，也就越难看出它的其他新用途。功能固着使得人们倾向于以习惯的方式使用物体，从而妨碍以新的方式应用它来解决问题。

知识窗9－7　功能固着的实验情景

现在请考虑以下情景：

你走进一间房屋，天花板上悬垂着两根绳子，要求你将绳子的两端系在一起。在附近的桌子上有一些工具，包括钳子、螺丝刀等。当你抓住绳子的一端走向另一端时，你就意识到你绝对完不成这个任务，你不可能到达另一根绳子的终端，你用钳子夹住绳子的终端来延长这根绳子，也终归无济于事。这时你该怎么办呢？（迈尔，1933）

如果能够改变物体常用的方法，这个问题就可以解决了。如果你将钳子系在一根绳子的终端并使它摆动起来，这时你再抓住另一根绳子的终端走过来，你就能完成这个任务，你凭借工具的重量使一根绳子摆动而不是借用工具来延长绳子。人们通常不能解决这个问题是由于他们很少考虑具有特定功能物体的不平常用途，这就是所谓的功能固着。在日常生活中经常碰到这样的现象，假如一个螺丝松了，你非得要找螺丝刀不可吗？你是否想到使用一把小刀或者一个发卡即可？这种功能固着使我们倾向于以习惯的方式使用物体，从而妨碍以新的方式使用它来解决特定问题。

4.智力水平

智力水平是影响问题解决的一个重要因素。智力水平高的学生，解决问题较易取得成功；智力水平低的学生，解决问题较易遭受失败。这是因为智力中的推理能力、理解力、信息加工能力和分析能力都影响着问题解决。研究表明，智力高不但与顿悟式问题解决成正相关，而且与试误式问题解决也成正相关。

智力的高低还影响问题解决方法的选择，聪明的学生善于检验暂时提出的解决方法，他们在解决比较复杂的问题时，更喜欢提出这样或那样的假设。

5.动机强度

思维是从问题开始的。但是，只有个体具有解决问题的需要和动机时，才能以积极的态度寻求解决问题的方法和步骤。对问题持漠然的态度，既不能发现问题也不能解决问题。但动机过于强烈，个体处于高度焦虑的状态也不利于问题的解决，这在耶克斯－多得森定律中已经做了详细说明。

个体已有的主观因素还会涉及个体的气质、性格、情绪状态、认知风格和世界观等，这些都会对问题解决产生不同程度的影响，会制约问题解决的方向和效果。

此外，环境中的一些因素，如噪音对个体的问题解决也会产生影响。在日常生活中，噪音会影响人的注意力集中，也影响人的思维活动以及情绪。有一项研究探讨了噪音对问题解决的影响，研究者要求被试解决猜谜问题，结果发现高噪音的条件下，被试不愿意尝试解决问题，并且付出的努力也更少。

五、问题解决能力的培养

问题解决能力的培养主要针对的是学习情境，通过解决各个学科中具体的问题来培养学生解决问题的能力，这是在现实条件下必要且可行的。

（一）提高学生知识储备的数量和质量

1.帮助学生牢固地记忆知识

知识的储备是有效解决问题的基础。教师应教给学生一些记忆和提取知识的方法，如指导学生明确记忆的规律和要求，告诉学生一些正确的记忆方法，合理地安排复习与练习的时间和次数，培养学生自我监控式的学习习惯，利用多种记忆方法学习等。

2.提供多种变式，促进知识的概括

只有深刻领会和理解的知识才能牢固地记忆和有效地应用，因此，在教学过程中，教师在讲解新知识时应从不同角度、不同方面呈现知识，让学生学会区分概念的本质与非本质特征，提高学生对所学知识的概括水平。

3.重视知识间的联系，建立网络化结构

问题解决是综合应用各种知识的过程，知识之间的有机联系是保证正确地解决问题的基础。为此，教师要有意识地建立课内外、不同学科、不同知识点之间的联系，使学生所获得的知识不只是一个孤立的点，而是能够融会贯通，形成一体化、网络化的知识结构。

（二）教授与训练问题解决的方法与策略

1.结合具体学科，教授思维方法

有效的思维方法或心智技能可以引导学生正确地解决问题，教师既可以结合具体的学科内容教授相应的心智技能，如审题技能，也可以根据已有的心理学、教育学研究成果，开设专门的思维训练课，培养学生的思维能力。教授心智技能或策略的目的是让学生学会学习，学会解决问题，成为一个自主的、自我监控的有效学习者。

2. 外化思维，进行显性教学

教师在教授思维方法时，应遵循由内而外的原则，即把教师头脑中的思维方法或思路提炼出来，明确地、有意识地外化出来呈现给学生，并要求学生模仿、概括和总结，这在一定程度上可以避免学生不必要的盲目摸索。学生通过这种学习，可以逐步掌握各种思维方法，将教师的经验转化为自己的经验，充实和完善自己头脑中的认知结构，这是一个内化的过程。

（三）提供多种练习的机会

在教学中，为提高学生问题解决的能力，教师应指导学生进行正确的练习，包括：练习的次数和时间，保证练习的质量；明确练习的目的和要求，增强学习动机，调动学生主动练习的积极性；循序渐进，由易到难，由简到繁；为防止疲劳，练习方式应多样化；让学生知道每次练习的结果，及时反馈与强化等。

（四）培养学生思考问题的习惯

首先，应鼓励学生主动发现问题。教师从外部提出问题，相对来说比较被动。我们要尽量从教师提出问题过渡到让学生质疑，从而培养学生主动质疑（批判）和解决问题的内在动机。因此，应在课堂上鼓励学生主动提问，减少这样或那样的限制，形成一种自由探究的气氛。其次，鼓励学生多角度地提出假设。最后，鼓励学生进行自我评价与反思，要重视培养学生的自我反思能力，以有效地调控问题解决的过程。

第二节　创造性及其培养

一、创造性的概念及其特征

（一）创造性的概念

创造性是人成功地完成某种创造性活动所必需的心理品质，也是创新型人才的重要品质。在当前全面推进以培养学生创新精神和实践能力为核心的素质教育的新形势下，要探索培养学生创造性的有效途径和方法，有必要先对创造性进行概念界定。

在创造性研究的历史上，不同的研究者试图从不同的角度来定义创造性。目前，研究者普遍认为，创造性是指个体产生出新奇独特的、有社会或个人价值产品的能力或特性。就创造性的结构而言，创造性包括创造性思维、创造性想象、灵感和美感。其中，创造性思维是创造性的主要特征。创造性思维是一种以发散思维为核心，聚合思维为支持，将发散思维和聚合思维有机结合的思维模式。

1.发散思维

发散思维也叫求异思维，是指沿不同的方向去探求多种答案的思维形式。解题时的一题多解和尽可能多地列举某个物体的用途等都属于发散思维。例如列举砖头的用途，可能的答案是建房子、铺路、做书架、做量尺、做锤子等。发散思维是创造性的主要成分或核心，发散思维的主要功能是求异和创新。

2.聚合思维

聚合思维也叫求同思维，是指将各种信息聚合起来，得出一个正确答案或最佳的解决方案的思维形式。例如科学家在科学实验中，要从已知的各种资料、数据和信息中归纳出科学的结论；企事业单位的合理化改革，要从许许多多方案中选取出最佳方案；公安人员破案时，要从各种迹象、各类被怀疑人员中发现作案人和作案事实等都要应用聚合思维。

知识窗9－8 创造性的其他定义

早期行为主义、格式塔学派和信息加工学派的一些学者着眼于从创造活动的过程来界定创造性，其基本论点是将创造过程所产生的所有事物都看作是有创造性的。华生曾写道："人们经常问的一个基本问题是，我们是怎样产生新的语言创造物的，如一首诗或一篇优美的文章。回答是，我们通过操纵文字，对文字进行转换，直到偶然碰到一个新的模式。"研究创造性的专家托兰斯（Torrance）认为：创造性是意识到缺口或成分的缺失，对此形成新的假设，验证这些假设并综合结果，甚至对这些假设进行修正和再验证的过程。纽厄尔认为：创造性仅仅是一种特殊的问题解决活动，这种活动具有新奇性、非传统性、坚持性和困难性等特征。

美国心理学家吉尔福特（J. P. Guilford）从人格的角度来界定创造性，他认为，从狭隘的意义上讲，创造性是人们所特有的能力……换句话讲，心理学家研究的问题就是创造性人格的问题。创造性人格是标志创造性人物的特质的核心。

大多数心理学家从活动的结果来界定创造性，他们认为，创造性就是产生某种新颖、独特且具有个人或社会价值产品的能力。如布鲁纳认为，具有创造性的产品不仅使观察者对这种新奇而又完全适宜的产品或反应产生认可，而且使观察者产生"真正的惊奇"。斯腾（M. L. Stein）认为，创造结果就是产生产品，产生一些新奇的结果，并且这些结果是有用的，有道理的，或是令人满意的，代表着一种真正有异于先前存在的不同。

（二）创造性的基本特征

一般认为，创造性思维具有变通性、独创性和流畅性三个特征。

1.变通性，也指灵活性，是克服人们头脑中自己设置的某种僵化的思维框架，按照某一新的方向来思考问题的过程。具有创造性的人在处理问题和学习时，总能够做到随机应变，触类旁通；对问题的思考具有很大的弹性，思考路线并非固定在某一个方向上，而是向多个方向发散且变化多样。

2.独创性，是指产生不寻常的反应和不同于常规的想法，此外还有重新定义或按新的方式对所见所闻加以组织的能力。独创性在行为上的表现则是超出常规，擅长做一些他人从未想过或做过的事；观点新颖独特，知人所不知，见人所未见，敢于向权威挑战。

3.流畅性，是指在限定时间内产生观念数量的多少。在短时间内产生的观念越多，思维流畅性越大；反之，思维缺乏流畅性。具有流畅性的人思维敏捷、灵活、迅速；具有口若悬河的谈吐；行为迅速；对事物的反应总量比一般人多。

知识窗9－9　创造性的外在表现

研究发现，创造性高的学生在心理发展的各个方面与一般学生之间具有差异，尤其是他们的直觉能力发展很快且特别敏锐。创造性高的学生具有以下一些特点：

（1）兴趣广泛。这类学生兴趣非常广泛，他们不只专注于某一领域，而是对很多事物都感兴趣。例如，他们既喜欢带有复杂性思考的棋类，也爱好技能、技巧方面的活动。

（2）观察力敏锐。创造性高的学生对事物能细心地观察和分析，观察时，不放弃每一个细节；对他人认为是困难的事情也不会轻易放弃，努力寻求问题解决的途径。

（3）喜欢验证事物的结果。这类学生不轻易服从权威，总是喜欢对现有事物的结果或结论加以验证，使之更加完善；勇于面对问题的挑战。

（4）记忆事物精确、迅速。

（5）强烈的好奇心和求知欲。具有创造性的学生对事物内在的机制有好奇心；对他们来讲，了解问题的因果关系比知道问题的答案更为重要。

（6）想象力丰富，直觉敏锐。对智力活动与游戏有广泛兴趣，常常会产生一些离奇、荒诞的想法。

（7）意志品质出众。他们通常能够排除外界干扰，长时间地专注于某个感兴趣的问题之中。

（8）喜欢分析与综合。对事物首先进行详细分析，然后将分析的结果又综合在一起，这样可以对事物的过程有一个透彻的理解。

（9）具有幽默感。不以与众不同为怵，能自得其乐，幽默风趣，笑对人生。

（10）善于抽象思考。思考问题时善于应用文字、符号和数字。

二、影响创造性的因素

影响创造性的因素比较多，可以从环境和个体两个方面去分类，相应的主要影响因素如下。

（一）环境因素

家庭环境、学校环境以及社会环境都是影响个体创造性的重要因素。

1.家庭环境

家庭是孩子接受教育的第一所学校，父母是孩子最早的老师，孩子的早期生活和教育都是在家庭环境中完成的。因此，家庭环境的好坏以及家庭教育的优劣对孩子创造性的发展尤为关键。研究发现，我国创造性高的学生大多来自知识分子家庭，父母的受教育水平和文化程度比较高，家长也比较重视孩子的早期教育；民主型的教养方式，让孩子能够参与家庭中的各种活动，这种参与家庭活动的过程有利于发展孩子的独立思考能力。因此，家长应善于采取各种方法，培养孩子良好的学习习惯和行为习惯，以促进其创造性的发展。

2.学校环境

学校教育是一种有目的、有组织、系统化的教育，在影响学生创造性发展、潜能开发的因素中，比家庭教育具有更重要的意义。

首先，教师应提高自身的创造性水平，只有创造型教师才能培养出创造型学生。其次，学校环境民主、课堂气氛宽松、学习活动开放自由等都有助于学生创造性的发展。相反，如果学校教育过分强调纪律和规范，一味地追求知识学习的固定答案，不给学生自由发挥的空间和机会，学生的创造性就很难得到发展和提升。

3.社会环境

社会环境主要指社会价值标准、教育机制、社会媒体、生活环境以及社会文化氛围等方面的影响。如果在一个社会中，人人对发明创造表示羡慕和敬意，创造就会受到鼓励，会出现人人乐于开拓冒险、推陈出新的情况，这样个体的创造力就会得到极大的激发，创新人才会不断涌现。相反，如果一个社会倡导墨守成规、因循守旧，那么个体的创造积极性就会严重受损。

知识窗9－10　美国儿童创造性的影响因素

创造力研究专家托兰斯在1964年提出，影响美国儿童创造性发展的主要因素有五个。(1) 过分重视成绩，养成儿童不敢超常规行为的习惯。他们学会只能在已知的社会规范中去追求成功，而不敢对失败可能性比较大的未知事物进行冒险。(2) 教师不鼓励甚至不组织学生发问书本之外的问题，因而学校教育阻碍了儿童想象力的发展。(3) 在社会团体生活压力下，个人不得不放弃自我的独立性，去遵从大众，迎合他人；标新立异往往被视为异端。(4) 社会上过分强调两性角色差异，忽视培养女性从事科学研究的创新能力。(5) 把游戏和工作截然分开，使工作的情景过于严肃，过于紧张，因而不能从工作中培养创造性思维的习惯。

（二）个体因素

1.智力水平

心理学家吉尔福特的研究表明，智力水平与创造性之间并非线性相关关系。智力水平与创造性的关系可归纳为四点：智商低的人不可能具有高创造性；高智商的人未必就有高创造性；创造性低的人智商水平可能低，也可能高；高创造性的人必须具有中等（IQ = 120）以上的智商水平。事实上，创造性几乎每个

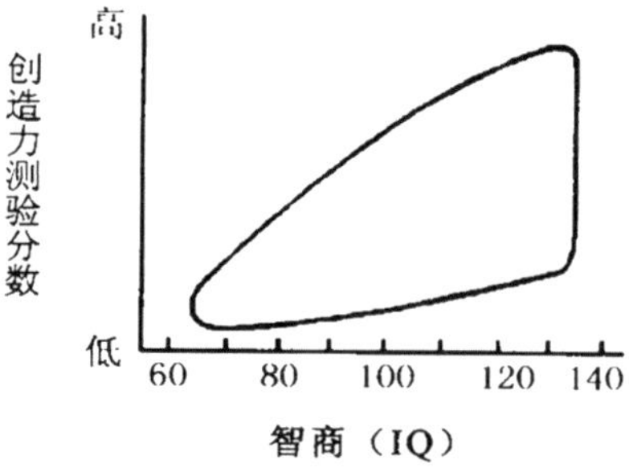

图9－4　智力与创造力的关系

人都有，但具有高创造性的人非常少。

2.已有知识经验

想要让思维活动保持变通性、独特性和流畅性，知识经验是必不可少的。如果我们把思维比作一台生产用的机器，知识经验就是生产所用的原料；没有原料，机器将无法正常运转，也不会有产品出现。从这个意义上来讲，人们的知识经验越多，其创造性思维发生的可能性就越大；相反，知识经验越少，创造性思维发生的可能性就越小，即便有也属于偶发现象。

3.动机

高创造性者一般受兴趣和好奇心的驱使，渴望找到问题的答案。因此他会对各种问题都很敏感，会时时感到一些问题在向他挑战，他便会对各种新观念保持较高的敏感性，从而促使他始终不倦地去探寻问题的答案。高创造性者的动机一般来源于内部动机，即对活动任务本身感兴趣。但是，动机过于强烈，有可能阻碍创造性思维的发挥，它促使你要即刻找到答案，从而限制你的视野，使你接受已有的（也许是不经济的）解决方法。当人们不受生活琐事或紧迫任务所束缚时，是萌发创造性思维的最佳时机。

4.个性

一般来说，有创造性的人倾向于：有见识、洞察力强、好独立判断、有冒险精神、意志品质出众、不满足于现状、不轻信权威、对模糊问题的容忍度高、善于幻想、善于吸取经验教训、言语流畅、兴趣广泛、有雄心、有决心、敢于前进，且能预计自己的“命运”。他们常常不落俗套、倔强、好表现。有研究还指出，创造性和智力水平都高的人，自信心和自尊感高，社会地位高，积极寻求志趣相投的人，同时他们还表现出注意范围广、集中注意能力强、具有猎奇或犯规行为的倾向。有高度创造性的人，焦虑水平一般为中等或适度；焦虑水平太低或太高似乎都会抑制创造性的发挥。

三、创造性的培养

创造性的培养主要针对的是学校教育，即在学校教育中采取有效措施，最大程度地培养学生的创造性。

（一）创设有利于创造性产生的适宜环境

1.创设宽松的心理环境

教学中，教师应为学生创设一个宽松的学习环境，对学生的一些奇特甚至是荒诞的想法多加以引导，尽量不加批评或少批评，减少学生的顾虑，让学生在课堂上有一种安全感。只有这样，才能够真正激发学生学习的积极性和主动性，促使学生认知功能和情感功能的充分发挥，以提高学生的创造性。

2.给学生留有充分选择的余地

自由选择权是创造性发展的重要因素，在可能的条件下，教师和家长应给学生一定的选择权，减少限制，让学生有时间、有机会来自己做决定，如什么时间学习，学习时间长短，什么时间自由活动等，而不应该完全由教师或家长说了算。

3.改革考试制度和考试内容

应使考试真正成为选拔有能力、有创造性人才的一个过程。在考试形式上应更多体现灵活性，在考试内容上应考虑多增加一些没有固定答案的发散性思维问题，让学生有机会发挥其想象力和创造性。

（二）注重个体创造性品质的塑造

创造性的主体是个体，应注重个体创造性品质的培养。

1.保护好奇心

好奇心和求知欲是知识学习与创造性发展的源动力，教师应主动为学生创设丰富而新异的情境，以激发学生探究的好奇心。保护学生的好奇心，培养学生的求知欲，是促使学生主动获得知识和促进创造性发展的重要条件。

2.解除个体对答错问题的恐惧心理

许多教师在学生回答问题出错时，常常立即给予责备或惩罚，造成学生恐惧失败的心理。其实人难免会犯错误，若能从错误中获得经验与启示，则更容易迈向成功。教师对学生所回答的内容，哪怕是不合理的或错误的，均应表现出接纳的姿态，在解除学生的恐惧心理之后，应鼓励学生正视并反思错误，引导学生尝试新的探索。

3.鼓励独立性和创新精神

教师应重视培养学生独立解决问题的能力，鼓励学生敢于坚持自己的见解和观点。在课内外的学习活动中，让学生有机会尝试新的体验，鼓励学生对有兴趣的事物作进一步的探究，从不同的角度观察事物，提出问题。

4.重视直觉思维能力

直觉是指未经过一步一步的思考而突如其来的领悟与理解。我们通常把猜想、预感、假设、灵感都看作是直觉。直觉是创造性思维活跃的一种表现，在发明创造的过程中占有一定的地位。教师应当有意识地帮助学生发展直觉思维能力，从而提高学生的创造性水平，如鼓励学生大胆猜想和假设。

5.为学生提供创造性榜样

通过现实生活中具有创造性的榜样来激发学生的创造性动机，也开阔了学生的视野和思路。

（三）开设培养创造性的课程，教授创造性思维训练方法

通过开设专门的课程来教授一些创造性思维的训练策略与方法，可以提高学生的创造性。常用的方法有以下几种。

1.发散思维训练

发散思维训练是培养创造性思维的重要途径，运用以下发散思维的训练方法，有利于培养学生的创造性思维能力。

材料发散：以某个物体为材料，当作扩散点，让学生尽可能多地设想它的各种用途。如粉笔的用途：写字、涂料、画画……

功能发散：以某种物体的功能作为扩散点，设想出获得该功能的多种可能性。如怎样

达到照明：点油灯、开电灯、点火把……

结构发散：以某种物体的结构作为扩散点，设想出利用该结构的各种可能性。如尽可能多地说出含圆形结构的东西：太阳、水滴、酒杯……

特征发散：以某种物体的特征作为扩散点，设想出利用某种特征的各种可能性。如利用红色可做什么：红绿灯、红十字、红墨水……

除上述之外，还有方法扩散、组合扩散、因果扩散和语词扩散等。

2.头脑风暴训练

头脑风暴法是美国的创造力专家奥斯本（Osborn）于1939年首次提出，他是美国纽约广告公司的创始人之一，在1953年正式发表了一种激发创造性思维的方法即头脑风暴法。头脑风暴法原指精神病患者头脑中短时间内出现的思维紊乱现象，病人会产生大量的杂乱想法。奥斯本借用这个概念来比喻思维高度活跃，打破常规思维方式而产生大量创造性设想的状况。学习并掌握这种方法可以大大激发人的发散思维能力，发明许多具有创造性的事物。其目的是以集思广益的方式，在一定时间内采用极迅速的联想方法，产生大量观点。在教学中的具体做法是：教师先提出问题，然后鼓励学生寻找尽可能多的答案，不必考虑该答案是否正确，教师也不做评论，直到所有可能想到的答案都出现为止。然后教师和学生才开始对这些想法进行评价、讨论和批判，最终产生一个创造性的答案。

头脑风暴法最好采取团体训练的方式，由于小组讨论比单独思考易发挥创造力，使得个体的才智得以充分发挥，因而是一种十分有效的训练方法。

3.推测与假设训练

推测是预计事物发展的可能结果，如推测故事的可能结局有哪些。假设训练是创造性思维训练的主要途径，它可以打开学生的思路，促使学生深入地思考问题。在教学中，应鼓励学生大胆地进行推测，多角度地提出假设。

4.自我设计训练

小制作和小发明是自我设计训练的主要方法。比如说，让学生用一节课的时间来设计贺年卡，用一些废旧材料来制作小玩具等，都可以使学生在自由探索的活动中，充分发挥其想象力和创造性。

本章要点

1.问题解决是指个体通过一系列的认知操作，从问题的起始状态达到目标状态的过程。问题解决通常包括常规性问题解决和创造性问题解决。

2.问题解决主要有四种理论模型，分别为试误说、顿悟说、信息加工理论和现代认知派的理论。

3.问题解决的过程主要包括四个阶段：发现问题、理解问题、提出假设和检验假设。

4.影响问题解决的主要因素包括问题本身的客观因素和问题解决者的主观因素。问题本身的客观因素主要指问题的呈现特征，而问题解决者的主观因素包括：已有知识经验、反应定势、功能固着、智力水平、动机强度等。

5.问题解决能力的培养主要从以下几个方面进行：（1）提高学生知识储备的数量和

质量；（2）教授与训练问题解决的方法与策略；（3）提供多种练习的机会；（4）培养学生思考问题的习惯。

6. 创造性是指个体产生出新奇独特的、有社会或个人价值产品的能力或特性。

7. 发散思维也叫求异思维，是指沿不同的方向去探求多种答案的思维形式；聚合思维也叫求同思维，是指将各种信息聚合起来，得出一个正确答案或最佳的解决方案的思维形式。

8. 创造性思维具有变通性、独创性和流畅性三个特征。

9. 影响创造性的因素包括环境因素和个体因素。环境因素包括家庭环境、学校环境和社会环境；个体因素包括智力水平、已有知识经验、动机、个性等。

10. 创造性的培养主要从以下几个方面进行：（1）创设有利于创造性产生的适宜环境；（2）注重个体创造性品质的塑造；（3）开设培养创造性的课程，教授创造性思维的训练方法。

思考题

1. 影响问题解决的因素有哪些？
2. 在教学中，如何有效地培养学生问题解决的能力？
3. 创造性的基本特征是什么？
4. 影响创造性形成与发展的因素有哪些？
5. 如何有效地培养学生的创造性？

参考文献

陈琦，刘儒德.当代教育心理学［M］.2版.北京：北京师范大学出版社，2007.

卢强.教育心理学［M］.3版.北京：北京出版社，2010.

张承芬.教育心理学［M］.济南：山东教育出版社，2000.

张大均.教育心理学［M］.2版.北京：人民教育出版社，2004.

陈琦，刘儒德.教育心理学［M］.北京：高等教育出版社，2005.

彭聃龄.普通心理学［M］.5版.北京：北京师范大学出版社，2019.

第十章　品德的发展

我本是高山

她，节衣缩食，每天的生活费不超过3元，省下的每一分钱都用在了学生身上，先后捐出了40多万元。

她，没有子女，却被华坪儿童之家的130多名孤儿亲切地称为“张妈妈”。

她，立下誓言，想建一所免费的女子高中让这些山里的女孩们读书，让她们走出大山。

她，翻山越岭，坐着拖拉机、摩托车甚至骑马摔断肋骨走了11万多公里，走遍了丽江边远山区的每一个村寨，只为不让任何一名女孩因贫困失学。

她，坚守岗位，为了不耽误教学，一边吃止疼药，一边把工作量加到了最大限度，数次昏迷在课堂，两次手术都选择在假期进行。

她，就是免费女子高级中学华坪女子高级中学的校长张桂梅。2021年，张桂梅被授予“全国道德模范”称号。她用多年的坚守创造了一个又一个教育奇迹。张桂梅老师通过自己的言传身教，为学生们树立了道德行为学习的榜样，用自己的行为诠释了师者仁心，彰显了无私奉献的高贵品德。一名女高毕业的学生，大学毕业后放弃了大城市的教师编制，回到女高任教，志愿追随张校长的足迹，扎根乡村中学，教书育人。我们不禁思考，道德榜样对学生道德行为的影响力究竟有多大，除道德榜样外，还会有哪些因素能够对学生的道德行为产生影响呢？除此之外，学生的品德发展是否存在着不同的水平与阶段？作为教师，我们还可以采用哪些方式来培养学生的良好品德呢？带着这些思考，我们一起来学习本章内容吧。

学习目标

通过本章的学习，你将能够：

1. 了解品德的含义及心理结构。
2. 理解皮亚杰、柯尔伯格和班杜拉的道德发展理论。
3. 理解中小学生品德发展的基本特征。
4. 理解影响中小学生德发展的因素。
5. 掌握良好品德培养的方法。

基础概念

品德（moral character）：品德是道德品质的简称，是社会道德在个人身上的体现，是个体依据一定的社会道德行为规范行动时表现出来的比较稳定的心理特征和倾向。

关键名词

品德，道德，品德的心理结构，道德认识，道德情感，道德意志，道德行为，社会学习理论，认知失调，态度定势

第一节　品德的实质与心理结构

一、品德的含义

品德是一个在日常生活中被广泛使用的名词，我们经常会评价一个人具有良好的品德、高尚的品德或较差的品德，究竟什么是品德呢？品德是道德品质的简称，也可以称为德行、品行或操行，是社会道德在个人身上的体现，是个体依据一定的社会道德行为规范行动时表现出来的比较稳定的心理特征和倾向。

品德是个体对社会道德规范的内化，是个体内在的心理倾向。与其他个性心理特征一样，品德也由内而外地支配着个体的行为，个体品德的外在体现即为个体的道德行为，而且，这种道德行为并非一时或者偶尔出现的，而是稳定的，在不同情境下都会表现出来的。如个体拥有集体主义道德品质，因此，不仅会主动牺牲休息时间，为集体做事，也会在个体利益与集体利益出现冲突时，部分或全部地牺牲个体利益，以维护集体利益。

二、品德与道德的区别与联系

道德与品德不同，道德是泛指在社会生活中人们的行为应当遵循的原则和规范，是能够帮助个体明辨是非并由此表现相应行为的一系列原则或观念。个体以社会道德行为规范为标准，会对自己表现出合乎道德的行为感到自豪。例如个体会对自己主动归还了商家多找的钱而感到自豪；相反，个体对违反道德规范的行为会感到内疚或产生其他不愉快的情绪体验，例如尴尬、焦虑等。由此可见，品德与道德不同，其区别主要表现在如下几个方面。

1. 品德与道德所属的范畴不同

品德与道德的第一个区别在于二者分属不同的范畴，道德作为规范全体社会成员的行为准则，与法律一样，属于社会现象，其目的都是协调人与人、人与社会和集体间的关系，但道德主要依靠社会舆论力量、各种形式的教育、社会文化传统等来规范社会成员的行为，抑或转变为个体的道德信念，以内在动机的形式监督并指引个体的行为。

然而，品德的描述对象是个体，是社会道德规范准则在个体身上的反映，因此是心理现象。而且，个体品德的形成与发展除了受社会发展规律的制约，还受到其心理发展特点及规律的影响。例如幼儿由于认知发展不成熟，还不能根据行为的企图来进行道德判断，经常会将有良好动机但结果不好的行为判定为不道德的行为。如果给幼儿讲一个故事，其中玛丽想让妈妈高兴，便剪了一块布给妈妈做补丁，结果不小心将自己的衣服剪坏了很大一块，而玛格丽特因为玩剪刀，而将自己的衣服剪坏很小一块，幼儿受制于认知发展的特点，会认为玛丽的行为更“坏”。

2. 品德与道德所反映的内容不同

品德与道德的区别还体现在二者所反映的内容不同。道德反映了社会生活的总体要求，是调节社会关系和社会成员行为的完整体系，包括协调人与人、人与集体及人与社会关系的所有行为准则。例如诚实守信、集体主义、爱国主义都是社会道德所反映的内容，并且是对一定经济基础的反映；又如孟德斯鸠曾经说过：“在一个人民的国家中还要有一种推动的枢纽，这就是美德。”其中的“美德”就是我们所说的“道德”。

相比之下，品德则是社会道德规范局部的、具体的体现，是社会道德要求的部分反映，主要是个体的道德需要与社会道德要求之间的关系。因此，从反映内容上看，道德比品德反映的内容更多，也更概括。

3. 品德与道德产生的需要不同

道德和品德的产生，源于不同的需要。在社会生活中，社会成员为了维护共同的利益，协调成员间的关系，保障社会协调稳定发展，就需要制定社会道德行为规范，因此，是社会的发展呼唤着道德的产生，而道德的产生是源于社会的需要。

而品德的产生则源于个体的需要，在个体社会化过程中，为了归属于一定的社会群体，被社会群体和群体成员所接纳，个体必须遵守一定的社会道德规范，以协调个体与社会，以及与群体内其他成员间的关系。因此，个体需要了解或学习社会道德准则，并在道德准则的指导下，努力使自己的行为符合社会道德的要求。由此可见，个体的社会性需要或者说归属需要，促使个体按照社会道德规范的要求，发展自己的品德。

知识窗10－1 道德的起源——猴子实验

把五只猴子关在一个笼子里，上面有一串香蕉。实验人员在笼中装了一个自动装置，一旦侦测到有猴子要去拿香蕉，马上就会有水喷向笼子，而这五只猴子都会一身湿。实验开始，有只猴子想去拿香蕉，当然，结果就是每只猴子都淋湿了，之后每只猴子在几次的尝试后，都发现结果如此。于是猴子们达成一个共识：不要去拿香蕉，以避免被水喷到。

而后，实验人员把其中的一只猴子释放，换进去一只新猴子A。猴子A看到香蕉，马上想要去拿，结果，被其他四只猴子揍了一顿。因为其他四只猴子认为猴子A会害它们被水淋到，所以制止它去拿香蕉，A尝试了几次，虽被打得满头包，依然没有拿到香蕉，当然，这五只猴子也没有被水喷到。

后来，实验人员再把另一只旧猴子释放，换上一只新猴子B。猴子B看到香蕉，也是迫不及待要去拿。当然，一如刚才所发生的情形，其他四只猴子揍了B一顿。特别的是，那只猴子A打得特别用力，猴子B试了几次总是被打得很惨，只好作罢。后来慢慢地一只一只的，所有的旧猴子都换成新猴子了，大家都不敢去动香蕉，但是它们都不知道为什么，只知道去动香蕉会被其他猴子揍，这就是道德的起源。

虽然品德与道德存在着上述区别，但二者也并非没有联系，其联系主要体现在以下几个方面。

1.品德是道德的具体化

个体的品德是一定的社会规范在其头脑中的反映，并在个体的实际生活中具体表现为品德行为。例如，集体主义道德要求个体将集体利益置于个人利益之上，这一道德准则被个体所内化，并指导个体的道德行为，诸如表现出维护集体财产的行为。由此我们看出，品德是社会道德的具体化。

2.社会道德风气影响着品德的形成与发展

众所周知，个体的品德不是与生俱来的，而是以社会道德为前提，在社会道德舆论的熏陶及学校道德教育的影响下，通过个体的实践活动逐步形成与发展起来的。离开了具体的社会道德，个体品德的形成与发展就无从谈起。因此，社会道德风气的变化在很大程度上会影响到个体品德的形成与发展。例如在一个以自我为中心的社会中，社会成员更容易形成自私而非利他的品德，而在一个倡导集体主义的社会中，成员则更容易形成利他的品德。

3.个体的品德对社会道德有一定的反作用

虽然社会道德风气影响着个体品德的形成与发展，但反过来，品德也会反作用于社会道德，这主要表现在两个方面。其一，众多的个体品德构成会影响社会道德风气，例如当今社会大多数成员重视教育、尊重知识和人才，使得“尊师重教”的社会道德风气更上一层楼；其二，表现在某些代表性人物身上的品德能够成为社会道德的规范，对社会道德风气产生影响。例如焦裕禄无私奉献的品德曾经作为一个时代的道德准则，雷锋助人为乐的品德也曾长时间影响着社会道德风气。

综上所述，我们可以看出，社会道德和个体品德是相辅相成的、既有区别又相互联系的两个概念。心理学、教育学研究个体品德的发展与形成，伦理学、社会学则研究社会道德，但心理学、教育学的品德研究不能脱离一定的社会道德环境和规范，其研究结果又反过来进一步丰富社会道德的内容，促进社会道德的发展。

三、品德的心理结构

品德的心理结构是指道德品质的心理成分及其相互关系。迄今为止，研究者对品德心理成分的划分意见并不一致，影响较大的是“四因素说”，即认为品德的心理结构包含四个成分，即道德认识、道德情感、道德意志和道德行为，它们之间既相互独立，又相互联系。品德是由多种心理成分交互作用的综合结果，是多层次的、多水平的统一整体。

了解品德的心理结构，有助于了解品德的心理实质，为有效地进行品德教育提供科学的依据。

（一）道德认识

道德认识是道德的认知成分，属于品德的理智特征。道德认识指个体对社会道德现象、社会规范及其履行意义的认识，也即对客观存在的道德关系及处理这些关系的原则、规范的认识，包括道德观念、道德概念、道德信念及道德评价等方面。

道德观念是个体对自身、对他人、对世界所处关系的系统认识及看法。例如中国传统哲学中的道德观念主要是儒家思想。

道德概念是个体对社会道德现象的共同属性和本质特征的概括及反映，例如勇敢、诚实、正直、善、恶等都是道德概念。

道德信念不同于道德观念及概念，道德观念和概念都属于道德知识，而道德信念则需要个体将道德观念、道德概念作为指导个人行动的原则，坚信并决定为之努力奋斗，如某人具有诚信为本的道德信念。

道德评价是个体根据已经掌握的道德概念，判断道德行为的是非对错、美丑善恶的过程，例如小到评价随地吐痰，大到评价驾车肇事逃逸、保姆虐婴行为的对错和善恶，都属于道德评价。

道德观念、道德概念、道德信念及道德评价不是孤立的成分。相反，道德概念的掌握、道德信念的形成及道德评价能力的发展是衡量学生道德认识形成和发展的主要标志。

（二）道德情感

道德情感是在道德认识的基础上产生并发展的，是个体依据一定的道德标准，对现实生活中的道德关系，以及自己或他人的道德行为所产生的积极或消极的心理体验，是道德的情绪或情感成分，伴随着个体的道德评价及道德行为过程。

道德情感既反映了个体的道德需要，又表现为个体对客观现实是否符合自己的道德需要而产生的态度体验。一般来说，现实生活中的各种事件或本人及他人的行为，如果符合自己的道德信念，个体就会产生积极的情绪体验，反之则会产生消极的情绪体验。例如，我们对英雄模范人物产生敬佩之情，对损人利己的行为产生厌恶；同时，个体也会对自己舍己为人的行为感到欣慰，对自己的过失感到羞愧等。因此，在这个角度上，道德情感能够成为自我的监督力量，促进个体良好行为的保持、不良行为的改正。此外，道德情感也能够激发个体的道德信念和道德行为，例如对社会的责任感和使命感等。

（三）道德意志

道德意志是指个体为完成预定的道德任务，自觉地支配自己的道德行为，克服各种困难，以实现既定目标的心理过程，是人的意志过程或主观能动性在品德上的表现，是调节个体道德行为的内部力量。道德意志主要表现为，个体在实现既定道德目标的过程中，坚持与控制其行为的力量。“做一件好事容易，难的是一辈子做好事”，从一定程度上体现了道德意志对坚持道德行为的作用。

道德意志除了能够发动与既定目标相符的行为，也能够制止与既定目标相悖的行为。这表现在道德意志能够帮助个体自觉抵御现实中的各种诱惑，不轻易为外界环境所左右，而始终坚持自己的道德行为。孟子曾经说过：“富贵不能淫，贫贱不能移，威武不能屈，此之谓大丈夫。”说的就是道德意志对不良行为的抵制作用。

（四）道德行为

道德行为是指个体遵照道德规范采取的言论和行动，是品德的外显行为成分，是个体实现道德动机，达到道德目的的手段。夸美纽斯就认为，“德行的实现是由行为，不是由文字”。其含义就是说个体的品行最终是需要依靠道德行为表现出来的。

道德行为包括道德行为技能和道德行为习惯，这与一般的技能、习惯并无本质的区别，只是表现在完成一定的道德任务时，具有道德的性质，因此被称为道德行为技能及习惯。道德行为技能的掌握有助于实现道德目的，指导个体的道德行为，使个体能够做出对他人和社会具有道德意义的事情，不至于好心办坏事。道德意志调节和控制着人的道德行为，使其贯彻始终，个体经过多次反复和实践，便形成道德行为习惯。道德行为习惯的形成是品德形成的客观标志。例如，一个人某一次表现出来热爱集体的行为，并不能据此判断其具有道德行为习惯，而是在不同情境下都表现出热爱集体的行为，才能认为其具有了道德行为习惯。由此可见，只有学生掌握了道德行为技能，并形成良好的道德行为习惯，学校的品德教育才真正具有了社会意义。

在品德结构中，品德的四个心理成分不是割裂的，而是互为前提、相互制约又相互促进的，同处于一个互动的、开放的统一体中。

一般来说，品德的四个心理成分具有这样的关系：道德认识是品德心理结构的思想基础，是道德情感产生的依据，而道德动机的产生源于道德认识与道德情感的深化和交融，又进而驱动道德意志来实现道德行为。由此我们可以看出，品德的四个心理成分是交织在一起，互相影响，密不可分的。

第二节　国外关于道德发展的理论

社会规范一词来源于拉丁文“norma”，原义指木匠使用的“规尺”，后被应用于研究人的社会行为，意指人的行为标准。从某种意义上说，品德发展也就是个体学习社会规范，逐渐形成自己的判断准则，并指导自己行为的过程，这主要体现为道德评价能力的发展及道德行为习惯的形成。

国外关于品德发展的研究中，皮亚杰、柯尔伯格的道德发展阶段论和班杜拉的社会学习理论是最具代表性的两派理论，前者侧重于探讨个体道德认识及评价的发展规律，后者则侧重于研究道德行为的习得与表现。两派理论对于了解学生品德发展都具有重要的启发意义。

一、皮亚杰的道德发展阶段论

瑞士心理学家皮亚杰在研究儿童品德发展方面作出了突出的贡献。20世纪30年代，他对儿童及青少年的道德判断进行了系统研究，不仅为品德发展的研究建立了理论框架，也为品德研究提供了一套方法，初步奠定了品德心理研究的科学基础。

皮亚杰关于道德判断的早期工作集中在道德推理的两个方面，即尊重规则和公平的概念。他通过与5 ~ 13岁儿童玩弹球来研究儿童遵守规则的问题，在与儿童游戏的过程中，他经常询问儿童，“这些规则是从哪里来的？”“每个人是否都要遵守规则？”“这些规则可以改变吗？”诸如此类的问题。

而为了研究儿童如何理解公平的概念，皮亚杰会让儿童思考一些道德决策故事也即对偶故事（实例见知识窗10 － 2），在儿童听完故事后，询问儿童：“这些孩子的过失是否相同？”“这两个孩子中，哪一个更坏些？为什么？”

知识窗10－2 对偶故事实例

对偶故事法是皮亚杰研究道德判断的主要方法。包括成对的两个故事，其中一个故事是因某种故意而造成不良结果，而另一个故事则是因为无意而造成不良结果，然后问儿童引起两种不良结果的行为哪个“更坏”。

故事A：一个叫约翰的小男孩在房间里听到妈妈喊他吃饭，于是他走进饭厅，在饭厅门后的椅子上放着一个托盘，托盘里放着15个杯子，但约翰不知道门后面有这些东西。在他进来的时候，门把托盘碰倒在地上，里面的15个杯子全摔碎了。

故事B：有一天，一个叫亨利的小男孩趁妈妈不在家，想偷偷地从食橱中取一些果酱吃，于是他爬到椅子上取，但是果酱太高了，他够不着……在他尽力去够的时候不小心碰翻了1个杯子，杯子掉在地上摔碎了。

皮亚杰认为，随着认知能力的发展，个体的道德发展也从一个非常自我中心的道德推理阶段逐步发展到以合作和互利为基础的公平系统阶段，并将道德发展阶段划分为一个前道德时期和两个道德阶段即他律道德和自律道德阶段，其后又增加了公正阶段，形成了四阶段论。

（一）前道德时期（2 ~ 5岁）

前道德时期也被称为自我中心阶段，2 ~ 5岁的学龄前儿童通常处于该阶段。自我中心是此时儿童的重要特征，他们还不能将自己与外界环境相区别，而是将环境也看作是自身的延伸。因此，在玩弹球的游戏中，他们很少关注规则，而更倾向于建构自己的规则，并按照自己的想象去执行规则。而且，这个阶段的儿童并非总是抱着取胜的意图去进行游戏，他们认为游戏的目的就是轮流玩并从中获得乐趣，而不是分出胜负。因此，皮亚杰认为，学龄前儿童还没有真正具有品德，此为前道德时期。

（二）他律道德（6 ~ 8岁）

他律道德也被称为权威阶段，处于他律道德阶段儿童的道德认知有以下四个特点。

1.他律道德阶段的儿童持有道德绝对主义观点。他们将道德看作是绝对的，认为道德准则是由上帝、警察或父母这样的权威人物制定的，是神圣不可改变的；任何道德问题都是可以区分对错的，而无条件地遵守道德才是对的。例如，让一个6岁的儿童判断“在公路上超速行驶行不行”，他会回答“不行”。如果再问他“如果为了送一个患急病的病人去医院急救，超速行驶行不行”，他仍然回答：“不行，因为违反了交通规则。”

2.他律道德阶段的儿童看重的是行为的客观后果，而不太关心行为者的企图。例如，在皮亚杰典型的两难故事情境中，许多6～8岁的儿童都认为约翰的行为比亨利更坏，虽然约翰的行为意图不坏，但是他打碎了15个杯子，而偷吃果酱的亨利只打碎了1个杯子。

3.他律道德阶段的儿童提倡进行抵罪式惩罚，也就是为了惩罚而惩罚，而不考虑惩罚与违规行为性质间的关系。因此，大部分的6岁儿童更赞成用打屁股的方式来惩罚一个打碎玻璃的男孩，而不是让男孩用自己的零用钱进行赔偿。

4.他律道德阶段的儿童相信存在内在的公正。他们认为，如果违反了道德规范，就不可避免地一定会受到惩罚。如果一个6岁的男孩恰好在偷吃点心时不慎摔倒，磕破了膝盖，那么，他们更可能认为“磕伤”是对“偷吃点心”行为的惩罚。

（三）自律道德（8～10岁）

自律道德阶段也被称为可逆性阶段或道德相对论阶段，自律道德阶段的儿童对道德的理解具有以下特点。

1.他们持有的道德绝对论已经逐步向道德相对论转化。他们已经有了一些生活经验，并从这些生活经验中认识到，社会规则是由人制定的，是主观的，并且是可以修改的，在大家都同意的情况下规则就可以改变。此外，他们还认为，为了服务于人的需要，也可以违反规则。因此他们认为，为了挽救病人而超速行驶的司机虽然违反了交通规则，但他并没有违反道德。

2.自律道德阶段的儿童在进行道德判断时，不再依据行为的客观后果，而是以行为者违反社会规范的动机也即行为者的企图作为判断依据。因此，在回答两难问题时，10岁儿童会一致认为，因偷吃果酱而打碎了1个杯子的亨利比在去吃饭时打碎15个杯子的约翰更坏。

3.在问到对违反道德规范者该如何惩罚时，自律道德阶段的儿童更偏爱互换性惩罚，也就是说，在处理违规行为时，应该使惩罚性后果与“错误行为”相符合，以便使规则破坏者能更好地理解错误行为，不再重蹈覆辙。因此，同样是惩罚打破玻璃的小男孩，自律道德阶段的儿童更倾向于让小男孩用自己的零用钱进行赔偿，以便他理解玻璃是需要钱才能买到的，避免他将来重蹈覆辙。

4.自律道德阶段的儿童不再相信内在公正，他们已经从经验中了解到，违反社会规则也不是一定会受到惩罚，如果没有被发现，就可以避免受到惩罚。

（四）公正阶段（10岁以后）

公正阶段是个体品德发展的最高阶段。儿童从10岁开始，已经逐步形成了运算思维，体现在道德判断上，开始倾向以公正、平等作为是非判断的标准，道德观念也逐步从形式上的公正向真正的公正发展，能够将规则与整个社会和人类的利益联系起来，并认为公正的奖惩应该与个人的具体情况相联系。

皮亚杰认为，儿童的品德发展是一个连续的统一体，上述四个阶段的划分只是为了研究的方便，并不表明个体品德发展的中断。

二、柯尔伯格的道德发展阶段论

柯尔伯格是另一位对儿童品德发展理论作出重要贡献的心理学家，他创设两难情境，要求10岁、13岁及16岁儿童和青少年解决冲突，让他们选择或者遵守规则、法律或权威人物，或者为满足个体需要采取与规则冲突的行为。

知识窗10－3 柯尔伯格的两难情境实例

在欧洲，一个妇女因为得了一种特殊的癌症而濒临死亡。医生认为有一种药或许能够挽救她的生命，这种药是镇里一位药剂师最近发现的一种镭化物，价格非常贵，药剂师所要的价格是2000美元，比实际价格高出了10倍。海因茨是这个妇女的丈夫，他四处筹集却只借到了1000美元。于是他告诉药剂师，他的妻子快要死了，央求他便宜一些把药卖给他或者让他以后再补还。药剂师却回答说："不，我发现了这种药，我要用它来赚钱。"海因茨绝望了，于是他溜进药店给妻子偷药。你认为海因茨是否应该这样做？

经过系统的研究与分析，柯尔伯格将个体的品德发展划分为三个水平，每个道德水平又包括两个阶段，阶段代表了参与社会互动、进行角色采纳的个体进行道德判断的普遍形式。他认为，个体道德发展的阶段描绘了个体从以服从、避免惩罚及工具性需要和交换为基础的初级道德判断（阶段一和阶段二，属于前契约水平），到以义务、好人观念及社会法定的规则和权利观念为基础的道德判断（阶段五和阶段六，属于后契约水平）。而且，道德水平和道德阶段的发展顺序是固定不变的，后面的阶段要以前面的阶段为基础，并替代先前阶段；且发展是不可逆的，到达新道德阶段的青少年不可能再倒退回先前的阶段。

柯尔伯格的三个道德水平以及六个阶段的基本内容和特征如下。

（一）前习俗道德（0～9岁）

前习俗道德水平是个体道德发展的第一个水平，此时，规则对于个体来说是外部的而非内化的，因此，处于这个水平的儿童会为了逃避惩罚或赢得奖励，而遵守由权威制定的规则。前习俗道德水平包括以下两个阶段。

1.惩罚与服从定向阶段

此阶段的儿童，判断行为恰当与否是以行为的结果为依据的，一个行为导致的伤害越严重或受到的惩罚越严重，则会被认为越不恰当。此阶段的儿童会为了逃避惩罚而遵守由权威制定的规则，而如果不恰当的行为没有被发现或没有被惩罚，他们就不会认为该行为不恰当。

2.天真的享乐主义阶段

此阶段的儿童，遵守规则的目的不再是逃避惩罚，而是获取奖赏或满足个人目标。此时，儿童行为的主要动机是希望能够获得回报，也即"你帮我，我也帮你"的指导思想占主导地位，而从他人的角度出发还仅仅是行为的从属动机。

（二）习俗道德（9～15岁）

个体道德发展的第二个水平是习俗道德水平。此时个体会为了赢得他人的支持或维持社会秩序而遵守规则或社会规范。他们采取道德行为的主导动机已经转变为获得社会奖励或逃避伤害，而且能够意识到并认真考虑他人的观点。该水平包括两个阶段。

1.“好孩子”定向阶段

此阶段的儿童认为，受他人喜欢、支持或对他人有帮助的行为都属于道德行为，例如，帮妈妈端水，妈妈表扬了他，儿童就认为这是一个道德行为。而且，他们已经开始依据行为者的行为意图来进行道德判断，因此，“良好意图”是恰当行为不可或缺的重要标准之一。

2.维持社会秩序的道德阶段

在此阶段，儿童已经开始考虑普通大众的观点，也即由法律所反映的社会群体的意志，例如遵守交通规则。此外，他们遵守规则是因为持有应该服从规则和法律以维持社会秩序的信念，而在他们看来，服从法律规则的事情就是正确的事情。

（三）后习俗道德（15岁以后）

个体道德发展的最高水平是后习俗道德水平，也被称为有原则的道德。达到此道德水平的个体，会基于更广泛的公平原则来界定行为的恰当性。他们与处于习俗道德水平的个体不同，他们所依据的公平原则，并非一定是法律原则，因为他们已经从生活经验中了解到，道德上正确与法律上适当并非总是一致的。后习俗道德水平具体可划分为两个阶段。

1.社会契约定向阶段

在此阶段，个体会认为法律反映了大多数人的意志，是促进人类幸福的工具，为了保证这一目标的实现，法律应保持公正，它是人们有义务去遵守的社会契约；但个体也意识到，并非所有的法律都是公正的，那些对人类权利和尊严强制的法律，就是不公正、值得质疑的。从此阶段个体对两难情境问题的回答中，可以发现，个体已经区别了合法与合乎道德。

2.普遍的伦理原则阶段

普遍的伦理原则阶段是个体道德发展的最高阶段。这个阶段的个体已经在自己良心基础上形成了相应的道德原则，并据此对行为的是非对错进行判断。个体所持有的这些原则不像法律法规那样具体，而是一种普遍意义上的公平的、抽象的道德指导，如果它们与现行法律法规或社会契约发生冲突，则被认为应首先遵守这些道德原则而非法律法规。

事实上，这一阶段是柯尔伯格心目中理想的道德推理阶段，几乎没有人能够达到这一阶段，因此仅仅是一种理想的结构。

表10－1 柯尔伯格两难情境问题回答实例

水平	阶段	支持偷盗的回答	反对偷盗的回答
前习俗道德	惩罚与服从定向	拿药并不是做坏事——他想花钱买的。他也没有伤害什么人或者偷走其他东西，而且他偷的药只值200美元，不值2000美元。	海因茨没有得到允许去拿药。他不能打破窗户进去，他搞的那些破坏都是不好的犯罪行为……而且偷那么贵的东西也是很大的罪行。
	天真的享乐主义	海因茨并没有让药剂师真的有什么损失，而且他可以慢慢还给他钱的。如果他不想失去妻子，就应该去拿药。	嘿，药剂师并没有错，他只是想赚钱而已，谁不想呢。做生意的，不就是为了赚钱嘛。
习俗道德	“好孩子”定向	偷盗是错的，但是海因茨做了一个好丈夫做的事情。他为了他的妻子而做一些事情，不应该受到责备。如果他不救她，才应该受到责备。	如果海因茨的妻子死了，也不是他的错。他没去犯罪你也不能说他没良心。药剂师才是自私冷血的人。海因茨只是做了他能做的事情。
	维持社会秩序的道德	如果药剂师让人死掉了，那他就是错的；海因茨有责任挽救他的妻子。但是海因茨不能触犯法律——他必须赔给药剂师钱，并且为自己的偷盗受罚。	对海因茨来说自然想救他的妻子，但是偷盗终归是错的。不管是因为你的感情还是特殊的情形，都必须遵守规则。
后习俗道德	社会契约定向	在你说偷盗在道德上是错的之前，必须想一想整个情形。当然，对于擅闯商店，法律的规定很明确。并且……海因茨应该知道他的行为是不合法的。但是在那样的情形下，偷药是任何人都会觉得合理的。	我能看到违法偷药的好处，结果并不能评判一切。法律是生活在一起的人们一致认同的，而海因茨有责任尊重这些协议。你不能说海因茨偷药就完全是错的，但是至少这种情形下也不是对的。
	普遍的伦理原则	当一个人必须在触犯法律和挽救人的生命之间作出选择时，生命至上的原则表明偷药在道德上是正确的。	有许多癌症病人而且药又这么紧缺，需要它的人都不够用了。行动理由的正确与否在于所有人都认为这是“正确”的。在这种情况下，海因茨不应该感情用事或依法行事，而应该思考一个理想中的人会怎么做。

三、班杜拉的社会学习理论

自20世纪40年代以来，儿童如何习得社会行为成为行为主义心理学家的研究兴趣之一。社会行为包括合作、竞争、攻击、道德伦理及其他的社会反应。他们发现，强化并不能很好地解释个体社会反应的习得，儿童的社会反应主要是通过观察和模仿他人的行为而习得。在个体道德行为的习得方面，班杜拉提出了社会学习理论这一被广为接受的模仿理论，该理论界定了有关道德行为获得的三个基本概念，即抗拒诱惑、赏罚控制和观察学习。

（一）抗拒诱惑

“弱肉强食，适者生存”是生物界不变的法则，为了求得生存，动物必须在环境中寻找一切能够满足生存需要的东西。但作为社会的人，则需要有组织、有规范、有纪律，因此，个体在社会中生存，需要学会两种求生方式，其一是在不违反社会约定的前提下，满足自己的需要。其二则是学习“抗拒诱惑”，也即能够根据社会规范的禁忌，对自己的愿望、冲动等进行自我控制，使自己在行动上不致做出违反社会规范的行为。而“抗拒诱惑”的实质仍然是个体习得社会行为规范，发展自制力，并在具体的生活情境中，指导自己的行为。

知识窗10－4 抗拒诱惑实验

为研究个体抗拒诱惑的自制力是如何产生的，研究者以小学年龄的儿童为被试，在儿童面前摆放两个玩具，其中一个玩具是新奇好玩、对儿童来说非常具有诱惑力的；而另一个玩具则是儿童玩过、熟悉，没有吸引力的，实验者要儿童取其中一个玩具并编一个故事说明该玩具的特色。

研究者将儿童随机分为三组，其中两组为实验组，一组为控制组，每个儿童都单独进行实验。第一组儿童在取新奇玩具时（正想取，还未取到），实验者立即厉声给予制止，“不行，那是留给大孩子的！”这种情境下，儿童只好取另一个玩具；第二组则是在儿童取到玩具后再以同样的方式制止。这一环节其实是训练儿童抗拒诱惑，也就是喜欢新奇的玩具，但因为要留给大孩子，只能控制自己，而两种情境的差异则在于惩罚发生的阶段不同。第三组是控制组，不给予儿童限制。

训练后，将儿童置于无人监管的情况下，任由儿童拿自己喜爱的玩具，这一阶段是为了检验抗拒诱惑训练的效果。结果发现，在抗拒诱惑的自制力方面，第一组儿童最好，第二组其次，第三组则最差。基于此，研究者认为，为了使儿童能够抗拒诱惑，惩罚不仅要适度，也要适时。

（二）赏罚控制

赏罚控制源自行为主义的联结原理，所谓联结，指的是某种情境仅能引起某种反应，而不能唤起其他反应的倾向。例如在公共汽车上看见有老年人站着这一情境引发起身让座这一反应，就是一种联结。行为主义认为，人类所有的思想、行为和活动都能分解为基本单位——刺激与反应的联结，而在联结的形成中，奖赏能够增强联结的力量，惩罚则能够削弱联结的力量。

在社会学习理论中，赏罚控制的具体做法是：当儿童表现出符合道德标准的行为时，给予奖赏，以期当同样的情境重现时还会出现同样的行为；而当儿童的行为不合乎道德标准时，则给予惩罚，以使得儿童因害怕惩罚进而学会避免惩罚，以此建立道德行为。

无疑，赏罚控制对于个体习得道德行为具有重要的影响，但我们也必须意识到，赏罚控制重视了赏罚在个体道德行为形成中的作用，却忽视了道德认识对道德行为的影响。

知识窗10-5 赏罚控制实验

班杜拉和罗斯的赏罚控制实验，以66名4岁的儿童为被试，将他们随机分为三组，每组22人。不同组儿童看到的电影中，对待同一攻击行为的结果不同。第一组是攻击—奖赏组，儿童看到的电影片段是：一个成年人采取攻击行为后，另一个成年人称赞他是勇敢的胜利者，并给他巧克力糖和汽水等食品；第二组为攻击—惩罚组，电影片段是当一个成年人采取攻击行为后，另一个成年人指责他是暴徒，打他并迫使他低头逃跑；第三组作为控制组，电影片段中采取攻击行为的成年人，既没有得到奖赏，也没有被惩罚。

影片观看结束后，实验者将儿童置于与电影相同的实验情境中，让儿童自由玩耍10分钟，研究者通过单向玻璃观察儿童的行为。结果发现，与其他两组相比，攻击—惩罚组几乎没有儿童模仿攻击行为。这一结果表明，替代性的赏罚控制仍然对个体习得道德行为具有重要的影响。

（三）观察学习

观察学习也被称为“社会学习”，是人们通过观察他人的行为及行为后果而间接产生的学习，也就是“通过观察榜样示范而进行的学习”。班杜拉认为，儿童通过观察他们生活中重要人物的行为而习得社会行为，这种观察以表象或符号表征的形式存储在大脑中，以便可以再次调用，再现榜样的行为。通过观察学习，儿童不仅学会了如何表现行为，而且也知晓了如何在具体情境中表现出该行为的结果。

班杜拉主张，对榜样行为的观察学习包括四个互相联系的过程，即注意过程、记忆过程、动作再现过程和动机过程。

1.注意过程

儿童在观察学习中，第一步是必须注意将要学习的榜样。在日常生活中，儿童周围有大量的社会榜样，如父母、老师、同伴、兄弟姐妹、公众人物等，但实际上，一些榜样相比另一些榜样更容易吸引儿童的注意。班杜拉认为，那些亲近、温和、照料他们的人以及有能力、有权力的人，都容易被年幼儿童作为榜样。其他研究者也发现，幼儿园儿童经常注意和模仿他们的老师和班级里热情、善于照顾人的孩子。此外，5 ~ 10岁的儿童比较偏爱模仿同年龄或年龄稍长的榜样，不爱模仿比自己小的儿童，这可能是因为他们认为小孩子不如他们有能力。

儿童所处的道德发展阶段不同，选择的榜样也存在差异。例如，当儿童知道自己的性别无法改变后，会更多地关注同性别的榜样。而随着年龄的增长，个体在产生兴趣、态度和价值观后，会更加喜爱那些与他们相似的榜样。

知识窗10-6 家长——儿童的首任榜样

家庭是孩子成长的第一环境，也是最重要的成长环境，这种影响会伴随孩子的一生。中国有一句俗语“有其父，必有其子”，印证了父母作为孩子的榜样，其行事方式对孩子的影响。

比如，父母见到他人要问好打招呼，分手时挥手说再见，打扰别人时说“对不起”，要别人帮忙时说“请”，对帮助过自己的人要说声“谢谢”，这些都是人际交往中的基本图式。

红灯停，绿灯行，横穿马路走斑马线，垃圾放入垃圾桶，爱惜公共设施，这些则是社会规范图式。在儿童的早期日常生活中，大量的行为图式来自于父母，他们对父母的行为看在眼里，听在耳中，记在心上，并慢慢照此行事。

这些行为图式会潜移默化地影响孩子的行为习惯，而如果父母行为不端，对孩子造成的不良影响也可想而知。

2.记忆过程

儿童如果将来想在榜样不在场时作出相应的行为，就需要对榜样的行为进行记忆。班杜拉认为，儿童对榜样行为的记忆形式包括两种，一是模仿表征系统，也就是形成关于榜样行为的简单形象，并且能够提取出来，例如给老人让座。除此之外，还有言语表征系统，即将观察到的行为转化为语言标签进行存储，言语表征对于观察学习至关重要，因为经过言语编码，能够将那些用其他方法难以记住或无法记住的信息保持下来，而对信息进行语言编码也有利于观察学习。例如，在观察榜样的行为时，边观察边描述的儿童，相比于只观察的儿童，在日后会表现出更多的榜样行为，这是因为他们更好地记忆了榜样的行为。

3.动作再现过程

动作再现过程也称复制过程，在此过程中，儿童将再现在榜样情境中所观察到的行为，具体表现为，儿童将存储的表象或言语信息转换成行为，发动行为，并根据获得的反馈调整自己的行为，以作出正确的反应。动作再现过程涉及一系列的认知及行为操作，因此，班杜拉将这一过程具体划分为三个环节，即反应的认知组织，反应的发起和监控，以及在信息反馈基础上的精炼。

4.动机过程

班杜拉在社会学习理论中，区分了“习得”和“表现”。习得指个体学会了某种行为，而表现则是指个体实施某种行为。这是因为人们并不会实施他们学到的所有行为。

个体已经“习得”的行为能否表现出来，行为动机也就是个体具有实施行为的内在动力，在其中具有决定性的作用，而行为是否受到强化对行为动机具有重要的影响作用。因此，动机过程又被称为强化过程。

班杜拉利用bobo玩偶实验，对强化如何影响道德行为动机进行了研究。在实验中，攻击—惩罚组的儿童，看到电影中的成年人因为攻击行为而被惩罚，因此在随后与玩偶单独相处时，出现最少的攻击行为。但如果有人鼓励儿童模仿习得的攻击行为时，儿童就会像攻击—奖励组儿童一样，表现出习得但被抑制的攻击行为。因此，班杜拉认为，无论是直接强化还是替代强化，其功能都是调节个体是否表现出已习得的行为。

强化不仅在习得榜样行为后对行为表现起作用，相反，如果儿童事先知道正确模仿榜样的行为会得到强化，这种关于奖赏的承诺也会激励儿童努力观察并记忆榜样的行为。因此，在观察学习前，个体如果对强化有所预期，会促进个体的观察学习。

此外，班杜拉认为，个体是否将习得的行为付诸实践，并非取决于行为的真实后果，而是个体对行为结果的预期。例如，在bobo玩偶实验中，攻击—惩罚组儿童一旦知道表现出攻击行为会得到奖励，就会与攻击—奖励组的儿童一样，表现出攻击行为。

知识窗10－7　bobo玩偶实验

研究者随机将儿童分成三组，每组儿童接受一种实验处理。实验伊始，首先让儿童观看一场电影，在电影中，一个成年人正在踢打一个充气娃娃，但三组儿童看到成年人的攻击行为导致的结果不同。第一组儿童看到电影中的成年人因为踢打充气娃娃而获得奖励，也即攻击—奖励组；第二组儿童看见电影中的成年人因为踢打充气娃娃而受到惩罚，也即攻击—惩罚组；而第三组儿童则没有看到成年人踢打充气娃娃导致的结果。观看电影后，儿童被置于摆有充气娃娃的房间，与充气娃娃单独相处。结果发现，第一组儿童表现出最多的攻击行为，更多地踢打充气娃娃；而第二组的儿童攻击行为最少，但如果告诉第二组儿童，模仿电影中的成年人踢打充气娃娃可以获得奖励，他们也会像第一组儿童一样表现出攻击行为。

第三节　中小学生品德发展的基本特征和影响因素

儿童自6岁左右开始进入学校，其生活重心也逐步由家庭转入学校，因此，学校教育对学生的品德发展起着至关重要的作用。作为教师，了解中小学生品德发展的特点及影响因素，是对学生进行品德教育的前提和基础。

一、小学生品德发展的基本特征

小学阶段学生的年龄跨度从6、7岁到11、12岁，也即儿童期。这一时期是个体品德形成发展的初级阶段，主要表现为从不知到知、从不懂到懂、从不做到做的过程。个体在这一阶段形成良好的品德会为其一生的品德奠定坚实的基础。小学生在道德认识、道德行为发展等方面具有如下特点。

（一）道德认识从具体过渡到抽象，道德评价从片面过渡到全面

小学生品德发展的重要特点是道德认识从具体逐步过渡到抽象，道德评价从片面逐步过渡到全面。

小学生的认知发展处于具体形象思维阶段，抽象思维能力较差，因此小学低年级学生的道德认识比较具体，对道德行为的观察多停留在具体的直观效果上，而且只能用具体情境的事例来评价是非、好坏。例如，小学生会认为过马路“一停二看三通过”是好的，但随着年龄的增长，抽象逻辑思维能力进一步发展，其道德认识也逐步向抽象过渡。

此外，小学生的道德评价能力还处于初级水平，往往表现出表面性和片面性。他们还不善于从道德观点、道德动机和道德准则出发，去评价自己和别人的品德，而通常会以具体的行为表现为依据去评价他人的品行。如果他们看见某人在某方面，或者在某种场合表现出好的行为，就会认为他绝对好，相反就是绝对坏。同样，在评价自己的行为时，也容易绝对化。随着学生年龄的增长，知识经验的日益丰富，心理发展的不断成熟，学生开始全面、客观、多层次地评价自己或他人的行为。

（二）道德行为从依附过渡到自觉、从模仿过渡到习惯

虽然进入小学之后，学校对小学生会有全新的道德行为准则和要求，例如热爱班集体，爱护公共财产，帮助他人，遵守纪律等。但实际上，小学生尤其是低年级学生的自我控制能力还比较差，表现出的道德行为也还相当缺乏。

然而，小学生容易受到外界环境的影响，也容易接受父母或教师的管束，其道德行为从最初依附于家长或教师的表扬或鼓励，逐步过渡到自觉表现出道德行为。

此外，小学生还没有形成道德行为习惯，在榜样的作用下，他们可能在某些情境中表现出道德行为，但还不稳定。而且小学生处于模仿能力极强的阶段，所以我们常说，“榜样的力量是无穷的”，“教师喊破嗓子不如做出样子”，因此教师在教育过程中，要重视“身教”的作用，以帮助小学生建立良好的道德行为习惯，巩固其道德行为，为个体一生的品德发展奠定坚实的基础。

（三）小学生品德发展的协调性

总体来讲，小学生品德发展的各成分间是协调的，也就是说，小学生的道德认识与道德情感及道德行为的发展是协调一致的。而且，年龄越小，道德成分间的一致性越高。随着年龄的增长，个体的言行之间、行为与动机之间会逐渐出现矛盾和不一致的情况。

小学低年级儿童的道德认识主要受到外界成年人的支配，主观愿望与外部要求比较一致，而此阶段儿童的道德行为比较简单，还不会掩饰自己的行为，行为外露。因此，在外界教育力量的影响下，道德认识和道德行为表现出较低水平的一致性。随着年龄的增长，小学生逐渐产生了自己的道德认识及判断，儿童的内心愿望与外部成年人的要求之间逐渐表现出不一致，此时，儿童也逐渐学会了掩饰自己的行为，因此也表现出言行不一的情况，这种不一致也反映了小学生品德发展的幼稚性、不成熟性，以及品德结构发展的不稳定性。

二、中学生品德发展的基本特征

进入中学阶段，学生逐渐进入青春期，其认知发展及社会性发展也都进入了新的阶段，了解这一阶段学生品德发展的基本特征，对于学校道德教育具有重要的意义。

（一）伦理道德发展具有自律性

柯尔伯格（Lawrence kohlberg）认为，在整个中学阶段，学生从习俗道德水平逐步发展到后习俗道德水平，社会契约定向和伦理定向的道德认识和评价是中学生品德发展的重要特点。所谓伦理，也即人与人之间的关系以及必须遵守的行为准则，是道德关系的概括。柯尔伯格也认为，伦理道德是个体品德发展的最高阶段。

1.发展道德信念与道德理想

在道德的认知成分中，道德信念和道德理想是在个体掌握道德知识的基础上产生并逐步发展的。中学生的认知水平、思维能力较小学生有质的差异，对道德知识的理解较先前更加深入，更加概括，能够理解抽象的道德知识。在此基础上，通过学校教育，中学生逐步发展出自己的道德信念，并产生道德理想。

2.自我意识增强

中学生的年龄阶段一般在12岁～18岁，这一时期被称为青春发育期，是个体从童年走向成年的过渡时期，个体在生理和心理上都会从不成熟逐步走向成熟，在心理发展中，自我意识的发展是核心内容之一。

自我意识是人类意识的基本特征之一，是指人对自己及自己与周围事物关系的认识和态度，包括自我认识、自我体验、自我评价、自我控制等。进入青春期后，个体对认识自己表现出极大的兴趣，“我是一个什么样的人”成为学生经常思考的问题。个体在自我认识基础上，开始独立评价自己，自我评价的独立性较小学生有明显提高。而且，中学生的思维独立性及批判性也都有了很大发展。因此，其道德评价的自律性水平明显提高，即从仿效他人评价过渡到独立地进行道德评价，中学生已经能够根据自己的价值标准来判断一些道德问题。此外，中学生也从偏向评价他人发展到学会评价自己，即能够运用道德规范自觉地评价自己行为的恰当性，并在此基础上发展自我调节、自我控制等能力。

概括来说，进入中学阶段后，随着个体自我意识的逐步增强，初中学生已经开始对自己进行评价，并相应地产生内心体验。到了高中阶段，大多数学生都能用概括的品质来评价自己，例如真诚、热情等，并能够从政治品质的高度来评价自己的道德行为，例如忠诚于国家等。

3.道德行为习惯逐步巩固

“做一件好事不难，难的是一辈子做好事”，说的就是道德行为习惯。个体品德的一个重要特点，就是需要依靠习惯的力量来调节自己的行为。个体的道德行为习惯一旦形成，将会产生相对稳定的态度定势，将道德准则不自觉地演变成为个人内在的东西，并渗透到个人生活的各个领域，自发地支配着个体的言行举止。

中学阶段是个体一生中道德行为习惯建立的关键时期，中学生的道德行为不再像小学生一样，是偶尔为之，而是在道德信念、道德理想的基础上，随着自我控制能力的提高，逐步形成稳固的道德行为习惯，指导其道德行为。中学阶段结束前，大多数学生都能够建立与伦理道德一致的、较稳定的道德行为习惯。

4.品德结构更为完善

中学生的道德认识、道德情感、道德意志与道德行为间相互协调，已经逐步发展成为一个较为完善的动态结构。具体表现为，中学生逐步将道德准则内化成为自己的道德信念，在此基础上，评价自己和他人的道德行为，并指导自己的行为。而且中学生的品德结构也逐渐发展成为稳定的个性心理结构的一部分。

（二）品德发展由动荡向成熟过渡

中学阶段，个体品德发展的第二个重要特点，就是个体的品德发展逐步由动荡向成熟过渡。这主要体现在初中阶段品德发展比较动荡，而到高中阶段后，个体的品德逐步趋于成熟。

1.初中阶段品德发展具有动荡性

初中生的心理发展还不成熟，反映在其品德发展上，具有很强的动荡性。初中生已经掌握了较丰富的道德知识，并形成了初步的道德观念，但道德观念还不稳定，对是与非、善与恶的辨别有时还模糊不清。此外，初中生容易受“外在诱因”引起的欲望所驱使，情境性动机、情绪性动机、兴奋性动机突出，道德动机简单、不稳定、容易发生变化，有时在个人主义或利己主义动机的驱使下，会作出与社会道德规范相违背的行为。例如为了哥们义气打架斗殴，考试帮助同伴作弊等，因此，品德不良或违法犯罪也经常发生在初中阶段。但随着学生社会性的发展，理智性动机逐步发展起来，兴趣也趋向稳定，其道德动机也逐步趋于稳定。

2.高中阶段品德发展趋向成熟

与初中生不同，高中生的品德发展已经趋向成熟，能够自觉地运用道德信念调节自己的道德行为，表现出比较自律的道德行为，并初步形成了自己的人生观和价值观。

总体来说，初中生的伦理道德已经开始萌芽，但还具有两极分化的特点。而进入高中阶段后，学生的伦理道德发展已经具有成熟性，能够比较自觉地运用一定的道德观念、原则、信念来调节自己的行为。

三、影响品德发展的因素

影响学生品德形成的因素是多方面的，可以将其分成外部因素和内部因素。外部因素主要来自家庭、学校、同伴及社会等外界环境；而内部因素则主要与个体自身有关，例如人格因素、认知能力等。

（一）外部因素

1.家庭环境教育因素

影响个体品德发展的一个重要因素是家庭，其对品德发展的作用主要体现在三个方面。首先，家庭气氛影响着儿童品德的发展，良好的、和睦的家庭气氛有助于儿童发展良好的品德。

其次，父母对儿童品德发展所起的榜样作用不容忽视。家庭和文化是儿童品德形成的环境，而绝大多数儿童的早期社会经验局限于家庭。事实上，儿童早期就已经从父母和其他家庭成员身上习得了某些道德品质，也习得了某些反射性和习惯性的道德行为。

此外，家庭教养方式不同，对儿童的品德发展影响也不相同。在各种教养方式中，最有效的教养方式是对要求儿童做的事情说明理由。这种以交流、互动为中心的教养方式，比身体惩罚和溺爱更有效。因此，对儿童进行言语说服或劝导，有助于儿童形成良好的品德，而专制和体罚都容易使儿童产生逆反行为，与良好品德的发展背道而驰。

2.学校环境教育因素

学校环境与一般的社会环境不同，学校教育能够有目的、有计划、系统地培养学生的良好品德，因此对个体的品德形成与发展起着主导作用。

学校环境主要通过三个方面对学生的品德发展起作用。其一，学校风气和班级风气影响着个体的品德发展。校风和班风也就是群体成员占优势的言行倾向及作风，它以潜移默化的方式影响着个体品德的发展。例如一个班级形成了团结友爱、助人为乐的良好班风，对于个体形成相应的道德品质具有积极的促进作用。其二，教师教学育人的方式、方法及榜样作用影响着学生品德的形成。教师是学生观察学习的首选榜样，尤其是低年级的学生，经常会效仿教师的品行及作风，因此教师本人为人师表、以身作则对学生品德形成具有重要意义。最后，学校可以通过素质教育与德育相结合的方式，有针对性地促进学生良好品德的发展。例如可以请英雄人物、感动中国人物进行事迹报告，组织学生参加公益活动，围绕某一道德话题组织辩论或演讲等。

3.社会因素

社会主要通过社会风气和大众传媒两个途径对学生的品德发展产生影响。

随着学生年龄的增长，其社会化程度日益提高。而此时受制于年龄特点，他们对是非的判断有时还不那么正确，而且又喜欢模仿。因此，随着学生年龄的增长，社会风气对学生品德的影响作用也日益增强。

电视、书刊、网络等大众传媒对学生的品德发展也产生越来越深刻的影响。帕克等人的研究表明，在其他社会条件相同的情况下，观看暴力电影的学生比其他学生表现出更多的攻击行为。彼得逊等人的研究也表明，对于7 ~ 11岁的美国儿童来说，常看暴力电视节目会增加儿童的恐惧感，担心自己一个人时会被杀害，甚至对社会丧失信心。

4.同伴群体影响因素

随着年龄的增长，一些小伙伴会因为兴趣爱好、共同活动而形成相互交往、彼此接纳的同伴群体。在群体中，群体成员会相互模仿、相互感染，既可能使好的品德得以推广，也可能使不良的行为得以蔓延。例如中学阶段男孩子偷偷吸烟，原因就可能是其感受到来自群体同伴的压力，这种压力有时是个体没有意识到的，但对行为却会产生重要的影响。因此，教师需要对小团体进行正确的引导，引导其进行积极向上的、有意义的活动，使其对学生的品德发展产生良性的促进作用。

（二）内部因素

1.认知失调

认知失调理论最早由费斯廷格（Leon Festinger，1957）提出，他认为，所谓认知失调就是指个体由于出现与态度不一致的行为而引发的不舒服的感觉。例如，你原本想帮助你的朋友，实际上却帮了倒忙，这时会产生不安和愧疚感。通常，个体对某件事情的态度与行为是一致的。例如，你和你喜欢的人一起郊游，或者不理睬与你有过节的另一个人，这两种情况，都体现了态度和行为的一致。但有时，态度与行为也会出现不一致的情况。例如，尽管你反感某人的夸夸其谈，但因为担心被报复而恭维他。当态度与行为不一致时，就会引起个体的心理紧张，为了克服这种由认知失调所引起的紧张，个体需要利用一些方法减少认知失调，重获认知一致。事实上，个体可以通过改变认知或行为两种途径来重获认知一致。

知识窗10－8 认知失调的调整实例

某人因为认识到吸烟有害健康而选择戒烟，但戒烟一段时间后，又重新开始吸烟。此时，其态度“吸烟有害健康”与“重新开始吸烟”这一行为不一致，因此产生认知失调。个体可以通过以下几种途径减少认知失调，重获认知一致。

（1）通过改变认知，使得态度与行为再次协调一致。例如，个体可以认为，其实自己一直都不想真正戒烟，因此，重新开始吸烟是合乎逻辑的。

（2）即使不改变认知，个体也可以增加与行为一致的认知。例如，个体可以认为，吸烟其实可以帮助自己放松并保持体形，有利于自己的健康，因此可以再次开始吸烟。

（3）个体可以改变认知中的某些成分，即将与行为一致的认知看得更为重要，而将与行为不一致的认知看得不那么重要。例如，个体可以认为，吸烟可以让自己放松和保持体形，这比担心30年后是否患癌更重要。

（4）个体可以让自己相信，之所以这样做是不得已而为之。例如，自己虽然知道吸烟有害健康，但因为工作和生活压力太大，不得已需要通过吸烟来缓解压力。

（5）上述四种方法都是从认知的角度入手，重获认知一致。除此之外，个体也可以从行为的角度入手，进行调节。例如，个体选择再次戒烟，即使别人给烟也不抽。

2.态度定势

态度定势是指个体对其所面临的人或事具有的肯定或否定的内心倾向，例如好感或厌恶、赞成或反对等。这种内心倾向基于个体过去的经历，通常是无理由的，但又是执着的，对人的行为产生重要的影响。

态度定势影响个体的行为，主要因为个体对人和事的预期与评价会受到态度定势的支配。学生对教师的态度定势，会对其是否接受教诲产生消极或积极的影响。如果学生对教师有消极的态度定势，则会对教师的教诲与要求听不进去，或者不去执行，甚至可能跟教师发生冲突。例如如果学生认为教师言行不一，在这种态度定势下，教师的教育就不可能达到预期的效果。相反，如果学生对教师具有积极的态度定势，则容易接受教师的教导，并容易将教师所教的付诸实践。

因此，道德教育的重要前提之一是学生对学校、班级及教师具有积极的态度定势，这在一定程度上决定了道德教育的效果。

3.道德认识

品德的形成与发展是以个体对社会道德准则的理解与掌握为基础的，因此，在品德的心理结构中，道德认识是基础。然而，个体的道德认识与个体的心理发展及思维水平密切相关，例如，处于形象思维阶段的儿童难以掌握抽象的道德知识。因此，在道德教育中，教师必须注重学生的心理发展特点和认知发展水平，因“阶段”而施教。只有根据学生所处的心理发展阶段的特点，采用最适合的方法施教，才能获得好的效果。

第四节　良好品德的培养

学生社会化的核心内容之一是使学生成为一个品德良好的人，也就是能够自觉遵守社会道德规范和行为准则的人。根据品德的心理结构，学生良好品德的培养可以从提高道德认识能力、激发道德情感体验和训练道德行为三方面入手。

一、提高学生的道德认识能力

在品德的心理结构中，道德认识处于基础地位，因此，培养学生的良好品德，提高学生的道德认识能力是前提。其内容包括促进学生掌握道德概念、形成道德信念及发展道德评价能力。

（一）促进学生对道德概念的掌握

道德概念是个体对社会道德现象的本质特征和内在联系的反映，需要在丰富的道德表象的基础上，通过分析、综合、抽象、概括等思维活动形成。道德概念的掌握对提高道德认识能力具有重要的意义。个体只有在掌握道德概念的基础上，才能够摆脱行为规范的具体情境，转而在更广泛的范围内调节和支配自己的行为，使之符合道德行为准则的要求。

此外，道德概念是道德的载体，学生的道德认识能力在一定程度上体现为对道德概念的掌握。掌握了道德概念意味着学生能够正确地理解道德规范，而非幼儿对道德现象的直观认识，也意味着学生能够概括地掌握是非善恶的道德标准，并基于此来评价他人及自己的道德行为，以及对自己的道德行为进行指导。

学生对道德概念的掌握是一个逐步发展的过程，是由个别到一般、由具体到抽象、由感性认识到理性认识，逐步丰富并深化的过程，具体表现为三个阶段。

1.具体道德概念阶段

小学生通常处于具体道德概念阶段。在此阶段，学生会将道德概念与具体的道德形象联系在一起，这与学生所处的思维阶段有关。例如，小学生在回答什么是道德时，他们会说“不打人，不骂人，不拿别人东西”，也可能会回答“上课遵守纪律，不叫其他同学的绰号”等，但还不能进行概括性的回答。

2.知识性的道德概念

随着学生思维能力的发展，学生对道德概念的理解也日益概括，逐步过渡到知识性的道德概念阶段。在此阶段，学生将道德概念与其他学科的知识等同对待。作为知识，学生能够很好地掌握道德概念，但还没有将其内化为自己的道德信念，并以此来指导规范自己的道德行为。突出表现就是，学生可能在道德与法治考试中，得到很高的分数，但在老师不在场时，还会出现欺负小同学、不遵守纪律、打闹嬉戏等情况。

3. 内化的道德概念

道德知识不等于道德信念，只有被内化的道德知识才能转变为道德信念，指导个体的道德行为。因此，内化的道德概念阶段是道德认识的最高阶段，在此阶段，学生不仅能够掌握作为知识的抽象道德概念，而且能够将其内化为自己的道德评价标准和行为准则，不仅能够据此评价自己和他人的行为，也能够以此为准则，进行自我调节、自我控制，指导自己的道德行为。例如，即使在教师不在场的自习课上，学生也能够遵守纪律；在没有监督的情况下，也能够自觉排队，遵守公共场所的秩序等。

（二）引导学生将道德知识转变为道德信念

知识不同于信念。道德知识是社会道德准则的内在表征，而只有当个体将道德知识内化为指导自己行为的准则，坚信它，并决定以此为奋斗目标时，道德知识才能够转变为个体的道德信念。例如纳粹分子可能拥有很多道德知识，但他们却为了自己扩张的野心，滥杀无辜，妄图消灭其他民族，这就是道德知识不同于道德信念的典型例子。

道德信念不是单纯的一种道德认识，它是坚定的道德观点、强烈的道德情感和顽强的道德意志的“合金”。与个体的世界观、价值观类似，道德信念一经形成就很难轻易改变，并能够引起、推动和维持人的道德行为，使人的道德行为表现出坚定性和一贯性，因此是道德品质形成中的关键因素。

（三）发展学生道德评价的能力

道德评价是个体应用道德知识和行为准则，对人对己的行为进行是非、善恶、美丑判断的过程。道德评价过程贯穿于道德认识的所有方面，是将观念性道德转化为现实道德的重要环节。学生经常进行道德评价，可以加深对道德规范及其执行意义的理解，增强自己的道德情感体验，为自己的道德行为定向，因此，它是个体品德培养的重要环节。

学生道德评价能力是从模仿逐步发展到独立的。起初，学生模仿成人，重复成人的评价，家长和老师的评价是他们进行道德评价的标准和依据。因此，教师的道德评价对学生的道德评价具有不容忽视的影响。在学校品德教育中，教师需要发挥其主导作用，做好道德评价的示范。

二、激发学生的道德情感体验

道德情感是品德心理结构中的情感成分，是个体基于道德认识，在进行道德评价时所产生的积极或消极的情感体验。例如看见有人侵吞公共财产时产生的消极情感。激发学生的道德情感体验对个体的品德形成和发展具有十分重要的意义。

“感人心者，莫先乎情。”道德教育离不开“情”字，苏联著名教育家苏霍姆林斯基曾经说过：“没有情感，道德教育就会成为枯燥无味的空话，只能培养伪君子。”可见，情感与道德密切相关，是道德行为的支柱，是道德教育中必不可少的重要内容。因此，在道德教育中，只有唤醒学生的情感体验、点燃学生的情感之火，才能使学生在情感共鸣中形成道德认识，塑造良好的道德品质。在激发学生的道德情感体验时，可以采用以下方法。

（一）知情结合，激起学生的道德情感体验

道德知识不同于其他学科知识，讲授方法也理应不同。教师在剖析道德案例、分析道德准则时，不能停留在空洞的说教上，而应该晓之以理，动之以情，以理服人，以情动人，投入真情实感，充分利用语调、姿势和面部表情，传递自己的道德情感体验，以深化学生的道德认识，激发学生的道德情感体验。例如，教师在讲述舍己救人、诚信为人等正面案例时，语气要饱含热情与赞扬；当讲解社会上的丑恶现象，诸如食品掺假、保姆虐婴等现象时，要适当地使用愤怒的语气和表情。

（二）以美育情，丰富学生的道德情感内容

美育是以培养学生感受美、表现美、鉴赏美、创造美的能力，促使学生追求人生情趣与理想境界为目标的教育。美育不仅是素质教育的重要组成部分，也会起到育德、促智和健体的功能，蔡元培先生曾经说过："美育者，与智育相辅而行，以图德育之完成者也。"

美好的事物，可以通过外在的感性形象，反映和满足人们对美好的追求，也就是我们常说的美感。美感包括自然美感、社会美感和艺术美感。教师可以通过引导学生发现社会中高尚的道德现象和人物，激发学生的社会美感。这不仅能够提高学生的道德评价能力，也有利于丰富学生的道德情感。

此外，教师也可以选择优秀的文艺作品，唤起学生对真、善、美的追求和对假、丑、恶的唾弃。在道德教育中，美育不仅能够使学生明辨是非，分清光荣与耻辱、诚实和虚伪、真理和谬误，也能够通过生动、鲜明的形象给人美的享受，能够净化心灵，陶冶情操。

（三）真情感化，促进学生道德情感的发展

要培养有良好品德的学生，教师必须对学生和教学投入真情实感。教师要用博大的爱，在教育中用真情去感化学生，变传统的道德说教型为教育感化型，变居高临下的指挥型为参与评价型，增进师生的感情，寓德育于情感交流之中，让学生快乐地学习、健康地成长。只有这样，学生才可能对教师产生信任感、亲切感，这不仅有利于学生接受教师的所讲所教，也有利于学生将其泛化，发展出良好的品德。

三、注重学生的道德行为训练

个体的品德归根结底要通过道德行为及其效果体现出来，只有学生产生了道德行为，其品德才具有社会价值。因此，进行道德行为训练对学生品德的培养与形成具有重要意义。

道德行为习惯是指稳定的、经常的、在一定情境下自然而然出现的道德行为方式。"习惯成自然"，习惯能够使个体的道德行为容易实现，而当其道德行为受阻时，个体会因为已经建立的道德行为习惯，产生消极的情感体验。因此，养成良好的道德行为习惯能够加强学生道德行为的自觉性和稳定性，是由偶然的道德行为转化为稳定的品德的核心步骤。

对学生的道德行为进行训练，重要内容之一是培养学生的道德行为习惯，而道德行为习惯的建立需要个体在生活和教育过程中通过反复练习和实践逐渐形成。在训练学生的道德行为时，需要注意以下几点。

（一）使学生了解有关行为的社会意义，产生自愿练习的愿望

道德行为习惯是与道德认识、道德情感相联系的自动化的行为动作，形成良好的道德行为习惯，需要个体自觉进行练习、实践。事实上，个体的一切行为都由动机驱使，道德行为也不例外。因此，在培养学生的道德行为习惯时，需要注重让学生了解道德行为将会产生的社会意义，例如诚信对社会发展的重要意义，从而激发学生的内在道德动机，让学生产生自愿、自觉练习的愿望，这对培养学生的道德行为习惯至关重要。

（二）创设重复良好行为的情境，避免重复不良行为的机会

环境是个体良好道德行为的重要影响因素。在一个班风校风良好的环境中，学生发展出良好的道德行为相对来说更加容易，而在不良的环境中，面对各种诱惑时，学生容易出现不良的道德行为。因此，学校和教师都要高度重视校风和班风建设，为学生创设适于良好道德行为的情境，避免重复不良行为的机会。

（三）提供道德行为练习与实践的榜样，让学生进行模仿

个体道德行为的形成，除可以通过自己实践和练习外，观察学习也是重要途径之一。因此，在培养训练学生的道德行为时，需要给学生提供观察学习的榜样及实例。在观察学习的过程中，教师特别需要提供特征相似的榜样，相似特征越多的榜样，越容易被学生接受和模仿，榜样示范效果越好。

（四）让学生学会对自己的道德行为进行反思和评价

个体道德行为的发展是从“他律”逐步过渡到“自律”的过程，如果个体的道德行为只依靠外在奖惩和约束转化的外在动机维持，则具有很强的情境性和依赖性，道德行为表现则不稳定。一旦失去了外在动机的支持，就很难表现出道德行为。因此，在道德行为培养中，需要提高个体道德行为的自律水平，利用学生自我评价、自我反思等形式，培养学生道德行为的内在动机，形成自我约束、自我监督、自我调节和自我控制的道德行为。

（五）注意矫正不良的行为习惯

学生的不良道德行为是指学生个体或群体由错误道德意识支配的、严重违反道德规范的、损害他人或集体利益的行为，具有一贯性、严重性、有意性和倾向性等特点。在学校中，虽然有不良道德行为习惯的学生很少，但其所起的消极作用不容忽视，轻则可能扰乱学校正常的教学、学习秩序，重则可能走上犯罪道路。

对学生的不良道德行为需要及早矫正。教师在矫正时，要有诚心、细心和耐心，并要以正面教育和疏导为主。具体工作时，需要注意以下几点：首先，以情动人，消除学生的恐惧心理和对立情绪；其次，注重培养学生正确的道德观念，提高学生明辨是非的能力；再次，保护学生的自尊心，培养集体荣誉感；最后，还需要增强学生抵制不良诱因的意志力，及时巩固新的道德行为习惯。

本章要点

1. 品德是道德品质的简称，也可以称为德行、品行或操行，是社会道德在个人身上的体现，是个体依据一定的社会道德行为规范行动时表现出来的比较稳定的心理特征和倾向。

2. 道德是泛指在社会生活中人们的行为应当遵循的原则和规范，是能够帮助个体明辨是非并由此表现相应行为的一系列原则或观念。

3. 品德和道德的区别主要体现在以下几个方面：（1）品德与道德所属的范畴不同；（2）品德与道德所反映的内容不同；（3）品德与道德产生的需要不同。

4. 品德和道德的联系主要体现在以下几个方面：（1）品德是道德的具体化；（2）社会道德风气影响着品德的形成与发展；（3）个体的品德对社会道德有一定的反作用。

5. 品德的心理结构是指道德品质的心理成分及其相互关系。迄今为止，研究者对品德心理成分的划分意见并不一致，影响较大的是“四因素说”，即认为品德的心理结构包含四个成分，即道德认识、道德情感、道德意志和道德行为，它们之间既相互独立，又相互联系。

6. 道德认识是道德的认知成分，属于品德的理智特征，是指个体对社会道德现象、社会规范及其履行意义的认识，也即对客观存在的道德关系及处理这些关系的原则、规范的认识。

7. 道德情感是在道德认识的基础上产生并发展的，是个体依据一定的道德标准，对现实生活中的道德关系，以及自己或他人的道德行为所产生的积极或消极的心理体验，是道德的情绪或情感成分，伴随着个体的道德评价及道德行为过程。

8. 道德意志是指个体为完成预定的道德任务，自觉地支配自己的道德行为，克服各种困难，以实现既定目标的心理过程，是人的意志过程或主观能动性在品德上的表现，是调节个体道德行为的内部力量。

9. 道德行为是指个体遵照道德规范采取的言论和行动，是品德的外显行为成分，是个体实现道德动机，达到道德目的的手段。

10. 品德的四个心理成分，一般来说具有这样的关系：道德认识是品德心理结构的思想基础，是道德情感产生的依据，而道德动机的产生源于道德认识与道德情感的深化和交融，又进而驱动道德意志来实现道德行为。

11. 皮亚杰认为，随着认知能力的发展，个体的道德发展也从一个非常自我中心的道德推理阶段逐步发展到以合作和互利为基础的公平系统阶段，并将道德发展阶段划分为一个前道德时期和两个道德阶段即他律道德和自律道德阶段，其后又增加了公正阶段，形成了四阶段论。

12. 经过系统的研究与分析，柯尔伯格将个体的品德发展划分为三个水平，每个道德水平又包括两个阶段，阶段代表了参与社会互动、进行角色采纳的个体进行道德判断的普遍形式。他认为，个体道德发展的阶段描绘了个体从以服从、避免惩罚及工具性需要和交换为基础的初级道德判断（阶段一和阶段二，属于前契约水平），到以义务、好人观念及社会法定的规则和权利观念为基础的道德判断（阶段五和阶段六，属于后契约水平）。

13. 在个体道德行为的习得方面，班杜拉提出了社会学习理论这一被广为接受的模仿理论，该理论界定了有关道德行为获得的三个基本概念，即抗拒诱惑、赏罚控制和观察学习。班杜拉主张，对榜样行为的观察学习包括四个互相联系的过程，也即注意过程、记忆过程、动作再现过程和动机过程。

14. 小学生品德发展的基本特征包括：首先，道德认识从具体过渡到抽象，道德评价从片面过渡到全面；其次，道德行为从依附过渡到自觉、从模仿过渡到习惯；最后，小学生品德发展的各成分间是协调的。

15. 中学生品德发展具有两个特点：其一是伦理道德发展具有自律性；其二是品德发展由动荡向成熟过渡。

16. 影响品德发展的因素包括外部因素和内部因素。外部因素包括家庭环境教育因素、学校环境教育因素、社会因素和同伴群体影响因素；内部因素包括认知失调、态度定势及道德认识。

17. 根据品德的心理结构，学生良好品德的培养可以从提高道德认识能力、激发道德情感体验和训练学生道德行为三方面入手。

18. 提高学生的道德认识能力可以从三方面入手：首先，促进学生对道德概念的掌握；其次，引导学生将道德知识转变为道德信念；最后，发展学生道德评价的能力。

19. 激发学生的道德情感体验可以从三方面入手。首先，知情结合，激起学生的道德情感体验；其次，以美育情，丰富学生的道德情感内容；最后，真情感化，促进学生道德情感的发展。

20. 训练学生的道德行为可以从五个方面入手：（1）使学生了解有关行为的社会意义，产生自愿练习的愿望；（2）创设重复良好行为的情境，避免重复不良行为的机会；（3）提供道德行为练习与实践的榜样，让学生进行模仿；（4）让学生学会对自己的道德行为进行反思和评价；（5）注意矫正不良的行为习惯。

思考题

1. 作为一名教师，如何根据学生的行为表现，对学生品德发展水平做出正确判断？
2. 教师如何在日常教育教学中培养学生的道德品质和道德行为？
3. 道德发展理论对学校德育工作有何启示？

参考文献

伍尔福克.教育心理学（第10版）［M］.何先友，等译.北京：中国轻工业出版社，2008.

David R. Shaffer & Katherine kipp.发展心理学［M］. 9版.邹泓，等译.北京：中国轻工业出版社，2016.

沈德立.道德发展心理学［M］.北京：学苑出版社，2012.

陈琦，刘儒德.当代教育心理学［M］.北京：北京师范大学出版社，1997.

陈琦，刘儒德.当代教育心理学［M］.2版.北京：北京师范大学出版社，2007.

卢强．教育心理学［M］．3版．北京：北京出版社，2010.

罗伯特·斯莱文．教育心理学理论与实践（第7版）［M］．姚梅林，等译．北京：人民邮电出版社，2004.

吴庆麟．教育心理学——献给教师的书［M］．上海：华东师范大学出版社，2003.

张承芬．教育心理学［M］．济南：山东教育出版社，2000.

张大均．教育心理学［M］．2版．北京：人民教育出版社，2004.

第十一章　学校群体心理

佳敏的疑惑

佳敏是一个身高1.62米，体重达75千克的大二女生。从小她就经受肥胖的困扰，邻居或同学提到她时，所用的形容词永远离不开“胖胖的”“笨笨的”这样令人难堪的字眼。佳敏已经19岁了，她很郁闷，胖就代表笨吗？你们凭什么这样评论？大二末，佳敏开始准备“反击”了。她牵头与几个同样有减肥志向的姑娘组成了一个减肥小组，做好减肥计划，相约一起实施。减肥计划实施得不错，体重也有了下降，佳敏感到欣慰的同时也有了疑惑：在和同伴一起跑步的时候，为什么跑完5千米的时间要比自己一个人跑的时候短6分钟呢，奇怪的是自己也并没有感到更累啊？和别人在一起总是能跑得更快些吗?

佳敏的减肥行为涉及本章要讲解的许多学校群体心理学的内容，通过本章的学习，将会帮助你解决这些疑问。

学习目标

通过本章的学习，你将能够：

1. 了解群体、群体规范等基本概念，理解群体规范的功能。

2. 了解非正式群体的特点，理解学校非正式群体的作用与影响。

3. 了解群体的特征与心理功能影响；理解群体凝聚力的因素，以及印象形成中的若干效应。

4. 了解人际沟通的要素和功能；理解人际沟通的障碍与技巧，以及师生有效沟通的心理学原则。

基础概念

群体（group）：两个或两个以上的人，为了达到共同的目标，以一定的方式联系在一起进行活动的人群。

人际关系（international relationship）：人际关系是人们在一定的群体背景中，在活动和交往过程中结成的心理关系、心理距离。

人际沟通（international communication）：人际沟通是指人们之间的信息交流过程，也就是人们在共同活动中彼此交流各种观念、思想和情感的过程。所以也有人把人际沟通称为信息沟通。

关键名词

群体，群体规范，群体凝聚力，人际关系，人际沟通

第一节　群体与群体规范

一、群体的概述

（一）群体的概念

“群体”是常用的词语，它通常与“个体”相对应出现。两个或两个以上的人，为了达到共同的目标，以一定的方式联系在一起进行活动的人群就是群体。换句话说，群体就是为达到共同的目标，以一定方式联系在一起进行活动的人群集合体。

学校中存在各种各样的群体，比如大学校园中随处可见的社团就属于群体。社团成员一般超过两人，并且为了达到共同的目标来组织活动。当然，群体有大小之分，依规模而定。对于教师而言，研究群体、群体心理，及时总结群体规律，对于有效组织和管理班级有至关重要的作用。

（二）群体的特征

群体具有如下几个特征。

1.目标与规范

一个群体，不论大小，都有着共同的目标。这种目标是由群体愿望构成的，是集体意志的反映。如减肥小组的目标是共同达到苗条身材，学习小组的目标是实现学习成绩提高。规范是群体目标得以实现的保障。在群体中，每个人都要遵守群体规范，保证自己的行为符合群体准则，以便实现群体目标。正如学风良好的班级中，学生会自觉遵守课堂秩序，保证听课质量。

2.组织与沟通

群体具有组织结构，群体内部存在着领导者，而群体成员则扮演着不同的角色，按照群体的组织结构达成目标。沟通是群体形成的一个必要条件，群体成员之间的有效沟通，才能保证群体活动的顺畅性。

3.群体心理与群体凝聚力

群体形成后，会使群体成员产生群体归属感，对群体的心理状态产生影响，群体成员经过有效沟通组织，在为共同目标和利益行动时，便表现出了群体凝聚力。

（三）群体的心理功能

群体的心理功能是指群体情境对个体心理和行为上的影响。学校情境中的群体心理功

能主要表现在以下方面。

1.归属功能

每个人都会害怕孤独寂寞，渴望温暖与关怀。为获得安全感，人类往往会希望从属于一个家庭、群体或团体，摆脱孤单感。随着儿童年龄的增长，他们会产生与同龄人一起活动的需要。学校为学生提供了寻找群体的环境。儿童进入班级后，确定自己归属于群体，心里会产生温暖感，也有助于集体荣誉感的产生。

2.认同功能

认同是指人们对其所喜欢和崇拜的对象的某些思想和行为的赞同。群体具有认同功能，是指当学生认同自己所属的群体和学校时，会愿意接受群体影响，赞同集体行为，感受到轻松快乐。因此，群体的认同功能可以促进学校实现育人的目标。

3.支持功能

个体需要群体的支持和鼓励。在学校群体中，学生的积极行为、思想、情感等能够在集体中得到支持。这种支持功能会促进学生心理健康，增强学生自信心。作为教师，应该充分发挥群体的支持功能，一方面为表现良好的学生提供积极反馈，鼓励其继续前进；另一方面，对于有困难的学生，要组织班级成员，帮助困难学生解决问题，给予其心理支持。

4.塑造功能

学校教育的最终目标是通过教育使学生成长成才。群体的上述三个功能，可以概述为一个功能，即塑造功能，学校群体为学生成长提供了适宜的条件，学生依靠群体的力量不断进步，完成自身的人格塑造。

知识窗11－1 社会促进效应

社会促进效应（social facilitation）是指他人在场时，群体成员的活动效率改进和增强的倾向。特里普利特（Triplett）是最早研究社会促进效应的学者，他在1879年比较了在三种不同的情境下（即独自、有人陪伴、竞赛），青少年完成骑车40千米任务的速度。结果显示，在竞赛的情境下，青少年骑车的速度最快，而在单独骑车的情境下，速度最慢。关于社会促进效应的研究说明了群体互动的作用。特里普利特认为可能有许多解释，包括生理、身体、心理等因素。他指出，被试有两个动力来源：第一，另一个骑车人的存在，对他是一种刺激，能唤起竞争的本能；第二，观察另一个骑车人的动作，可形成较高的速率，会成为对努力的激励。这项研究也被认为是最早的社会心理学实验研究之一。

科学总是在争议中前进，后续的心理学家很快就发现并证明了特里普利特的研究中的不足。因为越来越多的研究发现他人在场会降低个人的作业成绩。比如，当众演讲，演讲者极易因为压力巨大而哽住，说不出话来。后来，社会心理学家扎伊翁茨（Robert Zaj onc）用一个知名的实验心理学定律把这些看似矛盾的研究进行了融合。这个定律的内容是：唤起能促进优势反应。由于他人在场能引发唤起状态，所以，观察者或共事者在场，会提高简单任务（其优势反应是正确的）的作业成绩，但会降低复杂困难任务（其优势反应是错误的）的作业成绩。

二、群体规范

（一）群体规范的概念

群体规范是群体中每个成员必须遵守的思想和行为标准。群体规范使群体成员知道什么能够做，什么不能做，还能对群体成员形成群体压力，使群体成员遵守群体规范。群体规范可分为正式规范与非正式规范。正式规范是明文规定的群体成员应遵守的思想和行为准则，而非正式规范则是由群体成员在互动中不约而同所共同遵守的、约定俗成的行为准则，是在模仿、暗示、顺从的基础上形成的。

（二）群体规范的形成

群体规范的形成是群体互动的结果。心理学家谢里夫（Sheriff）用实验说明了群体规范的形成过程，他是首先研究社会规范形成问题的学者。他要求被试先单独坐在暗室内，暗室中一段距离外出现一个绿色光点，几分钟后熄灭，要求被试判断光点的距离和移动位置。事实上，光点本身并没有移动，但由于人眼的视错觉，每人都会觉得光点在移动。随后，让所有被试一起在暗室内观察光点，结果很多被试放弃了自己原先的判断，最终所有被试对光点移动的方向和距离的判断趋向一致，即规范在被试群体中形成。因此可以说，群体规范的形成正是群体成员在互动条件下，群体行为倾向于接近的结果。按照社会比较（social comparison）的理论，人类需要对自己的能力和观点进行评价，于是个体常会将自己的观点和能力与群体进行比较。个体为了获得群体的肯定，常常会被群体所“劝服”，从而达到观念一致，促进了群体规范的形成。

（三）群体规范的功能

1.维系群体的功能

群体规范使管理程序简化，有助于实现群体目标，是将群体成员有效联系起来的重要纽带。群体规范化程度越高，群体成员的活动就越协调，越能够集中发挥群体力量。如果一个群体的规范标准程度较低，整个群体可能会表现松散。

2.评价标准的功能

在群体中，群体规范影响群体成员的认知，使群体成员形成共同的心理评价标准，对群体成员的行为有一致的衡量标准，无形中约束着群体成员的行为。

3.行为导向的功能

群体规范能够对群体行为产生约束，一旦有群体成员违反了群体规范，会受到相应惩罚。因此群体规范使群体成员明确了群体所期望的行为，避免不恰当行为的发生。

4.惰性功能

群体规范体现大多数群体成员的意见，要求所有群体成员的思想与行为在规定的范围内，因此这在一定程度上禁锢了群体成员的创造能力。例如有个别表现积极的成员，超出了群体规范的范围，则行为容易受到限制，不利于创新行为的产生。这就是群体规范惰性功能的表现。

知识窗11-2 当1+1<2时——社会惰化效应

社会惰化效应（social loafing effect），是指个人与群体其他成员一起完成某种任务时，个人所付出的努力比单独时偏少，表现出个人的活动积极性与效率下降的现象。社会惰化效应常发生在多个个体为了一个共同的目标而合作，自己的绩效又不单独计算的情况下。

一起来看看这个经典实验：法国学者马克斯·瑞格曼（Ringelman）在1913年做了一个拔河比赛实验，比较了在单独情境下以及在群体情境下个体在拔河时使出的拉力情况。结果发现，随着人数的增加，每个个体平均使出的力量减少了。此外，社会心理学家拉塔奈在个体独自的情况下和在不同群体规模的情况下测量了个体鼓掌和欢呼的声音强度。他发现了相似的结果，个体的声音强度（鼓掌声和欢呼声）是随着群体规模的增大而减弱的。俗语“一个和尚挑水吃，两个和尚抬水吃，三个和尚没水吃”，正是这种社会惰化效应的具体形象化描述。

当然了，集体性质的工作并不总会引发社会惰化效应，比如在排球比赛中，成功需要每名队员拿出100%的努力。一代代中国女排人，身体力行地传承着“女排精神”。2023年亚运会，中国女排第九次获得亚运会冠军，观众情不自禁地唱起《歌唱祖国》。那么，究竟是“三个和尚没水吃”，还是“众人拾柴火焰高”，这是一个比较复杂的心理现象。

（四）学校群体规范的意义与作用

学校是学生获得教育和成长的重要场所。在学校中，很多学生改变或者放弃了自己原来的某些想法，保持与周围其他同学一致，这便是学校群体规范产生的群体压力结果，即从众现象。对人们来说，与周围大多数人的意见一致，可以减少群体压力，获得别人的喜爱，这是一种自然反应。一般来说，从众与性别、年龄、性格和文化程度等有一定的相关性。例如年龄小的人的从众倾向要高于年龄大的人。

学校群体规范具有积极作用，它可以通过从众使学生保持认知、情感和行为上的一致性，规定和指引学生行为的范围和方向。作为教师，一方面要合理利用群体规范，有效管理学生，利用班集体的力量，建设良好的纪律、班风、学风，保持学生学习的积极性。另一方面，教师要发现学生当中存在的不良行为，及时纠正，避免不良行为的扩大。

在高校中，很多辅导员就有效地利用了宿舍群体规范的从众效应。如辅导员老师动员全体宿舍成员积极学英语，争取集体通过英语四、六级，结果全体宿舍成员一次性通过四、六级，甚至出现集体考上研究生的现象。

三、群体凝聚力

（一）群体凝聚力的概念

群体凝聚力指群体对每一个成员的吸引力。我们常说的某个班级团结，指的就是群体凝聚力好。通常群体凝聚力强的群体成员意见较一致，成员间关系融洽，能为共同的目标努力。与之相反，群体凝聚力差则内部组织涣散，成员意见不一致，缺乏竞争力。

（二）影响群体凝聚力的因素

1.成员对群体目标的认同

群体目标是构成群体凝聚力的重要影响因素。成员对群体目标的认同程度直接影响着群体凝聚力，当群体成员对群体目标的认同程度高时，成员之间会联系紧密，群体凝聚力增强，反之，会削弱群体凝聚力。

2.群体的领导方式

领导方式会影响群体凝聚力。领导方式一般可分为三种：民主、专制与放任。研究发现，民主式领导相比专制式和放任式领导方式，更能促进成员间的合作，令群体内部活跃，群体凝聚力提高；专制式领导则会使群体成员关系不良，导致群体凝聚力差。

3.群体内部目标结构和奖励方式

目标结构指群体中个人目标之间的相互依赖关系。一般存在三种目标结构，即竞争、合作和独立。美国心理学家多伊奇（Morton Deutsch）的研究发现，合作有利于增强群体凝聚力，而竞争会起到相反作用。

奖励方式分为两种，个人奖励与群体奖励。许多学者比较了个人奖励与群体奖励对群体凝聚力的影响，发现不同奖励方式会影响群体成员的期望。个人奖励能够激励个体的积极性，但不利于群体成员间的合作；群体奖励能够增强群体成员的集体荣誉感和群体认同感，却容易使群体成员对群体产生依赖感。因此，最好的奖励方式是将个人奖励与群体奖励相结合。

4.外部影响

当群体受到外在压力或威胁时，群体成员相互认可度会提高，从而使群体凝聚力大大增强，因而群体间的竞争往往能增强群体凝聚力。如当有外族入侵中华民族时，民族凝聚力便会增强，共同抵御外来敌人。

（三）班级凝聚力的维持

教师要加强集体建设，维持班级凝聚力。首先，教师应该与学生建立和谐的心理氛围，要关心体贴学生。从一些日常生活事件入手，组织学生进行讨论评价，引导学生形成真正认同的集体价值目标。其次，带领和鼓励学生多参加集体活动，并在集体活动中进行良好的沟通，使学生之间进行情感上的交流，并在活动中强调集体荣誉感。最后，运用强化原理，当学生表现出符合群体规范的行为时，及时给予表扬，使其行为得到强化，教师应从尊重与重视每一个学生入手，维持班级凝聚力。

四、非正式群体

班级是学校的基本构成单位。在每个班级中，除了诸如班委会、小组等“正式”的群体，往往还有一些由学生自发组织、自由结合的小群体，称为“非正式群体”。

（一）非正式群体的概念

非正式群体最早是由美国心理学家梅奥（G. E. Mayo）在其进行的“霍桑实验”中提出的，是指在正式群体之外的，人们在活动中自发形成的，以个人的价值观、兴趣、爱好等为基础，通过人际互动形成的群体。非正式群体与正式群体不同，它没有固定的条文规范，存在形式较自由。非正式群体也叫做同伴群体、同辈群体等。比如形影不离的两个小学生，每天上学、放学、玩耍都在一起，就组成了一个非正式群体。非正式群体对其成员在心理上产生重要影响，其作用有时甚至超过正式群体。在学校中，非正式群体对于学生的品德、个性发展起着相当大的塑造作用。

（二）非正式群体的特点

1.凝聚力强，行为一致性程度高。非正式群体是自发形成的，有着共同的兴趣和观点，成员之间的联系以感情为纽带，容易产生共鸣，因此行为的一致性程度高，群体凝聚力强。

2.群体内存在不成文的行为规范，约束力强。群体内的奖惩制度虽然不成文，但群体成员的认同程度高，对群体成员的行为约束力强。

3.领导者自然形成，受拥护程度高。群体的领导者是群体核心人物，是自然形成的，对其他成员拥有精神上的支配权力，其威信高，影响力大。

4.信息传递快，反应灵敏。群体成员之间交往密切，信息传播渠道灵敏，且群体成员的反应存在很大的相似性。

（三）非正式群体的类型

依据不同的标准，可以将学校非正式群体划分为不同的类型。

1.从学生非正式群体形成原因的角度，可将其划分为四种类型。

爱好型：是以彼此间存在共同的兴趣和爱好而结合在一起的群体，如集邮小组、篮球小组。

利益型：是以某种利益或观点上的一致而形成的群体，如好学上进的学生自发组成学习小组，共同探讨学习问题。

情感型：是以相互间了解、相互信任、有共同语言等情感基础而形成的群体。如大学生中的老乡会等。

亲缘型：是以亲缘关系为基础而形成的群体。如家族中年龄接近的孩子组成的小群体，他们交往密切，凝聚力强。

2.从学生非正式群体对学校教育目标的影响角度，可将其划分为四种类型。

积极型：此类非正式群体通常具有良好的兴趣、爱好，努力学习，热爱学校和班集体，有一定的共同语言，群体活动结果往往能够促进个人的成长，对学校教育目标起到积极作用。

中间型：此类非正式群体通常思想品德和行为习惯较好，基本能够做到遵守纪律，但对学校各类活动不十分热心，对学校教育目标起到“无功无过”的作用。

消极型：此类非正式群体通常由班里成绩落后的学生组成，他们一般缺乏自信心和上进心，对前途失去信心，行为较散漫，与学校教育目标不一致，但不会起到严重的破坏作用。

破坏型：此类非正式群体是由班级里品行不端正的学生组成。他们往往无组织、无纪律或者对班级心怀不满而故意报复，如表现出偷盗等行为，严重地破坏了学校教育目标，也对社会造成了危害。

（四）学校非正式群体的作用与影响

非正式群体对于实现正式群体的目标可能有积极的作用，也可能有消极的作用。非正式群体对个体的影响是积极的还是消极的，主要取决于非正式群体的性质以及与正式群体的目标的一致程度，管理班级必须注意协调非正式群体与正式群体的关系。

1.正确看待非正式群体

传统文化中较重视正式群体，易对非正式群体存在偏见，认为非正式群体是小团体，因而采取分化、禁止等方法对待，忽视了非正式群体的积极作用。因此，班级管理者要认清非正式群体的性质与类别，自觉加强与非正式群体的联系，并对其加以引导，以促进班级建设与发展。对于积极型非正式群体，要给予支持，利用非正式群体的情感性、自愿性的特点，引导他们开展积极的批评与自我批评，引导学生互帮互助，逐步建立起勤奋、团结的良好班风；利用非正式群体凝聚力强的特点，鼓励他们发挥各自特长，满足其自我实现的需要，在班级内开展各类兴趣小组；利用非正式群体领导人感染力强的作用，引导他们配合班级活动，并参与帮助解决班级的一些难题。对于中间型非正式群体，采取疏导的方法，进行感情联系，加强引导。比如可以建设激励机制，对于表现好的学生及时进行奖励，激发学生的上进心，使其向积极型群体转化。对于消极型非正式群体，要对其群体成员特别是核心人物进行思想教育、引导和改造。对于破坏型的非正式群体，则要依据相应的纪律，给予惩罚。综合而言，即充分利用非正式群体的正向功能，保护积极性因素，转变消极群体。

2.要不断巩固与发展正式群体

在班级中，正式群体与非正式群体是同时存在并且密切联系的，很多学生可能同时归属于正式群体与非正式群体。因此，一方面，要不断巩固与发展正式群体，使群体成员共同遵守群体规范，增强群体成员的归属感，从而增强班级凝聚力；另一方面，要加强正式群体与非正式群体的沟通，发挥非正式群体对正式群体的积极作用。

班级管理者要以积极的态度去面对非正式群体，要因势利导，使班级中的各种人际关系成为良好的教育因素和教育力量。

第二节 学校人际关系

在现实生活中，人们无时无刻不在与人进行交往，进而形成了各种各样的人际关系。回忆人生中的各种经历，就会发现，印象最深刻的往往是与人际关系相关的。没有人能够脱离人际关系而单独存在。

一、人际关系的概念

人际关系是人们在一定的群体背景中，在活动和交往过程中结成的心理关系，即心理距离。亲者近，疏者远，即说明了心理距离的影响。人际关系包含的范围很广，如朋友关系、师生关系、父子关系、同学关系、战友关系等。人际关系的变化和发展都会引发人的情感变化，人际关系一经确立，就会对人们的行为产生重要的影响。

二、印象形成效应及其对教师认知的影响

（一）印象形成概述

1.印象形成的概念

印象形成是人在社会生活中形成并存储在记忆中的认知对象的形象。这是一种对于人或事物进行归类，明确其对于我们的意义，使自己的行为获得明确定向的过程。

2.印象形成的模式

印象形成过程当中信息的选择是针对人们各个具体特征的。

在具体的总的印象形成方式上，不同的人可能有不同的情况。概括起来，总体印象形成的方式有加法模式、平均模式和加权平均模式三种。

加法模式，指人们形成总体印象时参考的是各种品质的评价分值的总和。个人被肯定评价的特征越多，强度越大，给人的印象则越好；相反，个人被消极评价的特征越多，强度越大，留给人的印象就越差，也就越难于为他人所接纳。

平均模式，是指有些人在总体印象的形成上并不是简单地把他人的多种特征的评价分值累加，而是将各个特征的分值加以平均，然后根据平均值的高低来形成对他人的好或不好的总体印象。

加权平均模式是指许多人形成对他人的总体印象时，不仅考虑积极特征与消极特征的数量与强度，而且从逻辑上判断各种特征的重要性。对他人的总体印象不是根据简单的平均结果，而是根据重要性确定出各种特征的权重，然后将权重与每种特征的强度相乘，最后加以平均。

（二）印象形成中的若干效应

所谓“效应”就是一种反应效果。印象形成的效应，指的是由于社会心理规律的作用，人们在形成印象的过程中，对他人的一种特殊反应效果。印象形成中的效应主要有首因效应和近因效应、晕轮效应、刻板印象、投射效应。

1.首因效应和近因效应

很多研究发现，信息出现的先后顺序会对印象形成产生影响。在人际交往中，最初获得的信息（包括容貌、语言、神态等）的影响比后来获得的信息的影响更大的现象，称之为首因效应。近因效应指的则是最新获得的信息对印象形成有较强作用的现象。比如两个素不相识的陌生人，第一次见面时给彼此留下了好印象，就是首因效应；而这两个人之后结为朋友，在以后的交往中，因小事闹了矛盾，其中一方质疑了对方的品德，改变了以往

的好印象，就是近因效应。

首因效应表明了第一印象的重要性，近因效应强调了最近一次交往的影响力。一般来说，熟人之间容易出现近因效应，而不太熟悉的人之间易出现首因效应。因此在学校人际关系中，教师要注意给学生留下良好的第一印象，同时教师也要努力克服首因效应，了解近因效应，力求对学生进行客观全面的评价。

2.晕轮效应

晕轮效应又称光环效应，指在他人的某种品质或特征表现突出时，印象深刻，由此引起对其他特征的忽视，从而产生“以点概面”的现象。就像日、月的光辉，在云雾的作用下扩大到四周，形成一种光环作用。人们常说的“情人眼里出西施”就是一种晕轮效应。

在教学过程中，教师很容易受到晕轮效应的影响而对学生形成片面的认识。比如个别老师认为成绩优秀的学生智商高，道德素质高，遵守纪律。而对成绩落后的学生则怎么看都不顺眼，找不出他们的任何优点。这种晕轮效应不仅使教师对部分学生产生了偏见，使教育过程中出现不公平现象，影响了教师与学生的关系，而且也损害了学生的心理健康。因此，教师要尽量避免晕轮效应，要一分为二地去评价每一个学生。对于成绩优异的学生，既要表扬，使其继续保持，又要指出他的不足，避免骄傲情绪的滋生；对于成绩落后的学生，要发现他们的闪光点，并及时给予表扬。

3.刻板印象

刻板印象指的是对社会某一类人或事物产生的比较固定的看法。在人际交往中，我们经常会把对某一类人或事物的整体看法强加到该类的每一个个体身上，却忽视了个体的特征。比如，认为城里的学生比农村的学生见识广，农村的学生比城里的学生勤劳能干。再比如，认为男孩比女孩纪律性差，学习不认真等。教师要具体掌握每一个学生的特点，避免去刻板地评价和认识学生。

4.投射效应

投射效应是指在交往的过程中，以己度人，把自己具有的某些不为人接受的观念、性格、态度或欲望投射到别人身上，认为别人也是如此。比如“以小人之心，度君子之腹”，就是一种典型的投射效应。在人际交往中，人们常常会对他人的行为表现进行猜测，以探索其行为动机。受投射效应的影响，人们对他人的猜测，无形中透露的正是自己。所以，教师也要避免用自己的想法代替学生的想法，而应从学生的实际出发，了解学生的真正需要与想法。

三、吸引与排斥

（一）人际吸引与排斥的概念

人际吸引是指交往双方出现相互亲近、相互喜欢的现象，它以认知协调、情感和谐及行动一致为特征。人际排斥则是交往双方出现关系极不融洽、相互疏远的现象，以认知失调、情感冲突和行为对抗为特征。

（二）影响人际吸引与排斥的因素

社会心理学家经过长时间研究，指出了影响人际吸引与排斥的几个因素。

1.外貌

爱美是人的天性。研究发现，外貌能够产生晕轮效应，人们常常会不自觉地以貌取人，认为外貌美等于心灵美，在西方文化中甚至存在一种刻板印象，即认为身体有魅力的人在其他方面也很优秀。比如某人长相漂亮，就容易认为他还具有其他一系列优点和美德。但随着人际交往的深入，外貌对人际吸引的重要程度将减轻。如《巴黎圣母院》中的敲钟人，他虽然相貌丑陋，但最终也被人认为心灵美好。

2.能力

能力与被人喜欢的程度只在一定范围内成正比关系，即并非能力越高，越被人喜欢。相对而言，一个有能力和才华的人，容易博得众人的接受和喜欢。但如果他自命清高，将自己伪装得很完美，则会让人敬而远之。

3.相似

人们喜欢与自己相似的人。“物以类聚，人以群分”这句话说的就是相似性，这种相似包括年龄、兴趣、经历、信念、价值观、态度等的相似，其中以态度、信念和价值观最为主要。比如态度、价值观越相似的学生相互间吸引越大，越容易产生友谊；反之，则产生排斥、疏远等行为特征。

4.互补

性格互补也可能产生人际吸引力。当两个性格迥异的人一起相处时，彼此间的需要和满足构成了互补关系，可能会增加相互间的吸引力。比如，一个控制欲望强烈的人可能会与一个依赖性强的人建立起良好的合作关系。

5.邻近

邻近是指交往中的空间距离和交往频率会影响人际关系。通常情况下，在其他条件相等时，人们倾向于喜欢邻近的人。有研究表明，随机被安排在同一宿舍或邻近坐位上的人容易成为朋友。一般来说，交往频率高，更易产生吸引。

6.性格特征

人的性格特征是所有人际吸引中的一项稳定、长久的因素。培养良好的个性，对于促进人际吸引会起到重要的作用。心理学家安德逊在1968年指出了在人际关系中最受欢迎的10项特征，依次排序为：诚恳、诚实、理解、忠诚、可信、可靠、聪明、关怀、体谅、热情。一般而言，阻碍人际吸引的个性特征为：不尊重他人、以自我为中心、为人虚伪、妒忌心强、充满敌意、过于功利、过分自卑、内向不合群、骄傲自满、孤独固执。

（三）学校里的吸引与排斥

学校是人际吸引与排斥表现非常明显的场所。在班级中，通常有两类学生最明显，即人缘好、受欢迎的学生与人缘差、被孤立的学生。与此相关，通常人缘好的学生也易受到教师喜爱，有更多表现自我的机会，他们常常自信心强、成功欲高。而被孤立的学生更易受到教师的忽视，缺乏自信心，心理健康水平低。因此，教师一定要重视对人缘差的学生进行引导教育。他们被孤立的原因有多种，比如性格内向、过分自卑等，教师应关心爱护这部分学生，帮助他们改变不受欢迎的性格特征，并鼓励他们多与其他同学接触，增加交往频率，从而帮助他们改善被孤立的现状。

四、合作与竞争

（一）合作与竞争概述

1.合作

合作是指学生们为了共同目标在一起学习和工作或者完成某项任务的过程。合作是一种与竞争相对立的社会相互作用方式。

2.竞争

竞争指个体或群体充分实现自身的潜能，力争按优胜标准使自己的成绩超过对手的过程。竞争必须具备两个基本条件：一是双方有共同争夺的目标，二是竞争的结果只有一方取得成功。

（二）学校中的合作与竞争

在传统的应试教育中，学生之间的竞争非常激烈，缺乏合作理念，这种竞争强化了学生的利己行为，并且束缚了学生的创造性。在学校中应该提倡合作还是竞争，是一个存在争议的问题。社会心理学家多伊奇提出了一种解释竞争与合作的理论——目标手段相互依赖理论。该理论认为，个体行为的目标或手段与他人行为的目标与手段间如果存在相互依赖关系，则他们之间就会产生相互作用，形成三种目标结构：合作、竞争、独立。多伊奇指出，合作型目标结构使团体成员为了达到共同的目标而相互帮助，每个成员都更大程度感受到被其他成员所接纳，因此成员之间的交往更为密切，并且使得他们在完成任务的过程中更为积极。很多研究也指出，班级中与他人的合作不仅能提高学习成绩，还能促进人际交往，提高自尊心，保证心理健康。但是，如果将合作学习作为学生学习的唯一形式，则会使得学生失去自我学习的能力，并且学不会适当的竞争，不利于学生的成长。

合作与竞争都是人类所必需的，两者互相联系。在学校教育中，教师应当将二者统一起来，比如组内合作、组间竞争，都是可供借鉴的形式，处理好合作与竞争的关系，充分发挥合作与竞争的教育功能。

第三节　学校人际沟通

一、人际沟通概述

（一）什么是人际沟通

人际沟通是指人们之间的信息交流过程，也就是人们在共同活动中彼此交流各种观念、思想和情感的过程。所以也有人把人际沟通称为信息沟通。学校人际沟通，对于维持学校人际交往有着重要的意义。

在学校里，有的学生常感到孤独，害怕与人交往；有的老师不善与学生交流，产生很多误解，这些都是不良的学校人际沟通导致的，由此可见学校人际沟通的重要性。

（二）人际沟通的特点

1.在人际沟通中，信息沟通双方的每个人都是积极的，因为沟通双方需要从自己的动机和立场出发，判断自己发出的信息会给对方带来什么样的反应，分析对方的动机和立场，并预期从与对方的沟通中获得新的信息。因此，信息沟通并不是简单的信息传递，而是信息的积极交流和理解。

2.人际沟通借助符号系统相互影响，包括运用言语和非言语两类符号，这两类符号往往被同时使用。

3.人际沟通是一种动态系统，沟通的双方都处于不断的相互作用中，刺激与反应互为因果。

4.在人际沟通中，沟通的双方应有统一的或近似的编码系统和译码系统，即沟通中要使用双方都熟悉的同种语言说话。

（三）人际沟通的功能

人际沟通具有传达信息、心理保健、形成和发展社会心理等功能，和我们生活的层面息息相关。

1.传达信息

人际沟通本身就是一种信息传递过程，在沟通过程中，人们会将观念、思想和情感等看作信息，通过各种方式进行传递。

2.心理保健

人具有社会属性，不可能单独存在。通过人际沟通，人们可以维持正常的认知，并通过将自己的烦恼倾诉给他人，缓解心理压力。另外，人们还通过人际沟通来认识自我，获得肯定，因此人际沟通具有心理保健的功能。

3.形成和发展社会心理

个人会受到社会、群体和他人的影响，产生心理变化。社会心理正是个体在同他人进行人际沟通过程中，逐渐形成和发展起来的。

二、人际沟通过程

（一）信息沟通的要素

要实现人际沟通，有四个不可缺少的要素：信息源、接受者、信息和通道。

1.信息源：是指发出信息并试图沟通的人，没有发出信息的人就无法进行人际沟通。

2.接受者：是指接受信息源并对其进行加工处理，进行理解的人。同样的信息源，由于接受者与发送者知识经验的差异，会产生不同的沟通效果。

3.信息：是沟通者试图传达的内容，包括观念与情感。沟通的内容包括言语与非言语信息，如肢体语言，也可以构成传达的信息。

4.通道：是指信息的载体。信息一定要通过一种或数种信息渠道，才能到达接受者这里。常用的信息通道有对话、动作、表情、广播、电视、电影、报纸、电话、信件等。

（二）信息转换过程

在人际沟通中需要经过信息转换的过程。信息转换的基本操作是编码和译码。所谓编码，就是发送信息者将要传送的意义信息符号化，编成一定的语言文字、符号或表情、动作。在编码之前，发送信息者必须充分理解自己的想法并进行解释，在此基础上才可能找到恰当的表达形式，进行编码。信息接受者接受信息后要进行译码。所谓译码，就是把符号的信息还原为意义信息。在译码后也要进行解释、理解其意义（卢强，2010）。简单来讲，在传递意义信息时，发送者必须通过语言、眼神、表情、身体姿态、手势、人际距离等不同形态的符号化信息表达出来。接受者通过感知觉搜集信息，然后经过对信息的加工，使符号化信息转变为意义信息，并进行理解，最终完成信息传递。

（三）沟通障碍

在现实生活中，人际沟通经常会发生障碍，通常表现为如下六个方面。

1.地位障碍

社会地位不同的人通常具有不同的意识、价值观念和道德标准，使人们对同一信息会有完全不同甚至截然相反的认识，成为一种沟通障碍。

2.组织结构障碍

组织庞大，层次繁多，信息传递过程中易受到流失和失真，使人们之间的距离增加。而且庞大复杂的组织，也会使传递的速度和反馈变慢。

3.文化障碍

文化背景的不同，有时会使人们对同一信息源进行完全不同的解读，进而引发沟通障碍。例如西方男士对中国女士行贴面礼，可能会使不了解西方文化的中国女士感到被冒犯。由文化差异所引发的人际交往障碍，在我们社会生活中是屡见不鲜的。

4.语言障碍

如果个人单纯用语言传达信息，沟通质量易受信息传达者的语言表达能力影响，产生信息传达不完全的后果，造成沟通障碍。因此，进行语言沟通最好先给予对方一定的语境，并辅以表情、身体语言等，减少语言障碍的产生。有一个著名的笑话，说是主人请客吃饭，眼看约定的时间已过，只来了几个人，不禁焦急地说："该来的没有来。"已到的几位客人一听，扭头就走了两位。主人意识到他们误解了他的话，又难过地说："不该走的走了。"结果剩下的客人也都气呼呼地走了。

5.个性障碍

个体的性格、气质、态度、情绪、兴趣等的差别，会使人们对同一信息有不同的理解。而且良好的沟通都是以信任为基础的，因此一个虚伪卑鄙的人所传递的信息是不会被人所接受的。

6.社会心理障碍

人们因需要和动机的不同，会有不同的社会心理，会对同一信息有不同的理解，从而产生沟通障碍。偏见和歧视也常会造成沟通障碍。

三、有效沟通技巧

（一）有效师生沟通的基本前提

1.对师生沟通含义的理解

师生沟通是学校生活中一项基本内容，教师与学生之间沟通良好，有助于形成良好的师生关系。师生沟通本身就是一种教育，许多教育家认为，教师的工作不仅仅是知识的传授，更重要的是处理好复杂的人际关系，教育过程就是师生关系形成和建立的动态过程。有研究表明，教育工作中的错误有相当大的部分源自教师不善沟通。教师在师生沟通当中发挥着主导作用，因此，教师正确理解师生沟通的含义，对于实现师生良好沟通有着重要意义。

（1）教师所做的每一件事情都是在与学生沟通。

作为与学生关系密切的教师，不论是在课上还是课下，他们的一言一行都会影响学生。老师在与学生沟通中传递的每一个信息都会影响学生的判断。老师代表了学生心目中的权威形象，有时其地位甚至高于家长，学生非常在意老师对他们的评价，希望获得老师的认可，也非常敏感老师在自己心目中的形象。年级越低的学生，这种心态越多，比如小学生，他们往往是从教师的外形、说话的声音、走路的姿态、面部的表情甚至年龄的大小等方面来决定"我是不是该喜欢这个老师"。他们也从老师对他们讲话时的表情和语气、语调等方面来判断"这个老师是不是喜欢我"。一些低年级学生如果喜欢自己的老师，会模仿老师的言行举止，喜欢老师所上的课；如果不喜欢老师，甚至可能会泛化到不喜欢学校，产生厌学情绪。

因此，教师应该充分相信，只要自己进入了学生的视野，就已经与学生在进行沟通了，管理好自己的言行举止，有利于与学生进行良好的沟通。

（2）教师发出信息的方式要适应学生的接受方式。

在师生沟通中，沟通信息的构成不仅包括词汇，还包括教师说话的语音、语调、表情、姿态，教师与学生眼睛接触的频率等，所有这些信息综合起来传达了信息意义，教师发出信息的方式影响着学生对这些信息的理解。

在师生沟通过程中，教师要从有助于学生接受和理解信息的角度出发，避免出现"学生必须接受老师所传递的信息”的命令式心态。因此，教师要注意发出信息的方式要适应学生的接受方式。

（3）首因效应往往决定了与学生沟通的结果。

首因效应在前一节已经讲过，学生非常重视与教师第一次见面时的印象，如果教师在首次与学生见面时没有表现出权威性，说话漫不经心，会影响学生对教师的评价，进而给日后的沟通造成困难。

（4）沟通应该是师生双向的。

教师与学生之间的沟通，应该是双向的。单向的沟通是不会成功的。教师一方面要将信息成功传递给学生，另一方面也要注意学生的反馈，及时做出反应，师生之间产生共鸣，才是双向的、成功的沟通。

2.有效促进师生沟通的心理学原则

（1）真诚

真诚是指教师在与学生的沟通中，能够做到表里如一，让学生感受到老师是一个真实、可靠的人。老师对学生的真诚能够在师生沟通中产生良好的氛围，让学生产生安全感。在真诚的气氛下，老师和学生才能进行畅通的交流，学生能够将自己的烦恼尽情表达，老师也能真正做到理解学生，帮助他们解决困难。因此，真诚是促进师生有效沟通的重要基础。

（2）尊重与接纳

教师尊重学生是指尊重学生的人格，相信学生与教师一样，都是独立的个体。当然，在面对学生犯错误时，老师很容易控制不住情绪对学生进行责骂，但批评学生时也要本着尊重学生的原则，要就事论事，不要进行人格攻击。比如，有的老师责骂学生“笨得像头猪”，这就会极大地损伤学生的自尊心，不利于师生关系的发展。接纳学生与尊重学生相联系，是指教师要相信学生是一个有潜力和价值的人，老师能够接纳学生的各种缺点和错误，不戴有色眼镜看待学生，并帮助学生改正，最终让学生自己有信心成为一个有价值的人。老师如果能够无条件地接纳学生，即不管学生在什么情况下，都能相信学生有朝好的方向发展的潜能，最终会产生意想不到的惊喜。

知识窗11－3　最受学生欢迎的十种教师

刘良华教授在《教师成长》中提到了“最受学生欢迎的十种教师”，他指出“专业素养”和“人格魅力”构成了我们所期待的好教师的基本形象。他总结的最受学生欢迎的十种教师和推荐的影视作品如下。

一是像父亲一样严而有度的教师。这种教师把班级管理得井井有条，又受到学生的尊敬和喜欢。按照学生的言行规范来严格要求他们，并按照他们的成长规律，给予他们改正缺点错误的时间和机会，不一味批评和指责。推荐电影：法国《放牛班的春天》。

二是像母亲一样慈爱的老师。这种教师对待学生表现出关爱和耐心，体现出一种母爱。学生愿意将自己的心里话和烦心事告诉老师，并能得到满意的回答和耐心的指点。推荐电影：苏联《乡村女教师》。

三是实习老师。与学生年龄相仿，经常跟学生一起玩耍，与学生关系好，甚至成为知己，自然受欢迎。推荐电影：日本《麻辣教师》。

四是有宽容心的老师。这种教师心胸开阔，善解人意，对学生的缺点错误采取宽容的态度，给学生很好的印象。推荐电影：美国《音乐之声》。

五是热爱学生的帅哥老师。学生视其为青春偶像，且课讲得特好，认为其有本事，让人崇拜。推荐电视剧：《十八岁的天空》。

六是温柔的美女老师。学生感觉上这种老师的课是一种享受，很轻松。推荐电影：美国《蒙娜丽莎的微笑》。

七是风趣幽默的老师。这种老师讲课往往用具体生动的事例引入新课，深奥的道理讲得深入浅出，浅显易懂。在学生感到疲劳时会来几段风趣幽默的笑话逗学生开心，让学生乐于学习。特别善于激发学生的兴趣和热情，调动学生学习的积极性，学生学得轻松愉快而且效率高。推荐电影：美国《春风化雨》。

八是充满爱心的老师。这种老师非常关心和爱护学生，并用行动深深地感动和感染着学生，使学生对老师无限崇敬，自然得到学生的喜欢和爱戴。推荐电影：《烛光里的微笑》。

九是以身作则、说到做到的老师。这种老师是学生的表率。凡是要求学生做到的，自己首先做到；凡是学生一下子难以做到的，从不强求学生。教学生做人，自己首先做好人。总是实事求是，循序渐进。计划性很强，教育的针对性很强，因材施教，因地制宜，从不好高骛远或简单粗暴。推荐电影：《一个都不能少》。

十是有真才实学的老师。这种老师并非有多高的学历，而是勤奋学习，严谨治学。要给学生一杯水，自己就要备有一桶水。这水不仅是知识方面所要准备的，也是人格和魅力必须具备的，它能具体地反映教师的道德观念、面貌和才智。这种老师德才兼备，才要求学生品学兼优，这样的老师是学生的表率、榜样和楷模。推荐电视剧：《大宅门》。

摘自刘良华《教师成长》

法国电影《放牛班的春天》就是一部反映师生关系良好沟通的电影。电影中的音乐老师在来到一个充满问题儿童的学校时，面对问题儿童的叛逆，他并没有采用学校里一贯的惩罚，而是选择尊重与接纳他们，相信他们有发展的潜力，通过教他们音乐，带领这些问题儿童走向了阳光与美好。

（3）同理心

同理心是指教师能站在学生的立场和角度了解学生的心情，进行换位思考。如果老师只从自己的角度出发，一味地强调自己的观点，不顾学生是否能够接受，会使学生产生反感情绪，继而可能对教师感到厌烦，阻碍沟通。相反，如果老师能够设身处地地为学生着想，了解学生的心情，就会促进双方的沟通。例如，有的老师面对学困生时，并没有歧视，而是理解学困生的难处，帮助他分析学习成绩差的原因，并与他一起解决问题。经过这个过程，学生就会把老师当成最知心的朋友，与老师共同分享其内心体验。

（二）关键的沟通技巧——学会倾听

1.学会倾听是关键的沟通技巧

倾听是一项最容易被人忽视的沟通技巧，却也是最为关键的沟通技巧。现实生活中常可见到那些能力突出、性格开朗的人，他们办事风风火火，似乎有着无穷的活力，可是并不受人欢迎。一个重要的原因就在于不会倾听，以自我为中心的人只注重自我，很少去倾听别人的声音，并且容易对别人的倾诉表现出不重视的态度，进而影响沟通质量。仔细观察，我们会发现，那些具有卓越沟通能力的人多是会倾听的人，人们都喜欢与会倾听的人进行交往。

作为教师，如果善于倾听学生的声音，会极大地提高师生沟通质量。

2.如何提高倾听技巧

（1）要用积极的态度去倾听。要带着热情，积极地去倾听，没有一个倾诉者会喜欢打瞌睡的倾听者。作为老师，也要表现出对学生说话的内容感兴趣，目光要注视着学生，热情地倾听。如果心不在焉地倾听，甚至可能会导致师生关系的破裂。

（2）要注意及时反馈，鼓励他人充分表达自己。在倾听的过程中，要积极注意对方的表情、肢体语言、姿势等，掌握对方的情绪变化，及时给予反馈，令对方知道你一直在关注他，并且认真倾听他的心声。可以给予对方言语上的反馈，比如可以用“嗯”“是这样吗”“然后呢”这类话语鼓励对方将话题继续下去，充分表达自己。也可以给予对方肢体上的鼓励，如拍肩、拥抱等。

（3）要尊重对方。尊重对方是指在对方倾诉时，不管他倾诉的内容是否违背了你的价值观，都要给予尊重，不能粗暴地打断。每个人由于家庭教育环境和成长环境的不同，会有不同的思想。从内心真正尊重对方，尝试着从对方的角度来理解他的话语，会有积极的倾听效果。

（4）要抓住中心思想。倾听时，做一个聪明的倾听者，不要被对方描述的细枝末节所吸引，要紧紧抓住中心，分清哪些是主要的，哪些是次要的，以分析倾诉者真正要表达的意思，避免误解的产生。

（5）要关怀对方。大部分倾诉者都是情绪上遇到了问题，需要有人理解与关怀他。因此，在倾听时，倾听者要本着关怀对方的原则，体会对方的情绪感受，在适当的时候提问，鼓励或帮助他找到解决问题的方法。

本章要点

1.群体是指两个或两个人以上，为了达到共同的目标，以一定的方式联系在一起进行活动的人群。

2.群体有三个特征：目标与规范、组织与沟通、群体心理与群体凝聚力。

3.群体的心理功能是指群体情境对个体心理和行为上的影响。它包括归属功能、认同功能、支持功能、塑造功能。

4.群体规范是群体中每个成员必须遵守的思想和行为标准。群体规范具有维系群体的功能、评价标准的功能、行为导向的功能和惰性功能。

5. 群体凝聚力是指群体对每一个成员的吸引力。

6. 影响群体凝聚力的因素有：成员对群体目标的认同、群体的领导方式、群体内部目标结构和奖励方式、外部影响。

7. 学校非正式群体对于实现正式群体的目标可能有积极的作用，也可能有消极的作用。非正式群体对个体的影响是积极的还是消极的，主要取决于非正式群体的性质以及与正式群体的目标的一致程度。

8. 人际关系是人们在一定的群体背景中，在活动和交往过程中结成的心理关系，即心理距离。

9. 印象形成是人在社会生活中形成并存储在记忆中的认知对象的形象。这是一种对于别人或事物进行归类，明确其对于我们的意义，使自己的行为获得明确定向的过程。

10. 总体印象形成的方式有加法模式、平均模式和加权平均模式三种。

11. 印象形成的效应，指的是由于社会心理规律的作用，人们在形成印象的过程中，对他人的一种特殊反应效果。主要有首因效应和近因效应、晕轮效应、刻板印象、投射效应。

12. 人际吸引是指交往双方出现相互亲近、相互喜欢的现象，它以认知协调、情感和谐及行动一致为特征。人际排斥则是交往双方出现关系极不融洽、相互疏远的现象，以认知失调、情感冲突和行为对抗为特征。

13. 影响人际吸引与排斥的因素有：外貌、能力、相似、互补、邻近、性格特征。

14. 合作是指学生们为了共同目标在一起学习和工作或者完成某项任务的过程。合作是一种与竞争相对立的社会相互作用方式。

15. 竞争指个体或群体充分实现自身的潜能，力争按优胜标准使自己的成绩超过对手的过程。竞争必须具备两个基本条件：一是双方有共同争夺的目标，二是竞争的结果只有一方取得成功。

16. 人际沟通是指人们之间的信息交流过程，也就是人们在共同活动中彼此交流各种观念、思想和情感的过程。所以也有人把人际沟通称为信息沟通。

17. 人际沟通具有传达信息、心理保健、形成和发展社会心理等功能，和我们生活的层面息息相关。

18. 人际沟通过程中，信息沟通的要素为：信息源、接受者、信息、通道。

19. 沟通障碍包括：地位障碍、组织结构障碍、文化障碍、语言障碍、个性障碍、社会心理障碍。

思考题

1. 作为教师，如何增强班集体的凝聚力？

2. 教师应该如何与学生进行有效沟通？

3. 判断说明题：群体规范并非群体中的每个成员都必须遵守的标准。

4. 简述如何协调非正式群体和正式群体的关系。

参考文献

彭聃龄.普通心理学［M］.5版.北京：北京师范大学出版社，2019.

卢强.教育心理学［M］.3版.北京：北京出版社，2010.

包燕.教育心理学［M］.北京：中国科学技术出版社，1996.

陈琦，刘儒德.当代教育心理学［M］.2版.北京：北京师范大学出版社，2007.

高妙根，李季平.行为问题学生心理健康辅导的理论和实践研究［M］.上海：上海社会科学院出版社，2009.

杨凤池.咨询心理学［M］.北京：人民卫生出版社，2007.

樊富珉.团体心理咨询［M］.北京：高等教育出版社，2005.

第十二章　学生与教师的心理健康

小华怎么了

小华是一名初一学生，在整个小学阶段他努力刻苦，成绩一直名列前茅。进入初中后，面对实力强劲的同学，他把所有的时间和精力全部用在了学习上，成绩在班级里依然名列前茅。父母以小华为荣，把“我们小华一直都是第一名，从小学到初中都是如此”常挂在嘴边。父母的高期望给小华带来了超出负荷的心理压力，他害怕自己不再是第一名，害怕看到父母失望的目光。一遇到考试他就开始紧张，常常恶心、呕吐，考试时甚至出现腹泻、手指哆嗦等症状。之后，他害怕上学，抗拒去学校，到了学校附近就开始面色苍白、全身冒冷汗。

小华出现了什么问题？为什么会出现这种问题？我们应该如何帮助他？这是我们本章要探讨的学生心理健康问题。此外，我们还将在本章探讨教师的心理健康问题。

学习目标

通过本章的学习，你将能够：

1. 了解心理健康的含义；理解心理健康的标准。
2. 了解心理辅导的目标；理解心理辅导的原则、途径。
3. 了解学生和教师的常见心理问题；理解影响教师心理健康的因素。
4. 了解行为改变和认知调适的方法；理解教师心理健康的维护。

基础概念

心理健康（psychological health）：是指一种良好的、持续的心理状态与过程，表现为个人具有生命的活力、积极的内心体验、良好的社会适应，能够有效地发挥个人的身心潜力以及作为社会一员的积极的社会功能。

团体辅导（group counseling）：是指在团体领导者的带领下，团体成员围绕某一共同关心的问题，通过一定的活动形式与人际活动，相互启发、诱导，形成团体的共识与目标，进而改变成员的观念、态度和行为。

关键名词

心理健康，心理健康的标准，心理辅导，团体心理辅导，个体心理辅导，认知调适，职业倦怠，社会支持

第一节 心理健康及其标准

一、心理健康的含义

随着社会的进步，人们越来越意识到，健康不仅仅是指一个不生病的身体和强壮的体魄，而应该包括更广泛的内容。联合国教科文组织和世界卫生组织也对健康进行了新的界定，认为："健康是一种身体上、精神上和社会适应上的完好状态，而不是没有疾病及虚弱现象。"从这个定义中可以看出，健康包括三个要素：躯体健康、心理健康及社会适应力，而心理健康也已经成为现代人健康不可或缺的要素之一，那究竟什么是心理健康呢？

知识窗12－1 心理健康的其他定义

有关心理健康，目前并无公认的定义，不同领域的学者对心理健康的定义有所不同。大部分临床精神科医生认为，心理健康就是指人的心理功能正常，无心理症状，这种对于心理健康的定义，过于狭隘、消极。现在也有不少学者认为，心理健康乃是一种最佳功能状态，在这种状态下，人不仅是免于心理疾病而已，而且具有丰富的生命活力，能充分发挥自己的潜能。有些心理学家按照统计学的观点给心理健康下定义，他们采用统计学上常态分布的概念，取某心质的平均值作为区分健康与不健康的标准。即认为健康的心理就是一种平均状态，偏离了心质平均值即为不健康者。这种观点虽然比较客观、具体，但容易把健康与不健康问题绝对化。

也有社会工作者按照个人行为是否符合社会规范来划分健康与不健康。认为心理健康就是合乎某一水准的社会行为，这种行为既能被社会接受，也能给自己带来快乐。这种定义虽然符合一般常识，但因为不同的社会制度、文化背景以及社会阶层所要求行为的社会标准不同，因此这一定义很难作为普遍原则适用。也有学者将个体能否适应环境作为划分健康与不健康的标准，将适应良好的个体视为心理健康，否则就是心理不健康，这种观点虽有一定的合理性，但心理健康的内涵比适应良好更广。

上述定义在其涵盖方面和揭示心理健康的本质方面虽然都有一定的局限性，但从不同的角度，以不同的尺度对心理健康做出了界定，对我们进一步理解心理健康有一定帮助。

引自张承芬《教育心理学》

综合国内外学者的论述，我们将心理健康（psychological health）定义为一种良好的、持续的心理状态与过程，表现为个人具有生命的活力、积极的内心体验、良好的社会适应，能够有效地发挥个人的身心潜力以及作为社会一员的积极的社会功能。这一定义不仅重视了个体的心理过程及状态，也注重了个体的社会适应及社会价值。

二、心理健康的标准

心理健康与躯体健康一样，也有其标准，但又与躯体健康不同。国内外学者认为的心理健康标准并不统一。大多数学者从心理健康的表现形式上勾勒了心理健康的轮廓，提出了心理健康的标准。在国内外学者论述的基础上，总结出心理健康的六条标准。

（一）对现实的有效知觉

对现实的有效知觉关注了个体的认识过程，集中体现为智力及智力活动方面。正常的智力活动是个体学习、工作生活必备的基本条件，是人与周围环境和谐共处的心理保障。心理健康的个体，尽管智力水平有一定的差异，但都能够将自己的智慧与能力有效地运用到学习上。心理健康的个体，能够客观地看待问题，正视现实，不固执，对学习工作生活中遇到的各种问题、困难和矛盾能够力求有效认识和改造，既不逃避现实，也没有想入非非的困扰。

（二）自知自尊和自我接纳

自知自尊是个体对自己的认识与态度，一个心理健康的个体能够体验到自己的存在价值，既能了解自己，也能接纳自己，具有自知之明。心理健康的个体对自己的能力、性格、情绪和优缺点能做出恰当、客观的评价，对自己不会提出苛刻的非分期望与要求；也不会妄自菲薄。他们对自己的生活目标和理想都能进行切合实际的定位，因而对自己总体是满意的。同时，心理健康的个体也会努力发展自身的潜能，但对自己无法补救的缺陷，能够安然处之。

心理不健康的个体不但不能客观地评价自己，而且总是对自己不满意。由于所定的目标和理想不切实际，主观和客观的距离相差太远而总是自责、自卑，总是要求自己十全十美，而自己却又总是无法做得完美无缺，于是就总是和自己过不去，结果是使自己的心理状态永远无法平衡，也无法摆脱自己将会面临的心理危机。

（三）自我调控能力

对心理健康的个体而言，愉快、乐观、开朗、满意等积极情绪状态总是占据优势的，虽然也会有悲、忧、愁、怒等消极的情绪体验，但一般不会长久。心理健康的个体能适当地表达和控制自己的情绪，喜不狂、忧不绝、胜不骄、败不馁、谦逊不卑、自尊自重，在社会交往中既不妄自尊大也不畏缩恐惧，对于无法得到的东西不过于贪求，争取在社会规范允许范围内满足自己的各种需求，对于自己能得到的一切感到满意，心情总是开朗的、乐观的。

（四）与人建立亲密关系的能力

心理健康的个体乐于与他人交往，不仅能接受自我，也能接受他人，悦纳他人，能认可别人存在的重要作用。心理健康的个体能为他人所理解，为他人和集体所接受，能与他人相互沟通和交往，人际关系和谐，与生活的小集体能融为一体，既能在与挚友相聚时共欢乐，也能在独处沉思时而无孤独之感。在与人相处时，积极的态度（如同情、友善、信任、尊敬等）总是多于消极的态度（如猜疑、嫉妒、敌视等），因而在社会生活中具有较强的适应能力和充分的安全感。心理不健康的个体，总是自别于集体，与周围的环境和他人格格不入。

（五）人格结构的稳定与协调

心理健康的个体，其人格结构包括气质、能力、性格和理想、信念、动机、兴趣、人生观等各方面都能平衡发展。其人格在人的整体精神面貌中能够完整、协调、和谐地表现出来。思考问题的方式是适中和合理的，待人接物能采取恰当灵活的态度，对外界刺激不会有偏颇的情绪和行为反应，能够与社会的步调合拍，也能与集体融为一体。

知识窗12－2 心理健康的其他标准

心理健康的标准，并不像躯体健康的标准那么客观统一。例如，著名的人本主义心理学家马斯洛提出了心理健康的10条标准，即有充分的安全感；充分了解自己，并能对自己的能力做出恰当的估计；生活目标、理想切合实际；与现实环境保持良好的接触；能保持个性的完整与和谐；具有从经验中学习的能力；能保持良好的人际关系；具有适度的情绪控制和表达；在不违背集体利益的前提下，有限度地发展个性；在不违背道德规范的情况下，适当地满足个人的基本需要。

日本心理学家提出的心理健康的标准是：力争自我成功；能客观地看待自己；人生观统一；具有与别人建立亲睦关系的能力；人生所需要的能力、知识和技能的获得；具有同情心和对一切有生命的事物的爱。

尽管不同的学者在描述心理健康的标准时，侧重点有所不同，但可以看出，正常的认知水平、稳定愉快的情绪、同客观现实保持积极平衡的意志行为及良好的个性特征，是衡量心理健康的公认标准。

（六）生活热情与工作高效率

心理健康的个体珍惜和热爱生活，积极投身于生活，能够在生活中尽情享受人生的乐趣。他们在工作中尽可能地发挥自己的个性和聪明才智，并从工作的成果中获得满足和激励，把工作看作是乐趣而不是负担。能把工作中积累的各种信息、知识和技能储存起来，便于随时提取使用，以解决可能遇到的新问题，并能够克服困难，使自己的行为更有效率，工作更有成效。

正确理解心理健康的标准，应注意几个方面。首先，心理健康与不健康并非两极的概念，而是一个连续体，心理健康与不健康只有程度的差异，没有严格明确的数量界限。其次，心理不健康的个体，在心理健康的标准方面，可能在所有方面表现异常，但也有可能仅在一两条标准上表现异常。再次，心理健康既是一种状态，也是一个过程。心理健康的个体并非没有失败、痛苦和冲突，而是能在这些情况出现时进行积极有效的自我调整，且能保持良好的工作效率。最后，心理健康与否，在某种程度上也涉及社会评价问题，不同社会的主流文化与行为规范不同，对同一行为正常与否，也会做出不同的判断。例如同性恋问题在某些社会文化中，被判定为心理问题。

第二节　中小学生心理健康教育

中小学生心理健康教育是根据中小学生生理、心理发展特点，运用有关心理教育的方法和手段，培养学生良好的心理素质，促进学生身心全面和谐发展和素质全面提高的教育活动。中小学生心理健康教育是素质教育的重要组成部分，是落实跨世纪素质教育工程，培养跨世纪高质量人才的重要环节。

2012年教育部在《中小学心理健康教育指导纲要》中明确提出了中小学生心理健康教育的总目标和具体目标。总目标是提高全体学生的心理素质，培养他们积极乐观、健康向上的心理品质，充分开发他们的心理潜能，促进学生身心和谐可持续发展，为他们健康成长和幸福生活奠定基础。具体目标是使学生学会学习和生活，正确认识自我，提高自主自助和自我教育能力，增强调控情绪、承受挫折、适应环境的能力，培养学生健全的人格和良好的个性心理品质；对有心理困扰或心理问题的学生，进行科学有效的心理辅导，及时给予必要的危机干预，提高其心理健康水平。

这一节我们将探讨中小学生常见的心理问题及常用的心理辅导方法。

一、中小学生常见心理问题

了解中小学生常见的心理问题，是开展心理健康教育工作的基础和前提。

（一）小学生常见心理问题

1.儿童多动综合症

儿童多动综合症是一种常见的儿童行为异常，也称脑功能轻微失调综合征或注意缺陷多动障碍。患有多动综合症的儿童，智力正常或基本正常，但其学习、行为及情绪等方面则存在缺陷，表现为注意力不易集中，注意短暂，活动过多，情绪易冲动以致影响学习成绩；在家庭及学校均难以与人相处，日常生活中使家长和老师感到困难。国外资料报告的患病率约为5%～10%。国内也认为学龄儿童发病者相当多，约占全体小学生的1%～10%。男孩较女孩多。

2.学习困难综合症

学习困难综合症是一种学习技能发育障碍。这类儿童并非呆傻或愚笨（智商都在70以上），而是从发育的早期阶段起，获得技能的正常方式受损，表现在阅读、计算或绘画等单一方面的能力低下，而其他技能均正常，所以常出现某一门功课的成绩好，而另一门功课成绩差的偏科现象。

美国学习困难联邦委员会把学习困难定义为：学习困难是多种异源性失调，表现为听、说、写、推理和数学能力的获得和使用方面的明显障碍。这些失调源于个体的内部因素，假定是中枢神经系统的机能失调，并且可能存在于一个人的一生中。伴随学习困难，个体可能会在自我调节、社会知觉以及社会交往等方面出现问题，但这些问题本身并不构成学习困难。

3.儿童过度焦虑反应

儿童过度焦虑反应是儿童情绪障碍的一种表现，以女生较为多见。过度焦虑反应的儿童主要表现为坐立不安、多动及学习能力降低等症状，并经常伴有强迫、恐怖或癔病症状。主要病因有以下几个方面：有的家长对孩子过于苛求，只知"望子成龙"，而不考虑这些要求是否超过了孩子的智力发育水平，孩子慑于家长的权威，整天处于紧张状态，久而久之便导致了过度焦虑反应；而有的家长对孩子过于溺爱，在家中对其百依百顺，同样造成孩子不能正确评估自己，这种孩子走出家庭，在社会或学校中碰到一些不顺心的事情时，就容易发生过度焦虑反应；有些教师的教育方法不当，过度追求"高分数""高升学率"，搞"题海战术"，教学内容过多，采用"填鸭式"的教学方法，使孩子负担过重，接受不了，也容易导致过度焦虑反应。

4.儿童厌学症

厌学是指学生在主观上对学校学习失去兴趣，产生厌倦情绪和冷漠态度，并在客观上明显表现出来的行为。具体表现为感到学习非常枯燥，毫无兴趣，如果家长不督促，很少主动学习，也不会主动去学习其他内容；一学习就觉得疲劳，要完成某一学习任务，需要家长用物质激励；学习效率低下，即使有时候用功了，但效果不佳；常常幻想，自己有多成功；有不明白的问题时，很少去弄明白到底是为什么；花在电视、电脑和娱乐上的时间比学习时间多，没有明确的学习目的，不会提前做计划等，有的甚至一提到学习就头疼。

厌学分为轻度厌学、中度厌学和重度厌学。轻者，表现为对上学不感兴趣，但迫于家庭或外界压力又不得不走进学校，在校学习状态消极，学习效率低下。重者，可能会从心理产生对上学和学习的厌恶情绪，最终可能会选择退学、离家出走等极端行为。

5.儿童强迫行为

儿童强迫行为多发生于10 ～ 12岁的儿童。正常儿童虽然也可出现一些"强迫现象"，如走路时爱踢石子，喜欢用手抚摸电线杆等，但都属于一时性的，而且随着年龄增长会自然消失。而有病态强迫行为的孩子则不同，他们不易自行纠正，如果不让他们重复这些动作，其内心会感到难以忍受，焦虑不安，甚至大发脾气，只有反复进行这些行为其内心才舒服。与成人的强迫行为不同的是，儿童对这种行为不觉得苦恼，也不感到后悔。

儿童强迫行为的形成，与先天素质、自身性格、父母的不良性格以及教育方法不当等多种因素有关。这种孩子常常有过于严肃、拘谨、胆小、好思考、刻板、爱整洁等性格特点；其父母也多有胆小怕事、过分拘谨、缺乏自信、做事嘀咕等性格特点。不良性格再加上教育不当、父母要求苛刻等因素，就容易导致孩子出现强迫行为。

6.学校恐怖症

学校恐怖症是一种较为严重的儿童心理问题，多见于7 ~ 12岁的小学生。由于存在各种不良心理因素，使学生害怕上学，害怕学习，具有恐怖心理，故又称“恐学症”。

学校恐怖症的具体表现是，儿童害怕上学，甚至公开表示拒绝上学，发病期间，如果父母强迫儿童去上学，会使其焦虑加重，焦虑的症状表现为：心神不安、面色苍白、全身出冷汗、心率加快、呼吸急促，甚至出现呕吐、腹疼、尿频、便急等。倘若父母同意暂时不去上学，则孩子的焦虑症状马上缓解。

从心理学的角度讲，学校恐怖症也是恐怖症的一种，相当于恐怖症中的场所恐怖症。但学校恐怖症又与场所恐怖症不完全相同，因为导致学生对学校恐怖的原因是多样的。既有内因也有外因，内因是儿童自身的因素，这类孩子均有以下的性格特点：胆小，仔细，敏感，多疑，特别爱面子，依赖性强，生活上和精神上独立性差，经不起批评；外因则是孩子的家长、老师常期望过高，往往超过儿童心理所能承受的程度，导致孩子心理失衡，逐渐形成对上学的恐惧。

（二）中学生常见心理问题

进入中学以后，学生感受到学习压力进一步加大，也开始面临青春期，体验到更多的有关同伴关系的困扰。因此，在心理问题上，也与小学生的表现有所不同。中学生常见的心理问题有以下几种。

1.焦虑症

焦虑是对未来的事情感到难以预测和驾驭而感到紧张不安的一种情绪状态。中学生常见的焦虑问题主要表现为考试焦虑和社交焦虑。考试焦虑是一种复杂的心理现象，它是在一定的考试情境激发下，以担忧为基本特征的心理状态。大多数学生在考试时都会受到焦虑情绪的困扰，适度的焦虑并非病态，并且有助于考试发挥。但如果焦虑过度，长期不能摆脱烦恼、不安、恐惧的心态，并出现不良生理反应和异常的肢体语言时，就易发展为考试焦虑症。

社交焦虑则表现为害怕与人交往，不敢在众人面前说话。有社交焦虑的中学生通常有如下表现：（1）在众人面前感到紧张焦虑、心慌不安；（2）受到批评会闷闷不乐；（3）在人际交往中容易退缩、没有魄力、不敢讲话；（4）当对人焦虑极度增强时，就会逃避与他人交往，为了掩饰，有时也可能会表现出一些虚张声势的冲动行为，但很快又会退缩回去；（5）焦虑严重时，可出现头痛、失眠、食欲下降、腹泻、肢体无力等身体症状。

2.抑郁症

抑郁症是一种以消极情绪为特征的情绪障碍，具体表现为情绪低落、思维迟钝、感到活着没有意义、前途无望、郁郁寡欢、社交活动减少，甚至有自杀观念或行为。我们大多数人都有过“抑郁”的体验，那时候整个生活似乎都是灰色的。但如果这种心境存在于一天的大多数时间里，且几乎每天如此，不受环境的影响，并持续两周以上，就可能患上了抑郁症。

进入中学阶段后，学习压力、人际交往以及青春期的到来，都使得中学生比小学生面临更大的压力和更多的困惑，因此也经常受到抑郁情绪侵袭。

3.强迫症

强迫症包括强迫观念和强迫行为。强迫观念是一种想法或想象，它不断侵入一个人的意识，个体虽然能够发现这个想法令他痛苦，而且并不恰当，因此会努力去压制它，但它总是不断地再次出现。轻微的强迫观念在人群中是比较常见的，许多人都有这种经验，例如一首歌会一直在脑中回响，脑子里一遍又一遍地想出门是否锁好了门，但是这些想法过去了以后，还会继续自己的工作。但病理性的强迫观念则不会过去，尽管个体试图压抑这种观念，但它还是会再次发生。

强迫行为则是个体觉得自己被迫一次又一次地以固定的、刻板的方式重复一个动作，而他并不是有意识地想要这么做。患有强迫症的个体，或者只具有强迫观念或强迫行为，或者既有强迫观念也有强迫行为，通常是两者都有。

4.恐怖症

恐怖症是以恐怖症状为主要表现的一种神经症，患有恐怖症的个体对某些特定的对象产生强烈和不必要的恐惧，并伴有回避行为。恐惧的对象可以是单一的或多种的，如动物、广场、闭室、登高或社交活动等，而且个体明知其反应不合理，却难以控制而反复出现。恐怖症包括社交恐怖、单纯性恐怖、广场恐怖及旷野恐怖。

社交恐怖主要是害怕出现在众人面前，特别对于被人注意更为敏感，他们不敢到公共场所，害怕自己发抖、脸红、出汗或行为笨拙、手足无措，引起别人的注意，经常伴随一种缺乏自信的心态。单纯性恐怖在儿童时期多发。如对蜘蛛、蛇或高处、黑暗、雷雨等感到恐怖。例如对雷雨恐怖者，不仅对雷雨感到恐怖，而且对可能发生雷雨的阴天或湿度大的天气也可能感到强烈的不安。广场恐怖的个体不仅对公共场所恐怖，而且因为担心在人群聚集的地方难以很快离去，或无法求援而感到焦虑，这些公共场所包括火车站、超市以及理发室和影剧院等，因此这类个体常喜欢待在家里，不轻易出门，以免引起心神不定、烦躁不安。旷野恐怖则指个体在经过空旷地方时就发生恐惧，并伴有强烈的焦虑和不安，因此个体怕越过旷野，严重时害怕越过任何建筑，如害怕跨越街道、桥梁、庭院和走廊等。

5.人格障碍和人格缺陷

人格障碍又称病态人格，指明显偏离正常人格并与他人和社会相悖的一种持久和牢固的不良情绪和行为反应方式。其一般特征有：紊乱不定的心理特点以及与人难以相处的人际关系；将自己遇到的一切困难都归咎于命运和他人的错误；认为自己对别人不负任何责任；在任何环境中都表现出猜疑、仇视和偏颇的看法。具有人格障碍的人，由于其内心体验背离生活常情，外在行为违反社会准则，所以经常给社会和他人造成损失，给自己带来痛苦。一般认为，人格障碍是生物、心理、社会环境因素共同造成的，其中家庭和社会原因是主要因素。人格障碍一般始于童年或青少年，持续到成年或终生。

人格缺陷是介于正常人格与人格障碍之间的一种人格状态，可以说是人格发展的不良倾向。人格障碍与人格缺陷两者既有量的差异，又有质的不同，质的区别是量引起的结果。人格缺陷发展到经常的、严重的程度就是人格障碍。青少年常见的人格缺陷包括以自我为中心、偏执、自卑、孤僻、嫉妒、冷漠、狂热和冲动。

6.性偏差

性偏差主要是指在青少年性发育过程中出现的不良适应，例如过度手淫、不当性游戏、轻度性别认同困难等。其中，轻度性别认同困难是指个体陷入一种轻微的两难境地，具有与其自身生物性别相反的性别认同或性别感。例如，生理性别是男性的个体对自己性别的认同为女性。中学生性偏差一般不属于性心理障碍，但需要进行矫正，例如对于过度手淫，需要采取转移注意，鼓励个体更多地参加文体活动予以矫正。

7.进食障碍

自从弗洛伊德时代起，心理学家就把进食看作个体发展至关重要的一部分。这是因为孩子将对吃的感受与对喂养人的感受结合在了一起，基于此，心理学家将进食障碍看作情感冲突的一种反映。进食障碍包括神经性厌食症和神经性贪食症。

神经性厌食症是指个体由于害怕体重增加，而出现的严重抵制进食的一种障碍，少女及年轻女性占压倒性多数。多数神经性厌食症出现在12 ～ 18岁，但也有可能在青春期之前或晚至30岁出现。厌食症最重要的身体特征是消瘦，除此之外，害怕发胖也是厌食症个体的最典型特征之一。尽管她们已经有了骨瘦如柴的手、瘦骨嶙峋的身体和高高突起的颧骨，但她们仍然坚持认为自己太胖，需要减肥。这种观念中被歪曲的体形标准以及想改变自己假想肥胖的坚强决心对产生进食障碍是决定性因素。

神经性贪食症则是另外一种类型的进食障碍，与神经性厌食症既有联系也有区别。神经性贪食症的个体对饮食不加控制，但事后常常对此进行补救，并且不表现出消瘦、闭经等生理特征。神经性贪食症通常在青春期或成年早期出现，也是一种女性占压倒性多数的心理障碍，而且通常是在一段时间的节食后或节食期间出现。这类个体经常饮食作乐，她们会消耗掉异常多的食物，而且常常是甜食和高卡路里的食物，例如吃下一整块蛋糕、一大杯冰激凌、一大包爆米花，再喝上一大瓶可乐……，直到她们感到不舒服，甚至是难受时才满足。然后，十有八九会用手指或其他东西触及咽喉引起呕吐，或者服用泻药或利尿剂。像厌食症个体一样，贪食症的个体在很大程度上也是根据自己的体形标准来进行自我评价的，因此，在暴饮暴食的过程中，始终伴随着羞愧感。她们经常由压力或不开心引起暴饮暴食，之后会更加不开心，陷入恶性循环。

8.睡眠障碍

常见的睡眠障碍包括失眠症、昼夜节律障碍、噩梦、夜惊和梦游。失眠症即长期无法入睡。包括三种主要形式：一些人需要很长时间才能入睡，一些人入睡很容易但在夜里会不断地醒，还有人入睡容易但早上会醒得特别早，而且再也无法入睡。我们每个人在生命的某些时候也可能会经历过这样的问题。但如果这种问题一直存在，而且导致疲劳、易怒、注意力无法集中等状况，从而明显扰乱了人的日常机能，我们才将其称为失眠症。对相当多的人来说，失眠症都会引起严重的身体和心理应激。

另一种常见的睡眠障碍是梦魇和梦惊，梦魇在儿童期会比较频繁地出现，主要表现为做恐怖的梦。梦魇可能并不伴随强烈的生理唤醒（出汗、换气过度和心跳加快），儿童醒后意识清晰，能较清楚回忆梦境和叙述恐惧体验。相反，梦惊时的痛苦会伴随强烈的生理唤醒，当儿童惊醒过来，通常不能回忆起恐惧的内容，会更快地再次入睡。

梦游是另一种睡眠障碍，其出现的顶峰年龄是12岁，个体经历梦游的典型过程是入睡，然后并没有醒来，他们会在一或两个小时后起床做一些复杂的行为，甚至会穿衣离家，他们的眼睛是睁开的，不会撞到东西，梦游可能会持续15秒～30分钟，随后梦游者通常会再次回到床上。

二、心理辅导

（一）心理辅导概述

辅导，指学校中教育者对学生的一种协助。从狭义上说，辅导是帮助一个人自助；从广义上说，辅导是促进个人的发展，即学生凭着在辅导中学会的面对难题和解决难题的原则，全面而均衡地发展自己的人生。心理辅导则是运用心理学、行为科学等学科的理论和技术，帮助学生达到心理优化的过程，是学校促进学生心理健康和人格健全发展的教育活动。

心理辅导的主要目标包括两个：其一是让学生学会调适。调适包括调节与适应，“调节”指的是调整内部精神生活的各方面及其相互关系，重点是人的内心体验。教学生学会调节就是学会正确对待自己、接纳自己，化解冲突情绪，确立合适、正确的志向水平，保持个人精神生活的和谐。“适应”指的是人与周围环境的关系问题，调整的重点是人的行为。适应是矫治错误的行为，养成正确的行为，消除人际交往障碍，提高人际交往的质量。在心理辅导中，学会调适是基础目标，以此为目标的心理辅导，称为“调适性辅导”。其二是寻求发展。即要引导学生认清自己的潜力与特长，正确合理地进行人际交往，充分发挥主动性和创造性，在学习生活中不断进取，不断发展。寻求发展是心理辅导的高级目标，以此为目标的心理辅导，称为“发展性辅导”。

学校心理辅导应遵循以下原则。

1.面向全体学生的原则

全体学生都应该是学校心理辅导的对象和参与者。在具体实施心理辅导活动时，要注意全体学生的发展，考虑到绝大多数学生的共同需要和普遍存在的问题，以绝大多数学生的心理健康水平和心理素质的提高为学校心理辅导的基本立足点和最终目标。贯彻心理辅导面向全体学生的原则，教育者应该首先了解和把握全体学生的共同需要，以及普遍存在的困扰；进而创造条件，让尽可能多的学生参与到心理辅导活动中来，通过普遍开展的心理辅导活动，使学生对心理辅导有积极的认识；帮助学生学会接纳自己、调节自己的心理状态；挖掘其潜能，促进其心理素质逐步得到提高。

2.预防与发展相结合的原则

心理辅导的目标既包括让学生学会调适，也包括寻求发展。因此，在心理辅导过程中，不能仅着眼于对学生心理偏差问题的矫正，还应该努力对学生可能出现的问题做到未雨绸缪，防患于未然。此外，不但要通过个体及团体辅导矫正学生的心理问题，还要通过多层次活动的开展，例如板报、宣传活动等，引导学生充分了解自己的特长与潜能，充分发挥学生的主动性和创造性。

3.尊重与理解学生的原则

在心理辅导过程中，要注意尊重学生的隐私，对学生的个人情况及谈话内容予以保密。对于学生的情绪、行为、语言等充分理解，不得以道德的眼光对学生的心理问题进行批判，并且要充分理解与尊重学生的选择。

4.学生主体性原则

在学校心理辅导工作中，所有工作都要以学生为出发点，学生始终是主体，并要得到实实在在的体现。主体性原则要求教育者的心理辅导以学生发展为本，要充分尊重学生的主体地位，充分发挥学生主体作用。贯彻主体性原则应该注意，所有的心理辅导活动应首先从学生的实际状况和需要出发，并尽可能地在活动中创造条件，让学生成为心理辅导活动的主体。

5.个别化对待原则

在学校心理辅导工作中，要关注学生的个体差异，根据不同学生的特点和需要，开展形式多样、适合不同层次学生的心理辅导活动。贯彻个别化对待的原则，应做到了解学生的个别差异，区别对待不同学生，灵活运用不同方法、技术和手段，最大程度地满足不同学生的不同需求。

6.整体性发展原则

人的心理活动是一个有机的整体，心理过程与人格相互影响，相互作用。而个体的心理与家庭、学校、社会等外界因素又会发生千丝万缕的联系。学校心理辅导的目标是为了学生人格的整体性发展，提高学生的心理素质和整体素质。因此，在具体工作中，切忌“头痛医头、脚痛医脚”，而应从个体心理发展的完整性和统一性出发，全面把握和分析问题的成因及对策。

在具体工作中，目前学校心理辅导开展的主要途径如下。

1.开设心理健康教育有关课程

开设以普及心理健康教育知识为主的有关课程是学校开展学生心理辅导工作的制度保证。通过相关课程的学习，可以使学生掌握必要的心理学和心理健康知识，对于帮助学生正确认识自己，有效地调控自己的心理和行为无疑是非常必要的。

在开设相关课程时应该注意以下几个问题：从目的上说，相关课程的开设在于向学生普及心理健康知识，预防心理问题和心理疾病，促进学生健康心理的形成和发展，进而全面提高学生的心理素质，而不在于心理学学科知识的系统讲授；从内容上说，可以开设心理学、心理卫生、心理健康教育等相关课程，也可以定期举办有关的知识讲座；从方法上说，相关课程的开设应该特别重视学生的参与性和活动性；从功能上说，这些课程的开设，不仅仅是为了扩展学生的知识，重点是要改善学生的情绪状态，转变其态度，培养必要的社会技能等。

2.开设心理辅导活动课

心理辅导活动课是为学校开展心理辅导工作而专门设计的一种活动课程，一般都列入正式的课程计划之中。该课程的目的、内容、方法、程序都是有计划、有系统地安排设计的。

在开设心理辅导活动课时要注意以下几点：心理辅导活动课组织上以教学班为单位，形式上以学生活动为主，内容上充分考虑到学生的实际需要，强调学生认识、情感、行动的全面投入。心理辅导活动课的过程不是单纯让学生掌握相关知识，而是针对学生实际，通过具体事例或活动，使学生获得认识自我、发展自我、培养自信心、自我调节的能力，最终实现优化心理素质的目的。心理辅导活动课的主要任务是针对学生发展中带有普遍性和倾向性的心理问题，通过科学设计的生动有趣的活动，引导学生积极参与和亲身体会，及时有效地帮助学生排除心理烦恼，缓解心理压力，消除不良的情绪情感，矫正不良的思想观念和行为表现，提高其适应现实的能力，以保证心理的健康发展。

3.在学科教学中渗透心理健康教育的内容

学生心理辅导要渗透到学校教育教学的全过程，学校的各科教学是学校的中心工作，因此，各科教学中渗透心理辅导的内容也是学校开展学生心理辅导的主要途径。

所谓在各科教学中渗透心理辅导的内容，是指各学科教师在教学中自觉运用心理学基本原理、方法及心理辅导技术，有针对性地帮助学生处理在学习过程中出现的各种心理问题，从而有效地发挥各科教学在学生健康心理形成中的作用。它主要体现在两个方面。一是要将心理辅导的目的、意义和要求，自觉地体现于各科教学中。例如，教师对教学活动的设计要强调学生的主体地位，重视学生的心理需求，而不应像传统教学那样强调社会本位和知识本位，忽视学生的心理发展与心理需求。二是要充分挖掘学科知识结构中有利于学生健康心理形成和发展的因素，并且最大程度地发挥其对学生心理健康的促进作用。各科教师都要善于把握教材内容中可进行心理辅导的环节和突破点，从而通过教学促进学生的心理健康发展。

4.结合班级、团队活动开展心理健康教育

班级、少先队或团支部是学校的基层组织，是学生共同学习生活的群体，是学生在成长过程中的一个小社会。它为学生提供了社会化的途径，对学生的心理健康发展具有重要作用。因此，应该把班级、少先队以及团支部活动作为开展心理辅导的一个基地，同时，结合班级、少先队和团支部活动开展心理辅导也能够很好地发挥学校各项工作在统一的育人活动中的整体功能。

5.个别心理辅导或咨询

面向学生个体的心理辅导称为个别心理辅导，是心理辅导工作者通过与学生进行一对一的沟通、互动来实现的专业助人活动。它主要是依据学生个体智力因素、非智力因素，特别是个体发展的差异性以及其存在的问题有针对性地进行辅导。由于心理辅导的精髓在于个别化对待，因此个别辅导是一种不可替代的辅导方式，是进行学生心理辅导的重要途径。

个别心理辅导一般通过建立心理辅导室或心理健康指导中心等形式予以具体实施。比较常用的方法有个别交谈、电话辅导、信函咨询和个案研究等。实践证明，个别心理辅导是学校心理辅导工作中常见且有效的一种方法。

6.小组辅导

小组辅导是学校心理辅导的重要形式之一，是心理辅导人员面对一组学生的辅导活动。小组辅导的特点是一组学生在心理辅导工作者指导下讨论、训练并有效地处理他们所面临的共同问题。小组成员少则4 ~ 5人，多则11 ~ 12人。其成员多为同年级、同年龄学生，或具有类似的待解决的心理困扰的学生。小组一般由学生自愿结合形成，并推举热心于活动、态度热情、工作负责的同学担任组长。一个小组通常要活动十多次，每次时间为一课时。

（二）团体心理辅导

团体心理辅导是指在团体情境中的心理辅导过程。构成团体的首要条件是有两个或两个以上的人；其次，团体的成员要互相交往，互相影响；最后，构成团体的成员还要有相同的活动方式和共同的行为目标。

团体心理辅导具体是指在团体领导者的带领下，团体成员围绕某一共同关心的问题，通过一定的活动形式与人际互动，相互启发、诱导，形成团体的共识与目标，进而改变成员的观念、态度和行为。团体心理辅导的过程，通常包括以下步骤。

1.确定团体辅导的主题和目标

团体辅导的过程始于确定团体辅导的主题和目标。团体辅导的目标通常有三类，一类是以开发潜能，健全人格，增进学生心理健康为目标，面向全体学生，学校团体心理辅导通常属于此类。第二类是以敏感性训练为主，训练如何有效地处理人际关系，增进生活技能和社会适应。第三类目标是矫正团体成员已经存在的心理问题或困扰，在学校里针对少数学生的行为和情绪矫正进行的团体辅导，属于此类。

2.团体辅导活动的方案设计

团体辅导的主题和目标确定后，下一步就是设计团体辅导活动的有关方案。内容主要涉及明确团体领导者、团体成员、团体的大小及类型，确定团体辅导的场所、时间和次数，确定每次团体辅导的活动计划，选择团体辅导的评估方法等。

3.团体成员的选择与发动

在确定团体辅导方案时，团体领导者就需要根据团体的目标明确服务对象。通常，参加团体的成员需要具备自愿报名参加、怀有改变自我和发展自我的强烈愿望，愿意与他人交流，并具有与他人交流的能力，能坚持参加团体活动的全过程，并遵守团体的各项规则等基本条件。那些极端内向、羞怯、孤僻、自我封闭的个体都不适合被选入团体。

4.团体辅导活动的开展

团体辅导通常包括四个阶段：开始阶段、过渡阶段、工作阶段和结束阶段。

团体的开始阶段，通常是整个团体成败的关键环节之一，在整个团体的发展中，也是最困难和最有挑战性的时期。在此阶段，团体领导者最重要的任务是协助成员之间尽快熟悉起来，明确团体目标，订立团体规范，建立安全和信任的关系。

通常在团体开始从事有成效的工作之前，会经历过渡阶段。在此阶段，团体领导者最重要的任务是提供鼓励与挑战，使成员能面对并且有效地解决他们的冲突和消极情绪，以及因焦虑而产生的抗拒，使团体成员彼此间有效地建立成熟的关系。

团体工作阶段的重要特征是探讨重大问题并采取有效行动，以促进理想行为的改变。

在团体的结束阶段，成员应对自己的团体经验做出总结，并向团体及团体成员告别。团体领导者在团体结束时，其主要任务是给予心理支持，并协助成员整理归纳在团体中学到的东西，肯定成长，鼓舞信心，促使改变和成长继续。

5.团体辅导效果评估

团体辅导的最后一个环节是对团体辅导的效果进行评估。评估是团体咨询总结阶段的一项重要的工作。通常采用的主要评估方法包括行为计量法、标准化的心理测验和调查问卷等形式。

为了使团体辅导发挥应有的效用，团体领导者除了要有团体动力学和团体咨询的理论，还必须了解团体辅导的有关技巧。主要包括团体领导技巧和团体互动技巧。

（1）团体领导技巧

特罗斯（Trotzer，1977）将团体领导技巧划分为三个方面，分别是反应技巧、交互作用技巧及行动技巧。

①反应技巧

反应技巧的作用是促进关系的建立，鼓励团体成员开放、表达，以促进团体成员进行自我探索。具体包括以下几种技巧。

a.积极倾听

积极倾听也即团体领导者全神贯注于团体成员表达的语言与非语言信息，而不进行任何评价与批判。在积极倾听的过程中，领导者不仅要保持沉默，而且需要用耳去听，用眼去看，用心去感受与觉察。这一方面能够明确区分成员信息的意义与内涵，另一方面也可以传达对成员的接纳、关心与尊重，引导成员积极参与，自我表露与深入探索，并获得成员的信任。如：

成员甲："我经常失眠，每次到了睡觉时，我就告诉自己今夜又无眠了，我在想……（眼光抛向领导者）。"

领导者："嗯，嗯（注视、倾听、表情自然、鼓励的眼神）。"

b.同理心

同理心是指团体领导者需要设身处地地站在成员的角度来思考问题，再将结果反应给成员的历程。该技巧能够提高成员与领导者的相互信任使团体更加和谐，团体领导者通过传达充分了解成员的信息，鼓励成员进行更深层次的自我探索。

同理心可以分为初级同理心和高级同理心。初级同理心指领导者设身处地地体会成员呈现的感觉、经验或行为，而不深入挖掘隐喻的信息；而高级同理心则指领导者体会成员隐喻或未觉察的感觉、经验和行为，如果能够适当使用则可以帮助成员拓宽视野，协助成员探讨自己忽略的部分或者问题重点，但高级同理心需要在双方已经建立了良好关系时使用。如：

成员甲："有时候我感到很混乱很烦，我不知道我下一步该怎么走？常常发呆。"

成员乙："我也是，每次做了计划最后都不知道该不该做，我完蛋了。"

领导者："甲，你好像感到很困惑，不知道未来该怎么办。""乙，你与甲有同样的感受，心里非常担忧。"

成员甲："是呀！我就像你说的那样……"

成员乙："对！对！我……"

c.澄清

当团体成员表述得不具体、不清楚时，就容易引起沟通障碍。因此，在团体辅导过程中，团体领导者需要利用澄清的方式，帮助团体成员清晰具体地提供信息，或表达意见。通过领导者和成员之间的问答过程，掌握成员谈话背后隐含的情绪及思考的信息本质，特别是成员内心涉及的混乱和冲突，协助成员更具体更正确地表达意见，从而对个人情况做进一步评估和探索，有利于团体辅导对准主题焦点。如：

成员甲："我不知道要不要与他交往，我觉得他有点怪怪的，内心不舒服。"

成员乙："听起来，他会与甲交往，我也觉得怪怪的。"

领导者："乙，我知道你很关心甲，让我们来听听甲进一步的说法。""甲，你说他怪怪的，你愿意指出是哪些方面吗？个性、价值观或交往动机……”

d.提炼归纳

提炼归纳是指领导者将成员的反应或活动的内容，提纲挈领地整理并反映到团体内，使成员能获得学习和促进，避免团体过程陷入或形成零碎分散的现象，有利于团体方向的引导。如：

领导者：“今天团体辅导活动结束前，请每位伙伴针对这一次团体的经验做个简要的概述，并分享一下对自己最有意义的一句话或一个活动。”

成员甲：“我喜欢团体的每个人，尤其是在‘情绪气象台’的活动中，某某的反应令我很感动，我相信他肯定自己，未来必定拥有成功。”

成员乙：“我看到自己在活动中可以表达得很好，我自己也觉得很惊讶。老师说得对，只有‘爱’才是解决人类问题的唯一答案，我真的发现我们团体的每一个人都有爱的能量。”

领导者：“今天的团体活动目标是‘爱与自我激励’，我们共进行了三个活动：优点列车、情绪气象台、把爱找回来。刚才大家都分享了本次团体辅导活动的感受，某某等5人提到个人生活感想来印证团体体验，某某等3人分享了团体内的收获，一句话或一个活动，其他人也都说出了自己的感想，我也有很深的体会在其中……”

②交互作用技巧

交互作用技巧主要为了促进团体更有效地互动。相比于反应技巧，交互作用技巧在团体辅导中更具有建设性意义。具体包括以下几种技巧。

a.支持

当成员表达意见，团体动力出现正向发展时，领导者应适时给予支持，特别在成员分享个人内在深层次的感受与痛苦经验时，团体领导者更应予以支持。支持不是形式化的外交辞令，而是辅以非口语的专注行为及人性化的尊重，从而激励当事人，增强自信，形成和谐的团体氛围，凝聚成员的向心力，并产生学习迁移和人际示范的作用。如：

领导者：“今天甲的分享和大家的反馈让我很感动，因为大家是那么地用心、关怀，彼此互相信任，如同知心朋友一样……”“现在让我们一起伸出双手与身旁的朋友握在一起，每个人简单地用一句话，分享此时此刻的感受。”

b.联结

联结是指领导者运用其敏锐的洞察力及反应力，有技巧地将成员之间表达的内容及有关的题材、人物、事件与团体目标相关联，有意义地组织成员的信息，特别是成员未觉察的片段信息，以利于成员重新检视个人的看法和经验。如：

成员甲：“除非对方是完美的，否则我不会轻易与他相爱。”

成员乙：“我交异性朋友是很慎重的，除非对他有充分的了解，否则我宁缺勿滥。”

领导者：“甲、乙对两性关系的看法很相似，两位愿意说说你们的担心、考虑吗？”

c.折中

当团体出现强势成员、强势语言和意见时，领导者应以公平、中立的态度适当处理，给予成员充分且平均的发言机会，做到不偏不倚，以创造有效的沟通环境。如：

领导者：“听完这么多相似的意见，一定还有其他的看法，尚未发言的人愿意说说看吗？”“刚才甲和乙的看法是有不同，但是各位可能和我一样发现：两人都不否认求学有利于充实自我，不只是求文凭而已，是吗？”

d.阻止

当成员中出现垄断团体、攻击他人、干扰耳语、不当支持、闲聊、泄密、侵犯隐私等行为时，领导者必须运用口语及非口语的行为加以制止，避免成员在团体中受到伤害。如：

领导者：“团体一开始就说好的，当有人发言时，我们要加以尊重，专注倾听。有意见须等待，等不了可先举手暗示当事人。”（正面阻止）

领导者：“甲，你说得太多了；乙，换你说。”（错误阻止）

③行动技巧

团体领导者的行动技巧主要为了促成团体成员积极行动，具体包括以下几种技巧。

a.发问

领导者使用开放式问题有意义地探询成员的感受、经验与行为，以引导成员对于自己行为的内涵与成因做自我探索。如：

领导者：“甲，什么时候会令你感到失望？面对它，你当时作了哪些反应？”

b.调节

团体气氛不是一成不变的，是随时在变化的，团体气氛过于严肃，容易使团体成员僵持，反之则容易导致团体目标松散，因此需要团体领导者适时地对团体气氛进行调节。

c.示范

在团体辅导过程中，团体领导者本身就是团体成员的行为榜样，因此团体领导者在团体中要注意自己的言行，表现出真诚、尊重、开放及自我肯定等行为，帮助团体成员学习或建立良好行为。

d.建议

在团体辅导过程中，领导者可以通过提供信息、意见、观念和方法，来协助成员改变认知、态度和行为。适当的建议有利于成员的问题解决。但需要注意不能过度建议，并掌握好提出建议的时机。如：

领导者：“甲，你已经接受上周团体伙伴给你的意见，愿意说说这一周来的情形吗？”

成员甲：“我试着和那位同学解除误会，但他还是不理我。”

领导者：“我知道你已经很努力地与他沟通，显然效果不如预期那么理想。你想过交谈的时间、地点适当吗？同时你是否也听听他的意见。”

（2）团体互动技巧

除了团体领导技巧，还有团体互动技巧，团体互动技巧包括以下几种。

①反馈与控制

反馈是指团体领导者通过对成员行为的观察和了解，适时地表达具体与必要的反应，目的是增加当事人的自我觉察，协助所有成员的自我开放，展现“社会我”的互动动力。如：

成员甲：“我觉得自己很丢脸，经常做错事，有时努力去做，又被别人误解，我真是糟透了。”

成员丙：“我也有这样的经验。甲，其实我还蛮欣赏你的自我觉察力，我有时还反应迟钝呢！没办法，这就是我。”

领导者：“谢谢丙的分享，尤其是你能自我接纳，令人印象深刻。当然甲愿意把他的烦恼说出来，足以证明我们的团体是温馨的，相信他此刻也想听听其他伙伴的意见。哪一位愿意说说看呢？”

控制是指个人的行为会限制或引导其他成员的行为，而自己也为其他人的言行所影响。在团体中，反馈与控制是一个循环过程，是促成个体或团体行为改变的一种机制。

②暗示

暗示是在无对抗的条件下，人们对接受到的某种信息迅速无批判地加以接受，并依此做出行为反应的过程。在团体辅导活动中，团体成员经常会通过各种各样的暗示来知觉信息。

③模仿

模仿是指有意或无意地对某种刺激做出类似反应的行为方式。模仿的内容不仅局限于行为举止，还包括思维方式、情感、态度等。

④感染

感染是通过某种方式引起他人相同的情绪和行动，它实质上是情绪的传递交流，在互动中具有很大的作用。

（三）个体心理辅导

学校心理辅导的对象是一个个鲜活的学生，每一个学生都有其个性特点及成长背景，并且其心理过程和个性心理又是动态发展的，因此，针对个体特点开展个体心理辅导工作就成为学校心理辅导的重要形式之一。

在个体心理辅导中，常用的促使学生行为改变的方法包括如下几种。

1.强化法

强化可以分为积极强化和消极强化，在改变学生行为时，我们主要采用积极的正强化法。所谓积极的正强化法，是指当某一行为在某种情况出现后，及时得到一种强化物，如果这种积极强化物能够满足行为者的需要，则以后在同样或类似情景下，这一特定行为的出现机率会提高。通俗地说，积极的正强化法即对正确的行为进行及时奖励，对不良的行为予以漠视和淡化，促进正确的行为更多地出现。主要适用于培养学生新的适应性行为。

在使用强化法时，需遵循以下操作程序及原则：首先，需要正确选择要强化的行为，所选择的要强化的行为应该是具体的、可观察、可控制、可评价的行为；其次，需要正确选择强化物，选择的积极强化物需要因人而异，可以是物质的，也可以是精神的；再次，正确实施强化法，在强化实施前，需要将计划告诉被矫正的学生，取得积极配合，在所要强化的行为出现后，立即予以强化，不要延搁很长时间；最后，还需要让学生逐渐脱离强化程序，将新的适应性行为延续下去。

2.代币奖励法

代币奖励法是心理辅导中常用的一种行为疗法，通常对于10岁内的儿童效果显著。所谓“代币”就是真正奖励物的暂时代替，如“小红花”“红五星”。具体来说，代币奖励法就是首先由老师、家长和学生共同协商制定出一系列的制度，规定要求学生完成的事情和获得的代币数量。学生如果需要满足自己的某种要求，则需要用一定数量的代币来换取，这就促使学生主动地完成所规定的事情，换取代币，积累代币，以此对学生的行为产生强大的内驱力，实现奖励的延期效果。并且，代币奖励法的规则中包含了惩罚的措施，弥补了强化法只奖不罚的缺陷。

3.行为塑造法

行为塑造法是通过不断进行强化以形成某种新行为的过程。行为塑造法采用逐步晋级的方法，并在学生出现或完成期望的动作时，给予奖励，以增加出现期望行为的次数。通过这种方法来塑造新的行为，取代不良行为。

行为塑造法的操作程序如下：（1）确定具体的目标行为；（2）选择适当的强化物；（3）选择合适的起点行为；（4）设计塑造的步骤；（5）在每个起始反应发生时，予以及时强化。在行为塑造法的实施中需要注意，在任何一步强化的次数都不能过多，如果学生停止反应，就不要再执行规定的行为要求。

知识窗12－3 行为塑造法实例

有一个患有紧张型精神分裂症的病人，在他住院的19年中一直哑口无言，心理活动极少。治疗学家简直找不到任何一种进行行为塑造的起点，这个患者一直无动于衷，两眼向前呆视，对什么事都不感兴趣。有一次，治疗学家从他的口袋里掏出一包糖，病人的眼睛对糖看了一眼。于是治疗学家就把这个小反应作为形成条件反射的起点。在开始的几次尝试中，治疗学家在他面前出示一块糖，等待他的眼睛朝它移动时，就马上把糖给他。两星期后，当糖出现时病人眼睛朝它移动的反应频率增加了。

这时，治疗学家将强化的下一标准提高到嘴唇的运动。等待自发的唇动而予以强化的时间花了一个疗程。然后又提高了一个标准。只在病人做出某种发音的同时才给糖，大约一周之后，治疗学家一举起糖就引起了病人的眼动、唇动和一种嘶哑的声音。

在随后的两星期内，治疗学家举起糖的同时提示患者说："糖，糖。"当病人多次发声后，治疗学家反复提示词音，但是逐次地提示要求，也即只有在病人的发音逐渐接近"糖"这个词时，才给予强化。在第六周的最后一次治疗时，治疗学家提示说"糖，糖"，病人突然回答"请给糖"。其他语词很快也接着恢复了。

在19年的哑口之后，病人终于重返语言社会。行为塑造法就是这样把期望行为分成若干部分，以便更具体地分别对各个部分进行正强化，以期达到确定的行为和改善不良行为的目的。

（资料来源：http: //news. bangkaow. com/news/20101109/72824. html〈2011.02. 10. 〉）

4.示范法

示范法由美国心理学家班杜拉于1967年提出。他认为，学生的许多行为并非通过直接实践或受到强化而形成，而是通过观察、学习产生共鸣，从而获得了良好的行为或减少、削弱了不良行为。因此，模仿与强化一样，是学习的一种基本形式。示范法包括现场示范法、参与模仿法、自我示范法、电影电视或录像示范法以及想象模仿法等多种类型。

示范法有许多优点，例如见效快、适用情境广泛，还可与其他行为治疗方法结合使用，特别适合在团体心理辅导时使用。但在使用示范法时，需要注意榜样与学生越接近，示范的效果越好。

5.处罚法

处罚法也称惩罚法，惩罚的目的是消除不良行为。处罚的形式包括两种，一种是在不良行为出现后，给予一个厌恶刺激，如负面评价、处分等；另一种形式则是在不良行为出现后，撤销一个愉快的刺激。不论是给予一个厌恶刺激还是撤销一个愉快刺激，都可以起到消除不良行为的作用。

6.自我控制法

自我控制法，也称自我管理疗法，当个体人用行为矫正法矫正自己的行为时，就可以称为自我控制或自我管理。作为一种行为疗法，自我控制表现为个体要以一种行为（期望行为）控制另一种行为（靶行为）的出现。

自我控制法的具体步骤包括：自我观察、自我增强、自我惩罚、替代反应训练、刺激控制及自我指导训练等。

7.全身松弛训练

全身松弛训练又称放松疗法，是按照一定的程序，通过训练有意识地控制或调节个体自身的生理和心理活动，降低唤醒水平，应对紧张、焦虑、不安，使生理和心理放松，从而调整或改善紊乱的机体功能，起到消除疲劳、稳定情绪、振奋精神的作用。

不论何种松弛训练技术，只要产生松弛反应，其过程或步骤中都必然包含五个要素：一是安静、淡雅的环境；二是被动、舒适的姿势；三是心情平静、肌肉放松；四是精神内守（自我训练是通过重复默念或喃喃自语一个短句来实现的，若是心理师辅导，则由心理师吟诵解说暗示性的指导语）；五是在结束时，把注意力集中在现实的房间或其他场景里，眼睛慢慢睁开，结束松弛训练。

8.系统脱敏法

系统脱敏法又称交互抑制法，是由美国学者沃尔帕（J. Wolpe）创立和发展的。这种方法主要是诱导个体缓慢地暴露出导致其焦虑、恐惧的情境，并通过心理的放松状态来对抗这种焦虑情绪，从而达到消除焦虑或恐惧的目的。

在运用系统脱敏法时，需要逐渐加大刺激的强度，当某个刺激不会再引起个体的焦虑和恐怖反应时，心理师才可以向处于放松状态的个体呈现一个比前一刺激略强一点的刺激。如果一个刺激所引起的焦虑或恐惧状态在个体所能忍受的范围之内，经过多次反复的呈现，他便不会再对该刺激感到焦虑，治疗目标也就达到了。

9.肯定性训练

所谓肯定即自信和充满信心地行动，因此肯定性训练也可以称为自信训练。自我肯定行为主要表现在三个方面：其一是请求，也即请求他人为自己做某事，以满足自己合理的需要；其二是拒绝，指拒绝他人的无理要求而又不伤害对方；其三是真实地表达自己的意见和情感。在实际生活中，许多学生会表现出不肯定行为，如谈话时眼睛不敢看对方，说话句子短，不敢提出合理要求，不敢拒绝别人的无理要求，不敢表示自己的不满情绪，与同学发生矛盾时不敢正面解决问题等。肯定性训练的目的是促进个体在人际关系中公开表达自己真实的想法和观点，维护自己的权益并尊重他人的权益，发展人的自我肯定行为。肯定性训练经常通过角色扮演以增强个体的自信心，并将在训练中获得的应对方式应用到实际生活情境中。

10.认知调适法

认知调适的主要方法之一是理性情绪辅导方法，是一种具有浓厚教育色彩的心理辅导方法，由艾利斯（Albert Ellis）首先提出。他认为人的情绪是由他的思想决定的，合理的观念导致健康的情绪，不合理的观念导致负向的、不稳定的情绪。人有许多非理性的观念，如我“必须”成功，并得到他人赞同，别人“必须”对我关怀和体贴，事情“应该”做得尽善尽美，课堂上回答问题有错误是很糟糕的事情，等等。

艾利斯提出了一个解释人的行为的ABC理论。A是指个体遇到的主要事实、行为、事件，而我们的情绪反应C是由B（我们的信念）直接决定的，但事实上，很多人只注意A与C的关系，而忽略了C是由B造成的。在现实生活中，如果B是一个非理性的信念，例如“必须”“尽善尽美”等，就会造成负向情绪。个体如果要改善情绪状态，就必须驳斥非理性信念（B），此步骤称为D，进而建立新观念并获得正向的情绪效果（E）。这就是艾利斯理性情绪疗法的ABCDE步骤。

第三节　教师心理健康

以往人们谈到心理健康时，首先会想到学生的心理健康，却很少关注教师的心理健康。社会往往只重视教师的教学质量，只强调教师的奉献精神与责任感，却忽视了对教师心理健康的关注。而教育的关键在于教师，教师的心理健康水平直接影响着学生的身心健康和成长。

教师的心理健康主要表现为对工作的热情和信心，特别是情绪健康。具体包括：对教师角色的认同，热爱自己的职业；有良好和谐的人际关系；有上进心、进取心；有同情心、宽容心、忍耐心；有感受情绪和控制情绪的能力。

一、常见的教师心理问题

常见的教师心理问题主要包括以下几种。

（一）教师的适应不良

适应是心理健康的重要标志之一，适应也即个体能与环境保持良好的关系，既能根据环境的要求改变自己的行为，又能作用于环境而改造环境。适应良好的个体必须具备两个方面的特征：其一是主观上具有满足感和幸福感，具备积极的生活态度；其二是在遇到问题时能采取社会所接受的方式，圆满出色地解决问题。

与之相反，适应不良是个体与环境不能取得协调一致，具体指个体不能很好地根据环境的要求改变自己或不能积极作用于环境并改造环境，由此产生各种情绪上的困扰，妨碍学习、工作和生活。教师的适应不良表现为个体缺乏主观幸福感，或者不能采取社会所接受的方式处理生活中的问题。

教师本来是相对稳定的职业，但是由于现今社会和家长对教育的期望日趋增长，对教师的要求也越来越高，使许多教师面临着巨大的压力和竞争，更加剧了教师适应不良的程度。

（二）职业心理问题

教师的职业心理问题主要包括职业观念问题和职业行为问题。

1.教师职业观念问题

教师的职业观念问题包括情绪型、无奈型、动摇型和离职型。

（1）情绪型

这类教师很难调整自己的情绪，在遭遇困难、不顺心、情绪不好时，会想到离开教师职业。

（2）无奈型

无奈型的教师认为自己不喜欢自己从事的教师职业，但苦于没有更合适的去处，只好从事教师职业。

（3）动摇型

这类教师很想离开教师职业，但又担心找不到其他的工作，或者觉得也许新的职业还不如教师职业，因此摇摆不定。

（4）离职型

这类教师不热爱自己的工作，决心有机会就离开教师职业。

2.教师职业行为问题

教师的职业行为问题包括五类：怨职型、自我型、异常型、暴戾型和不良型。

（1）怨职型

怨职型教师把教师职业作为不得已而为之，怨天尤人。在具体教学过程中，表现为怨学生条件差、班级的人数多、待遇低、压力大等。怨职型教师对教学不能全力投入，常责怪上级无能，并造成人际关系紧张。

（2）自我型

自我型教师常以自我为中心，好自夸与自己相关的人或事，目中无人，虚荣心强，人际关系紧张。

（3）异常型

异常型教师的情绪极不稳定，心理状态异常，表现为独来独往，不能控制自己的喜怒哀乐，性格反复无常，管教方式不一，令学生无所适从。

（4）暴戾型

暴戾型教师很难与人相处，稍不如意就争吵、责骂，甚至拳脚相加并破坏公物，对学生常施以体罚，唯我独尊，盛气凌人。

（5）不良型

此类教师的行为和生活不检点，容易挑拨是非，恶意中伤，在学生面前行为粗俗，不检点，有损教师形象。

（三）教师职业倦怠

近几年来，教师的心理健康状况不容乐观，其中最突出的表现则是教师职业倦怠问题。

教师的职业倦怠是由于教师长期工作在压力的情境下，持续的疲劳及与他人相处中出现的各种矛盾冲突引起的挫折感加剧，最终导致的一种在情绪、认知、行为等方面表现出精疲力竭、麻木不仁的高度精神疲劳和紧张状态。具体而言，教师职业倦怠主要有三方面的表现。

1.情绪情感衰竭

情绪情感衰竭主要表现为教师处于极度疲劳状态，体验到极度消极的情绪和情感状态，工作热情丧失，以致放弃努力，以减少对工作的投入来求得心理平衡。

2.去人性化

去人性化表现为教师以麻木不仁的态度对待工作对象——学生。轻则有意减少与学生的联系，见到学生也不大理睬，重则厌倦甚至体罚学生，将其对工作的不满发泄在学生身上。

3.成就感低

主要表现为教师对自己工作的意义与价值的评价较低，常常看不到自己工作的成绩，感到前途暗淡，毫无希望，对困难不愿努力克服，甚至产生厌教情绪。

（四）教师人际交往问题

人际交往是良好人际关系的基础，而良好的人际关系是促进个性发展、心理保持健康和生活具有幸福感的重要条件之一。然而教师在交往中也常出现一些问题，不仅影响其工作和生活，也对心理健康造成不良影响。教师人际交往问题主要表现在以下三个方面。

1.对交往的重要性认识不清，很少与人交往和沟通。

2.缺乏必要的交往技能和手段，交往容易受阻。

3.某些不良的个性特征阻碍了教师的正常交往，如自负、自闭、自我评价过高、怀疑、苛刻等。

（五）人格缺陷

人格缺陷是介于正常人格与人格障碍之间的一种人格状态。也就是人格发展的不良倾向。教师的常见人格缺陷有自卑、抑郁、孤僻、敌对、多疑、焦虑等。

（六）心身疾病

目前，对心身疾病有狭义和广义两种理解。狭义的心身疾病是指心理社会因素在发病、发展过程中起重要作用的躯体器质性疾病，例如溃疡病。至于心理社会因素在发病、发展过程中起重要作用的躯体功能性障碍，则是广义的心身疾病，可被称为心身障碍，例如神经性呕吐。教师因为工作的特殊性，不仅工作的时间长、压力大，而且需要较大的情绪与情感投入，因此更容易患溃疡病、原发性高血压等心身疾病。

（七）神经症

神经症是另外一种由于心理因素导致的常见的功能性疾病，是一组非器质性的轻型大脑功能失调的心理疾病的总和。主要表现为焦虑、抑郁、恐惧、强迫、疑病或神经衰弱。

神经症有一定的人格基础，但通常被神经症折磨的个体都对自己的病有认识能力，并且能够主动求医，社会适应能力和工作能力基本没有受到损害。神经症在教师群体中主要表现为焦虑、强迫和神经衰弱。

二、影响教师心理健康的因素

教师如果经常处于心理不健康状态，不仅会直接影响自身的健康，更会影响教学与教育的质量，甚至还会对自己的职业生涯和个人生活产生严重的不良影响。因此，作为教师，需要了解影响心理健康的有关因素，努力提高自身的心理健康水平。

（一）工作满意度

工作满意度是一个心理学概念，一般意义上的工作满意度，通常是指某个人在进行工作的过程中，对工作本身及其有关方面（包括工作环境、工作状态、工作方式、工作压力、挑战性、工作中的人际关系等）有良性感受的心理状态。教师工作满意度是教师对所从事的职业、工作条件与状况的一种总体感受与看法。

教师工作满意度不仅影响着教师工作积极性的发挥及其职业发展，而且也制约着教师的心理健康水平。

（二）人格特征

关于人格特征与心理健康的关系，国内外学者已经进行了大量的研究，结果表明，人格特征与心理健康具有密切的关系，而对教师这一群体的研究，得到的研究结论也不例外。例如教师越是内向，其心理健康水平则越低，而且同一人格维度与不同心理症状的相关程度不同。例如，与精神质相关较高的有焦虑、偏执、敌对及人际敏感等症状，而与情绪稳定性相关较高的症状则包括焦虑、抑郁和躯体化。

（三）角色冲突

角色冲突是指个体不能同时满足对其有意义的多种角色期望，因此在履行不同的角色时所出现的矛盾。角色冲突的产生以及个体体验到的冲突强度，通常取决于角色期望的性质及个体的角色扮演能力。

社会对教师职业的认识有一种“刻板效应”，如“人类灵魂的工程师”“辛勤的园丁”“太阳底下最光辉的职业”等，从而使教师面临很大的压力。而由于教师扮演多种角色，各角色分别代表了不同的教师行为、社会地位及对教师的期望，当教师不能满足多种角色要求或期望时就会导致其情感的矛盾与冲突，从而使教师陷入情绪的苦恼之中。例如：在学校内，教师有教育者角色与同事角色的冲突；在家庭中，有教师角色与家庭成员角色的冲突；在社会上，有社会“楷模角色”与普通人角色的冲突；等等。因此，教师这一职业，比其他职业的从业者更容易体验到角色冲突。

教师的角色冲突会增加角色扮演者的心理压力，使其产生紧张情绪，进而影响教师的身心健康。

（四）学校管理

学校管理对教师心理健康的影响不容忽视。学校管理不科学所引发的与教师直接相关的问题包括：有的学校将教学列为学校工作的重点，而对教师具体生活困难重视不够；学校个别领导对教师工作的评价及处理有失公平；有的学校工作中的形式主义挫伤了教师的积极性；升学率的“指挥棒”影响还没有消除，新的“指挥棒”又开始困扰教师，如安全责任、保姆式管理、班级综合评比等。此外，学校的硬件设备、领导风格、学习风气等都会对教师的心理健康产生影响。

（五）社会影响

社会因素对教师心理健康的影响主要来源于三个方面。首先，社会的变迁使得人们价值观更加多元化，教师也面临着更多的职业选择机会，如果不能够很好地处理这些矛盾，则会影响到教师的心理健康；其次，无论学历、学识还是道德品质方面，社会对教师的要求越来越高，而相应地，尊师重教的风气却今非昔比，这种现实也对教师的心理健康产生了不利影响；最后，教育系统本身的改革和变化也会对教师造成很大的压力，影响其心理健康。

三、教师心理健康的维护措施

教师心理健康的维护与促进是一个系统工程，需要全社会的大力支持和全体教师的不懈努力，针对教师心理健康问题产生的原因，教师可以从以下几个方面入手。

（一）增强自我保健意识

增强自我保健意识，主要包括两个方面的内容。其一是关注自己的心理和心理健康，教师应该自觉学习心理卫生的基本知识，了解心理健康的标准，并主动了解自己的心理状况，增强心理问题的自我判断能力。教师可以通过参加各种心理健康宣传及教育活动，学习维护和促进心理健康的一些基本方法和途径，自觉有效地进行自我心理保健，同时也要增强及时寻求外界帮助解决心理问题的意识。

其二是增强自我调控的能力，人本主义心理治疗的创立者罗杰斯指出，自我协调是心理健康发展的关键所在。心理学的研究也表明，自我调控是一个人身心健康的必要条件，自我调控需要首先形成正确的自我认识，既不过高评价也不过低评价。在此基础上，还需要积极学习，掌握情绪及心理状态调节的有关手段，面对矛盾与冲突，做好自我调控。

（二）积极应对压力

众所周知，相同的压力情境，对不同个体产生的结果不同。有的个体能够成功地处理危机，有效应对压力，并获得心理上的成熟与进步，有的个体则陷入焦虑等不良情绪，甚至可能引起心身障碍或疾病。造成这种差异的最关键因素是个体的压力应对策略。压力应对策略指个体在面临压力情境时采取的行为策略，包括积极的和消极的应对策略。积极的应对策略包括解决问题的应对、处理情绪的应对等，而消极的应对策略则通常表现为逃避应对。积极的应对策略能使个体在面临压力时，更有效地应对压力，与心理健康存在正向的关系。

（三）社会支持

心理学的研究已经表明，相同的压力情境对个体产生的心理影响不同，除了与个体的压力应对策略有关，还与个体所感受到的社会支持密切相关。大量研究表明，在压力情境下，获得来自伴侣、朋友以及同事的社会支持越多，个体的心理健康水平越高。

社会支持可以分为客观的物质支持和主观的情感支持两类。对教师而言，社会支持既包括与教师工作、生活相关的物质支持，还包括与社会地位、荣誉相关的精神支持。此外，教师也需要充分认识到社会支持对心理健康的积极作用，通过各种可能的社会支持，保持并促进心理健康。

（四）专家的处理

专家的处理是指在教师个人感觉无力调适自己的情绪状况或不能维持其心理健康时，向心理咨询专家求助。出现严重的心理问题或心理障碍时，作为教师，首先要端正态度，不要无视自己的问题或者讳疾忌医，要积极主动地求助。

（五）教师的休闲

部分老师容易感到工作紧张、任务重、压力大，根本提不起休闲的兴趣，无心休闲。也有教师认为休闲就是休息，就是玩，不会科学、合理地安排、利用、分配闲暇时间，从而消极被动地在玩棋牌、麻将中虚度光阴，在歌舞、玩网络游戏中消磨时光，在觥筹交错中一醉方休……

生活在飞速变化的时代的我们，应该把休闲看作从文化环境和物质环境的外在压力下解脱出来的一种相对自由的生活。休闲不只是寻找快乐，更是寻找生命价值；它不是简单的时间的消磨，而应该被理解为一种“成为人的过程”——为了自我，也为了社会。

教师需要正确认识休闲的价值，在思想上重视休闲。在此基础上，还应努力学习休闲知识，提高休闲技能和技巧，不断提高休闲的自我规划、自我决断和自我评价能力。作为教师，生活圈子相对较小，应当主动扩大交际范围，培养自己多方面的兴趣爱好——可以是一项体育活动，也可以是一种乐器。还要善于利用闲暇时间，进行个性化休闲，如在日常生活中看一场大型表演、周末进行一次朋友聚会或一次踏青、假期进行一次旅游等。

本章要点

1. 心理健康是一种良好的、持续的心理状态与过程，表现为个人具有生命的活力、积极的内心体验、良好的社会适应，能够有效地发挥个人的身心潜力以及作为社会一员的积极的社会功能。

2. 心理健康的标准包括六条，即对现实的有效知觉，自知自尊和自我接纳，自我调控能力，与人建立亲密关系的能力，人格结构的稳定与协调以及生活热情与工作高效率。

3. 小学生常见的心理问题包括儿童多动综合症、学习困难综合症、儿童过度焦虑反应、儿童厌学症、儿童强迫行为和学校恐怖症。

4. 中学生常见的心理问题包括焦虑症、抑郁症、强迫症、恐怖症、人格障碍和人格缺陷、性偏差、进食障碍以及睡眠障碍。

5. 心理辅导的主要目标有两个，其一是让学生学会调适，其二是寻求发展。

6. 学校心理辅导应该遵循的原则：面向全体学生的原则；预防与发展相结合的原则；尊重与理解学生的原则；学生主体性原则；个别化对待原则；整体性发展原则。

7. 学校心理辅导开展的主要途径包括：开设心理健康教育有关课程；开设心理辅导活动课；在学科教学中渗透心理健康教育的内容；结合班级、团队活动开展心理健康教育；个别心理辅导或咨询；小组辅导。

8. 团体心理辅导具体是指在团体领导者的带领下，团体成员围绕某一共同关心的问题，通过一定的活动形式与人际互动，相互启发、诱导，形成团体的共识与目标，进而改变成员的观念、态度和行为。

9. 团体心理辅导的主要步骤包括：确定团体辅导的主题和目标；团体辅导活动的方案设计；团体成员的选择与发动；团体辅导活动的开展；团体辅导效果评估。

10. 特罗斯将团体领导技巧划分为三个方面，分别是反应技巧、交互作用技巧及行动技巧。

11. 反应技巧包括积极倾听、同理心、澄清及提炼归纳。

12. 交互作用技巧包括支持、联结、折中和阻止。

13. 行动技巧包括发问、调节、示范及建议。

14. 团体互动技巧包括反馈与控制、暗示、模仿及感染。

15. 改变学生行为的方法主要包括强化法、代币奖励法、行为塑造法、示范法、处罚法、自我控制法、全身松弛训练、系统脱敏法及肯定性训练。

16. 常见的教师心理问题包括教师的适应不良、职业心理问题、教师职业倦怠、教师人际交往问题、人格缺陷、心身疾病及神经症。

17. 影响教师心理健康的因素包括工作满意度、人格特征、角色冲突、学校管理及社会影响。

18. 教师心理健康的维护措施包括增强自我保健意识、积极应对压力、社会支持、专家的处理及教师的休闲。

思考题

1. 心理健康有哪些标准？

2. 教师应该如何通过具体的措施来维护心理健康？

3. 学校心理辅导应当遵循哪些原则？

参考文献

卢强.教育心理学［M］.3版.北京：北京出版社，2010.

张承芬.教育心理学［M］.济南：山东教育出版社，2000.

陈虹，郑小东.中小学生团体心理辅导［M］.福州：福建教育出版社，2000.

高妙根，李季平.行为问题学生心理健康辅导的理论和实践研究［M］.上海：上海社会科学院出版社，2009.

杨凤池.咨询心理学［M］.北京：人民卫生出版社，2007.

劳伦·B. 阿洛伊，约翰·H. 雷斯金德，玛格丽特·J. 玛诺斯.变态心理学［M］.汤震宇，等译. 9版.上海：上海社会科学院出版社，2005.

第十三章　教学目标与评价

如何正确认识评价？

对于大多数学生和教师而言，“评价”这个术语都会引起本能的焦虑，甚至是全方位的恐惧。我们每个人从做学生开始，都有这样的经历：一听到老师说“各位同学，下周我们将进行期中／期末考试，请做好准备”，就开始产生恐惧、担忧及一般性的焦虑。全面的抱怨声席卷课堂，同时伴随着许多学生脸上惊慌的表情。实际上，这些都并非对评价的天生反应，也不是评价过程所固有的。事实上，评价并不是与我们的初衷相矛盾或者背道而驰的。

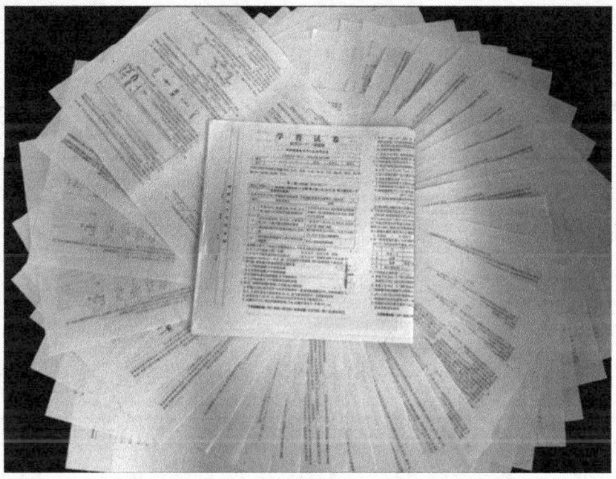

图13－1　纸笔测验使用的试卷

正如我们将要在本章讨论的那样，评价不仅仅在学期中或学期结束时进行，也不仅仅局限于对学生进行评分或者等级分类，评价应该是有利于学习质量的、普遍深入的一种程序。评价是教学的一个重要组成部分，应该有所计划，应该能够体现教学的内容和性质，应该选择最适当的形式。例如，斯丁金斯（Stinggins）就建议教师要成为“评价专家”，也就是教师要理解基本的评价原理。显然，成为一个评价专家对于教师进行有效的教学是非常关键的，这也正是我们本章将要讨论的内容。

学习目标

通过本章的学习，你将能够：

1. 了解教学评价的含义。
2. 理解教学评价的作用、分类及方法。
3. 掌握教学评价的技术以及评价结果的处理。

基础概念

教学评价（teaching evaluation）：是依据教学目标对教学过程及结果进行价值判断并为教学决策服务的活动。

关键名词

教学评价，形成性评价，总结性评价，常模参照评价，标准参照评价，配置性评价，诊断性评价，正式评价，信度，效度，区分度，档案袋分析

第一节　教学评价的基本概念

一、教学评价的含义

教学评价（teaching evaluation）是依据教学目标对教学过程及结果进行价值判断并为教学决策服务的活动。其实施过程是依据一定的客观标准，通过各种形式的测量及相关资料的收集，对教学活动及其效果进行客观衡量和科学判定的系统过程。从本质上讲是一种对教学活动及其效果的价值判断。要很好地完成这一判断，得出科学结论，教师必须在一定的客观标准下，认真地进行各种测量，系统地收集教学活动各方面的资料或证据。

在教学评价过程中，教师经常会互换使用“评价”“评估”“测量”和“测验”这些术语。但事实上，这些术语是可以通过一些特征加以区分的。虽然“评价”与“评估”可以等同使用，但“测量”和“测验”这两个术语却是有所区别的概念。

评价或评估都是指教师对学生进行特定判断的过程。在评价时，教师通常问自己：“我的学生们学习情况如何？”“我所教的是学生们需要知道的东西吗？”

测量则是一个更加具体的术语，是指评价者对被评价对象进行的某种数量化的确定，它允许教师对学生的表现或某种特征进行量化。当教师对提问或对测验进行打分时，他就是在进行测量。因此，在进行测量时，教师通常会问类似于“有多少？”这样的问题。例如：“我的学生有了多少进步？”“他掌握了多少内容？”

测量的最基本特征是将事物进行量化，是只以数学方法对事物进行描述而不管其价值

如何。而评价则要以这种描述为基础确定事物的价值，即根据测量结果对事物做出价值判断。例如，一个学生在考试中得了70分，这只是一个简单的测量结果，这个成绩表示什么意义，还需进一步判断，即给予评价。

此外，与教学评价密切相关的另一个概念是测验。测验是一个更加具体的概念，指用来测量一个学生知识和技能的、正式的、系统的程序，通常以纸笔测验为主要形式。测验是测量的手段之一。测验并不等同于评估或评价，它仅仅是许多评价手段之一。在前面的例子中，考试即是一种测验，而考试的实施过程则是测量，对考试结果的分析评判是评价。

由此可见，评价、测量与测验三者间的关系可以归纳为：测验是测量的工具，测量则是评价的主要依据，是对学生在测验中的反应行为进行客观度量，评价则是对学生的反应行为和已有的水平进行分析和判断。

测量、测验、评价是教学评价中经常使用的三个基本概念，搞清这几个概念的含义，有助于更好地理解教学评价的过程及意义。

小贴士：对于评价的关键性思考

作为未来的教师，请你花几分钟时间思考一下，你在教学中会如何使用以上这些评价术语？你采用最多的会是哪种评价程序？你会对学生的学习进展做出大量的决策吗？你会经常对学生的知识和能力进行取样吗？或者，你会更喜欢使用数字分数来表示你的学生的具体特性吗？

二、教学评价的作用

教学评价是教学活动不可缺少的一个重要环节，在教学过程中发挥着多方面的作用。事实上，教学评价从整体上调节、控制着教学活动的进行，保证着教学活动向预定目标前进并最终达到该目标。具体来说，教学评价的作用主要表现在以下几方面。

（一）诊断作用

对教学效果进行评价，可以了解教学各方面的情况，从而判断教学的成效和缺陷。全面客观的评价工作不仅能估计学生的成绩在多大程度上实现了教学目标，而且能解释成绩不好的原因，并找出主要原因。如学校、家庭、社会和个人中哪方面的因素是主要的。就学生个人来说，主要是由于智力因素还是学习动机等其他非智力因素的影响，抑或两者兼而有之。教学评价还能够帮助教师回答以下这些问题，例如："我的课教得怎么样？""我需要对课堂内容进行重新讲解吗？""我达到教学目标了吗？"教学评价如同体格检查，是对教学现状进行一次严谨的科学诊断，能够为教学的决策或改进指明方向。

（二）激励作用

教学评价对教师和学生都具有监督和强化的作用。通过教学评价，可以反映出教师的教学效果和学生的学习成绩。经验和研究都表明，在一定的限度内，经常进行记录成绩的测验对学生的学习动机具有很大的激发作用，可以有效地推动课堂学习。这是因为，较高的评价能给教师、学生以心理上的满足和精神上的鼓舞，可激发他们向更高目标努力的积极性；即使评价较低，也能催人深思，激起师生奋进的情绪，起到推动和督促的作用。

（三）调节作用

教学评价的结果必然是一种反馈信息，这种反馈信息可以使教师及时知道自己的教学情况，也可以使学生得到学习成功和失败的信息，从而为教师和学生调整教与学的行为提供客观依据。教师据此修订教学计划，改进教学方法，完善教学指导，从而更加有效地开展教学工作以达到既定目标；学生也能够据此变更学习策略，改进学习方法，增强学习的自觉性。因此，教学评价有助于使教学过程成为一个随时得到反馈调节的可控系统，使教学效果越来越接近预期的目标。

（四）教学作用

教学与评价并非孤立的两个环节，而是相辅相成的。从某种角度来讲，评价也是一种教学活动。在教学评价过程中，学生的知识、技能能够获得长进，甚至产生飞跃。如测验就是一种重要的学习经验，它要求学生事先对教材进行复习，巩固和整合已学习的知识和技能；在测验过程中，学生需要对已学习的知识和技能进行再认、再现及应用；测验后对试题进行分析，又可以确认、澄清和纠正一些错误的知识和技能。此外，教师可以在估计学生水平的前提下，将有关的学习内容用测试题的形式呈现，使题目包含某些有意义的启示，让学生自己探索、领悟，获得额外的学习经验或达到更高的教学目标。

三、教学评价的种类

在教学过程中，教师每天都在对学生进行不同形式的教学评价。根据不同的标准，可将教学评价划分为不同的类型。

（一）形成性评价和总结性评价

评价在教学过程中能够起两种不同的作用，即形成和总结。因此，按照评价在教学中所起的作用，可以将教学评价分为形成性评价和总结性评价。

形成性评价通常应用在教学之前或教学过程中，目的在于指导教师做好计划，帮助学生了解哪些问题需要努力。形成性评价能够为教师和学生提供暂时性信息，教师可以利用它在教学和学习没有中断的情况下收集学生的数据信息。在形成性评价中，教师可以在学习过程中采用小测验和独立练习等较为正式的形式，也可以通过口头提问来考查学生的理解程度，学生也可以采用肢体语言表达他们的理解程度，这些都是形成性评价的非正式手段。

总结性评价则发生在教学的最后阶段，目的是让教师和学生知道教学目标的完成程度，也即提供一个成果总结，期末考试就是一个典型例子。

形成性评价和总结性评价的区别在于测量结果是如何应用的。测量结果应用于指导教学，则是形成性评价；应用于成果总结，则是总结性评价，而不同的评价形式既可以用于形成性评价也可以用于总结性评价。

（二）标准参照评价和常模参照评价

根据对测量数据通常是测验分数进行解释依照的标准不同，可以将教学评价分为标准参照评价和常模参照评价。

当教师采用的评价可以与预先设定的标准进行对比来确定评价结果时，教师所采用的分数解释即为标准参照评价。标准参照评价能评价学生对知识的掌握程度，提供关于学生个体拥有的知识和技能多少的信息。而标准水平通常是根据学生能够或不能够掌握的知识或表现的技能来解释。例如让学生求解特定的代数方程，在图书馆找到一本书，做一套武术动作等。这种强调掌握的标准参照评价能够给教师提供一种途径，使教师能够监督学生在达到课程目标中的进展。形成性评价几乎都是标准参照评价，但总结性评价也可以是标准参照评价，例如中学阶段的各科目会考、各种职业资格考试等。

然而当教师要测量学生之间的不同水平时，就需要采用常模参照评价。在常模参照评价中，教师对学生的评价是依据学生在团体中的位置决定的。常模参照评价给教师提供了一种途径，通过它，教师能够对不同的学生进行对比，例如该学生的词汇知识水平高于40%的同龄学生，或者某学生能比其他90%的同班学生做更多的仰卧起坐等。通常情况下，常模参照评价在总结性评价中应用较为广泛，同时也广泛应用于各类选拔性考试中，例如高考。

（三）配置性评价和诊断性评价

按照评价在教学过程中所发挥的主要功能，可以将教学评价分为配置性评价和诊断性评价。

配置性评价一般在教学开始前进行，目的是摸清学生的现有水平及个别差异，以便安排教学。通过配置性评价，教师可以了解学生对新学习任务的准备状况，确定学生当前的基本能力和起点行为。例如在即将开始整套动作的学习前，评价学生对准备动作及分解动作的掌握情况，就是一种典型的配置性评价。

诊断性评价则是一个涵盖了配置性评价的概念。当教师需要确定达到一个特定教学目标所需的预备技能和知识，或者找出某一个特定学生学习困难的原因时，就需要为这个目标采用诊断性评价。当诊断性评价应用于了解学生的学习基础或者个体差异时，诊断性评价与配置性评价的意义相当；但当诊断性评价应用于了解学生学习困难的原因时，所指就是不同于配置性评价的诊断性评价。

（四）正式评价和非正式评价

根据实施评价的严谨程度，可以将教学评价分为正式评价和非正式评价。

正式评价指教师通过相对规范的评价程序和测量工具（通常是纸笔测验），或通过一些正式举行的活动（例如知识竞赛、演讲比赛等），有针对性地了解学生情况的评价方式。正式评价通常要求事先准备并且在实施时需要中断教学进程，使用的方法除了教师自编的课堂考试、测验，也包括更为标准化的成就测验、准备性测验等。

与之对应的则是非正式评价，指教师在与学生的日常教学的接触、互动过程中，以观察（包括直接和间接的观察）和交流为主要方式，不断地了解学生，进而在有意或无意之间形成对学生某种看法和判断的一种评价方式。很多情况下，教师通过在教学过程中对学生提问、与之对话和观察其在课堂活动中的行为表现，收集学生的信息，进而对学生的学习进行评价。此类评价通常被称为非正式评价。

第二节　教学评价的方法和技术

一、测验题目类型与编制方法

教师要成为“评价专家”，除了要了解教学评价的不同类型及功用，还需要了解不同测验题目的特点及编制方法。

（一）测验题目的类型

测验题目按照其评分标准的客观程度，可以分为客观题和主观题两大类。

1.客观题

选择题、是非题、匹配题和填空题都属于客观题的测验题目类型。客观题的共同特点是问题给出较为明确，答案唯一，可较为客观地评分，不同评分者的评定结果相同。

（1）选择题

选择题由题干和若干个选项组成，题干可以是一个问题，或者是一个需要补充完整的部分陈述，其中一个或多个是正确选项（分别对应于单项选择题和多项选择题），其他选项则为干扰项。选择题具有较大的灵活性，能够在一个测验中，尽可能多地从课程内容中取样；易于计分，客观性强。一些教育者认为，选择题是最有用、最灵活的一种测验题目形式，适用于大多数学校中的学科测验。

良好的选择题，题干应该简单明确，而错误的选项又应具有迷惑性。但在选择题的编写中，错误选项的编写非常困难；而且，如果测量的是知识的掌握，还比较容易编制出测验项目，但要测量复杂的问题解决，则编制选择题就困难多了。由于很难编制出好的选择题来测查高级的认知技能，所以很多教师都是利用选择题考查低级的认知技能。

在编制选择题时，需要注意以下几点：第一，题干的用语需要简单、清晰、明确，即使不看选项，题干本身的意义也是完整的；第二，选项要简练，尽量将选项中共同的词语移至题干中；第三，在题目的填答说明中，需要指出是选择一个最佳答案还是一个正确答案；第四，所有选项的长度应大致相等，选项的字数不应提供正确与否的额外信息，且与题干的联系要密切。

知识窗13-1 选择题实例

1.顾拜旦是现代（ ）运动的创始人。

A. 排球 B. 足球 C. 奥林匹克 D. 羽毛球

2.下列哪种运动与其他运动不属于同一项群？（ ）

A. 田径 B. 游泳 C. 自行车 D. 体操

3.对急性运动损伤的即刻处理原则是：1.冷敷；2.加压包扎；3.抬高患肢。这三个原则（ ）。

A. 都对 B. 1和2对但3错 C. 1和2错但3对 D. 都错

4.以规定的距离练习投篮技术，运动员必须正确掌握（ ）。

A. 垂直发射角 B. 水平发射角 C. 抛物线 D. 速度

（2）是非题

是非题可以看作选择题的一种特殊形式，常见的形式是陈述一句话要求学生判断对与错。是非题形式简单，能够用来测量不同水平的教学目标，在一份试卷中可以涵盖大量的内容，评判标准客观，计分简单省时，因此被广泛地使用。但因为是非题只有两种选择——对与错，即使完全凭猜测，也有50%的机会正确，弥补这一问题的一种可行办法就是增加题目的数量，以便使题目总体的取样更为全面，减少凭猜测获得高分的机会。另外，是非题如果出得不好，会造成学生只注重机械记忆，忽视理解和运用知识等更高级的认知活动。

在编制是非题时，需要注意以下几点：第一，内容应以有意义的事实、概念或原理为基础，避免无关紧要的问题或琐碎的细节，不要照抄书本原文；第二，每个题目只能包括一个重要概念，避免两个以上的概念出现在同一个题目中，出现“半对半错”或“似是而非”的情况；第三，题目要尽量避免否定的陈述，尤其是避免双重否定陈述；第四，正确和不正确的陈述，其长度和复杂程度应尽量一致，在一张试卷中，“是”与“非”的题目比例应基本相等。

知识窗13-2 是非题实例

1.在大学篮球比赛中，把球塞入篮筐合法吗？是 否

2.羽毛球发球时，如果用球拍的框边去接球，球落在场内是合法的。是 否

3.平均数是对离散趋势的测量指标。是 否

（3）匹配题

匹配题既像选择题又像是非题，或者说选择题和是非题是匹配题的两种变式。匹配题用多个反应项匹配多个刺激项，学生需要根据题意按照某种关系将左右两侧的项目连接起来。匹配题形式简单，能够有效地测量学生对知识联系的掌握情况，覆盖面较广，且易于计分。但匹配题只能用于测查彼此存在简单关系的知识。而且要求刺激项和反应项间具有内在联系，属于同一类型，这一特点使得题目很难编写。此外，匹配题对于测量较低水平

的学习更为有效，因此使用比较受限。

在编制匹配题时，需要注意以下几点：第一，刺激项和反应项的位置应该清楚，通常刺激项在左，反应项在右；第二，配对项目不可过多或过少，题目所包含的刺激项和反应项最好不少于5项，不多于15项；第三，匹配题的刺激项和反应项，其性质必须相近，项目需按逻辑顺序排列，如字母顺序、数字大小或时间先后等；第四，匹配方法应加以明确的规定和说明，说明可匹配的依据以及反应项允许被选择的次数；第五，最好使用不完全匹配，即刺激项和反应项数量不同，避免完全匹配带来的猜测；第六，一个匹配题的刺激项和反应项最好印在同一页纸上，以免造成回答的困扰。

知识窗13－3 匹配题实例

说明：排球裁判员在下列情况下应该作什么判决？请在选项中选出最佳的选项，并用相应的英文字母填在答案处。其中只有一项是最佳的。

答案	测题	选项
	1.当球离手时，发球者脚踩端线。	A.得分
	2.发球触网，并落在对方边线上。	B.合法或继续比赛
	3.守方运动员在球尚未过网之前扣球，但未触网。	C.换发球
	4.发球队的前排队员扣球，落地时踩中线，同时接球的前排队员试图拦网也踩了中线。	D.重新发球
	5.发球队的队员试图触球，而球碰了他的上臂。	

（4）填空题

填空题是一种特殊形式的小型论文题，学生只需要用一个词、短语或一句话来回答。填空题通常呈现给学生一句或一段不完整的话或者直接提问，要求学生简单作答。当教师的评价目标是让学生写出事实时，填空题非常有用。事实上，填空题经过认真设计后，也可以考查高层次的教学目标，例如要求学生写出一个有意义的论点。填空题的优点在于能够考查学生的再现能力，而且能够将学生的猜测机会减少到最小，但因为填空题一般要求学生扼要地写出答案，因此通常只能考查较低层次的信息加工。

在编写填空题时，需要注意以下几点：第一，填空题可以采用陈述形式，也可以采用问句形成，但注意陈述形式的填空题，其空格不应为整句话的第一个词，问句形式的填空题应避免题意模糊不清；第二，一个题目中，空格不可太多，过多的空格会使得题意不明确；第三，要求学生填写的部分应是最重要或学生应掌握的内容，而不是无关紧要的内容；第四，不要直接照搬教材的原文或公式；第五，每个空格最好只有一个答案，且这个答案是简短而具体的。

知识窗13-4　填空题实例

1.第一届奥林匹克运动会在（　）年举行。

2.在教育心理学中，学生按照教师所期望的方向来塑造自己的行为，被称为什么效应？（　）

2.主观题

测验学生学习目标的最好方法之一就是要求他们自己创造答案，主观题就为教师提供了这样一种机会。主观题主要包括论文题和问题解决题两种形式。

（1）论文题

论文题的题目要求学生阐述相关联的观点，要求的字数可以从几百字到几千字。论文题包括有限制的问答题和开放式论文题两种形式。

有限制的问答题，教师对学生回答的内容和长度都有规定，如测验中经常采用的简答题和论述题。开放式论文题，则允许学生在内容上可以自由选材，而且篇幅较长，学生也可以从不同的角度对问题进行探讨。论文题可以测量学生的知识、理解和运用水平，也可以考查学生的分析、综合、类比和评价的能力。对于考查高级的思维技能，论文题是最佳选择，除此之外，论文题还能考查学生组织信息或表达陈述意见的能力。

但论文题也有缺点，首先，学生回答论文题需要的时间较长，因此一份试卷里只能出现少量题目，对课程内容的取样非常有限，这个问题能够通过增加小的论文题目进行一定程度的弥补；其次，教师评定论文题目，不但费时费力，而且因为论文题没有客观的评分标准，在评定时经常会受到一些非答案性质的其他因素的影响，如文字是否工整及流畅，行文的条理性和逻辑性，回答的字数多少以及对好学生的晕轮效应等。

在编制论文题时，需要注意以下几点：第一，问题应该清楚且明确，能够使学生了解大体的要求，应尽量采用“为什么”“评价”等能够引发学生进行深度思考和回答的词语，尽量避免使用“谁”“何时、何地”等将学生反应限制在知识记忆层次的词语；第二，题目数量不要过多；第三，题目应该有一个最佳答案，同时对一些可接受的答案有所规定和说明，语法和文法错误最好不扣分或者少扣分。

知识窗13-5　论文题实例

1.请你就生理方面新陈代谢的含义及其过程作一下详细说明。（有限制的问答题）

2.就中国加入WTO面临的机遇和挑战，陈述自己的看法。（开放式论文题）

（2）问题解决题

近些年来，客观题受到的批评越来越多。心理学家和教师都一致认为，客观题测验过分关注较低水平的知识和技能，评价的范围比较狭窄，而且只能考查学生的回答结果，不能了解学生的思维活动及知识和技能的掌握过程，客观题也难以测量学生在现实情境中运用知识解决问题的能力。针对客观题的这些不足，专家们主张将问题解决题纳入教学评价。

问题解决题是向学生提供一定的问题情境和目标情境，要求学生通过对知识进行组织、选择和运用等复杂的程序来解决问题。通常包括两种形式，一种是间接测验。间接测验与其他的测验形式一样，采用纸笔测验的形式来测量学生的学业成就及能力，但在完成时，需要学生写出若干步骤和过程。评分时，间接测验需要按照步骤计分，这种形式多见于理科考试中。

在编制和使用间接测验形式的问题解决题时，可以参照论文题的编写注意事项。除此之外，还要注意以下几点：第一，测验前要向学生说明测验类型，要求学生尽量详细地写出解决问题的步骤；第二，题目可以用图表呈现，但要配合必要的文字说明；第三，在间接测验中，过程的重要性超过答案。因此，教师列出的标准答案应该包括必不可少的解题步骤及相应的分值。

问题解决题的另一种形式是直接测验，也即操作题。例如，为了考查学生对某套体操动作的掌握情况，让学生编制一份教授该套体操动作的教案。直接测验考查了学生处理实际问题的能力，通常也被称为操作评定。操作评定对于考查高级的思维技能非常有效，但往往费时费力，评分的主观性比较大，并且效度也经常受到质疑。

在编写操作评定题目时，需要注意以下几点：第一，操作评定题的内容，一般应是教材中被常规的纸笔测验忽略或者难以考查的部分；第二，题目要紧扣所学的知识和技能，将所学知识和技能作为学生完成操作或任务的必要工具；第三，需要给学生创造一个合情合理的、较真实的问题情境；第四，题目应该是有意义的，针对的是学生的操作，而非操练；第五，需要给学生提供评分标准和范例，让学生明白“我该做些什么”。

知识窗13-6　问题解决题实例

1.小玲问小明钓了几条鱼，小明答：“6条没头，9条没尾，8条只有半个身躯。”请问小明钓了几条鱼？并写出解题步骤。（间接测验）

2.编制一套适合老年人锻炼使用的时间长度在20分钟左右的健美操。（直接测验）

（二）测验的信度

教师使用测验进行教学评价，出现最多的问题是对于测验分数的错误解释，这是因为人们总认为分数是对学生能力的精确测量。但实际上，没有任何一个测验能对个体的能力进行完美的描述，一个测验仅仅是个体行为的一个小样本。因此，在设计科学的测验以及进行结果解释时，都需要了解测验的信度和效度信息。

1.信度的定义

一个有用的测验首先应该是可信的，信度反映的就是测量的可靠性，即多次测验分数的稳定性及一致性。例如，你在星期一参加了一个测验，然后一周后重新做这个测验，两次测验得到的分数基本一致，你将有理由相信这个测验是可信的。如果一天内100个人参加这个测验，然后一周后重测，个体的名次在两次测验中基本一致，那么，你更加有理由相信该测验是可信的。信度除了描述测验跨时间的一致性、稳定性，也可以用来衡量一个测验内部的一致性，或者两个平行的等值测验间的一致性，而且也能够用来评价评分者之间的一致性。

2.信度的种类

根据信度所反映的测量随机误差的来源不同，可以将信度分为重测信度、复本信度、分半信度和评分者信度等。

（1）重测信度

重测信度也称稳定系数，是一组被试在不同时间用同一测验测量两次，两次测量结果之间的相关系数。反映的是测验跨时间的稳定性和一致性。例如对一个班级的学生在三周前的学习态度测验分数与现在的学习态度测验分数间求相关系数，如果这个相关系数较高，则表明该测验具有较高的重测信度。

（2）复本信度

所谓复本，也即平行的等值测验，即对所有可能题目进行不同取样形成的两份测验。使用这两份测验来测量同一组个体，进而对该组个体在两个测验上的分数求相关系数，这个相关系数即为复本信度。复本信度考查了测验跨形式间的一致性，也称等值性系数。需要注意的是，两份测验可以同时施测，也可以在不同时间施测，如果在不同时间施测，则既反映了测验跨形式的稳定性，也反映了测验跨时间的稳定性。

（3）分半信度

当测验没有复本，或者不适用于采用复本时，例如有些测验两次施测可能混入记忆的因素时，也可用测验的分半信度对测验信度进行衡量。计算分半信度时，通常需要先将一份测验的题目按奇偶顺序或其他方法分成两个尽可能对等的半份测验，然后计算一组个体在两部分测验分数间的相关系数，所得的相关系数即为分半信度。如果测验的分半信度较低，则说明测验所测量的不是单一的心理特征或者特质，也可能是两部分测验考查的个体能力并不相同。

（4）评分者信度

重测信度、复本信度和分半信度都是针对测验本身而言，而评分者信度则考查了评分者之间的一致性。获得评分者信度的最简单方法是随机取样若干份试卷，由两位评分者独立地按评分标准进行评定，然后计算两位评分者评定的分数间的相关系数。如果这一相关系数较高，那么评分者信度较高。通常，主观题的评分者信度较低，而客观题的评分者信度较高。

表13－1 不同类型的信度系数与误差来源的关系

信度系数类型	误差来源
重测信度	时间取样
复本信度（同时施测）	内容取样
复本信度（延迟施测）	时间取样和内容取样
分半信度	内容取样
评分者信度	评分者之间的差异

（三）测验的效度

如果一个测验的分数是可信的，那么针对测验的下一个问题就是它是否有效，或者是否准确，是否能基于该测验的分数进行评价或做出决定。基于测验而做出的决定和推断，能被事实或证据证明是对的，才能证明测验是有效的。

1.效度的定义

效度是教学评价中最重要的一个概念。效度考查的是测量的准确性，即一个测验能够测量出其所要测量的东西的程度。效度考虑的问题是：测验的内容是否是我们所要测量的，测验是否测出了我们认为它所测量的东西。

信度和效度对测验来说，是两个既有区别又有联系的概念，信度是效度的必要条件，一个有效的测验必定有高的信度，但一个信度高的测验，其有效性可能并不好。例如，用100米速度测验测量一个大学生运动员的定点投篮命中率，两次测量的相关程度一定很高，也即有高的信度，但100米的成绩并不能真实地反映出大学生运动员的定点投篮能力，这个测验的效度就很低。

2.效度的种类

测验的有效性可以从测验的内容代表性、与理论设想的符合程度以及预测有效性几个方面进行考查，因此可以将效度分为内容效度、构想效度和效标效度。

（1）内容效度

内容效度是指构成测验的具体问题或任务能够反映所要测量的内容的程度，即测验题目对有关内容或行为范围取样的适当性，它所关注的是测验的内容方面。例如，要求学生在学期结束时掌握1000个英语单词，为了检验学生的学习情况，可以编制一个包括100个单词的词汇测验。显而易见，只有当这100个单词能代表所要求掌握的1000个单词时，测验结果才会有比较高的内容效度。

（2）构想效度

构想是指用来解释人类行为的理论框架或心理特质，它是心理学中抽象的假设性的概念、特性或变量，例如智力、人格等都是构想。构想效度考查的是一个测验能说明心理学相应的理论结构或特质的程度，或用心理学上某种结构或特质来解释测验分数的恰当程度。例如一份智力测验，对心理学“智力”这一构想测量的程度如何，多大程度上能反映出个体的智力，就是这份智力测验的构想效度。

（3）效标效度

效标效度是指一个测验对处于特定情境中的个体的行为进行预测时的有效性，即测验对受试者在特定的外在行为方面能够做得多好的预测，该外在行为即是衡量测验是否有效的标准，被称为效标。

效标效度一般利用测验分数与效标行为分数的相关系数表示。例如，一些成就测验可用于选拔能够在今后工作或各级教育中成功的个体，那么，效标效度的大小就显示出测验对于满足该预测目的的有效程度。此外，效标效度也能够给出依据测验分数进行人员选拔的可能误差。

根据搜集效标的时间，效标效度又可以具体分为同时效度和预测效度。同时效度的效标资料是与测验分数同时搜集的。例如大学入学考试可以用中学成绩作效标，同时效度常用的效标是在校的学业成绩、教师的等级评定、临床检查等。预测效度的效标资料则需要过一段时间才可搜集，例如大学入学考试成绩用大学的学业成就作为效标，常用的预测效标是专业训练的成绩、实际工作的表现等，预测效度对人员的选拔和安置工作来说非常重要。

表13－2　一份算术测验适用于不同目的的效度分析

测验目的	需要回答的问题	效度证据
小学算术成就测验	迪克在过去学会了多少算术？	内容描述（内容效度）
预测中学数学成绩的算术测验	迪克在将来数学会学得好吗？	延迟效标预测（预测效度）
诊断学习困难的算术测验	迪克的成绩说明其在数学上学习无能吗？	同时效标预测（同时效度）
测量数量推理能力的算术测验	迪克的成绩能够表明其数量推理能力吗？	结构鉴定（构想效度）

二、非测验的评价技术

传统测验应用了许多年，但并非完美无缺。随着对教学评价研究的深入，传统测验受到越来越多的质疑和批评。那么除了传统测验，我们还能做些什么呢？下面这些技术提供了一些新的评价思路和途径。

（一）档案袋分析

1.概念

档案袋分析是一种常见的替代传统纸笔测验的评价形式，即收集和评价学生在一段时间内的作品样本。在档案袋分析中，教师可以搜集学生的作文、研究设计以及其他一些反映高级心理机能的作品，以此作为评价学生进步程度的依据。档案袋中的收集物可以包括诸如录像带、艺术作品、日志或者短文这样的学习作品。事实上，在社会中，摄影师、作家、模特和建筑师们都已经习惯了利用档案袋来展示他们的技能，并凭借档案袋的展示来获得工作机会。

2.优点

在学校中，档案袋可以被用于许多不同的目的。相比于传统的教学评价方式，档案袋分析具有以下优点。

（1）档案袋分析能够使教师在更广泛的范围内对学生的作业进行评价。

（2）档案袋分析能使学生参与到对自己作品的评价以及制定学习目标的过程中，而传统的评价手段通常无法做到这一点。

（3）档案袋分析允许学生存在个体差异，而传统的评价只能在相同的维度上对学生进行评价。

（4）档案袋分析不仅注重学生的成就，还注重学生的努力和进步，而传统评价方法通常只注重学生的成就。

（5）档案袋分析能够将评价与教师的教学和学生的学习联系在一起，而传统的评价手段则在一定程度上割裂了教学和评价过程。

知识窗13－7　如何使用档案袋分析

计划和组织

1.建立学生的档案袋要有一个灵活的总体计划。使用档案袋的目的是什么？需要什么样的材料？何时以及如何获得这些材料？应用什么标准来反思和评价这些材料？

2.为学生提供足够的时间去准备和讨论档案袋的内容。档案袋评价要比纸笔测验评价花费更多的时间和精力。

3.可以先建立学生在某一方面的学习档案，然后随着你和学生对档案袋分析程序有更多的了解，再逐渐将其他方面的有关内容加入档案袋。例如，档案袋分析方式尤其适用于对学生写作过程的评价，学生可以不断加入新的作品以及对写作的阶段性总结。

4.档案袋中所选择的材料应能反映学生在一些重要目标上的进步状况。能反映多种目标的材料可以提高档案袋分析的有效性。

5.至少选择两类材料：必选材料或核心材料以及其他一些任选的作品样本。必选材料或核心材料反映了每个学生的进步状况，而任选的作品样本能够表明每个学生所使用的独特方法、所具有的兴趣和优势。

6.在每个档案袋上面都要有一份目标单以及要搜集的必选材料的清单，在清单上要留出一定的空间，用于登记以后所搜集的任选材料。这样做可以使你和学生根据既定目标来选择相关材料。

实施

1.为了节省时间，确保档案袋中的材料是学生的代表性作品，并提高其真实性，应该结合正在进行的教学活动来建立档案袋。

2.让学生对档案袋材料的准备、选择、评价、归档以及不断更新等承担责任。年幼的学生需要在教师的指导下完成这些活动。

3.要求学生对选定的档案袋材料进行反思和自我评价，使他们意识到自己采用了什么样的程序，学到了什么，还需要学习什么以及下次如何改善。

4.要有选择性。档案袋并不是任意地将作品、录像、图画、网页或其他一些作品收集起来，相反，应该精选能代表学生学习情况的材料，任意地添加只能使档案袋徒增许多无用的内容。

5.利用档案袋中的信息来确定学生能力的发展水平。

6.分析档案袋中的材料，以深入了解学生的知识和技能水平。这样，就能更好地理解学生的优势、需要、思考过程、前概念、错误概念、错误的思维模式以及发展的基点。

7.利用档案袋的信息来记录和强化学生的学习，给学生家长以及学校中的有关人员通报学生的情况，改善和调整课堂教学，等等。

在进行档案袋分析时，评价是以客观标准为依据的，而不是学生之间的对比参考，换句话说，学生的作品是与制定的标准相对照的，而非与其他学生的学习情况相对照。

档案袋分析也并非毫无瑕疵。首先，运用档案袋分析需要很多时间；其次，评分问题也是采用档案袋分析的教师不得不面对的问题。

（二）观察

传统的纸笔测验受到的最严厉指责之一，就是这类测验导致教师只讲授那些有可能出现在测验中的、范围非常窄的一些知识与技能。解决这一问题的途径之一，就是在现实生活中对学生具有的知识和技能的实际表现进行观察，例如在教学过程中使用非正式观察，就能搜集到大量关于学生学业成就的信息，而且这种观察不只限于学生智能的发展，例如，口头表达能力、写作能力、听力、朗读技能、实验操作技能、演奏乐器的能力，还可以用于对学生的社会态度、兴趣、与同伴的关系、对赞扬和批评的反应以及情绪稳定性等进行评价。

为了确保观察的有效性，教师应注意自然地对学生进行全面系统的观察，并客观、详细地记录下观察到的信息，教师可以使用行为检查单、轶事记录和等级评价量表来记录观察到的信息。

1.行为检查单

行为检查单是观察记录的一种重要形式，教师可以使用检查单来记录他/她在教学中的观察结果。检查单一般包括一系列教师认为重要的目标行为，通常采用有/无的方式记录，但有时也会记录下次数。当观察目标是具体、特定的且经过明确界定的行为时，检查单是一种非常有效的记录形式。

编制检查单时，教师需要确定观察的目标，然后进一步对目标具体化，列出所检查的内容，详细地写出一系列目标行为，将这些目标行为按照逻辑和内在关系排序，再加上需要填写的学生个人资料，设计成表格打印出来，便形成了一份检查单。

知识窗13-8 劳动行为检查单

姓名：小溪

时间：6月24日—6月30日

观察教师：

行为表现	出现左边的行为，请画√	备注
1.抹桌子		
2.打扫走廊	√	
3.为班级打开水		班长布置的
4.帮老师擦黑板	√	
5.擦玻璃窗		

摘自《当代教育心理学》

2.轶事记录

日常观察可以为教师提供大量的关于学生学习和发展的信息。例如：一个三年级的教师注意到小明在朗读中有几个单词的发音不准确；小华望着窗外；小丽不断提一些无关的问题来打断朗读。同样，一个高中化学老师注意到在实验课上，小芳行动比较慢，不能迅速把仪器调整好；小新完成自己的实验后又帮助其他人；小婷心不在焉地操作着仪器，不理睬教师的提醒。像这样的日常事件和片断，对于评价学生学习和发展有着重要意义，能够更清楚地确定一个学生在各种情境中是如何表现的。

轶事记录卡	
幼儿姓名	松松(5岁4个月)
时间	2023年10月14日上午9点35分
地点	结构区
事件实录	松松用纸卷了两个长短不一的桥墩，然后将积塑插成的桥面放到桥墩上，桥塌了。他又试了两次，桥还是塌了。松松停了下来，拿起桥墩看了看，又竖着比了比。他站起身，左右瞧瞧，最后眼光停在了明明搭的桥上。一会儿，松松举手对老师说："闻老师，我想要纸杯子。"松松将老师给的一次性纸杯子排起来，再把桥面小心地放上去。这一次，桥没有塌
事件解释	松松发现了桥塌的原因，并能通过观察、借鉴别人的经验、向老师寻求支持的方式来解决问题

图13－2 轶事记录卡片

不过，通过观察所获得的印象很容易是不完整的或带有偏见的，除非我们能够准确记录我们的观察。要想做到这些，一个简单而又方便的方法是运用轶事记录法，这种方法可以减少选择性记忆所引起的问题，不仅有助于做出更有效的计划并加强与某个学生的沟通，而且可以为教师和家长的交流做准备。

轶事记录法是对教师所观察到的有意义的事件和片断进行事实性的描述，每个事件发生之后立即用书面的形式简短记录，每一种描述都应该记录在单独的卡片上，每一个学生记录在笔记本的单独一页。一个好的轶事记录应该保持对事实的客观描述，而不是对行为含义的解释。从某种意义上说，轶事记录有助于向学生提供关于改进学习和适应的建议，不过，这些建议需要在积累了几个轶事记录后再提出。

3. 等级评价量表

等级评价量表是一种间接的观察技术，它使用一系列的数值来表示从"不好"到"好"或从"不满意"到"满意"之间的几个等级，或者从"从不"到"总是"的活动频率。教师可以用这些数值对所观察的某一项目或描述进行判断。等级评价量表能够用于判断某种行为发生的频率，以及某种操作或活动的质量，从而使得观察到的信息被量化。通过量化所观察到的信息，教师能够迅速简便地获得概括化的信息。相比于行为检查单，等级评价量表对于定量评价行为或者记录行为频率更加有效，因此当要记录的行为属于好/坏连续体上的某一点，或者某种行为发生的频率时，则更适合采用等级评价量表。下面这个例子说明了等级评价量表的使用。

表13－3 对心理学“感觉”学习兴趣的等级评价量表

学生姓名： 评定日期：

项目	5	4	3	2	1
看黑板时间					
记笔记时间					
回答问题					
……					

注：5——长（好）；4——较长（较好）；3——一般；2——较少（差）；1——少。

等级评价量表和行为检查单有一定的关系，二者都要求教师对学生的行为进行判断，可以在观察过程中或结束后使用，但评定标准不同，行为检查单只需要进行定性的评价，而等级评价量表则需要进行定量评价。

知识窗13－9 对评价的补充：旧的和新的焦虑

1. 对我来说，小测验是测量班级学生达到学习目标程度的一种快捷途径。如果有半数以上的学生都有学习上的困难，这便是需要将关键概念和原理重新进行讲解的信号。我认为评价就是一个了解学生的过程——他们是否能够应用所学的知识？他们又面临一些什么样的问题？在补救性课堂中，我将其结构化，讨论学生所面临的困难和误解的概念。

——李老师，小学教师

2. 我想确信我的学生真的学习到并能理解课程的内容。我使用测验和作业来激发学生的动机，并监督他们的学习。然而，很重要的是，你要确信测验的成绩不至于使学生太泄气。

——王老师，中学教师

3. 计算机辅助教学有助于学生的自我评估。我们允许学生在计算机上进行小测验，并且不限制次数。那样的话，他们最终都能得到100分，从而保证他们都掌握了测验的主题。

——高老师，小学教师

（三）情感评价

课堂教学的目标除了包含知识和技能，态度、兴趣、习惯、品德、鉴赏力等情感教学也是不可缺少的成分。如果缺少了情感教学目标的评价，就不能全面地评价一个学生。

1.情感目标评价的特点

与认知和技能教学相比，对情感教学的测量与评价具有跨学科性和质性描述两个特点。

（1）跨学科性

情感教学与认知和技能教学不同，认知和技能教学通常都有其特定的归属学科，例如物理实验技能归属于物理学科，体操技能归属于体育学科，而情感教学则不专属于任何一门学科，其教学贯穿于各个学科的教学中，因此，其效果可能产生于不同学科的教学活动。例如，情感教学范围中的习惯、态度、兴趣等内容通常蕴含在文科类如语文、历史、音乐、体育等教学活动中，但在理科类例如数学、物理等的教学中，也同样可以产生情感教学的效果，例如科学观等。由此可见，情感教学的测量与评价，不应视为某一学科教师的责任，而是所有学科教师在教学中都应承担的责任。

（2）质性描述

在对认知和技能进行评价时，通常会对学生的表现进行量化，通过量化的分数来标识学生认知或技能水平的高低，其测量结果并无好坏之分。而在情感教学的测量中，其测量形式大多为质性描述，即描述所欲测量的情感类教学目标的实现程度，其结果往往存在好坏之分。例如，在语文学科中，对语法知识掌握程度的测量可以用分数或名次来表示，其结果是分数或名次的高低，掌握程度的多少；而对语文学科态度的评价则只能通过观察、谈话等质性描述的方法，而其评价结果则是态度的正确与否。

2.情感目标的评价方法

情感教学的范围广，涉及态度、兴趣、习惯、品德等，不同情感教学目标的测量方式也存在差异。经常使用的评价方法包括观察法、语义分析法、情境法、问卷法和谈话法。前面我们已经介绍过观察法，在此，我们介绍情境法和问卷法。

（1）情境法

情境法来源于心理学中的投射测验，在情境法中，教师首先创设一些反映情感教学目标的问题，然后要求学生解决这一问题，或者让学生设想自己是故事情境的主人公，让学生将故事补充完整，据此来观察学生的言谈举止，并对其进行评价。情境法的主要形式包括造句测验、不完全故事和两难问题。

表13－4 情境法测题实例

测题类型	实例
造句测验	当……时，我对教师的讲课非常感兴趣。 心理学的内容，我最喜欢看……部分。
不完全故事	记忆这一章的理论观点很多，你作为教师，如何吸引学生听课？
两难问题	父母亲反复强调外语学习的重要性，我知道这些，但我对数学感兴趣。现在外语老师也教得不好，整天要我们背单词，我都烦死了，我是继续学外语呢？还是学数学呢？

（2）问卷法

教师也可以自行设计符合情感教学目标的问卷来对学生进行情感教学目标的评价。在设计这些问卷时，教师需要具备一定的心理测量学的知识，例如问卷的信度、效度、测题的鉴别力等。

表13－5 问卷法的评定表实例

学科名称	
学生填答的问题	1.我在本科目得到的成绩：优 良 中 及格 不及格 2.我的成绩与我所希望的相比：很好 较低 一样 3.我从本科目中学到了：很多知识 一些知识 很少知识 4.我在学习时感觉到：非常快乐 无所谓 很不快乐 5.我感觉教师讲课时：速度太快 适中 速度太慢 6.我希望教师能给我的帮助是：

三、教学评价结果的处理与报告

（一）评分

教师所面对的一个最复杂也最有争议的任务就是给学生评分。有必要进行评分吗？显然，对学生进行某些总结性评价是有必要的，而且大多数学校往往都将某种评分方式作为一种主要的评分形式，例如分数或等级。除了传统的百分制分数外，教师还能够采用哪些方式对教学评价结果进行处理和报告呢？

霍普金斯和安特斯认为合理的评分过程应该包括以下步骤：（1）搜集有关学生的信息，信息可以来源于不同类型、性质的测验甚至观察的评价方式，例如，教师对学生期末总成绩的评价，可以采用期末考试成绩占60%，平时作业占30%，课堂表现占10%的方式；（2）系统地记录评定的结果，并随时保持最新的结果；（3）尽量将搜集到的资料量化，用数据来表示学生的学习情况；（4）为了把评定的重点放在最终的学习成就上，教师需要加大最后测验得分的权重；（5）评定应该以成就为依据，为其他目标进行的评定，不应与成就的评定混杂起来。

（二）等级评价

等级评价是一种相对评分制，在理论上，相对评分制根据常模参照评价的原则，按照统计学的常态分布原理，将学生的分数按照比例分配为不同的等级。例如，在五等级评价中，优等占7%，甲等占24%，乙等占38%，丙等占24%，丁等占7%。但有时教师在进行等级评价时，也根据实际情况而非正态分布确定不同等级学生的比例。等级评价的优点在于每个学生都可以通过自己所得的等级了解自己在班里的相对位置。但也有一些缺点，例如，学生的得分通常不是正态分布，将获得分数差异很小的两个学生划分为两个等级，人为地加大了差距；而且等级评价容易给学生造成过分的竞争压力。

（三）其他报告方式

除了常用的百分制评分和等级评价，教师还可以利用其他方式来报告评价结果。例如，教师可以写学生的个人鉴定或定期的综合评定，提供给学生和家长，这些都使得教师有机会思考每个学生的优点和缺点。教师在写出学生的缺点后，还应提出改正的建议和教育对策，并留下空间，鼓励家长和学生写下自己的意见。

观察报告也是一种报告评价结果的形式。例如教师可以使用行为检查单或等级评价量表来报告评价结果。同个人鉴定相比，行为检查单和等级评价量表都对信息进行了初步的量化，但又比分数和简单的等级提供的信息更为具体详细。

教师也可以通过与家长的面谈，来交流关于学生的学习、行为和态度等方面的资料。教师采用家访或家长会的形式与家长会面，一起探讨学生的学习情况和适合他的教育计划。虽然这种方式比较费时，而且也不够正式，但通常教师都十分重视与家长的面谈，通过谈话，教师可以向家长通报学生在学校的表现，而且还能够了解学生在校外的情况，从而更深入地对学生在学习中的某些问题找到原因，并能与家长一同探讨改善的途径。此外，与家长面谈还有助于加强学校和家庭的联系与合作，提高对学生教育的有效性。

本章要点

1. 教学评价是依据教学目标对教学过程及结果进行价值判断并为教学决策服务的活动。

2. 教学评价的主要作用包括诊断作用、激励作用、调节作用及教学作用。

3. 按照评价在教学中所起的作用，可以将教学评价分为形成性评价和总结性评价。

4. 根据对测量数据进行解释依照的标准不同，可以将教学评价分为标准参照评价和常模参照评价。

5. 按照评价在教学过程中所发挥的主要功能，可以将教学评价分为配置性评价和诊断性评价。

6. 根据实施评价的严谨程度，可以将教学评价分为正式评价和非正式评价。

7. 选择题、是非题、匹配题和填空题都属于客观题的测验题目类型，客观题的共同特点是问题给出较为明确，答案唯一，可较为客观地评分，不同评分者的评定结果相同。

8. 论文题的题目要求学生阐述相关联的观点，要求的字数可以从几百字到几千字。论文题可以分为有限制的问答题和开放式论文题。

9. 问题解决题是向学生提供一定的问题情境和目标情境，要求学生通过对知识进行组织、选择和运用等复杂的程序来解决问题。通常包括两种形式，一种是间接测验，一种是直接测验。

10. 信度反映的就是测量的可靠性，即多次测验分数的稳定性及一致性。

11. 信度包括重测信度、复本信度、分半信度和评分者信度。

12. 效度是教学评价中最重要的一个概念，效度考查的是测量的准确性，即一个测验能够测量出其所要测量的东西的程度。

13. 效度包括内容效度、构想效度和效标效度。

14. 档案袋分析是一种常见的替代传统纸笔测验的评价形式，即收集和评价学生在一段时间内的作品样本。

15. 行为检查单是观察记录的一种重要形式，教师可以使用检查单来记录他/她在教学中的观察结果。

16. 轶事记录法是对教师所观察到的有意义的事件和片断进行事实性的描述，每个事件发生之后立即用书面的形式简短记录，每一种描述都应该记录在单独的卡片上，每一个学生记录在笔记本的单独一页。

17. 等级评价量表是一种间接的观察技术，它使用一系列的数值来表示从“不好”到“好”或从“不满意”到“满意”之间的几个等级，或者从“从不”到“总是”的活动频率，教师可以用这些数值对所观察的某一项目或描述进行判断。

18. 与认知和技能教学相比，对情感教学的测量与评价具有跨学科性和质性描述两个特点。

19. 对情感目标进行评价，经常使用的方法包括观察法、语义分析法、情境法、问卷法和谈话法。

思考题

1. 作为教师，应该如何更好地利用教学评价为教学服务？
2. 对于不同的教学评价形式的优缺点，你有何看法？
3. 作为教师，请思考教学评价的作用有哪些。

参考文献

卢强.教育心理学［M］.3版.北京：北京出版社，2010.

张承芬.教育心理学［M］.济南：山东教育出版社，2000.

吴庆麟.教育心理学——献给教师的书［M］.上海：华东师范大学出版社，2003.

陈琦，刘儒德.当代教育心理学［M］.北京：北京师范大学出版社，1997.

陈琦，刘儒德.当代教育心理学［M］.2版.北京：北京师范大学出版社，2007.

伍尔福克.教育心理学（第10版）［M］.何先友，等译.北京：中国轻工业出版社，2008.

陈允成，理查德·D.帕森斯，斯蒂法妮·刘易斯·亨森，等.教育心理学：实践者　研究者之路（亚洲版）［M］.何洁，等译.上海：上海人民出版社，2007.

罗伯特·斯莱文.教育心理学理论与实践（第7版）［M］.姚梅林，等译.北京：人民邮电出版社，2004.

张力为，毛志雄.体育科学常用心理量表评定手册［M］.2版.北京：北京体育大学出版社，2010.

安妮·安娜斯塔西，苏珊娜·厄比纳.心理测验［M］.缪小春，等译.杭州：浙江教育出版社，2001.